教育部高等学校旅游管理类专业教学指导委员会推荐教材

旅游管理类专业核心课程教材

# 酒店运营管理

邓爱民 李明龙 主编

高等教育出版社·北京

内容简介

本书是高等学校旅游管理类教学指导委员会指定推荐的酒店管理核心课教材之一。

本书将旅游管理、服务管理、流程管理以及消费者行为等相关理论与酒店运营管理的理论有机结合，从酒店管理的组织管理谈起，分别阐述了酒店的计划管理、前厅和客房管理、餐饮管理、康乐管理、市场营销、财务管理、人力资源管理、质量管理以及信息技术管理。为了方便广大师生阅读，本书设置了本章导读、关键术语、复习思考题、即测即评二维码链接和扩展阅读等内容。

本书可作为酒店管理专业核心课程教材使用，也可供行业人员作为参考书使用。

**图书在版编目（CIP）数据**

酒店运营管理 / 邓爱民，李明龙主编. -- 北京：高等教育出版社，2020.1

ISBN 978-7-04-052937-1

Ⅰ. ①酒… Ⅱ. ①邓… ②李… Ⅲ. ①饭店-运营管理-高等学校-教材 Ⅳ. ①F719.2

中国版本图书馆 CIP 数据核字(2019)第 242093 号

酒店运营管理
Jiudian Yunying Guanli

策划编辑 张 欣　　责任编辑 张 欣　　封面设计 张 楠　　版式设计 马 云
插图绘制 于 博　　责任校对 刘娟娟　　责任印制 尤 静

| | | | |
|---|---|---|---|
| 出版发行 | 高等教育出版社 | 网　　址 | http://www.hep.edu.cn |
| 社　　址 | 北京市西城区德外大街 4 号 | | http://www.hep.com.cn |
| 邮政编码 | 100120 | 网上订购 | http://www.hepmall.com.cn |
| 印　　刷 | 涿州市京南印刷厂 | | http://www.hepmall.com |
| 开　　本 | 787mm×1092mm 1/16 | | http://www.hepmall.cn |
| 印　　张 | 22.25 | | |
| 字　　数 | 530 千字 | 版　　次 | 2020 年 1 月第 1 版 |
| 购书热线 | 010-58581118 | 印　　次 | 2020 年 1 月第 1 次印刷 |
| 咨询电话 | 400-810-0598 | 定　　价 | 47.00 元 |

本书如有缺页、倒页、脱页等质量问题，请到所购图书销售部门联系调换



物 料 号 52937-00

# 总前言

21 世纪以来，旅游业逐渐成为世界上规模最大和发展势头最强劲的产业之一，其发展速度之快，产业带动力之强，使许多国家和地区将其作为经济发展的重点产业和先导产业。伴随着全球经济不断发展，人们收入和闲暇时间增多，交通和通信技术不断进步，以及冷战结束后政治隔障消除等因素，全球旅游产业的规模正加速扩大。据世界旅游组织预测：到 2020 年，全球旅游者将达到 160 亿人次，其中国际旅游者将达到 16 亿人次，大众化旅游时代的来临使得旅游日益成为现代人类社会的一种生活方式和社会经济活动，旅游业也成为全球经济产业中最具活力的“朝阳产业”。

在近 40 年的发展历程中，中国旅游业取得了令人瞩目的成就：由传统的接待事业一跃转变为国民经济新的增长点，继而成为战略性支柱产业；由以往单一的观光型旅游发展成为集观光、度假、商务、会展、研修等多功能于一体的复合型旅游；国内旅游、出境旅游、入境旅游三大市场已形成相当规模；旅游在我国人民生活、地区经济发展和国家文化经贸交往等方面发挥着越来越重要的作用。据世界旅游组织的预测，到 2020 年，中国将成为世界第一大旅游接待国。专家们也预测：“21 世纪，中国将成为世界主要的旅游中心。”

中国旅游经济的持续高速增长对旅游专业人才产生了巨大需求，也推动着旅游教育水平的整体提高，旅游教育成为教育领域中最具办学活力与创新能力的专业门类。截至 2017 年，全国开设旅游管理类本科院校 608 所、高职院校 1 086 所、中等职业学校 947 所；2017 年全国招收旅游相关专业博士研究生 336 人、硕士研究生 2 832 人、本科生 5.9 万人、高职生 11.3 万人、中职专业生 10.2 万人；旅游教育已形成培训、高职、大专、本科、硕士、博士、博士后层次完整的教育体系。2012 年教育部《普通高等学校本科专业目录》将旅游管理专业列为管理学科门类（目录分 12 个学科门类）之下独立专业类（目录设置 92 个专业类），下设旅游管理、酒店管理、会展经济与管理 3 个专业（目录有 506 个专业）。旅游促进教育与教育服务旅游的相互促进格局已经形成。

旅游活动的丰富实践和旅游业态的多样形式需要旅游高等教育作出回应。在抽象旅游产业实践经验基础上形成旅游学科的知识系统、在总结旅游教育发展经验基础上建立旅游专业的课程体系、在萃取旅游学术研究成果前提下编写旅游教育的系列教材，成为旅游高等教育发展面临的首要任务。由教育部高等学校旅游管理类专业教学指导委员会组织研制、教育部颁布的《旅游管理类教学质量国家标准》，规定了旅游管理类专业的“4+3”核心课程体系，即专业大类4门核心课程(旅游学概论、旅游目的地管理、旅游消费者行为、旅游接待业)，旅游管理专业3门核心课程(旅游经济学、旅游规划与开发、旅游法规、)、酒店管理专业3门核心课程(酒店管理概论、酒店运营管理、酒店客户管理)、会展经济与管理3门核心课程(会展概论、会展营销、会展策划与管理)。这13门课程既是旅游类专业区别于其他类专业的核心知识系统，也是旅游类专业的核心课程体系。

根据《旅游管理类教学质量国家标准》，教育部高等学校旅游管理类专业教学指导委员会组织知名旅游院校与高等教育出版社共同编写13门核心课程教材，即《旅游学概论》《旅游目的地管理》《旅游消费者行为》《旅游接待业》《旅游经济学》《旅游规划与开发》《旅游法规》《酒店管理概论》《酒店运营管理》《酒店客户管理》《会展概论》《会展营销》《会展策划与管理》。以此13本核心课程教材为基础，根据各个院校学科特色、行业发展趋势、地域产业特点等，又编写了部分体现时代特色、行业特点、区域优势的教材，从而形成了较为完整的系列教材体系。

这套教材在教育部颁布国家教学质量标准之后编写出版，充分体现了国家标准的课程设置与质量要求。具有三个特点：一是系统性，以旅游者、旅游地、旅游业构建旅游知识逻辑体系，向旅游主体、旅游客体、旅游介体三个方向延伸旅游知识系统；二是开放性，在四门核心课程基础上覆盖旅游经济管理、酒店住宿管理、会展节事管理等领域，以反映旅游产业实践并形成开放的知识更新能力；三是创新性，即实现行业经验归纳向理性学术表述转变、借用外来学科方法向自主构建方法转变、多元学科背景向独立学科体系转变，以创新建立旅游学科知识体系。

系列教材既注重历史内容的沉淀又关注当代旅游研究的最新成果，把普及与提高、理论与实践有机融合起来；既有理论分析，又有案例剖析，具有较强的可读性和自学指导性。因而，该套教材较适合于旅游高等院校、旅游研究机构、高等职业教育、自学考试的人员作为教材使用，同时也适合于旅游行业管理、旅游职业培训使用，对理论研究、学历教育、职业培训以及实际工作等也都具有实用性和参考价值。

在教材编写过程中，我们还邀请了中国旅游教育界知名教授和专家对此套教材进行了严格的审定。借此我们对支持和参与这套系列教材编、审工作的教授、专家表示衷心的感谢。此套系列教材将于2018年陆续出版发行，欢迎全国有关院校师生和专业人士选用，并提出宝贵意见，以便逐步完善。

**教育部高等学校旅游管理类专业教学指导委员会**

2018年5月1日

# 前言

在经济全球化的发展进程中，中国旅游接待业经历了持续的高速发展，显示出越来越强劲的消费推动力，中国已进入真正意义上的大众旅游时代。在此背景下，中国的酒店业面临巨大的发展机遇，但由于酒店存在各种问题，这需要我们从本源出发，正确认识酒店与酒店运营管理。

作为最早实现对外开放的行业，酒店行业在管理方面取得了巨大的进步，其积累的行业经验与知识成为我们酒店专业教材的源泉。当然，酒店也出现了许多问题，如产品同质化、服务方式雷同以及安全隐患等。随着中国经济的发展，人们生活水平的提高，人们对于酒店提出了更高的要求，想要更多的获得感和更丰富的体验。酒店的实践呼唤理论界总结酒店发展成果并结合国际经验和新形势的发展，本教材正由此应运而生。

本书的特点是将旅游管理理论、服务管理理论、流程管理理论及消费者行为理论等多方面理论与酒店运营管理有机结合，并且提供了丰富的实践管理案例。让读者既能掌握完整、系统的酒店运营管理知识要点，又能有目的地培养分析和解决实际问题的能力。

本书首先介绍了酒店及酒店业的范围与特征，追溯了其发展历史，对其未来趋势做了展望，阐述了该产业的机会，总结了一些酒店的主要管理理念，以及酒店在整个社会的地位与作用。在酒店概述之后，接下来的十一章围绕着酒店职能管理、业务管理和运营战略三个部分展开。

本书的大纲由邓爱民、李明龙讨论完成。本书的编写是多院校协作的结果，在具体章节分工写作方面，第一、二章由李明龙执笔完成；第三章由邓爱民、王宁执笔；第四章由邓爱民、柏文慧执笔；第五章由邓爱民、韩笑执笔；第六、七章由邓爱民、李鹏执笔；第八章由邓爱民、程晓云执笔；第九章由邓爱民、许娟执笔；第十章由邓爱民、涂精华执笔；第十一章由邓爱民、韦银艳执笔；第十二章由邓罗伟执笔完成。全书由中南财经政法大学旅游研究院院长邓爱民教授、李明龙副教授统稿。感谢所有参与人员的努力，感谢出版社编辑和工作人员的辛勤付出。

本书的编写参考了大量国内外学者的研究成果以及相关学科的文献资料，谨在此对相关作者表示感谢。限于编者知识水平及行业经验，本书编写中的疏漏和不足之处在所难免，殷切希望本书的读者批评指正。

编　者

2019 年 8 月

# 目 录

# 第一章　酒店管理概论

**本章导读**

本章主要阐述了酒店的基本概况。第一节首先讲述了酒店的含义与特征，酒店的目标与资源，以及酒店管理的特征。其次介绍了酒店的历史与功能，使读者进一步了解酒店。最后阐述了酒店分类和业态，以及酒店的地位与作用。第二节简单讲述酒店的运营及管理，以一般管理理论为基础，同时结合酒店企业的具体特点，阐述酒店运营及管理的具体实践。第三节则进一步细化酒店管理的具体职能，以及酒店管理者应该具备的管理理念。

## 第一节　酒店与酒店业

### 一、酒店的含义与特征

#### （一）酒店的含义

酒店由于与人们日常生活关系密切，作为一般用语已被理解与广泛应用。在中国甚至整个世界，酒店广泛分布于城乡各地，为多数人尤其是旅行者所熟知。酒店的存在本身也有较长的历史，对酒店的相关报道、记述等也较为广泛。当然，各人对其解释可能不一，因而一个统一的概念仍然是非常必要的。

《辞海》将酒店定义为较大而设备较好的旅馆。这强调了酒店对设备的依赖性和其建筑特征。从专业的角度上说，酒店首先是一个企业，它以建筑物为基础，向公众（主要是旅游者）提供住宿设施和相关的餐饮、商务、康乐等服务。例如，《旅行、旅游与接待业大字典》将酒店定义为“主要为旅游者和临时居住人员提供住宿、食品、饮料以获取报酬，也经常为其他使用者提供餐饮服务、设施设备、商务服务等的企业”。因而，酒店的含义包括以下四个方面：

（1）提供住宿设施、满足客人的住宿需求是酒店的核心。现代酒店种类繁多，所提供的服务组合也各有差异，但是住宿作为人类一项最基本的生理需求，是所有酒店必不可少的部分。在中国，很多经济型酒店，如如家、汉庭等酒店并不提供餐饮服务，很多民宿、家庭旅馆等也没有像大型酒店那样的商务中心和健身房，但是这些酒店无一例外地都有可供住宿的客房。因而酒店是以建筑物为基础，在核心功能上与房地产较为相似。二者的相同之处是都为顾客提供住宿服务，不同点是房地产将房间设施的产权及功能(比如 70 年)一次性转让给顾客，而酒店则将客房的住宿分割成每一个夜晚按日销售给顾客。当然二者中间还存在着各种不同住宿形态的连续体，比如分时度假、产权酒店，表现为客房住宿单元的分割比例位于二者之间等。

（2）酒店的主要产品是服务。服务具有无形性、差异性、不可分离性、不可储存性等特点。无形性，指的是服务的提供不能有形化为一定的载体，只能进行感知。例如，酒店前台服务员为顾客办理入住登记手续。差异性指的是同样的服务在不同的顾客身上感知会有差异。例如，酒店服务员同样的问候与手势在不同的顾客看来可能会有不同的感受，在不同的情境下也可能存在一定的差异。服务的不可分离性指酒店的服务提供与顾客对该服务的消费在时间和空间上是不可分离的。例如，顾客可以在武汉吃上天津生产的方便面，却无法在家里享受酒店的服务。这种不可分离性又进一步导致酒店服务的不可储存性。酒店的客房按每日出售，如果某一日未售出，将无法储存到另一个时间段销售。由于不可储存性的特点，能灵活进行收益管理的酒店往往会在最后的时刻以低于原客房标价的价格销售给犹豫不决的顾客，以尽可能地有效利用客房。当然，服务是与物相对的，而酒店也部分提供物化的产品，比如餐食。服务与物也是一个连续体，而酒店一般既提供服务，也提供部分物化商品，如图 1-1 所示。

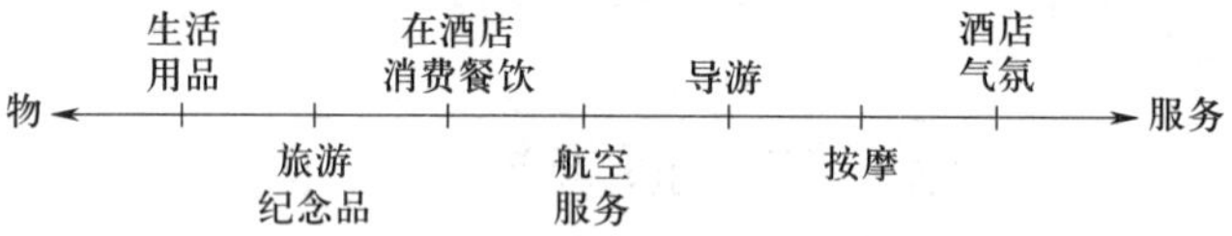


图 1-1　与酒店相关的物与服务连续体

（3）酒店与旅游有着密切的联系。酒店的主要服务对象是“旅游者和临时居住人员”，因而酒店往往被看作是旅游的一部分。例如，美国酒店业协会将旅行与旅游业划为五个分支，酒店是其中一个部分，如图 1-2 所示。

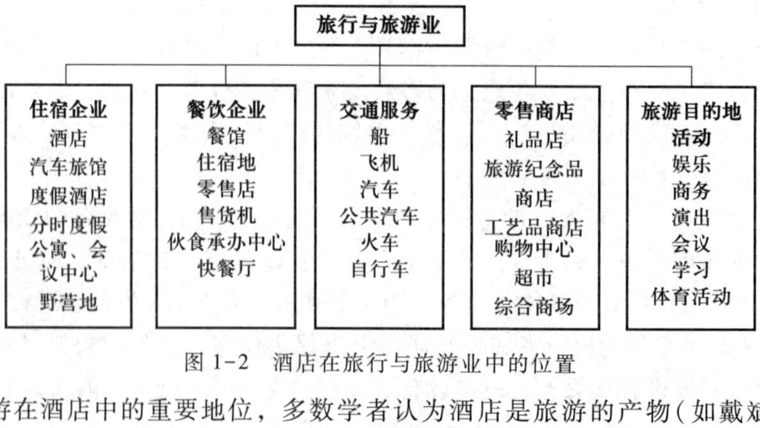


图 1-2　酒店在旅行与旅游业中的位置

基于旅游在酒店中的重要地位，多数学者认为酒店是旅游的产物(如戴斌,1998)，由人类复杂性与简单性的心理平衡所导致。人们出门旅游往往是受复杂性的心理所驱使，表现为追求新奇、刺激，受与惯常环境不一样的吸引物影响。这往往表现为前往异地的旅行活动。而得到异域享受的旅游者还有追求简单性心理的一面，他们希望在一个陌生的环境中有熟悉的休息空间和高质量的睡眠，于是酒店作为“家外之家”便出现了。

然而，许多酒店的顾客并不仅仅局限于旅游者。它们在服务旅游者的同时，也可能为当地居民提供餐饮、会议等服务。国际上往往将旅游业与接待业并列，而酒店是可作为接待业的主要组成部分的。因此，严格意义上说，旅游部分地包含了酒店，如图 1-3 所示。

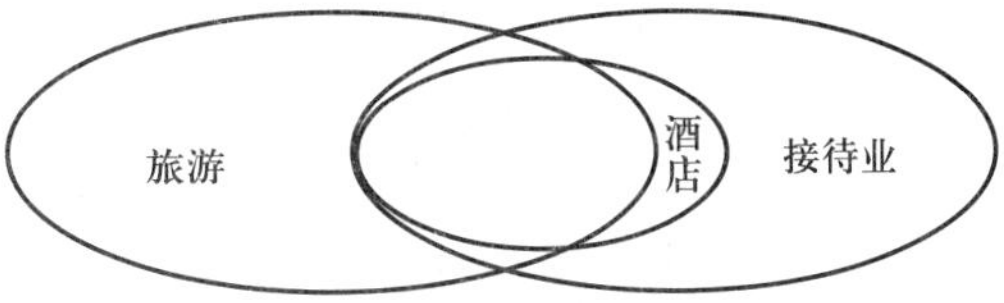

图 1-3 旅游与酒店的关系

（4）酒店以设施设备为基础，可能提供餐饮、商务、健身等多种服务。酒店的服务提供依赖于其设施设备，酒店建筑物本身就是重要的设施，是酒店重要的固定资产。不同的设施设备对应于不同的服务，如酒店的餐厅提供餐饮服务，酒店的健身房、游泳池等为顾客提供康体服务。

**（二）酒店企业的目标、资源与管理**

作为服务与公众住宿需求的酒店，在其不断满足顾客需求与实现自身目标的过程中，也必须有管理活动。因此，酒店管理是酒店运用管理手段实现企业目标的结果，是为了实现酒店企业目标而进行的一项协调活动，这种活动伴随着信息获取、决策、计划、组织、领导、控制乃至创新等职能的执行，其协调的对象是包括人力资源在内的一切可以调用的资源。

酒店同其他社会组织一样，要实现既定的管理目标，即要实现一定的社会效益和经济效益。酒店要占有和消耗社会劳动和社会资源，就必然承担社会责任，即服务于社会，服务于顾客。酒店的组织目标是在其利益相关者的综合要求下的结果，如图 1-4 所示。酒店需要满足其外部的股东、顾客、合作商、社区及政府等多方面的需要，同时也要考虑其内部管理者与员工的利益。酒店要为顾客提供服务，使顾客满意，以实现经济效益；同时，酒店也应是社会精神文明的窗口，是人们社会交往的舞台，具有对社会劳动力的需求，也解决社会就业问题，获得社会效益。此外，酒店还应注意社会公德，倡导环境保护，体现环境效益。

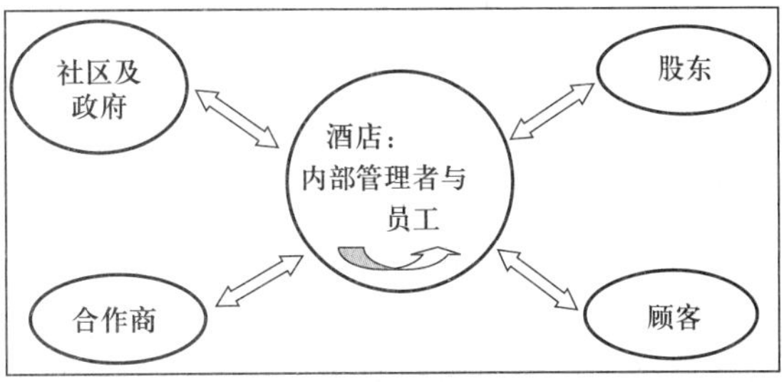

图 1-4 酒店组织的目标要求

酒店管理的重要活动便是履行管理职能。酒店作为一个典型的服务性企业，其信息获取、决策、计划、组织、指挥、协调、控制乃至创新等职能活动具备一切组织的共通性，同时也具有自身的特殊性。本书将在后面的章节中对此做进一步的展开。

资源是酒店管理的依托，也是其酒店管理的主要对象。一个酒店所具有的资源主要有财务资源、物质资源、人力资源和无形资产等。如图 1-5 所示，酒店的财务资源主要表现为融通渠道与财务管理优势；物质资源主要表现在酒店的服务设施设备、地理位置和原材料获得等方面；人力资源则包括具有管理技能的管理人员、训练有素的服务人员和其他具有专门知识技能的人员；而酒店的无形资产则主要表现在酒店声誉、品牌与专利、与客户的合约以及公共关系等。在这些资源中，人员是最重要的。酒店组织中同时存在人与人之间、人与物之间的关系，但人与物的关系最终仍表现为人与人的关系，任何资源的分配、协调实际上都是以人为中心的，所以酒店管理要以人为中心，主要协调人的活动。

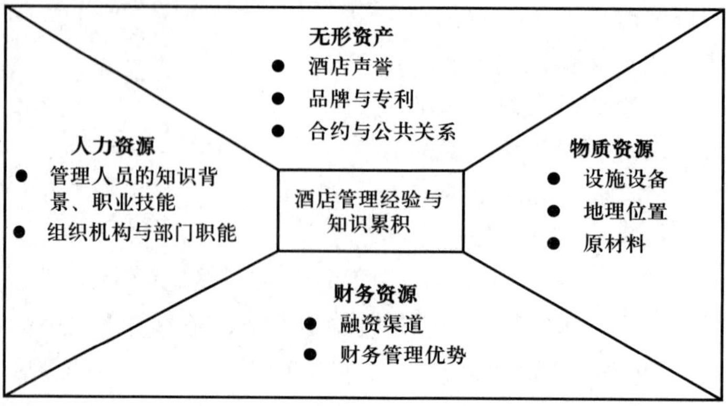


图 1-5 酒店企业的资源

### （三）酒店管理的特征

酒店作为一个典型的企业组织，其管理必然要遵循一般的管理理论与原理，然而，酒店运营又有其自身的特点与规律，这决定了其管理的特殊性。

1. 以人为本，体现人性化

酒店业是服务人的行业，它是由酒店员工去从事服务工作而为更多的人提供便利与享受。酒店直接的服务对象就是活生生、有情感、有思想的人，因此，从顾客的角度看，必然要求酒店的管理体现人性化，而“热情好客、宾至如归”“顾客就是上帝”等理念正是这种人性化管理的一个体现。另一方面，与其他制造性行业不同，酒店的服务形式是员工直接面对顾客服务，顾客通过员工来感知酒店的服务质量和形象，因而员工的言行、服务态度也构成了服务的一部分。在这种人际交往密切而复杂的氛围下，自然要求管理以人为本。酒店管理只有服务好自身的员工，才能让员工服务好顾客。

2. 注重细节

酒店管理不能忽视细节的把握。重视细节不仅是一种服务态度，也是一种管理理念。无论是在服务上还是在管理上都要重视细节，一家酒店管理和服务水平的高低，就是通过一些细节体现出来的。服务重视细节，客人才会有细致、周到、体贴入微的感觉。管理重视了细节，才能体现管理的规范、细致、严谨。酒店管理是由许多细节组成的，管理人员和检查人员要学会做挑剔的顾客，力求酒店的各个区域、每一项设施完美无缺。酒店的细节管理作为评价酒店管理是否成功的一项重要标准，作为提高顾客满意程度的重要环节，理应引起酒店管理者的高度重视。商业酒店管理之父艾·米·斯塔特勒就非常重视细节管理，将细小问题的发现视为管理的进步，并写进酒店服务规范中。随着顾客消费经验的积累和自身需求的提高，酒店的服务细节越发重要，往往成为决定管理成败的重要因素。

3. 强调成本控制和效益目标

酒店成本发生在其业务经营的各个环节、各个方面，涉及酒店组织的每个部门以及每一个员工的活动。因此，在酒店人、财、物管理的各个环节，成本控制始终处于核心和关键的位置。酒店成本控制从成本预测、决策、确定目标成本开始，通过成本分析制定降低成本的措施方案，以保证实现成本费用的目标，并通过编制成本预算将总目标成本费用分解为各单位的成本预算指标和某些产品的标准成本等。

效益是酒店管理的永恒主题。效益的高低直接影响着酒店的生存和发展。效益是一种有益的效果，反映了人们的投入与所带来的利益之间的关系。在酒店管理中，效果、效率和效益都是对投入与产出之间关系的评价，效果的概念侧重于主观的方面，强调合乎目的的程度；效率的概念侧重于客观的方面，判断投入与产出的比率；而效益的概念则要求从主观与客观两个方面的统一中来进行判断，既要完成目标，又要体现效率。酒店的效益可以分为经济效益和社会效益。

## 二、酒店的发展历史

酒店古已有之，发展到今天经历了一个漫长的过程。在不同的历史时期，酒店表现出不同的特点，扮演着不同的角色，并提供了不同的社会功能，满足了不同顾客的需求。一般而言，酒店的发展经历了古代客栈、大酒店、商业酒店和现代酒店四个时期。

### （一）古代客栈时期

同今天的旅行者一样，古代的旅行者也需要住宿和膳食。一些小客栈在提供住宿和餐食的同时，还向客人提供含酒精的饮料和娱乐活动。小客栈的主人们对民房进行布置（有时要分割），出租给异地经商的留宿者或进京赶考的学生，将所有可以利用的食物制成餐食，提供给留宿的客人或往来的公职人员。影视桥段中经常出现的“客官，您是要打尖还是住店”说明具有住宿和餐饮功能的酒店古已有之。在罗马帝国时期，客栈已经非常普及。在中国，宋朝时期客栈已比较发达，客栈结构已基本成型。

在中世纪，天主教会管理着许多招待所（客栈的一种）、寺院和其他宗教寓所，以此为旅行者提供休息场所。成立于 1048 年的宗教团体——耶路撒冷圣约翰骑士团，曾建立了很多教堂和寺院，用以保护来往于耶路撒冷的朝圣旅行者。实质上，是天主教会经营了第一家连锁酒店。

早在 1400 年，英国的一些客栈或“酒馆”就已经出租房间。它们一般坐落在大城镇、主要十字路口、摆渡码头和易于穿行的道路旁。不管是步行、骑马、乘马车或乘船，旅行者总要休息和用餐，客栈就为这些旅行者提供必要的住宿和餐饮服务。有些客栈实际上是带有一两个额外客房的私人住宅。其他客栈则是拥有二三十个房间的较大建筑物。

美国早期的客栈发展与英国在形式上相似。虽然住宿设施相对简单，但都位于交通便利处。提供的餐食也较简单，但是数量充足，还提供啤酒和朗姆酒。科尔旅店是 1634 年在美国波士顿由塞缪尔·科尔开办的一家知名旅店，它不仅是波士顿的第一家旅店，或许也是美国在各殖民地的第一家旅店。美国与其他地方一样，住宿业和餐饮服务是伴随着旅行线路发展起来的。

中国的酒店也是由古时候的客栈、驿站、迎宾馆等住宿形态发展而来。当然，早期的客栈往往住宿设施简陋，仅提供最基本的食宿，没有其他更多的服务。同时，多数客栈声誉较差，以此为谋生的行业和人员被人轻视。

### （二）大酒店时期

从 18 世纪末开始，由于工业革命已在先发资本主义国家产生传播效应，加之工业化进程加速引致第二次工业革命爆发，使得欧美国家的社会生产力大幅提高，人们的生活水平得到显著提高，消费能力大大增强。在此背景下，出现了一批需要度假和公务旅行的贵族和上层人物，这些度假者、公务旅行者等推动酒店进入了大酒店时期或豪华酒店时期。

大酒店时期的酒店建筑规模宏大，设施设备较齐全且豪华，价格昂贵，服务周全、上档次；讲究服务礼节，并尽可能地满足宾客的要求；餐食精美考究，主要服务于王公贵族和富有阶层等上流社会人员。同时，酒店的投资者往往不太重视经营成本的控制，接待目的往往具有非营利性。其代表是法国巴黎的里兹酒店和美国纽约的首都酒店。

出生在瑞士的塞萨尔·里兹年轻时在瑞士的旅馆打工，却多次被辞退，原因是“不适合旅馆工作”。但里兹却没有放弃，并不断更换酒店重新做起，从打杂一直升到经理。此后，瑞士卢塞恩的一家酒店因为经营不善，处于亏损状态，里兹受聘担任总经理后，把长期以来积累的酒店管理理论付诸实施。他认为，为了能使顾客高兴，没有什么小事不屑一做，也没有什么大事不敢去做。结果只花了两年时间，他就创下了奇迹，使酒店转亏为盈。

1898 年，里兹在巴黎旺多姆广场上开设了一家巴黎最大的酒店。酒店设施十分奢华，客人能在酒店一边聊天，一边喝着茶或咖啡。里兹在酒店花园中设置了一应俱全的桌椅。同时，他摒弃了在墙上装裱墙纸的老式做法，用油漆漆墙。此外，里兹还在酒店的卧室里安装了私用浴盆，这在当时的酒店业界尚属首次。里兹对酒店服务的要求非常高，认为顾客有一种被服侍的需求，服务必须周到而不露痕迹。里兹及其酒店代表了大酒店时期酒店在生产与服务方面的许多特点，这与早期的旅游集中于上层人士的背景是分不开的。

### （三）商业酒店时期

从 20 世纪初开始，生产力的进一步提高和社会经济的进一步发展，加之火车的大发展以及随后飞机的出现，促使商务旅游迅速发展。由于当时的社会等级制度，这些数量不断增加的商务客人没有资格住大酒店，但他们也不愿意住设施简陋而廉价的小客栈，这便产生了一个新的市场空白点，商业酒店由此而产生。

商业酒店时期的酒店设施不再强调豪华，而是方便、舒适、安全、清洁。这些酒店的服务虽然仍较简单，但已日渐健全。酒店的经营突出营利性，开始以客人为中心，价格也趋于合理。随着商业酒店的迅速发展，连锁酒店开始出现，酒店的所有权和经营权逐渐分离。最典型的代表是美国的斯塔特勒酒店。

斯塔特勒被誉为现代酒店之父，他在酒店管理上做了许多创新，如在每间客房安装电话、电灯，开关安装在房门旁边等。他曾提出“客人永远是对的”，强调酒店的设计、服务应该以顾客为中心，顾客满意了，才会增加消费，酒店才会产生更多营利。“客人永远是对的”这条原则逐渐成为后来的酒店业、服务业通行的商业原则。斯塔特勒非常强调酒店的便利性，他曾指出，酒店成功的三要素是位置、位置和位置。斯塔特勒的经验和思想对今天的酒店管理仍然有一定的启示意义。

### （四）现代酒店时期

第二次世界大战之后，全球政治稳定，经济走向复苏，人们生活水平有了大幅提高，同时，科技发展迅速，交通更为便利。这些都促使了战后旅游的大发展，大众旅游由此出现，进而对酒店的需求剧增，并使酒店进入了现代酒店时期。

现代酒店时期的酒店功能更加多样化，服务更具综合性，酒店重视采用科学合理的手段进行市场营销、成本控制和人力资源管理。这些酒店重视规模经济效益，连锁经营日益普遍，成为多数迅速发展的酒店的选择。最典型的代表是美国的希尔顿酒店、英国的洲际酒店和法国的雅高酒店。

法国雅高是一个比较年轻的酒店集团。从 1964 年酒店设计到 1966 年第一家诺富特酒店的问世，再到诺富特酒店连锁经营的出现，再到雅高酒店的并购与集团化，仅仅 50 多年，便跻身世界酒店集团的前列。雅高的成功是发人深思的。诺富特产生之初，世界上其他酒店集团如希尔顿、假日早已名声赫赫，但雅高仅用了 30 年的时间就跻身世界著名酒店集团前列，发展成为一个“银河系帝国”，不能不说是一大奇迹。这个庞大帝国的产生是多方面因素作用的结果，如优秀的人才、科学的融资、持续的创新等。其中连锁经营的成功十分关键，这也是现代酒店时期的重要特点。

在现代酒店时期，作为连锁经营核心的酒店管理公司在酒店经营中扮演着重要的角色。酒店管理公司主要为酒店企业提供专业化的服务，如酒店业务咨询、人才培训、市场营销等，其中最主要的是移植公司经过长期经验积累所产生的管理模式。这种服务的好坏是由酒店业主根据酒店的经营状况来判断的，但酒店企业并不是最终的顾客，它也服务于终端消费者(如旅行者)，因此，酒店消费者是酒店服务的评判者，也是酒店管理公司服务的最终检验者。酒店管理公司既要服务于酒店企业，同时也间接地服务于最终的消费者，这便形成了如图 1-6 所示的酒店管理公司与酒店、消费者间的复杂关系。

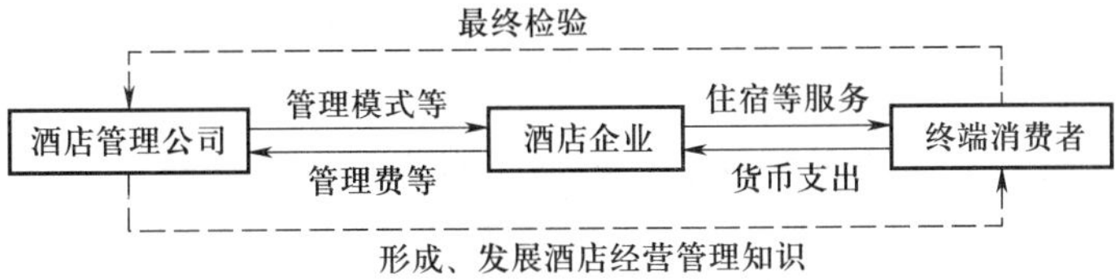


图 1-6　酒店管理公司与酒店、消费者的关系

中国酒店的连锁化与国际化开始得比较晚。1982 年，中国第一家中外合资酒店——北京建国酒店首次引进了国际酒店管理公司，其正式开业是中国现代酒店集团化管理的一个开端。此后，中国酒店业发展迅速，如今已在世界酒店业中占有重要一席。

回顾酒店的历史与功能，目的在于进一步了解酒店，并对今后的酒店经营与管理有一定的借鉴意义。

## 三、酒店的分类及业态

### (一) 酒店的分类

酒店按照不同的标准可以划分为不同的类型。

1. 按酒店建筑规模

按建筑和产出规模，酒店可划分为大型、中型和小型酒店。目前对于酒店规模尚没有统一的划分标准，比较通行的方法是依据酒店的客房数和床位数。例如，《Hotels》等杂志就以酒店客房数为标准，每年对世界各地的酒店进行评选。国内的酒店评比有时也会将客房数和床位数结合起来进行。一般说来，客房在300间以下的酒店被视为小型酒店；客房数在300～600间的则是中型酒店；客房数达到600间以上，则为大型酒店。

2. 按酒店等级

世界上酒店等级的评定多采用星级制，中国是根据《中华人民共和国星级酒店评定标准》，按一星、二星、三星、四星、五星来划分酒店等级的。五星级为最高级，在五星级的基础上，再产生白金五星。目前中国共有北京中国大酒店、上海波特曼丽嘉酒店、广州花园酒店、济南山东大厦4家酒店属于白金五星级酒店。

酒店的星级是按其建筑、装潢、设备、设施条件和维修保养状况，管理水平和服务质量的高低，服务项目的多少，进行全面考察、综合评价后确定的。一星级酒店，设施设备简单，强调用材经济，具有食宿两个最基本的功能，有空调、电梯，能满足客人最简单的旅游需要，提供基本的服务。二星级酒店，要求建筑用材稍好，设备比较一般，除具有食宿基本功能外，还有部分综合设施如酒吧、理发室等，服务项目更多，能满足一般旅游需要且服务质量较好。三星级酒店用较高档的建筑材料，设施设备齐全，布局合理而具有一定的特色，食宿条件好，具有综合服务设施，服务项目更多，服务质量更好，能提供中、西餐宴会等较高要求的餐饮服务。四、五星级酒店，要求建筑用材高档，环境幽美，设施设备先进、豪华、现代化，综合服务设施、娱乐设施配套完善，服务项目十分齐全，服务质量追求完美，属于高级乃至豪华的酒店，也是会议、娱乐、购物、消遣、保健的活动中心。

3. 按酒店接待功能

酒店按服务对象或接待功能，可以分为商务型酒店、度假型酒店、观光型酒店、会议型酒店和长住型酒店。

商务型酒店主要为那些从事商务活动的消费者提供住宿、膳食和商务活动方面的便利。这类客人对酒店的地理位置要求较高，要求酒店靠近城区或商业中心区。因此，此类酒店多位于城市的中心，交通便利，内外装修富丽堂皇，设备设施豪华，适应性较广，在酒店业中占的比例最大。由于商务客人的季节性不明显，因而商务酒店的客流量一般不随季节更换而产生大的变化。

度假型酒店是指为满足顾客度假、开会、疗养等需求而提供食宿及娱乐活动的酒店类型。这些酒店多位于交通便利的海滨、山区、温泉、海岛、森林等地，一般都远离喧闹的大都市区，提供各种娱乐活动项目，如滑雪、骑马、狩猎、垂钓、划船、潜水、冲浪、高尔夫球、网球等，并以明媚阳光、新鲜空气等优美的自然环境来吸引游客。目前，此类酒店多分布于旅游度假胜地，如三亚、大连、桂林、北戴河等地。

观光型酒店主要为观光旅游者服务，多建造在旅游景点，经营特点不仅要满足旅游者食住的需要，还要求有公共服务设施，以满足旅游者休息、娱乐、购物的综合需要，使旅游生活丰富多彩，并得到精神上和物质上的享受。由于观光型旅游具有一定的季节性，观光型酒店一般会出现客流的高峰和低谷期，有一定的波动。

会议型酒店是以接待会议旅客为主的酒店，除食宿娱乐外还会为会议代表提供接送站、会议资料打印、录像摄像、旅游等服务。要求有较为完善的会议服务设施（大小会议室、同声传译设备、投影仪等）和功能齐全的娱乐设施。

长住型酒店供消费者长期或半永久性居住，因而其主要市场是住宿期较长、在当地短期工作或度假的旅客或家庭。此类酒店客房多采用家庭式结构，以套房为主，房间大者可供一个家庭使用，小者有仅供一人使用的单人房间。它既提供一般酒店的服务，又提供一般家庭的服务。

**（二）酒店的业态**

旅游形态纷繁复杂，顾客多种多样，这就导致酒店表现出不同的形态。同时，随着社会的发展和人们生活方式的变迁，也使酒店呈现出不同的业态，如经济型酒店、精品酒店等。

1. 经济型酒店

自 1996 年第一家经济型酒店——锦江之星成立至今，中国经济型酒店在短短 20 年间经历了井喷式的发展，其中不仅有外国经济型酒店品牌，更为突出的是中国本土品牌的迅速成长与扩张。以不断增长的客源市场为基础，出现了如家、7 天、汉庭、锦江之星等众多的经济型酒店品牌和集团，经济型酒店在数量上也达到相当的规模。以目前主流的经济型酒店品牌为例，到 2018 年年底为止，如家已经拥有 2 319 家分店，7 天连锁酒店总数达 2 468 家，而汉庭酒店增至 2 244 家分店。

虽然经济型酒店在数量上得到巨大的发展，但目前的竞争也日趋激烈。经过长时间的高利润高增长之后，经济型酒店的市场逐渐趋于饱和。利润很低和市场竞争的白热化致使很多问题不断暴露出来，尤其是产品的同质化明显，问题日趋严重。在不断完善的市场条件下，未来经济型酒店市场区分化是必然趋势。同时，以经济型酒店市场细分为基础，针对不同市场需求，对经济型酒店的产品进行差异化的生产与服务，一定会成为一项重要的产品区分标准。

在经济型酒店快速发展的大背景下，对于经济型酒店产品以市场为标准，针对不同的客户需求，给予个性化的服务可以避免产品与服务普遍化带来的竞争压力。针对消费者的需求所提供的产品也更能赢取消费者的青睐。经济型酒店市场形成专业的细分市场，使得经济型酒店产品形态更加丰富，市场发展可持续性更强。

除了同行之间的竞争，经济型酒店与销售渠道商（如旅游代理商）等利益相关者的竞争也变得激烈。对于仅提供有限服务的经济型酒店来说，在保证较高的客房出租率的同时最大限度地控制营销成本和费用的需求更为强烈。因此，经济型酒店对营销渠道的选择及组合尤为重要。然而，现阶段经济型酒店在营销渠道组合的管理上有一定的问题，影响了经济型酒店产品价值的实现。例如，2009 年，携程与格林豪泰酒店就酒店的销售代理、价格等发生冲突，导致携程在其网站下架了所有格林豪泰酒店。“携格事件”反映出酒店运营商与渠道商的矛盾，也凸显出经济型酒店营销渠道管理方面存在着对客源渠道缺乏控制力和第三方渠道商相对垄断的问题。

经济型酒店提供有限服务，但是在酒店安全方面仍有待加强。安全需求是顾客最基本的要求，也是酒店应该提供的服务。2016 年 4 月，一位女性顾客在某酒店入住时遭陌生男子尾随挟持，引发安全问题。事件发生后，酒店的品牌声誉和市场销售受到明显影响。因此，只有为顾客提供安全、高质的服务，才能使顾客满意，从而获得持续发展。

2. 民居客栈

（1）民居客栈概述。民居客栈，也称民宿，是依托于风景名胜区，尤其是生活气息、文化氛围浓厚的古城古镇，经民居改造、发展而成的，一种以接待往来游客为主要目的的住宿设施。在一般风景名胜区，民居客栈是当地主体住宿设施的重要补充，而在民俗风情或传统文化氛围较浓的古城、古镇、古村，如云南的丽江、苏州的周庄、安徽的宏村等，民居客栈往往在当地住宿业中起主导作用，是当地文化的组成部分，也是构成旅游地吸引力的重要因素。民居客栈一般由家庭经营，其设施简单，服务有限(相比于星级酒店)，因而运营成本较低，价格普遍低廉。民居客栈在最大限度吸引民间资金、解决当地居民就业、激发旅游地居民旅游建设热情和增加旅游地经济收益等方面起着重要作用。另一方面，民居客栈也是外地游客体会当地文化的机会，它对保护历史景观、传统文化同样具有重要的意义。

(2) 民居客栈的成长背景。随着大众旅游的深入，人们的旅游消费日益理性和成熟，中国传统以自然景观为主要内容、以走马观花式被动游览为主要表现形式的观光旅游，正逐步向休闲度假旅游方式转变。以休闲度假为主要目的的旅游者到达旅游目的地后，一般活动范围不大，主要局限于度假地及其周围地区。他们强调休闲、娱乐和回归，重视体验，对旅游景区的传统文化、民风民俗有较大的兴趣，因而休闲、度假旅游者构成了民居客栈的客源主体，他们入住民居客栈的主要目的也是出于对当地文化的浓厚兴趣。以外国旅游者为例。国内一次抽样调查表明，美国来华游客中主要目标是欣赏名胜古迹，约占 26 %，而对中国人的生活方式、风土人情最感兴趣的却达 56.7 %。另一项调查也表明，美国来华游客中 56%是为了体验中国人的生活和社会风俗；而日本来华游客中则有 68%是为了体验中国的民族风俗。民居客栈作为当地文化、生活方式的载体，正是在适应这种市场需要的基础上发展起来的。

假日旅游的兴起也为民居客栈创造了客源条件。相比于旅游酒店，民居客栈具有较大的供给弹性，有利于解决黄金周旅游住宿供求矛盾状况。自 1999 年中国实施黄金周制度以来，假日住宿难的问题一直没有解决，反而有加剧的趋势。建招待所和宾馆可能是一条出路，但却受到旅游地承载力的限制，更严重的是，它在非假日期间会因闲置造成浪费，这便产生了平日和假日客流量悬殊的矛盾。而开发“民居客栈”，利用的是现有民间房源，不但能有效解决游客住宿难问题，还能为居民带来旅游收入。因此，杭州市政府早在 2000 年 9 月就出台了《家庭旅馆审批管理办法》，该办法规定，凡有条件的杭州市民，在经有关部门核准以后，可以将自家住房开设成民居客栈，接待国庆期间来杭游玩的游客住宿。

民居客栈是旅游地文化的重要组成部分，与旅游景区的发展息息相关。纵观改革开放以来中国旅游业的发展，旅游景区的开发经历了三个发展阶段，与此相对应，其住宿业在不同的发展阶段呈现出不同的特点，最终导致了民居客栈的产生和发展。

① 重点风景名胜区大规模开发阶段。1985 年 6 月 7 日，国务院发布《风景名胜区管理暂行条例》，中国开始大规模开发景区、景点旅游资源。在该阶段，政府在开发中起绝对主导作用，社区居民的参与相对较少。与此相对应，住宿接待工作主要由相关的国有酒店负责，此时，虽然有的古客栈在实现着住宿接待的功能，但它的主要功能在于作为人文景观的吸引要素，且基本上是由政府来经营的，真正意义上的民居客栈却并未产生。

② 景区资源普遍开发、“三化”现象突出阶段。1992 年，在党的十四大精神的指导下，为强化风景名胜区工作，国务院办公厅以国办发〔1992〕50 号文转发了建设部《关于加强风景名胜区工作的报告》，要求各地区、各部门贯彻执行；并发布通知，争取有关部门的支持，实行优惠政策，调动社会各方面积极性，增加对风景名胜区的投入，以加快其建

设步伐。因此，各地纷纷开始加快开发风景名胜区的步伐，使得景区矛盾也日益突出。应国务院的号召，许多景区民居开始接待外来游客，民居客栈作为建设风景名胜区的一支力量由此产生。然而，各景区更多的是采取优惠政策来吸引外资建酒店。民居客栈尚未引起其重视，发展水平自然也不如其他住宿机构。

③ 矛盾发展中寻求理性回归的阶段。前一阶段的景区开发暴露出许多问题，尤其是景区环境保护问题。因此，景区建设开始寻求理性的回归，强调景区资源的保护。1999 年中华人民共和国国家标准《风景名胜区规划规范》(GB 50298—1999)的出台正是其标志。随着旅游景区的发展，住宿业的供需矛盾突出。一方面，目前的住宿设施难以满足日益增加的住宿需求；另一方面，新建住宿设施只会对景区造成更大的破坏。而民居客栈正是一个可行的解决办法，它不仅可以增加住宿的供给力量，而且对保护当地文化有利。因而各旅游景区开始倡导民居客栈，给予政策支持，使民居客栈得到了全面的发展。

综上，风景名胜区的发展促成了民居客栈的产生与发展(见图 1-7)，随着景区建设的进一步深入和可持续发展理念的加强，民居客栈必将得到更大的发展。

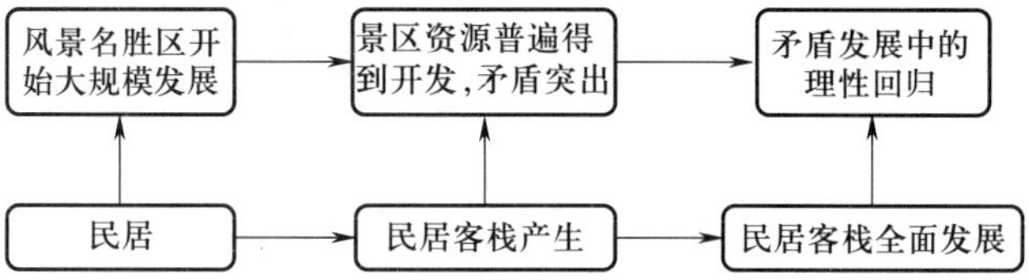


图 1-7 风景名胜区发展与民居客栈的发展关系

(3) 民居客栈的发展现状。民居客栈的发展历史较短，但发展迅速。作为一种住宿业的新型业态，它以其灵活的经营方式，无可替代的个性化服务，获得了游客的青睐。其发展现状如下：

① 民居客栈总体发展形势良好，但发展不平衡，集中趋向于民俗文化、传统文化比较浓厚的古城、古镇等。中国民居客栈的发展极不平衡，大部分集中于地方文化气息浓郁的古城、古镇，其代表是江苏周庄的民居客栈。在景色迷人的古镇同里，总会发觉一些充满特色的客栈。客栈经营者无须做什么广告，自然会有那些热爱自由、酷爱探险、崇尚民俗文化的旅游者前来，在这里追求生活情调和一份别样的浪漫。而在其他类的旅游景区，由于缺乏文化底蕴，民居客栈难以构筑自身特色，在设施、服务各方面都较另外的酒店差，因而民居客栈的发展较慢，甚至缺乏成长的基础。

② 竞争手段比较单一，价格竞争明显。一般酒店存在的价格竞争问题同样也存在于民居客栈。在云南古城丽江，一遇到旅游淡季，许多客栈入住率很低，一些地理位置较差的客栈甚至没有住客。为了抢夺客源，各家客栈使用的主要策略就是降价。因为民居客栈的运营费用低，店主们可无限制地压价。另一方面，旅游旺季时的抬价问题也同样严重。纯粹的价格竞争容易导致价格战，最终将损害整体民居客栈的利益。

③ 从客栈管理上看，民居客栈缺乏应有的规范服务。目前的民居客栈在设施、服务的各方面都不统一，存在不规范性。一方面，这种民居客栈的多样性、差异性正是吸引游客的所在。许多接受过安徽宏村民居客栈服务的游客反映，缺乏规范的客栈有着生活的迹象，没有职业微笑的老板娘就像是邻家的大嫂，这是追求体验民风民俗和传统文化的游客所欢迎的。另一方面，适当的规范服务是必要的，许多客栈存在服务质量问题和安全隐患，这将不利于民居客栈的长远发展。针对民居客栈的参差不齐，文化和旅游部颁布了

《旅游民宿基本要求与评价(LB/T 065—2019)》，正是对上述问题的回应。

(4) 民居客栈的发展战略。

① 从行业角度看，民居客栈需要适当的规范与自律。民居客栈在发展到一定程度之后，可以组成行业自律组织，以实现家庭旅馆的资源优化配置和利用效益的最大化。就目前的形势看，这个目标难以实现。但政府可以出台相应的法律法规，在客栈的规范发展上起作用。以四川阆中古城为例，古民居客栈是阆中独具风韵的亮点。古城区内有不少古民居客栈，但由于建筑方面的限制，其卫生间、客房面积、停车场等配套设施均不能满足游客需求，有些客栈的服务质量也不尽如人意。为此，阆中制定了《古民居客栈星级划分与评定标准》。这部具有鲜明地方特色的旅游规定，突出了古民居客栈的特殊性，对古民居客栈的设计、改造、服务、环境、设施等都作了具体规定和要求，有效地提升了古民居客栈的服务质量和水平。

② 广泛的战略联盟有助于民居客栈的发展。民居客栈规模小，且往往作为个体孤立存在，其在战略发展、营销意识与手段等各方面都存在很大的缺陷，而战略联盟正是其有效出路。一方面，民居客栈可以建立自身的联盟，在策划、营销上形成优势，克服目前依靠口头相传为主的销售手段的局限性。另一方面，民居客栈既然与整个旅游地区息息相关，就应加强与景区、旅行社等的合作，并在适当的时机建立战略联盟。丽江的民居客栈以当地旅游结算中心的“一卡通”旅游为机遇，加强了与旅行社等的合作。根据“一卡通”旅游，各旅行社将资金存入银行账户，然后运用网络技术，将团队信息写入IC卡内，导游人员持卡可到相应的景点、酒店、餐饮等地消费。民居客栈每年向结算中心申报一次房价，旅游结算遵循“先付款，后消费”的原则，旅行社无须向客栈付现金。这一做法有效避免了客栈之间的削价竞争及三角债。

③ 打造优秀民居客栈品牌。中国多数的民居客栈都缺乏一种品牌意识，往往在经营中采取短视行为，忽视整体形象的塑造和长远的发展。因而，民居客栈经营者要加强品牌意识和管理，依托风景名胜区的声誉，以独特文化为主题向游客提供个性化、差异化的服务，来强化顾客认知和印象，建立起自身品牌。由于民居客栈对旅游景区的依赖性比较强，离开了景区，民居客栈将不复存在，因而，其品牌发展的可行途径是多元化战略，尤其是同心多元化，这已为许多客栈的实践证明。

3. 绿色酒店

自20世纪末以来，人们对环境的关注和要求越来越高，环境保护、崇尚自然已成为共识。受此潮流影响，国外的酒店管理集团率先实施绿色行动，当然最初的绿色仅限于固体废弃物方面。此后，以环境保护为主题的绿色酒店的概念被提出，并成为酒店建设的一个新趋势。

中国的绿色酒店建设始于20世纪初。2003年2月，国家经贸委发布了中国酒店行业首部《绿色酒店等级评定规定》(SB/T 10356—2002)行业标准，同时，由中国酒店协会组建中国绿色酒店指导委员会，召开数期绿色酒店审核员培训班、抓好绿色酒店示范店工作、建立中国绿色酒店专门网站、举办绿色酒店论坛、建立绿色酒店检测体系，并鼓励酒店设备及用品供应商做好绿色产品的研发和生产工作。2006年3月，国家旅游局现文化和旅游部制定并实施了《绿色旅游酒店》(LB/T 007—2006)，受到广泛的欢迎和响应。例如，北京市主要奥运签约酒店都积极进入绿色酒店的行列。此后，中国旅游酒店业协会和《酒店现代化》杂志社联合举办“绿色酒店万里行”活动，推广绿色酒店内涵，以企业和个人签名承诺的方式，倡导在生产经营过程中加强对环境的永续保护和资源的合理利用。

目前中国的绿色酒店的发展呈现出以下趋势：

（1）绿色酒店的评定标准逐步完善和出台。随着绿色行动在全国的展开，绿色酒店评定标准得以出现并获得实施。绿色酒店的评定总分为300分。其中，绿色酒店需要具备的基本要求不计分；绿色设计满分40分，包括环境设计、建筑设计和流程设计；安全管理满分17分；节能管理满分60分，包括能量计量、计划控制、设备设施节能和可再生能源利用四项指标；环境保护满分50分；健康管理满分102分，包括室内通风良好、新风系统、绿色客房和绿色餐饮四项指标；最后是绿色宣传，满分31分。

（2）对创绿的责任感逐步加强。随着全球环境危机的出现，不管是政府还是企业都提出了节能环保的口号，使节能、环保、减排成为人们关注的焦点。这一点从“光盘行动”“世界环保大会”和《哥本哈根协议》可以看出。酒店管理者也意识到了创绿的重要性，真正把创建绿色酒店列入工作的范围。顾客也逐步改变了以往对绿色酒店的片面认识，不会认为酒店节约成本来创建绿色酒店是对他们利益的剥削。绿色消费将成为未来的一种时尚。

（3）越来越多的酒店开始注重绿色产品和服务的生产。目前许多酒店的房间内都放了一张提醒客人的告示牌，即如果客人不需要更换床单，就把卡片放在枕头上。有许多顾客响应了此项措施，这样不仅节约了酒店的用水、用电和洗涤用品，还为客人提供了方便的服务，因为床单如果第一天没有弄脏，不换也许用起来更舒适。而且，越来越多的酒店开始推出绿色餐饮和绿色客房服务，也得到了许多顾客的响应。

进行绿色酒店建设与管理，绿色产品是关键。它包括三个方面的内容，即绿色客房、绿色餐饮和绿色服务。酒店在提供这些产品时要做到以最少的环境代价换取最大的经济效益，减少能源的损耗，还要把绿色的企业文化传达给顾客，让顾客体会到绿色建设所带来的切身利益。同时，顾客也会因此而对绿色酒店有个全新的理解，支持酒店的绿色化建设。首先，酒店要提供绿色客房。绿色客房是指酒店所提供的客房达到环保的要求，建筑的装修和材料有利于人体的健康。绿色客房的建设要求对客房用品环境、设施设备加强绿化管理。其次，酒店要提供绿色餐饮。绿色餐饮是指酒店所提供的食品符合安全、优质、健康和环保的要求，选择符合国家绿色食品标准的食品原材料。绿色食品要求选取天然无污染的原材料，同时生产环境和储存环境都要达到相应的环境质量标准。最后，酒店要提供绿色服务。绿色服务是指酒店所提供的产品和服务有利于消费者的身体健康，有助于保护自然资源，符合健康的生活方式，同时确保使资源的利用率最高。

## 四、酒店的地位及作用

酒店作为旅游业重要服务设施之一，与旅行社、旅游交通一起，被称为旅游业的三大支柱。酒店在满足人们需求、活跃经济、创造就业等多个方面具有重要的作用和意义。

### （一）提供多方面的产品或服务，满足顾客需求

酒店的首要任务是提供优质的产品或服务，来满足社会大众的多方面需求。一般说来，酒店的产品包含三个基本的层次，如图1-8所示。

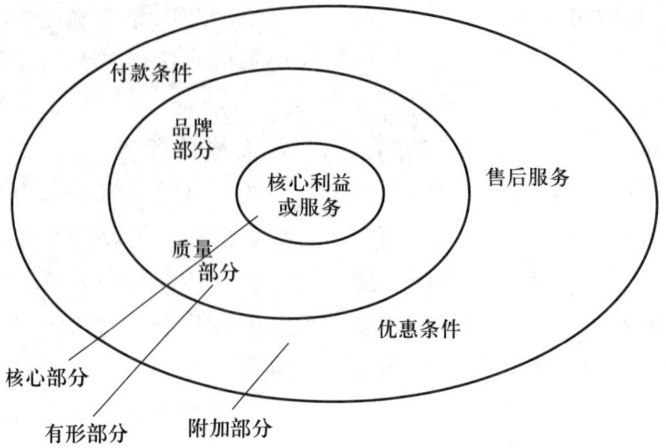


图 1-8 酒店产品或服务的层次

酒店产品的核心部分体现在为客人提供核心利益，比如安心的睡眠。只有把顾客需要置于首位，重视顾客满意度和忠诚度，酒店的服务价值才能得以实现。这些产品又有其外在的有形部分，即实际产品，属于酒店围绕着产品的核心利益建立的有形产品，包括质量、风格、品牌、包装等。酒店产品多属于无形的服务或产品，因此更需要有形部分来把信息与产品传递给消费者。酒店产品质量意味着服务特征对企业的规定和需求的符合程度，聚焦于生产率和酒店企业内部效率，其效果反映在以最小的成本获得最大的产出；也可以理解为服务达到或超过期望的程度，反映在其所提供的顾客满意程度。酒店产品还表现出不同的风格。不同酒店设计出的产品具有各自的风格，这种风格以一种很不明显的方式影响着产品在游客心中的印象。产品或服务的风格是产品设计者或服务提供者工作风格的物化，是一种相对稳定的特征。酒店产品还外在表现为品牌，其实质是关系，是产品及其名称与顾客发生的各种关系的总和。品牌首先是某种标志、符号，其次是消费者使用产品的体验和感受。品牌在酒店营销中起着重要的作用，既减少了顾客的信息搜寻和决策时间，也满足了顾客的个性、虚荣等心理需求。产品包装在鼓励顾客购买产品的过程中扮演了一个重要角色，尤其是当顾客对产品的品牌缺乏忠诚度并有很多同类产品可供选择时。包装可以显示酒店产品品牌名称、有关产品的重要信息，如产品主要构成、特点和价格等。酒店产品是无形产品，虽然不能像有形产品一样被装在保护性的容器储存或展示，但是也需要把产品展示给潜在顾客，因为顾客需要信息帮助他们选择合适的客房、餐食等。酒店可以把宣传手册当作产品的容器，向消费者展示酒店及其品牌名称、产品的特点(如酒店外的环境与酒店内的氛围)以及价格等。

酒店产品的附加部分是指围绕着核心与有形部分附加的服务与利益，包括售后服务、付款条件、优惠条件等，它可以进一步提高顾客的满意度。例如，酒店提供的咨询与投诉处理就是其附加服务。如今，越来越多的酒店竞争都体现在产品的附加部分，因为它不仅能满足顾客的需要，而且能使顾客获得愉悦的心情。酒店的售后服务是指在顾客离店之后，由酒店管理与服务人员向顾客继续提供的一系列服务，旨在加强同客人的联系和主动解决客人遇到的问题，包括问候电话、意见征询单、问候性明信片和促销性明信片、节日祝贺等多种形式。酒店产品的付款条件是附加于产品之上的，表现在酒店产品交易过程中，包括付款时间、付款地点和付款方式等。随着科技的进步和人们生活方式的变化，酒店付款方式的多样化、灵活化逐渐成为趋势。酒店产品的优惠条件可以理解为酒店为了长远利益放弃部分短期利益，将盈利的一小部分回馈给顾客。比如，酒店给购买了酒店产品的顾客累计积分，根据其积分的情况给予价格优惠或增加服务内容。形式多样化的优惠条款，包括现金折扣、数量折扣、服务优惠等，可以作为酒店产品吸引顾客的重要方式，也是留住忠诚顾客的有力手段。

具体而言，由于提供住宿、商务等多方面的服务，酒店往往成为政治、经济、文化交流活动的场所，是家庭和亲友情感互慰的空间，是人类传统文化与现代科技、世界先进文明与本国民族习俗相融相生的风云际会之地。

**（二）活跃经济，吸收外汇**

在改革开放初期，中国大部分酒店被称为涉外酒店，主要用于接待外国人、华侨、港澳同胞和台湾同胞。这时的酒店主要起到吸收外汇的作用，为其他国际贸易提供资金。20世纪90年代以来，国内旅游逐渐兴起，酒店的创汇作用呈下降趋势，但其对经济的拉动作用日益明显。自20世纪以来，星级酒店的总收入持续增长，是旅游业收入增长的重要组成部分。

从经营角度上说，酒店属于固定资产高但变动成本低的行业，其产生的持续现金流十分可观。因而，酒店的货币回笼较快，有利于经济的活跃。

**（三）提供就业机会**

酒店业就业容量大，在吸纳人才、解决就业方面有巨大的作用。酒店是劳动密集型产业，对劳动力的需求大。2018年，中国星级酒店从业人员约100万人，同时200万家“农家乐”（有住宿功能）共吸纳就业人口600万人。酒店业涉及的领域广泛，人才的需求也多样化。根据岗位层次的不同，不同层次的劳动力都可以找到自己的合适岗位。这个产业既需要一些高学历、高知识的管理、规划等人才，也需要提供简单技能的普通劳动力。而且，简单劳动力（如酒店服务员）需求量往往比较大，这样还可以照顾到再就业人员、农村人口和弱势群体的就业。

酒店业带动相关产业的发展，从而间接增加就业机会。与酒店相关联的建筑设计、物业管理、顾问公司等都将从酒店业的发展中受益，并吸纳大量的就业机会。例如，为酒店进行保洁和维护工作的物业公司、为酒店提供服务人员（以及培训）的劳务公司等都受益于酒店的发展，行业规模不断扩大，从业人员不断增加。

## 第二节　酒店运营管理概述

### 一、酒店运营及其特征

酒店是一个由多部门、多工种、多岗位组成的实体，其各部门的业务互不相同，因而其运营管理是比较复杂的，既包括以客房、餐饮、会议、康乐等为代表业务形态的服务（详细介绍见本书第四章至第七章），也包括人力资源、财务、市场营销等相关职能方面的内容。

### （一）人力资源管理

人力资源是企业竞争的根本。酒店行业在激烈的市场竞争当中，已越来越清楚地认识到人力资源管理的重要性。人力资源管理是酒店管理的首要任务。如何稳定员工队伍，最大限度地发挥员工的积极性？如何保证酒店业的服务质量？如何提升酒店的整体竞争力？如何在淡季与旺季时增强经营管理的弹性？这一系列问题都对酒店企业的人力资源管理提出了要求和挑战。

酒店人力资源管理是恰当地运用现代管理学中的计划、组织、指挥、协调、控制等职能，对酒店的人力资源进行有效的开发、利用和激励，使其得到最优化的组合和积极性的最大限度发挥的一种全面管理。在酒店人力资源管理中，一个科学合理的管理模式非常重要。为此，酒店管理者要建立酒店行业人才信息库；完善用人机制，积极创造优秀人才使用环境，稳定人才队伍，提高人才利用率，并增加人才开发的投资强度，确保人才培养工作顺利进行；在组织学习中不断开发酒店的人力资源；并加强酒店企业文化建设，用良好的企业文化影响、提升酒店员工。

### （二）服务质量管理

服务质量是酒店业的生命，它直接影响客人在酒店的消费水平、消费态度和消费利益，也直接影响酒店的声誉、形象、管理水平和经济效益。一个酒店要获得成功，必须以服务质量求生存，以服务质量求信誉，以服务质量赢得市场，以服务质量取得经济效益。服务质量的控制与管理已成为酒店经营管理的关键要素和重要内容。

服务质量一般是指客人享用服务时获得的感受和满意程度。酒店的服务质量可以概括为以设备、设施和有形产品为依托所提供的劳务适合和满足客人的物质与精神需要的程度。因而，客人满意与否是服务质量优劣的试金石。

现代酒店服务质量管理是一项庞大的工程，是现代酒店管理的核心。酒店管理者对酒店的服务及质量进行管理、控制，必须做好以下几点：

（1）坚持标准化管理与个性化服务的有机结合。标准化管理要求酒店根据相应的行业标准，并将酒店自身服务经验积累基础上产生的规范化程序、制度化内容加以推行。个性化服务是规范化服务向更深层次的发展，现代酒店越是能够在提供尽善尽美的规范化服务的同时提供大量针对性的个性化服务，表明酒店服务水平也越高。

（2）坚持预防为主的原则。这是由于酒店服务质量显现时间短，缺少直观性，并且基本上是一次性完成，事后无法返工或重做，因此质量管理必须坚持预防为主的原则，把质量管理的重点放在事先排除质量隐患这一工作上，尽可能保证每次开展的服务都是优质产品。

（3）坚持全面质量管理的原则。全面质量管理具体又包括对酒店服务进行全过程的质量管理和全方位的质量管理两个方面的内容。

### （三）营销管理

酒店市场营销是一个将酒店的产品或服务传递给顾客的过程，也是一个与酒店的顾客建立和保持关系的一个长久过程，其目标是要达到使本酒店与顾客间的关系比其他酒店与顾客间的关系更密切、更融洽，使顾客对酒店满意、忠诚于酒店，同时达到盈利目标。酒店营销是酒店经营的龙头，其工作直接关系到酒店的生存。酒店营销管理的基本内容就是根据酒店内外市场环境的变化，通过分析、计划、执行、控制等方面的具体工作，宏观地协调、控制酒店营销的步骤和全过程，以满足顾客的需求和实现酒店经营目标。具体来说，包括：市场调查、市场预测、市场分析、确定市场定位；根据市场设计酒店组合业务；确定产品价格、销售渠道、宣传促销策略；制定销售计划、对销售合同进行管理等。

**（四）财务管理**

酒店财务管理是利用价值形式，通过资金的筹集、使用和分配，对酒店经营活动进行的综合性管理。酒店财务管理主要具有会计核算的复杂性、商品销售的时间性、对客结算的及时性、更新改造的紧迫性等特点。其基本内容包括：对酒店资金筹集、运用的管理；对酒店资金耗费的管理；对酒店资金回收、分配的管理；酒店财务预算与分析等。

**（五）物资采购管理**

酒店虽然提供的主要是服务产品，但仍需要有相应的物质、设备依托。为了保障酒店的运营和相关业务工作的开展，并使酒店能以最低的成本获得最理想的物资、设备质量，在与供货商的交往过程中确立自己有利的竞争地位，酒店必须进行采购的管理。采购管理的主要内容包括：认真分析酒店所有业务活动的物资需要，依据市场近况，科学合理地确定采购物资的种类与数量；根据酒店各业务部门对物资的质量需求与价格需求，选择最为合适的供货商，并及时订货或直接采购；控制采购活动全过程，堵塞每个环节中可能存在的管理漏洞，使物资采购按质、按价、按时到位；制定采购各种物资的严密程序、手续和制度，使控制工作环环有效；制作并妥善保管与供货商之间的交易合同，保证合同合法有效并对酒店有利；协助财务部门做好酒店对供货商的贷款清算工作等。

## 二、酒店管理及其特征

自从人类有了社会活动或者说集体活动以来，劳动分工必然存在协作和指挥的活动，这就有了管理的实践。因此，管理古已有之，是人类在集体劳动中为实现共同目标而产生的，历史上重要的管理实践大都始于大规模集体活动的需要，始于政治、战争和宗教的需要。在现代社会中，管理广泛存在于各种组织中，无论是企事业单位还是政府部门，都离不开管理活动。管理是通过计划、组织、领导、控制等职能的行使，来协调组织成员的行为活动，以有效达成组织目标的过程。组织就是由个人及相互关系构成的，有特定目标的社会实体，它包括企事业单位、家庭或政府机关等，而酒店正是一种典型的企业组织。

酒店作为一个典型的企业组织，其管理必然要遵循一般的管理理论与原理。同时，酒店运营又有其自身的特点与规律，决定了其管理的特殊性。酒店管理强调目标的重要性，在目标既定的情况下，手段和途径不止一种，管理者可充分发挥思维的能动性，想出尽可能多的方案，然后进行优化选择。例如，头脑风暴法就是一种典型的有利于优化决策的方法，利用这种方法可以使酒店管理决策民主化、科学化，从而提高管理和执行效率。在酒店行业，市场竞争越来越激烈，市场瞬息万变，市场机会稍纵即逝，管理者必须更多地借助于过去的经验，依靠判断和直觉对复杂的环境进行一种综合性的判断，最后才作出决定。目前，科学管理和直觉决策已受到管理领域的学者和实际工作者的重视和青睐，也同样在酒店管理领域得到较大的运用，取得了较好的效果。

酒店既是一个传统的行业，又需要进行不断的创新。首先，从资源整合的角度来看管理，酒店在资源整合的过程中遇到的问题都可以分为两大类：程序性问题与非程序性问题。无论是前者还是后者，其妥善解决都要依靠管理创新，都要依靠管理主体发挥创造性并付诸实践。表面上看去，对于程序性问题，管理者只要按既定的程序或规范来投入并配置利用资源，便可达到预定的目标。但是如果我们从程序的产生和变迁的全过程来观察分析，便可知道，任何现在的程序都是以往无数创新成果的累积，任何现在的程序又都是未来创新的起点。其次，从系统运行来看管理，酒店实际上是一个由若干子系统(或要素)构成的动态、开放的非平衡系统。动态指系统内部的各子系统(或要素)处在不断变化之中，并造成系统整体的变化；开放指系统与它所处的外部环境要不断发生物质、能量和信息的交换。酒店所处的外部环境是不断变化的(这是众所周知的)，必然会对酒店组织的活动内容、活动形式、活动要素产生不同程度的影响。同时，酒店内部的要素也在不断变化。所以，酒店企业若不及时根据内外部环境变化的要求，适时进行局部或全局的调整，则可能会从有序走向无序而被变化的环境所淘汰，或为改变了的内部要素所不容。这种为适应内外部环境变化而进行的局部或全局的调整，正是管理创新。最后，从社会发展的大趋势来看，当人类社会即将跨入 21 世纪的时候，管理者已经不能再把自己的目光仅仅局限于有效地整合稀缺的资源，而更应当关注可持续发展。对于酒店来说，可持续发展要求既要实现企业利润，又不能破坏和污染环境，这也需要酒店进行管理的创新。

## 第三节 酒店管理职能与理念

### 一、酒店管理主要职能

#### (一) 计划职能

这是任何企业管理的首要职能，也是酒店管理的关键职能。酒店管理计划职能是指酒店管理者为实现组织目标对工作所进行的筹划活动，即预测未来并制定行动方案。酒店管理者的计划职责主要是要高度明确酒店企业目标，并就该目标与利益相关者取得一致意见，然后要与酒店组织就这一目标进行沟通交流，一起制定实现组织目标的各项具体计划和集成计划，并对成功地完成目标所应做的工作形成共识。

#### (二) 组织职能

酒店管理的组织职能就是酒店管理者为实现组织目标而建立与协调组织结构的工作过程。酒店的管理者，要负责进行酒店组织结构的设计和组织团队的组建，设置部门职能，分配组织团队角色，决定哪些工作由什么部门完成，进行任务分派，授予他们相应的权力。酒店管理者的组织职责主要是努力为实施计划任务而获得足够的人、财、物等资源，并使人与事得到合理的配置，从而保证高效地完成组织目标所规定的各项任务。

#### (三) 指挥职能

指挥是指管理者凭借权力和权威，根据决策计划的要求对所属指挥对象发出指令，进行领导和使之高度服从管理者意志，并付诸行动，齐心协力地实现酒店的预定目标的管理活动。其基本目的在于使企业员工发挥作用，共同实现组织目标。指挥职能具体可划分为四种类型：

1. 直意指挥

用明确的信息对下属直接下达指令，并使之执行的指挥方法。这种指挥方式在酒店中最常用；主要在中、基层；其所传达的信息包括具体任务、完成时间、最终效果、实施步骤。

2. 启发式指挥

对需要解决的问题通过引导、启发的方式让下属自我思考解决措施，上下级思路一致后再实施指挥的管理方法。这种指挥方式在酒店中主要在高、中层常用。

3. 归纳式指挥

归纳式指挥是充分听取各方意见后，进行合理决策，再下达指令的管理方法。其决策谨慎、耗时大，主要运用于酒店管理的高层。

4. 应急式指挥

这是管理者为解决突发问题下达紧急指令的指挥方法。为了保证指挥职能的良好发挥，酒店必须建立强有力的指挥系统，进行统一指挥。同时，管理者要运用有效手段调动下属积极性，从而提高酒店员工的工作效率。

#### （四）协调职能

酒店管理的协调职能是指让企业人员团结一致，使企业中的所有活动和努力得到和谐统一，是对酒店内外出现的各种不和谐现象而采取的高速联络等措施的总和。协调职能主要表现为外部协调和内部协调。外部协调即酒店与宾客的协调和酒店与社会各部门、各社会团体的协调。内部协调则主要指酒店各部门和员工之间的广泛的联系和协作，这种协调又可以分为各部门间、部门内部各环节间的横向协调(部门间)和内部上下各级人员间的纵向协调两类。通过管理者广泛的协调职能，酒店可以凝聚、整合各方力量，较好地完成目标任务。

#### （五）控制职能

酒店管理的控制职能是指保证酒店企业中的一切活动符合所制订的计划和所下达的命令。控制就是跟踪实际工作进程并将其与计划安排进程进行比较，发现问题，及时纠正，以保证管理计划的有效实施。酒店管理者的控制职责主要是全面对酒店运营进行监控，了解管理计划实际进展状况，及时发现偏差，并采取措施加以纠正，使酒店工作处于受控状态，有效地实现酒店目标。控制职能分四大步，首先，制订控制标准，即依照所制定的计划；其次是对效果进行评估，看实际执行的成效；再次，进行差异分析，即对照计划分析实际效果与之的差距；最后是纠正偏差，进行反馈、改进。

## 二、酒店主要管理理念

#### （一）品牌理念

由于酒店产品是经验品，酒店顾客在进行住宿等消费之前无法判断酒店产品的质量，因而酒店与顾客之间存在较严重的信息不对称性。在这种条件下，价格就成了顾客选择酒店服务的重要因素，一些质量差的酒店由于成本低，就可以利用直观价格的大幅压低来促成顾客的消费，从而出现“劣币驱逐良币”的现象。为了避免这种现象，拥有优质服务的酒店就要发出一种能传达准确的服务信息的机制，而品牌正是反映酒店产品质量的重要工具。

酒店经营的产品不是物质性的产品，而是服务性的产品，酒店应“以服务换取利润”。酒店的品牌理念、市场形象尤为重要，品牌是获取经济效益的源泉。国外知名的喜来登酒店、丽思·卡尔顿酒店等每年的营业额都超过百亿美元，真正达到了品牌就是信用，品牌就是质量，品牌就是效益。

树立品牌理念，首先必须保证酒店的服务质量。服务是酒店品牌赖以确立的基础，没有良好的服务质量，酒店品牌无从谈起。服务的过程是一个互动的过程，顾客也参与到服务的生产过程，同时顾客对服务质量的理解也各有差异，服务质量本身也带有很大的主观色彩，因此，酒店在进行产品设计的时候需要充分考虑市场需求，以消费者的意愿和要求为导向。酒店做好售后服务对创立品牌也十分重要。酒店可建立顾客数据库，通过打电话问候或在网上向客人致以问候、给客人寄送明信片、举行顾客招待会等进行跟踪服务。

当然，酒店品牌的塑造应是一个企业全体员工共同努力的过程。由于服务过程是由酒店的员工来完成的，员工是否能以品牌承诺作为自己的行动标准，并在服务过程中提供优异的顾客服务价值，对于形成良好的顾客体验具有决定性的作用。因此，酒店管理者还要加强酒店员工的品牌理念，并使其转化为具体的行动。另外，管理者还应努力培养与品牌特征相融合的企业文化，形成全员建设企业与服务品牌的氛围。

**（二）人本理念**

以人为本是人类社会发展的必然要求，而这对于为顾客创造休闲体验与服务享受的酒店尤其重要。以人为本的酒店管理，是一种把人作为管理活动的核心的管理理论和方法，是一种把员工作为管理活动的核心和酒店的最主要的资源，把酒店企业的全体成员作为管理的主体，围绕着充分利用和开发酒店的人力资源，服务于酒店企业内外的利益相关者，从而实现酒店组织的目标和其成员的个人目标的管理理论和管理实践活动的总称。

酒店经营“以人为本”的管理思维，是通过管理者，也就是酒店的领导层及管理层去实施的。这就要求酒店的领导班子及各级管理人员必须练好基本功，把对工作的关心和对人的关心有机结合起来，做到如下几点：

（1）培养具有高素质的人才。尽一切可能为员工提供培训的机会，通过培训使员工基本具备较强的服务意识、全面综合的文化素质和较高的服务技巧。

（2）在企业与员工之间建立起和谐、融洽的劳资关系，让员工参与管理。酒店要对员工忠诚，以员工的服务技能和服务意识为核心的综合素质作为留用优秀员工与否的标准。

（3）实施高效激励，实现员工的自我价值目标与企业目标相一致。优秀人才都希望获得与自己表现一致的报酬，不仅包括物质的、精神的，也包括职务的升迁，因此，根据其绩效对酒店员工给予各方面的激励是必要的。

（4）构建积极向上的企业文化，增强员工的归属感，培养团队合作精神。一个酒店的人心，可以简单地看作是酒店员工对于企业的归属感、敬业精神或者忠诚心理。要使员工具备这种心理，仅靠硬制度是不够的，必须要构建一种文化氛围，而酒店的企业文化正是通过这种“软环境”来影响员工、激励员工的。

**（三）科技理念**

近年来，现代信息技术的迅速普及正在有力地推动酒店业的革新。在美国加利福尼亚州，一家号称全球最科技化的酒店——瓦伦西亚酒店最近在加州圣何塞开办，房客可以在酒店附近无线上网，取得股市报价、飞机航班等资料，连门房都配备掌上电脑，可即时查对客房预约及信用记录。这正反映了酒店未来竞争的趋势，酒店行业专家指出，对高科技麻木、反应迟缓，仍采用低技术管理的酒店，在激烈的市场竞争中必将处于劣势。可见，随着酒店服务市场竞争的日趋激烈，技术越来越成为决定酒店竞争力的关键要素。

以酒店的市场营销为例，现有国际酒店集团都广泛地使用大量的科技手段，其分销手段有 GDS、CRS、IDS、Call Center 等。GDS 是由国际性航空公司分别联合组建，连接酒店、度假村、汽车租赁公司、铁路公司、旅游公司等其他旅游相关行业，提供航班订位及订房等预订和市场营销综合服务的销售系统。通过国际航空电讯协会（SITA）的通信专网，将加入 GDS 的“卖方”（即航空公司、酒店、汽车租赁公司等产品、服务提供者）和“代理方”（即遍布全球的旅行代理人）连成一个旅游专业网络系统，并通过“代理方”实现对“最终用户”（各国旅行者）的销售。这些技术手段的使用，大大提高了酒店行业竞争力，提高了管理效率和顾客的满意度。

## 关键术语

酒店（hotel）
目标（purpose）
星级酒店（star hotels）
度假酒店（resort）
民居客栈（guest house）
管理（management）
品牌（brand）
住宿（accommodation）
资源（resource）
商务酒店（business hotel）
经济型酒店（budget hotel）
运营（operation）
管理职能（management functions）
理念（concept）

## 复习思考题

1. 酒店的内涵与外延是什么？
2. 酒店为什么而产生？经历了哪几个发展阶段？
3. 酒店有哪些类型？各自有什么特点？
4. 酒店有哪些地位和作用？
5. 酒店管理具有哪些特征、职能和理念？

## 即测即评

## 扩展阅读

### 走出象牙塔：理论在酒店实践中有用武之地吗？

酒店业是中国旅游业的先驱和支柱。在中国旅游业发展初期，酒店业最早与国际接轨，辅助承担来华外宾、华侨等的外事接待事宜。改革开放以来，酒店业更扮演着旅游业排头兵的角色。从行业特征来看，酒店业是一个高度经验化的行业。在产业实践层面，由于酒店提供的是高度接触性的服务，服务的不可分割性导致酒店更加青睐有实践经验的员工。在强调实操技术的工作环境的浸润之下，酒店从业人员虽然服务技能日益精进，但是获取理论知识的需求淡薄。在酒店教育层面，应用性和经验性特征也非常明显。目前，开设酒店教育的院校里高、中职院校数量较多，招生规模较大。例如，2016 年全国开设酒店管理专业的高职高专院校 668 所，共招生 4.5 万人；在中职教育上共招生 2.0 万人。并且，大部分院校都强调教学的实践性，教授内容偏重职业技能培训和经验传授。鉴于此，令人产生相应困惑的是：理论能为酒店实践带来什么？一个高度经验化的行业需不需要理论呢？

**一、酒店研究的理论与实践的有机结合**

社会科学理论解释的是“是什么”的问题，它帮助人们认识事物本身及其成因。优秀的理论能很好地解释世界、指引未来实践方向。即使是看重经验的行业，依然需要理论作为实践的灯塔，这对酒店业而言也是如此，欠缺理论的指引，会使实践如同无本之木。事实上，在酒店研究中不乏理论较好地结合实践的典型。

（1）酒店服务质量评价。当前，学术界已经构建起一套完整的服务质量评价体系。例如，Parasuraman、Zeithaml 和 Berry（1985）编制的 SERVQUAL 量表、Cronin 和 Taylor（1992）提出的服务绩效模型（SERVPERF）及其量表等，都旨在量化顾客对酒店可靠性、有形性、反应性、移情性和保障性等服务属性的质量感知。更重要的是，这些服务质量测量工具在国内外酒店业都被广泛使用。借助这些工具，酒店通过结构化方式对其服务质量进行测评，并根据顾客的反馈及时调整服务内容与方式、改善服务流程、完善服务设施等以提高服务质量。如此一来，服务质量评价体系对促进酒店运营效率和优化资源配置、提升酒店市场表现、实施有效的决策等都提供了极具价值的信息，也为酒店赢得顾客满意和忠诚创造了可能。

（2）酒店员工的情绪劳动。如果服务质量评价体系是作为工具受到酒店普遍采用的话，那么情绪劳动理论则因其细致地刻画出员工的劳动过程而被用于解读酒店员工的工作态度和行为。酒店业是高度接触型和情感密集型行业。为了向顾客传递优质服务，酒店会限制员工的情绪表达，而员工为满足组织期望对情绪进行心理调节就是情绪劳动。例如，服务生对无理要求的顾客强颜欢笑、前台对办理入住的顾客始终彬彬有礼等都可被视为酒店员工情绪劳动的表现。情绪劳动概念最早由 Hochschild（1979）提出。Grandey 结合对实践的洞察进一步将情绪劳动划分为表层扮演（比如，对顾客“强装笑脸”）和深层扮演（比如，发自内心地同情遇到困难的顾客）。至此，情绪劳动概念描绘出酒店员工具体的情绪工作。但是，情绪劳动理论不仅阐释了员工情绪调节过程，还深刻揭示了情绪劳动对员工消极情绪、怠工、离职、工作不满意和偏离行为等的影响。这些理论成果有助于酒店业更好地了解员工面临的困境和理解员工行为。譬如，酒店业员工离职率居高不下的一个原因可能是情绪劳动，也有益于酒店业明白员工在工作中的情感体验，最后上述理论知识还为酒店业预测员工的工作态度和工作行为打开了一扇窗。

（3）酒店员工的激励。酒店员工的工作不但繁复，而且高强度，例如，客房服务员需要在极短时间里完成十几间客房的清洁工作。在如此高压的工作环境之下和酒店业离职率居高不下的行业现状之下，如何有效地激励员工、留住人才是酒店业头疼的问题。双因素激励理论的提出，为酒店业解决这一困难提供了方向。弗雷德里克·赫茨伯格（Fredrick Herzberg）认为，能够激励员工的元素不仅包括以工作成就、发展机会为核心的激励因素，还包括如以薪酬福利、工作条件、公司政策为主要成分的保健因素。该理论将可以激活员工动机的多样因素进行归类，并对应每个类别从员工满意度和激励效果两个方面进行比较，为盲目寻找有效调动员工工作积极性的因素的酒店提供了有针对性的线索，从而有利于酒店节约激励员工的成本，达到事半功倍的效果。

**二、酒店研究的理论与实践仍有隔膜**

虽然酒店研究不乏理论与实践紧密结合的例子，但也同样面临着“理论和实践相关性”的挑战，一些酒店研究的理论在与实践结合上还有局限和隔膜。

（1）对组织情绪展示规则的批判。如若情绪劳动理论多在解释现象和阐述规律，对情绪展示规则的批判则更多是学术界的呼吁。情绪表达规则本质上是一种行为规范，比如，“微笑服务”是其中一项被酒店业经常使用的内容。酒店业通过这类规则对员工情绪进行管理以期使顾客感受善意、感到满意或产生忠诚，从而在行业竞争之中获得优势。由于情绪展示规则是酒店人为和刻意地限制员工的情绪表达，所以将过度耗损员工情绪资源、加重其工作压力。从组织公平的角度来看，无论是员工没能得到情绪报酬、需要应对顾客不公平行为，还是情绪表达规则的推行都是酒店在程序上对员工的单方面约束，都与组织公平相违背。因此，有学者突破性地建议产业界取消情绪展示规则。遗憾的是，这样的提议更像是学者们“美好”的愿景，不能较好地应用于现阶段的实践，其主要原因是：第一，从酒店业内部来看，首先，酒店业以获得经济利润为核心目的，趋利性促使其追逐着顾客。同时，顾客是酒店服务质量评价的主体，员工在服务过程中的情绪构成他们判断的线索。其次，酒店业是高接触性行业，假如员工不受限制地把生活的不快带到工作中，负面情绪将传染给顾客，影响顾客获得服务的效果，反过来对顾客也不公平。再者，员工和顾客之间地位平等仍浮于纸面，尚未被真正践行。况且在产业竞争激烈的环境下，使顾客产生宾至如归的感受仍是酒店重要的竞争策略。最后，微笑服务等情绪展示规则已经根深蒂固，微笑甚至变成一种职责，短时间内较难转变酒店业的认识。第二，从酒店业外部来看，尊重服务的意识和价值取向还未形成，部分顾客还抱持着“顾客就是上帝”的想法，认为员工理应友善、恭敬地为自己服务，这为取消情绪展示规则造成了外部障碍。

（2）对辱虐管理的指摘。如同情绪展示规则，对辱虐管理的指摘也有类似问题。辱虐管理是员工感知到的管理者持续的语言类或非语言类攻击，但不包括直接的身体接触行为。它是当前劳动密集型行业里普遍存在的一种组织管理现象，酒店管理之中也不缺这样的案例。比如，酒店大堂经理对没能及时清理肮脏地板的清洁员大发雷霆、公开批评和嘲弄等。因为辱虐管理对员工心理和行为都有很大危害，有研究建议酒店管理者应减少或消除这种行为。但是要真正地付诸实践，还存在一些挑战：第一，对辱虐管理的认识具有主观上的局限性。员工难以辨识究竟哪种领导方式属于辱虐管理，而且不同员工对辱虐管理的认知也有差异，这就导致辱虐管理与正常领导行为之间不能有效地被区分。第二，由于酒店业员工弱势地位明显且流动性大，较难形成合力倒逼管理者改变领导风格和行为。第三，辱虐管理与源远流长的传统尊卑文化、社会等级制度等因素关联较高，若想将现有的辱虐管理转变为柔性管理需要较长一段时间。第四，辱虐管理还可能在酒店里构建起辱虐氛围，辱虐氛围进一步使这类领导行为合理化，加大了减少或消除辱虐管理的难度。

**三、酒店实践新现象有待理论解释**

原国家旅游局局长李金早曾言："在现阶段排浪式、井喷般的旅游发展实践中，理论界需要回答的问题很多。"自改革开放以来，中国酒店业迅速发展，2016 年全国注册登记的星级饭店共有 10 550 家，实现营业收入约 2 106.75 亿元。正如海德格尔所说，存在是理论的本源。如此繁荣的产业中有许多新现象需要理论来描述和解释。

（1）共享经济对酒店业的影响。共享经济是对传统经济模式的颠覆。如今，以 Airbnb、Homeaway 和 Homestay 等为代表的住宿共享模式异军突起，对传统酒店业造成不小冲击。鉴于此，讨论住宿共享模式对酒店业在财务、市场表现、营销策略的影响是非常有意思的话题。又比如，顾客对于住宿共享模式和传统酒店业在感知服务价值上有何差异、如何构建住宿生态圈以期实现住宿共享模式和传统酒店模式的合作共赢也是值得探讨的话题。

（2）酒店创新及其作用。在大众创业、万众创新的时代背景之下，创新不仅是时代所需，也是酒店冲破竞争藩篱的必要策略。可是如果盲目地进行创新，将会造成不必要的资源浪费。因此，酒店创新绩效分析、酒店创新能力评价、酒店技术创新和服务创新对顾客的影响依然需要理论做进一步的提炼和解析。举例来看，智慧酒店采用人工智能技术实现楼宇之间导航、对酒店道路等进行实景展示，那么，这类技术创新对顾客（如感知质量等）体验的影响及机制是什么、人工智能技术在酒店一线员工与顾客接触之间的应用对酒店的影响如何等，这些新现象还需要理论解释。

酒店研究方兴未艾。本文不揣浅陋提出拙见，从酒店研究的理论应用情况一隅以窥旅游研究理论与实践关系之大，提出走出象牙塔，理论仍然有意义，只是意义的发挥取决于理论和实践关系的观点，并认为酒店研究的理论与实践关系可简单概括为：第一，理论和实践结合比较紧密，理论能够较好地解释或指导实践；第二，理论有"美好"的愿景，但是不能很好地应用于当前实践；第三，实践不能被现有理论较好解释。通过列举一些理论进行阐释，本文进一步证明即使是高度经验化、劳动密集且强调服务技能的行业的发展仍然需要理论指导，但是需要怎样的理论，并非学者一厢情愿的研究，也并非从业人员所理解的理论就是指导具体的操作性工作，而是打破学界和业界之间的隔离，在两者有效沟通之后共同得出。

节选自徐虹．走出象牙塔：理论在酒店实践中有用武之地吗？［J］．旅游学刊，2017，32(11)：13-15.

# 第二章　酒店的组织管理

## 本章导读

本章主要阐述了酒店的组织管理。本章介绍了酒店的组织管理、组织制度以及酒店组织设计的基本原则。酒店组织结构的设置必须有利于提高酒店组织的工作效率，保证酒店各项工作协调有序地运行。酒店非正式组织的存在有其必然性。酒店管理者应以正确的态度看待这种正式组织的补充形态，利用其正面效应，同时消除其负面效应。

## 第一节　酒店组织概述

### 一、酒店组织管理

#### （一）基本概念

酒店组织管理就是酒店管理者为实现组织目标而建立与协调组织结构的工作过程。从酒店的利益相关者角度上看，酒店要实现自身管理目标，从而给各主要利益相关者带来收益，就应该组织好、管理好酒店内外部的资源（见图 2-1）。当然，酒店组织管理的对象主要是内部的人力及部门资源。

#### （二）酒店组织制度

1. 组织制度的意义

现代企业的基本组织制度是指关于企业核心组织机构的设置及相互关系的制度。它包括现代企业的组织形式和组织结构，主要体现在企业的组织结构方面。组织制度的建立对于酒店管理具有重要意义，体现在以下几方面：

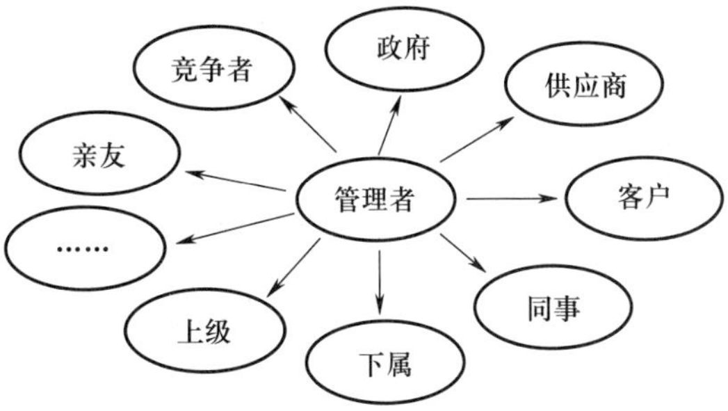


图 2-1　酒店组织管理可能涉及的对象

（1）组织制度首先具有规则约束功能，对酒店员工的行为起一种导向作用。制度是酒店员工活动和行为的基本准则，在酒店经营与管理之中维持一个和谐稳定的酒店环境起着关键作用。

（2）组织制度的激励功能

设计或安排一种科学的酒店组织制度可以有效地激励员工勤奋工作和创新。例如，在酒店的经济责任制下，高效率完成目标的员工将得到奖励，这将激励员工更加积极地工作，也对其他员工产生一种示范效应，带动整个酒店经营效益的提高。

（3）组织制度具有资源配置功能，即将酒店的人、财、物按一定的比例组合起来，使其发挥作用。资源配置是任何制度下都必须进行的，不依制度的不同而有所改变，但不同的制度，其资源配置效果有着天壤之别。酒店如果确立了较好的组织制度，将使其人尽其才、财尽其利、物尽其用、地尽其力，没有闲置和浪费，从而提高资源利用率，高效率地完成组织目标。

（4）组织制度具有信息传递功能。有效的信息传递对酒店十分重要。酒店的组织制度也是一个系统，它保证酒店经营信息真实、充分、及时、全面地上下左右传递，而这些信息为酒店的服务、管理、经营提供了决策依据，是酒店的重要资源。

2. 组织制度的类型

酒店同其他性质的企业一样，有宏观的、微观的，纵向的、横向的各种规章制度。根据不同的标准，可以将企业组织制度划分为不同的类型。就酒店而言，主要可以分为以下四类：

（1）按酒店组织形式，其组织制度可分为独资酒店、合伙酒店和公司型酒店。这三种企业组织形式是以财产的组织形式和所承担的法律责任来划分的。加上所有制的因素，还有国家独资型酒店，股份合作型酒店等。

（2）有关管理体制的各种制度，如董事会领导下的总经理负责制、党委工作制、职工代表大会制等。

（3）有关酒店内部经营管理的一些基本制度。如员工手册、服务规程、岗位责任制、经济责任制。

（4）酒店部门的管理制度，如酒店财务管理制度等。

### （三）酒店主要的组织形式

1. 董事会领导下的总经理负责制

董事会领导下的总经理负责制是指以总经理为首的对酒店生产经营管理活动实行全权负责，同时总经理由董事会产生与监督的领导制度。其基本模式是董事会推选出善于酒店经营管理的总经理，总经理全面负责、党委保证监督、职工民主管理。总经理在酒店中处于中心地位，主要职责是既对投资者、酒店本身负责，也对国家和社会负责。

作为酒店法人代表的总经理，拥有着法律规定的多项职权，包括经营决策权、统一指挥权、高度处置权、人事任免权、奖惩权和法人代表权等。董事会领导下的总经理负责制，是适合酒店现代管理、适合酒店市场经营、适合酒店管理规律的一种体制。

董事会领导下的总经理负责制是现代酒店组织管理的主要形式。当然，这也受不同酒店结构关系的影响。在某些情况下，酒店的投资方（业主方）与管理方可能不是同一个企业，最典型的为管理合同制下的酒店。其组织管理表现为酒店的业主方委托管理公司进行管理，而酒店管理公司进一步雇佣或派出总经理进行酒店的经营管理（见图 2-2）。受此影响，酒店的名称往往表现为“业主方+管理方”的形式，如北京长城喜来登、富力万丽酒店等。

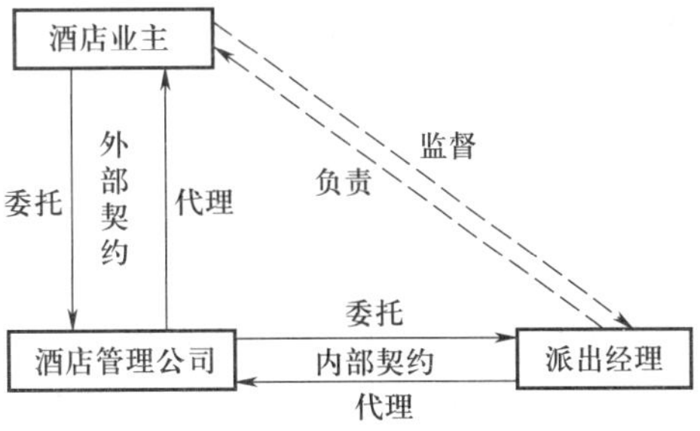


图 2-2　管理合同制下的酒店组织形式

2. 股东大会

股东大会是公司的最高权力机构。它由全体股东（或股东代表）所组成，对公司的经营管理和股东利益等重大问题作出决策。股东大会具有选举和罢免董事会成员的权力，定期听取并审议董事会、监事会的工作报告，对公司增加或减少股本，合并、解散、清算等重大事件作出决议。酒店实行股东大会，要正确处理好股东和酒店管理者之间的权责关系。

3. 经济责任制

经济责任制，是指企业的每一个组织单位及个人对所承担的指标应负的经济责任和享有的权利。

经济责任制是酒店基本的综合管理制度。尽管每个酒店经济责任制的内容大同小异，指标、考核办法各异，但从经济责任制的基本形式和内容来看，大体上都既包括了酒店经营总的方针、指导思想和基本原则，酒店总的经营目标，各专业的分项目标，各一级单位的奋斗目标，具体到各项目标的分解；同时提出了对上述目标在小同层面上的具体考核办法。因此，经济责任制为酒店的生产经营指明了方向，是具体化了的企业经济政策和经营运行规则，成了酒店有效管理的杠杆，是中国酒店企业最基本的综合管理制度。

经济责任制是企业与职工责、权、利关系的综合体现。它的最显著的特点是把企业每一个职工工作的优劣及所分担的经济指标完成情况同经济利益挂起钩来，充分体现了以按劳分配为主体、多劳多得兼顾公平的原则。经济责任制是兼顾酒店、国家、员工等各方利益的重要制度。

酒店企业内部经济责任制是企业改革的重要成果，现已经成为中国酒店业一项基本的综合管理制度。坚持和完善企业内部经济责任制，对于明确酒店与员工的责、权、利关系，贯彻按劳分配的原则，调动职工的积极性，促进酒店的持续发展，提高经济效益都具有重要作用。

4. 岗位责任制

岗位责任制是为了便于酒店的经营与管理，把企业对国家的承包任务和酒店管理的经营目标，按照责、权、利相结合的原则，层层分解，落实到各个岗位上。它的基本内容一般包括：岗位基本职责、岗位安全责任、岗位设备维修责任、岗位质量责任、岗位技能、岗位基础资料责任、岗位经济责任等内容。它规定每个岗位应当干什么、怎么干、应达到什么标准，以及考核和奖惩，是对自己所在岗位的生产经营和工作负责的企业规章制度。

岗位责任制形成于中国 20 世纪 60 年代的大庆油田，目前已成为中国各酒店的一项基本组织制度。它具有法律的效力，形成之后关键在于“长期坚持，认真落实”。具体来说应该做好以下三个方面的工作：

（1）制定完整的责任管理体系。要制定出操作性强的考核标准和实施细则，并设置专门的职能机构抓落实，严考核，硬兑现。必须强调无论是员工还是管理人员在制度面前人人平等，以保证岗位责任制管理的公平和权威。用标准化来管理生产、管理员工，实现奖惩分明，真正建立起系统的、完整的监督考核体系。

（2）严格实行目标责任管理。要把经营目标展开，层层分解、逐步落实，逐级签订岗位承包责任书，一级对一级负责，从而把企业的各项工作具体到岗位和个人。此外，还应按岗位制定出明确的要求和标准，规定每个岗位和职工的具体责任。企业目标只有通过分解变成每个部门、单位和个人的具体目标，企业的总目标才能得以实现。

（3）加强企业文化建设，对员工进行思想教育。岗位责任制作为企业的一项基本制度安排，它的作用具有两面性：一方面若制度设计公平合理会对员工产生正面的激励，促进企业生产力的提高；反之，则有可能会导致员工抵触和不满情绪，对酒店的正常经营活动造成不良影响。因此，要保证岗位责任制的顺利实施，必须研究职工行为规律，了解员工对制度的反应，同时通过企业文化建设教育和培养员工，使他们安于岗位、热爱岗位，对企业忠诚，这样才能保证岗位责任制顺利实施。

## 二、酒店组织设计原则

酒店组织在设计过程中要遵循一定的原则，才能保障组织顺利运行和管理。

**（一）满足经营需要的原则**

酒店是一个以营利为目的的企业，其组织形式要为酒店的经营服务。酒店管理是以自身资源的调配来实现组织目标，因此，组织形式要为组织目标服务。顾客购买酒店的服务就是为了满足自身的需要，并获得相应的利益，因此，酒店需要提高自身对市场应变的能力，具体到组织的管理上，就表现为组织形式要为效率服务，提高运营管理效率。

**（二）等级链和指挥统一原则**

著名管理学家亨利·法约尔曾指出，组织需要遵循 14 条管理原则，这些原则也是酒店组织要考虑的原则。例如，要贯彻权力与责任相符的原则，就应该有有效的奖励和惩罚制度，即应该鼓励有益的行动而制止与其相反的行动。酒店组织内部必须保证命令统一，即一个下级人员只能接受一个上级的命令。如果两个领导人同时对同一个人或同一件事行使他们的权力，就会出现混乱。在任何情况下，都不会有适应双重指挥的社会组织。酒店从最高管理层到最低管理层所发布的指令、精神应保持一致，各种指令之间不应有矛盾冲突。同时，酒店的任何指令不管经过多少个级别都应逐级指挥，不能越级指挥。

**（三）管理幅度和授权原则**

管理幅度是一位管理者有效管理直接下属的人数。酒店组织设计时须将管理者管理的下属数量控制在一定范围内，人数过少容易导致层级增加，而人数过多则降低管理效率。管理授权包括组织明文规定、上级在职权范围内口头授予等形式。丽思·卡尔顿有一个闻名遐迩的规定，就是任何一位员工，无论是客房服务、门童，还是行李员，无须上级批准，都有 2 000 美元的额度去服务有需要的客人。正是因为这个授权，客房人员会在发现客人落在房间的护照时，立刻打车到机场，从洛杉矶追到旧金山，在客人出国之前送还护照。有人曾怀疑员工会不会将这笔钱花在亲朋好友身上，结果却是没有。酒店每年的额外支出很少，也没有人滥用这笔授权。因此，一定的授权可以提高员工的积极性。酒店信条中的独特体验并非一定要花钱才能做得到，实际上员工会非常珍视酒店给予他们的权力，大家都致力于在不花钱或少花钱的情况下，努力让客人得到最极致的服务，在客人遇到问题时负起第一份责任并立刻解决。

**（四）团结一致的原则**

酒店一方面要加强企业文化的建设，另一方面要有组织保证。从制度和道德观念上确定每位员工的人格尊严观，以人格的力量建立起人与人之间的正确的关系，相互尊重、相互关心。以制度形式界定破坏团结的言论和行为，并采取相关的处罚手段。同时，各级管理人员在组织团结一致方面起模范表率作用，保证组织内部团结一致。

**（五）适应环境的原则**

酒店市场竞争越激烈，酒店的组织形式就越要适应外部条件的变化，而且反应越要迅速。随着国内、国际集团化经营方式的发展，不同的集团化经营方式要求有不同的组织形式。

## 第二节　酒店的组织结构概述

### 一、酒店组织结构

**（一）基本概念**

组织结构是描述组织的框架体系，其实质是组织成员间的分工协作关系。组织结构具体又可分为四大内容：①职能结构。即完成组织目标所需要的各项业务工作及其比例和关系。②层次结构。即各管理层次的构成，是组织的纵向结构。③部门结构。即各管理和业务部门的构成，是组织的横向结构。④职权结构。即各层次、各部门在权力和责任方面的分工及相互关系。

酒店组织包含必不可缺的六个要素：人员、职位、职责、职权、关系和信息。具有一定素质要求的酒店员工，占据某一职位，承担一定职责，行使一定职权，确定明确的相互关系，并借助信息的流通，就形成各种形式的酒店组织。酒店组织结构是这六大要素安排与组合的结果，它对酒店职能的行使和组织效益产生重大影响。

酒店组织是一个由多层次、多部门组合而成的复杂系统。酒店组织结构的设置必须有利于提高酒店组织的工作效率，保证酒店各项工作协调有序地运行；组织结构设计涉及酒店组织的部门划分、组织结构模式等问题。每一家酒店都应在分析酒店自身特点的基础上确定合适的酒店组织模式，形成科学合理的组织结构。

**（二）酒店组织结构形式**

酒店组织结构描述酒店的职权职能与框架体系。常见的酒店组织形式有：直线型结构、职能型结构、直线职能型结构、事业部型结构以及矩阵型结构。

1. 直线型结构

直线型组织结构是企业组织发展早期的一种简单的组织结构模式。典型的酒店直线型组织结构如图 2-3 所示。其特点是：没有职能部门，企业依照从上到下的权力等级划分实施控制与指挥。这种组织结构形式简单，权责分明，指挥统一，工作效率高。但由于这种形式没有专业管理分工，要求业务行政领导具有多方面的管理业务和技能。总经理、经理往往忙于日常业务而无法集中精力研究企业重大战略问题。因而，这种形式适用于技术较为简单、业务单纯、规模较小的酒店。

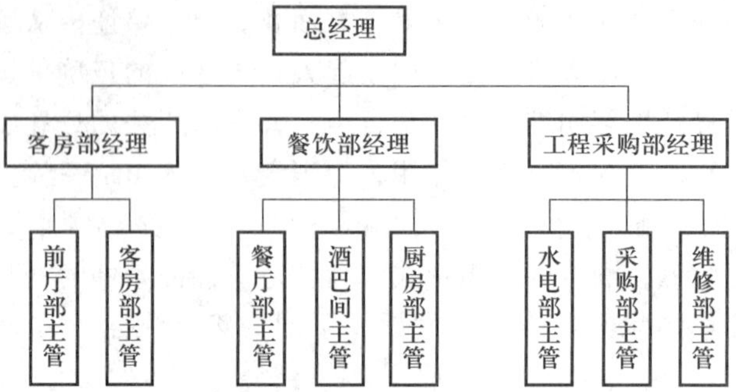


图 2-3 典型的酒店直线型组织结构

2. 职能型结构

职能型组织结构是科学管理之父泰罗首先提出的，其特点是：按专业分工设置管理职能部门，各部门在其业务范围内有权向下级发布命令，每级组织既服从上级的指挥，也听从几个职能部门的指挥。该种形式易导致政出多门、多头指挥问题，在实践上意义不大，在酒店中不多见。

3. 直线职能型结构

直线职能型结构是中国酒店目前采用最多的一种组织形式。这种组织结构的最大特点是在各级直线指挥机构之下设置了相应的职能机构或人员从事专业管理，见图 2-4。

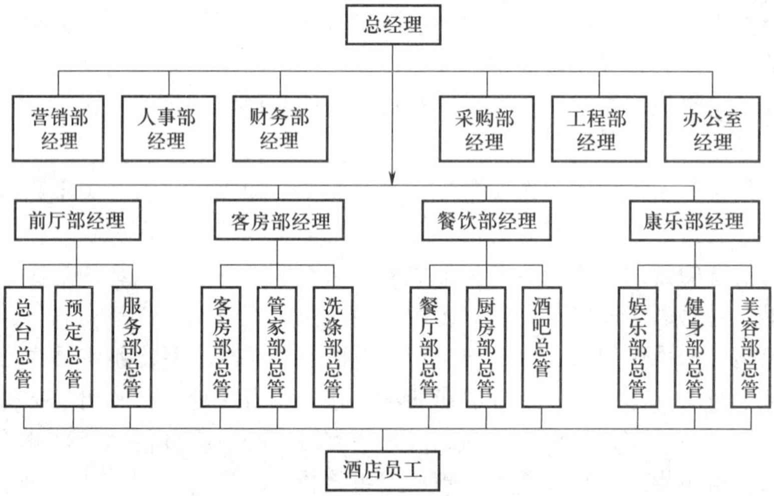


图 2-4 典型的酒店直线职能型组织结构

这种组织结构形式最大的优点是具有明确性和高度的稳定性。每个人都有一个“据点”，都了解自己的工作，分工很具体，是一种以工作为中心的组织形式。但是，随着环境的变化和企业规模的扩大，这种组织结构的许多问题也逐渐暴露出来。企业中的每个部门或人员只关心自己“分内”的事情，很难理解企业整体的任务并把它同自己的工作联系起来，严重依赖于总经理协调；而且各部门特别是同级部门之间为维护自身利益而容易相互推卸责任，形成部门利益。更为严重的是，当企业发展到很大规模时，其组织层级会变得非常多，内部沟通将很困难，加上相互之间缺少有效的协作机制，而使企业变得僵化终至无法适应环境的变化。

4. 事业部型组织结构

事业部型组织结构，就是一个酒店企业(往往是集团)内对具有独立的产品、服务和市场，独立的责任和利益的部门实行分权管理的一种组织形态。在事业部型组织结构中，酒店总经理实行统一领导，把酒店各经营部门划分成若干相对独立的经营单位，授予相应的权力，独立从事经营活动，是一种实行集中决策、分散经营的分权组织结构。典型的事业部型组织结构如图 2-5 所示。

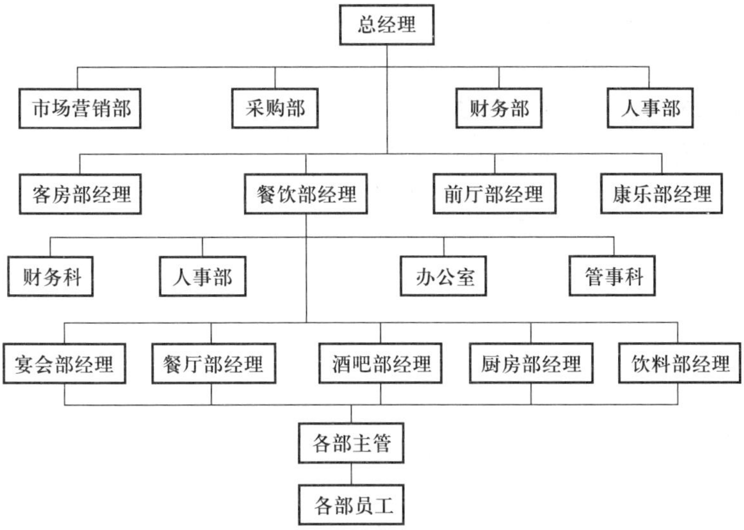


图 2-5　典型的酒店事业部型组织结构

事业部型组织结构有利于酒店高层管理人员摆脱日常行政事务，集中精力抓好酒店的经营发展战略和重大经营决策；同时由于权力的下放，酒店对市场的反应能力增强，经营管理效率提高，有利于提高服务质量和水平。另外，该组织结构有利于培养独立的、全面的主持酒店经营管理工作的高级经营管理人才。另一方面，酒店各事业部之间容易形成部门狭隘观念，而忽略酒店整体利益；部门之间横向协调差，不利于信息、人才的流动。另外，酒店机构重叠，导致管理费用增加、利益协调困难。事业部型组织结构多用于大型的酒店集团。

5. 矩阵型组织结构

矩阵型组织结构是由纵横两套管理系统组成的组织结构，一套是纵向的职能领导系统，另一套是为完成某一任务而组成的横向项目系统。它把酒店的管理部门分为传统的职能部门和为完成某项专门任务而由各职能部门派人参加联合组成的，并指派组长负责领导的专门小组，任务完成之后，小组成员各自回到原来单位，组织形成一个二元矩阵式的结构，如图 2-6 所示。

由于矩阵型组织结构是按项目进行组织的，所以它加强了不同部门之间的配合和信息交流，克服了直线职能型组织结构中各部门互相脱节的现象。在这种组织结构中，酒店各部门机动灵活性强，可随项目的开始与结束进行组织或给予解散；由于酒店员工直接参与项目，而且在重要决策问题上有发言权，这使他们增加了责任感，激发了工作热情。当

总经理

| | 部门1 | 部门2 | 部门3 | …… |
|---|---|---|---|---|
| 任务小组1 | | | | |
| 任务小组2 | | | | |
| 任务小组3 | | | | |
| …… | | | | |

图 2-6 矩阵型组织结构

然，矩阵型组织结构也存在一定的局限性，最主要表现为其项目负责人并未被赋予真正的职权，其责任大于权力；而酒店员工在接受部门上级领导的同时又受项目组负责人的指挥，造成双重领导。这种矩阵结构主要适用于服务类型多样、市场变化大、需要不断地推出新产品的酒店。

## 二、影响组织结构的因素

### （一）酒店战略

由于酒店形态的多样性和环境的复杂性，因而不存在唯一正确或普遍适用的组织结构，但每个酒店都必须围绕它的使命和战略进行设计，把日常的经营管理、创新和高层管理组合在同一结构中。组织结构要服从于战略，这是组织工作的最重要准则。从这样的高度来分析，组织设计过程便不仅限于分工、部门化、层次等级的确定和协调四个方面，如图 2-7 所示。

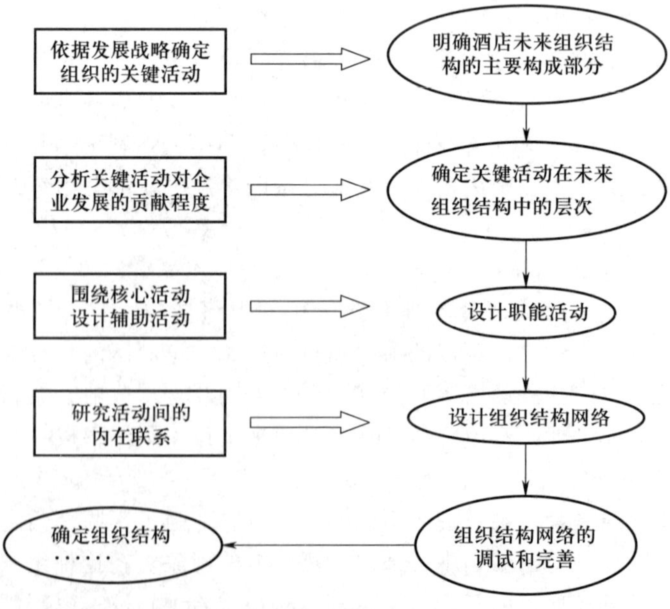


图 2-7 酒店组织设计工作过程

### （二）酒店规模

酒店规模大小是其组织结构设计必须考虑的一个基本和重要的要素。不同规模的酒店表现出明显不同的组织结构特征。表 2-1 是在不考虑其他因素时，或假定其他因素相同时大型酒店与中小型酒店组织结构要素特征的差异。这些结构要素的变化是相互关联的，酒店规模扩大直接增加了组织结构的复杂程度，一方面使得分工更细化，部门和职务数量不断增加，另一方面管理层次也会增加。分工细化的结果是既提高了效率，有利于酒店规模进一步扩大，同时又须增加专业人员的比率，增加了协调的工作量，从而使书面沟通和文件数量增加。管理层次的增加，促使分权增多，导致对标准化程度的要求上升和中高层领导人员的减少。而协调工作量的增加和标准化的加强，必然会引起规范化的提高，从而使书面文件的数量增加，而这又反过来降低了协调工作量，再加上分权有利于中高层领导人员摆脱日常事务，因而带来了管理人员比率的降低。因此酒店规模变大后会引起其组织结构的一系列变化，其中的一些变化还存在因果关系。

**表 2-1　酒店规模与组织结构特征**

| 结构要素 | 中小型酒店 | 大型酒店 |
|---|---|---|
| 管理层次（纵向复杂性） | 少 | 多 |
| 部门和职务的数量（横向复杂性） | 少 | 多 |
| 分权程度 | 低 | 高 |
| 技术和职能的专业化程度 | 低 | 高 |
| 规范化程度 | 低 | 高 |
| 书面沟通和文件数量 | 少 | 多 |
| 专业人员比率 | 小 | 大 |
| 中高层人员比率 | 大 | 小 |

不同规模的酒店在组织结构的选择上存在一定的差异，即使同类酒店，由于各自所处环境和自身特征的差异性，其组织结构也会有所不同。因此，并不存在典型意义上的小型酒店的组织结构或大型酒店的组织结构。

一般而言，中小型酒店的组织结构相对简单，集权程度较高，对酒店中高层管理人员的协调依赖性较强，多采取直线型组织结构或直线职能型组织结构。而大型酒店管理部门和机构相对复杂，具体的业务或功能也更多，酒店管理者往往对下属有较多的分权，这种类型的酒店多采取直线职能型组织结构、事业部型组织结构或矩阵型组织结构。

酒店集团的组织结构更为复杂。酒店集团是多个酒店的联合体，不同于单一独立的酒店，也不同于建立在合同基础上的网络组织。产权关系是把众多的酒店联合在一起形成酒店集团的最重要纽带。按产权关系可以把集团中的酒店划分为全资子公司、控股公司和参股公司，然后结合集团经营战略的需要，确定酒店在集团中所处的层次。酒店集团对其由于管理和品牌而形成的成员酒店并不存在组织结构的要求，主要是对其有产权关系的酒店进行组织管理。而集团中酒店部分甚至全部都是独立的法人，因此，如何构建酒店集团与成员酒店特别是紧密层酒店之间的管理模式，便成为酒店集团组织结构的主要依据。对其紧密层酒店，酒店集团应实行相应的统一管理，即统一规划；重大基建项目及技术改造对银行统贷统还；统一对国有资产的保值增值及交易负责；统一任免紧密层的主要领导干部等。

# 第三节 酒店的非正式组织管理

## 一、酒店非正式组织

20世纪30年代，美国学者梅奥在芝加哥郊外的西方电器公司的霍桑工厂进行了著名的霍桑试验。该试验包括照明试验、继电器装配工作小组试验、大规模访问交谈和对接线室工作研究四个阶段。梅奥就试验结果进行总结，发现人是社会人，在正式组织之外，还存在由情感等因素联结起来的非正式组织，非正式组织与正式组织相互作用、相互依存。梅奥据此提出了人际关系论，他认为领导要学会在正式组织的经济需求与非正式组织的社会需求之间保持平衡，提高职工的满意度。因此，非正式组织的管理对酒店具有重要的意义。

非正式组织是独立于酒店正式组织之外，两个或两个以上员工之间无意识协调行为的体系，包含多种心理因素系统，而尚未上升为形式化、制度化、结构化的组织规范。它是组织中潜在的并在组织运转实践中有自身作用的规范和作用机制。它是由人自发形成的社会组织，往往是基于情感等因素，而不同于正式组织的成本、效率逻辑(见图2-8)。

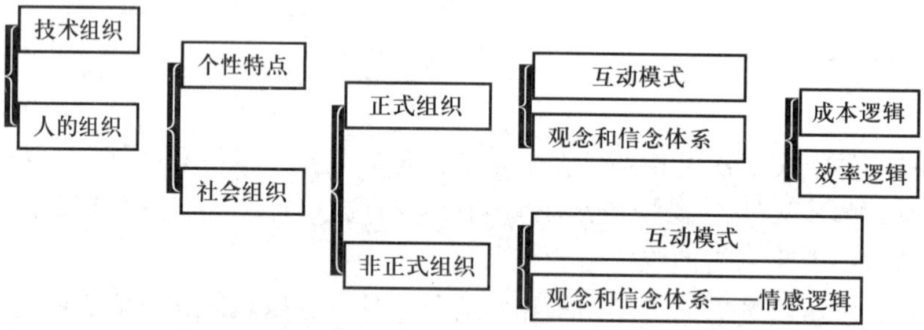


图2-8 组织社会系统的构成(李国梁,2013)

非正式组织是酒店员工多元化需要的结果，也是多种因素共同作用的结果：

(1) 环境因素。即所处的环境可以提供共同的工作地点和活动场所，以及可自由支配的时间等。这是必备因素，为酒店非正式组织员工之间交流提供了方便。

(2) 利益或价值观的一致性。正式组织中一些员工对工作或工作以外的事情有共同的或相似的观念和追求，或有共同的利益，容易形成非正式组织。

(3) 情感的交融。非正式组织中的员工对工作和生活有共同的感受。如当酒店中的一部分员工因对决策层不满而进行情感交流时，会容易形成非正式组织。

(4) 兴趣和爱好的相似性。因对某一项工作或非工作内容和活动有相似的爱好，会自发形成一些诸如摄影协会、球迷协会等团体。

（5）相似的经历和背景。如同学、同乡、亲属等。通过这些因素的分析，酒店管理者可以识别组织内部所存在的非正式组织。

酒店正式组织与非正式组织在结构、身份等多方面存在着一定的差异，具体表现如表2-2所示的八个方面。

**表 2-2　酒店正式组织与非正式组织的区别（许婧，2011）**

| 特征 | 正式组织 | 非正式组织 |
|---|---|---|
| 1. 结构 | | |
| (1)起源 | 已计划过的 | 自发的 |
| (2)理性与否 | 理性的 | 情感性的 |
| (3)特征 | 稳定的 | 动态的 |
| 2. 身份术语 | 工作 | 角色 |
| 3. 目标 | 利润或对社会的服务 | 成员满足感 |
| 4. 影响 | | |
| (1)基础 | 位次 | 个性 |
| (2)流动 | 自上而下 | 自下而上 |
| 5. 管理机制 | 解雇和辞职的威胁 | 生理和社会道德的约束力 |
| 6. 沟通 | | |
| (1)渠道 | 正式渠道 | 小道消息 |
| (2)网络 | 已经定义好的，遵循正式通道 | 定义不足，被一般渠道截断 |
| (3)速度 | 较慢 | 较快 |
| (4)精确度 | 高 | 低 |
| 7. 组织的表示 | 组织图表 | 社会网络 |
| 8. 其他项 | | |
| (1)所含的个人 | 工作群体中的所有个人 | 只有那些可接受的个人 |
| (2)领导角色 | 由组织支配 | 成员间契约的结果 |
| (3)互动的基础 | 功能、责任或位次 | 个性特点、种族背景、阶层 |
| (4)依恋的基础 | 忠诚 | 结合力 |

## 二、非正式组织管理

### （一）正确认识酒店的非正式组织

员工是社会人，有着多样化的需求，因此，酒店非正式组织的存在有其必然性。实际上，正式组织与非正式组织总是并存的，管理者应该承认、研究并重视这一事实。非正式组织对于正式组织的作用既有积极的一面，又有消极的一面，主要取决于两者的目标是否一致。当两者的目标相同时，就会发生积极作用，而当两者的目标相背时，尤其是正式组织的领导在非正式组织中失去威信和领导力时，就会产生消极作用。

非正式组织的积极作用主要表现在：首先，扩大了信息沟通，弥补了正式沟通渠道的不足。其次，如果非正式组织和正式组织的基本目标是一致的，则可以减轻领导负担，促进任务的完成。再次，非正式组织通过富有感情色彩的个性化交往，增进了成员之间的相互了解，发展了共同兴趣和爱好，满足了多层次的需求，增强了归属感，这有助于促进组织和组织文化的健康发展。

非正式组织的消极作用主要有：阻碍变革、造成角色冲突、传播谣言。非正式组织的领导要维持其领导地位，必须要维护其成员的利益。因此，当组织面临技术革新或进行必要的人事变动时，常常会遭到抵制。如果非正式规范与正式规范相去甚远，如工作目标、定额、评价标准不同，组织成员会面临两套不同的角色期待，从而产生角色冲突，降低组织活动的效率。

**（二）对待酒店非正式组织的策略**

非正式组织是一种客观存在，在某种程度上是正式组织的补充。因而，酒店管理者不应轻率地扣以小集团、宗派主义等而加以否定，相反要引导和利用非正式组织，使之成为正式组织的辅助力量。非正式组织可能带来某些不良倾向，关键在于管理者如何加以引导和克服。

1. 利用非正式组织的正面效应

在实现组织目标时，管理者完全可以利用非正式组织的某些特点，达到正式组织所不能做到的事情。比如，管理者可以利用非正式组织成员之间相互信任、说话投机、有共同语言的特点，引导他们开展批评与自我批评，克服缺点，发扬优点，不断提高思想水平；还可以利用非正式组织信息沟通迅速的特点，及时收集组织成员对组织工作的意见和要求，使管理者心中有数等。

2. 消除非正式组织的负面效应

从组织目标的角度出发，一般来说，松散的非正式组织对于整个组织的发展是有利的，能提升人性化管理，改善组织成员之间的关系，创造轻松融洽的工作氛围，激发组织成员的创造性。而当非正式组织逐渐演变成紧密型结构时，其对整个组织发展的危害将不容忽视。组织成员内部及成员和管理者之间的工作关系紧张，存在安于现状、消极怠工的现象，并且组织成员普遍缺乏创新意识，工作效率不断下降，从而无法实现管理目标。一旦出现这种情况，管理者可从这两个方面着手：一方面，加强正式组织的控制力度。非正式组织力量的强大，正说明正式组织的力量不足。这就要求在完善组织结构的严密性和有效性的同时提高管理人员的管理方式和管理水平。特别是中层管理人员，他们作为高层和基层的桥梁，担负着沟通、执行、控制的角色，对完成组织目标十分重要。另一方面，可以着手的就是弱化非正式组织的力量。非正式组织存在的根源就在于同质化，共同的情感或需求是非正式组织存在和发展的基础，所以管理者要通过职位调动、强调企业文化等手段弱化这种同质化需求，减少非正式组织的负面效应。

## 关键术语

酒店组织(hotel organization)
组织设计(organization design)
管理幅度(span of management)
组织结构(organization structure)
直线职能型(linear functional)
矩阵型结构(matrix structure)
组织制度(systems)
指挥统一(unity of command)
管理授权(empowerment)
直线型结构(liner structure)
事业部型结构(divisional structure)
非正式组织(informal organization)

## 复习思考题

1. 酒店组织是什么？酒店组织设计须遵循什么原则？
2. 如何保证酒店制度的执行？
3. 酒店有哪几种组织结构？各自的特点是什么？有什么优劣势？
4. 如何根据酒店的战略与规模选择合适的组织结构？
5. 如何看待酒店的非正式组织？如何引导？

## 即测即评

## 扩展阅读

### 饭店员工心理所有权与跨界行为

一线服务员工因处于组织的边界位置而表现出服务提供、外部代表和内部影响三类跨边界行为，这些行为能够显著提高组织绩效。心理所有权是一种重要的心理状态，以往的研究证实组织心理所有权与员工角色外行为存在积极的关系。然而，跨边界行为不仅包括角色外行为，而且包括角色内行为，并且非常适合于服务组织背景，因此，研究员工组织心理所有权对跨边界行为的影响具有重要的理论和现实意义。张辉等(2012)通过对旅游饭店企业一线服务员工的研究发现，组织心理所有权对外部代表行为和内部影响行为有直接和间接影响，组织心理所有权对服务提供行为有间接影响。这一结论提醒旅游饭店业要培育和提高一线服务员工的组织心理所有权，促使其表现出跨边界行为进而提高组织竞争力。

长期以来，营销理论及实践都强调外部顾客的重要性，强调吸引并保留外部顾客来获取利润，很少有研究关注一线服务员工的情感反应。回顾企业营销哲学的变迁，企业过分关注产品会导致“营销近视”，因而要践行营销观念。然而，随着服务经济的发展，那种一味强调外部顾客需要的理论同样受到了挑战。古姆松(Gummesson)将强调顾客需要而忽视员工在顾客服务过程中的重要性的现象称为“服务营销近视”，并指出从“营销近视”到“服务营销近视”在本质上没有任何进步。在这种背景下，西方营销学者开始把目光投向组织内部，产生了如内部营销、服务品牌内化等一系列新理论。

虽然一线服务员工行为的重要性逐步受到学术界的重视，但还存在诸多不完善的地方。首先，对一线服务员工行为的划分并不全面，大多数学者研究的是员工的组织公民行为，而组织公民行为仅仅是员工内部导向的角色外行为。作为组织中的一个特殊群体，一线服务员工跨越了组织边界，能够与组织外部人员和内部非一线员工互动，因而有必要从更全面的视角对一线服务员工的行为进行界定。跨边界行为尤其适合于服务企业一线服务员工，原因在于跨边界行为不仅包括了角色内行为和角色外行为，而且包含了顾客导向和员工导向两种视角。其次，现有的研究对一线服务员工跨边界行为前置影响因素的研究还不多，仅局限在员工角色压力和感知组织公平。心理所有权是一种重要的心理状态，它能够让员工对组织产生一种拥有感。以往的研究证实，员工组织心理所有权能够显著影响组织公民行为，但是目前还没有学者研究过组织心理所有权对一线服务员工跨边界行为的影响。再次，关于内部营销、内部品牌建设的研究多采用定性的研究方法，实证检验这些模型的研究还不是太多。

鉴于此，张辉等(2012)从一线服务员工跨边界行为的角度，对高服务接触型旅游饭店企业的一线服务员工进行调研，探讨他们的组织心理所有权对跨边界行为的影响效果及机制。

张辉等(2012)探讨了高服务接触型旅游饭店企业一线服务员工组织心理所有权与跨边界行为的关系，得到两个基本结论：一方面，组织心理所有权对内部影响行为和外部代表行为有直接的影响；另一方面，组织心理所有权还会间接影响内部影响行为、外部代表行为和服务提供行为，其中，员工满意和情感承诺充当了重要的中介因素。总之，组织心理所有权对三种类型的跨边界行为有不同程度的影响。组织心理所有权对不同类型的跨边界行为的影响存在差别，原因在于，一线服务员工处于组织的边界上，他们不仅要处理组织内部的关系，而且要处理组织外部的关系。一方面，一线服务员工要将组织的产品及服务传递给外部顾客，同时将外部顾客的反馈带回组织或者与组织内部成员探讨如何更好地为顾客服务；另一方面，一线服务员工还通过自己的行为影响组织外部的潜在顾客或潜在员工。但是对于组织而言，直接监督和控制一线服务员工显然存在困难，因为他们的行为并不总是可以直接观测到的，这种工作条件通常给予一线服务员工相当多的自主决定权，尤其是属于角色外行为的内部影响行为和外部代表行为。当一线服务员工的组织心理所有权较低时，他们会减少那些可以由其自主决定的行为，但是对组织正式规定的角色内行为(服务提供行为)可能不会发生明显变化。

节选自张辉，白长虹，陈晔．饭店员工心理所有权与跨界行为关系研究．旅游学刊，2012，27(4)：82-90.

# 第三章　酒店的计划管理

**本章导读**

本章主要阐述了酒店的计划管理内容。第一节通过分析酒店企业的一般特征和特殊性来更清晰地了解酒店的使命与价值观；第二节包含酒店战略选择前的市场分析过程、应遵循的原则以及从市场竞争战略和业务竞争战略两个方面为酒店的发展提供参考；第三节介绍了酒店的计划类型，制度的制定、实施、修正以及酒店的控制过程。

酒店的计划管理就是酒店通过周密地、科学地调查研究、分析预测、并进行决策，以此为基础确定未来某一时期内酒店的发展目标，并规定实现目标的途径方法的管理活动。计划管理对酒店的经营业务活动具有指导、规范、控制作用，科学的计划管理是保证酒店实现科学管理的必要条件。

## 第一节　酒店的使命与目标

### 一、酒店的使命

酒店作为一种经济组织，有自己的产品、市场以及运营方法，与一般的企业相比有自己的独特之处。酒店业占有较高的固定成本，资产专用性比较强，是一种劳动密集型产业，由此可知对于员工的管理十分重要。我们要想学习酒店的使命，首先需要对酒店的特性加以了解。

**(一)酒店企业的运营特性**

1. 酒店企业的一般特征

酒店是一种能够给客户提供短暂休息和睡眠空间的商业机构，通俗来讲酒店就是给宾客提供休息住宿的场所。酒店是一种综合性的服务型企业，为了满足宾客的需求需要为宾客提供多样的服务。众所周知，酒店需要凭借建筑设施才能实现提供这些住宿、饮食、购物娱乐等服务项目。酒店作为自主经营、独立核算的经济组织，通过出售客房以及提供餐饮及各种服务设施来获取利益。同样，酒店作为一种企业，具有一般企业所具有的特征。

（1）自主经营。企业经营上的自主权是指企业在不违反国家法律的基础之上所拥有的调配使用自己的人力、物力、财力等自行组织生产经营的权利。酒店作为一种经济组织，拥有法律允许范围内的经营权利，不受其他经营主体的干扰和约束，可以自主从事生产经营活动。企业经营的目的是获取理想的经济效果，酒店同样可以经过独立的生产经营活动，为市场提供产品，满足市场的需求以实现经济目标。

（2）独立经济。酒店如其他企业一样从事的是经济活动，其最大的目标是达到理想的经济效果，获取最大利润。酒店同样要遵守市场的等价交换原则，通过为市场提供产品和服务参与到社会的经济活动之中。酒店的经营活动会获得一定收入，抵去经营成本由此获得经济利润，即酒店是“独立核算，自负盈亏”的独立经济组织。

（3）组织结构完整。组织的结构适应其经营的活动和服务规模。酒店由前厅部、客房部、餐饮部、娱乐部、保安部、销售部、人事部、财务部、行政部等多种部门组成，各个部门之间紧密联系。酒店的这些部门是分别运作的，但又需要相互的配合，整体形成一种综合的服务体系。服务体系与管理体系需要相互适应才能保证酒店业务的正常运行，因此酒店要有能满足自身经营活动特点的组织结构体系，如在规章制度、工作设计、人员安排等方面都要满足服务体系的需求，确保组织结构的完整性。

（4）酒店具有法人资格。酒店地位上的合法性体现在酒店可以依法行使权利，同样依法承担法律义务。酒店必须依法成立。酒店拥有法人资格才能保证酒店的独立性以及酒店各项工作的开展。

（5）参与市场竞争。如其他参与到市场的经营主体一样，酒店也要经历市场的考验，面临市场的筛选以及面对被市场淘汰的风险。酒店要想在市场中稳定的生存和发展，就要不断地加强自己的优势，应对市场的各种考验。酒店需要在产品质量和服务特色方面提升竞争力，刺激和满足消费者需求，增强自身的社会责任感，为社会发展效力以获得社会认同。酒店作为竞争主体所处的环境是动态多变的，需要时刻警惕市场的变化，应对市场的挑战。

2. 酒店的特殊性

如上所述，酒店作为独立经营的经济组织，具有经营自主性、经济独立性、组织完整性、地位合法性和市场上的竞争性等一般特征。除此之外，酒店在经营方式和经济职能方面还有自身的特点。

（1）服务性。酒店不像普通企业一样提供的都是有形产品，而是以无形服务为主。顾客在酒店消费并不像在商场购买产品，以金钱换取产品。顾客在酒店消费只是取得了短时间内酒店产品的使用权，这些产品是酒店长期使用的配套设施，如酒店的房间、餐厅位置、床位或者包厢的使用权。顾客只是获得了酒店特殊设施的使用价值并没有取得其所有权。由此可见，酒店的交易是以租让设施的形式完成的，酒店的服务销售业务需要借助有形的服务设施来完成。酒店销售的产品并不是顾客随时可以带走的实际物品的形态，所以这从本质上决定了酒店业与其他企业的不同，意味着酒店是以服务为主的企业。酒店具有这样的服务特性，要想成功地经营，就要采取不同于常规企业的经营方式。

（2）综合性。酒店产品最常见的形态就是住宿服务。但是随着经济的发展，整个酒店行业以及顾客的需求都发生了变化，顾客对酒店的需求也越来越多样化。酒店逐渐发展成完善的服务体系，提供餐饮、娱乐、购物、交通、会议、休闲度假等多样化服务。酒店的档次越高也就意味着其在服务设施和服务多样性方面具有越多的资源，可以更好地满足顾客的需求。酒店业同样竞争激烈。现在的酒店也越来越注重业务的综合性，以提升自身的竞争能力，在市场中生存和发展。

（3）文化性。现在的顾客注重生活质量的提升，对旅游活动的追求也不再仅停留在体验方面，也希望通过旅游丰富自身的文化体验，领略异地的文化特色。酒店的竞争不仅仅追求价格的优势，拥有在服务质量和企业文化方面的特色才能更加长久地维持顾客市场。当代酒店业希望通过文化内涵吸引顾客、提升竞争力。因此，许多酒店开始注重培养文化特色，在选址方面注重地域特点、地方风貌，以及当地的历史文化、民族文化是否与自身的业务融合。酒店通过塑造外在形象，使之与内在机制保持统一。酒店需要用心经营好企业文化，将文化主题体现在酒店经营管理和服务的每一个环节，使顾客不仅能够享受酒店的丰富服务项目，更能在酒店中体会到精神方面的愉悦。

（4）依赖性。酒店正常的经营活动需要基础设施的保障，因此酒店与水电、能源以及交通行业紧密相关。酒店的顾客来自国内外，受政治、经济、文化、宗教、外交、事故、灾害等多种因素的影响，与社会政治稳定和经济发展水平呈平行趋同状态，对自然灾害、国际政局、战争冲突等具有高度的敏感性，会因此出现较大的波动性。酒店的经营环境也是复杂多变的，酒店的营销活动需要适应环境的变化做出调整，营销活动也体现出季节变动性，因而对国民经济、社会政治和国际形势具有依赖性。所以，酒店要加强市场营销之前的调研活动，收集市场资料，掌握市场规律，了解市场政策及需求变化，以便更好地开拓市场，应对市场的变化，灵活经营，最终收获理想的经济效益。

（5）感情性。酒店服务最大的目标就是满足顾客的需求，使顾客感到满意。为了达到这个目标，酒店必须做到以人为本，重视顾客对服务的需求。酒店将好的服务传递给顾客离不开员工这个重要枢纽，员工是联系企业和顾客的桥梁，代表着企业的形象，顾客在服务过程中对员工的印象甚至会扩展成对企业形象的理解。企业就需要保证员工的服务态度和质量，员工充满感情的服务有利于拉近与顾客的关系，让顾客融入酒店的生活中去，一旦顾客感情上与酒店产生共鸣，他们就更容易理解和接受酒店的服务。这样顾客不仅获得了物质上的满足，在精神和心理上也会得到满足，从而真正体会到“宾至如归”。酒店的感情性不仅仅指员工和顾客间的感情，也包括酒店内部人员间的感情，比如，上级与员工间的感情。当管理者与员工间有良好的感情时，员工会有更大的动力去满足管理者对自己的期待，会更加积极热情地服务顾客。

（6）生产的独立性。酒店不同于工业企业，酒店生产和销售的产品离不开服务人员，而工业企业的产品生产可以随着现代化和技术的进步，慢慢由机器代替人工劳动。酒店是劳动密集型产业，不可能完全通过机器替代人工来提升劳动效率，虽然酒店的设施设备可以紧跟时代，但是酒店服务的提供，仍然离不开员工，需要员工面对面地提供给顾客。依靠人工传递服务是酒店服务的基本要求，因此对于酒店的人力资源的开发和管理是一项重要的任务，甚至关系到酒店的生存。

### （二）酒店的使命

1. 含义

酒店使命定义了酒店存在的价值，是酒店经营者确定的生产经营的总方向、总目标和总的指导思想。酒店使命是每个酒店存在的理由，或为了给顾客提供某种产品，或承担一定的社会责任，都可以解释酒店的存在价值。酒店使命为酒店的存在赋予意义，如果一个酒店连自己为什么存在都不明确，那么这个酒店也就没有存在的必要了。酒店经营者应该十分明确并且铭记酒店的使命，它不一定是酒店具体的目标，也可能是抽象的存在；它不一定以文字的形式传递给大家，但是影响经营者的决策和思维，是酒店经营的基本指导思想。酒店使命还会影响酒店看待他们的事业、顾客、员工、伙伴以及竞争对手的角度，同时体现了酒店的价值观和形象定位。

当酒店明确了自身的使命，就会试图树立自己的形象，酒店所做的活动都是在向公众明确和维护这个形象。酒店的经营活动也会一直以这个形象定位为指导，不断强化和宣传自身的形象。酒店使命不仅是酒店存在的理由和根据，也决定了企业的目的、存在意义和发展方向。所以，酒店要想在市场中生存和发展，首先要明确自身的使命，酒店使命管理是不可忽视的。

例如，华为的使命是“聚焦客户关注的挑战和压力，提供有竞争力的通信解决方案和服务，持续为客户创造最大价值”；香格里拉集团的使命是“为顾客提供物有所值的特色服务与创新产品，令顾客喜出望外”；沃尔玛公司的使命是“给普通百姓提供机会，使他们能与富人一样买到同样的东西”；希尔顿酒店的使命是“为我们的顾客提供最好的住宿和服务”。从这些企业的使命中我们可以看出，企业的使命是企业对外经营目的的一种阐述，这个目的区别于其他企业并且对企业来说长期适用，是企业永恒的追求。企业使命不是企业做出活动之后的结果，而是企业开展活动的方向、遵守的原则的高度概括。明确企业的使命，就要确定企业实现目标所要承担的义务和责任，并且贯穿在企业的经营活动过程中，企业要做到“坚守使命，勿忘初心”。

2. 特点

酒店的使命应该以书面报告的形式传递给领导者和员工，深化领导者和员工对酒店使命的认知，制定酒店使命说明书可以增强企业的经理、员工、顾客和其他公众的使命感，无论在工作场所或者其他空间，酒店使命说明书的传诵都有利于多方形成对企业使命感的共同理解。酒店不一定要保证企业使命的伟大，但一定要符合实际，能够突出自己的特点。酒店使命要能唤起员工的认同、激励员工、增强员工凝聚力，员工之间形成对酒店使命的认同，才能保证这个使命长久地维持下去，并且以这个使命为自己的法宝，获取成功。酒店使命应该具有以下特点：

（1）明确的市场目标。要知道大致的发展方向，有明确的市场定位，酒店要知道自己想要做出什么样的成果，想要在市场中取得什么样的地位。

（2）实际可操作性。酒店的目标和任务都要符合实际，通过努力和发展能够达到，如果成功的概率几乎为零，就等于酒店并没有确立真正的目标。

（3）能够鼓舞员工。酒店的员工可以从中获得力量，希望自己能够为酒店的目标做出贡献，并且能够坚持。

（4）有具体的实施步骤。能够清楚实现目标需要做的事情，并且可以有序地完成计划和每个阶段的目标。

**（三）酒店价值观**

企业价值观是企业文化的核心，它渗透于企业经营管理的各个环节，支配着从经营者到员工的思想和行为。当代市场竞争激烈，酒店应该确立双赢的价值观，即酒店通过提供让顾客满意的服务，保障酒店顾客的利益，从而提高顾客的满意度。顾客对服务感到满意就会逐渐形成对酒店的忠诚度，以及通过自己向别人推荐酒店，为酒店带来顾客，从而使酒店受益。酒店获得利润，员工待遇也会有所保障，从而有利于提高员工对顾客的服务热情、服务质量。

例如，可口可乐的价值观是：自由、奔放、独立掌握自己的命运。

肯德基的价值观是：以人为本、顾客满意、沟通合作、奖惩分明、提供机会。

飞利浦公司的价值观是：客户至上、言出必行、人尽其才、团结协作。

福特汽车的价值观是：客户满意至上，生产大多数人买得起的汽车。

## 二、酒店的目标

美国管理大师彼得·德鲁克于 1954 年在其名著《管理实践》中最先提出了“目标管理”的概念，其后他又提出“目标管理和自我控制”的主张。德鲁克认为，并不是有了工作才有目标，而是相反，有了目标才能确定每个人的工作。

酒店企业的战略目标是对企业战略经营活动取得成果的一个期望值。通过战略目标可以更清楚地了解企业的宗旨，更进一步阐述企业经营目的和社会使命，规定了企业在经营领域内的经营活动应该达到的水平。简单来说，战略目标可以指导一段时间内的经营活动，帮助企业明确活动的方向和活动应当达到的水平。如上所述，企业使命是企业存在的理由，从企业使命中我们可以理解企业的经营思想和经营领域，也只有明确了企业使命之后，才能确定企业的目标，制定企业的战略。所以，企业在制定战略之前要先确定企业的使命。战略目标与企业使命有不同之处，战略目标要有具体数量特征以及时间界限，一般为 3~5 年或者更长。仅仅依靠企业使命是实现不了真正调动员工积极性的目标的，除了清晰明确的企业使命以外，企业还要有具体可行的企业目标。

另外，企业战略目标的制定也会受管理层价值体系的影响，因此，对于不同的行业、同行业不同的企业、同一个企业的不同发展阶段来说制定的战略目标都是不同的。具体到酒店来说，以下五个大目标组成了酒店的战略目标。

**（一）发展目标**

保证酒店的成功发展是一个十分复杂的任务。酒店的发展不仅与企业的自身经营状况相关，还要受到市场环境的影响。酒店的顺利发展说明了酒店的经营方式是合适的，验证了酒店的经营管理是一个良性循环的过程。酒店发展了才能获取利润，酒店盈利了才能更好地发展。酒店的发展有利于增强酒店的市场竞争能力。市场是复杂多变的、竞争激烈的，酒店若想长期的发展就要对市场环境进行分析，站在战略的角度思考企业的发展，制定符合趋势的长期战略目标，预测和分析环境变化趋势，并以此做出有利的决策。只有这样才有利于企业正确地确立发展方向，开展好经营活动，并且把握好外部环境的机会；只有这样才有利于企业发展，提高酒店的环境适应能力、应对风险能力。酒店的发展目标主要包含规模的扩大、等级的提高、服务项目的增多、经营范围的扩大等方面。

### （二）市场经营目标

酒店经营目标的达成依赖于客源市场，如果没有顾客光临酒店，即使酒店有较高的服务质量、拥有优秀的管理者也很难实现酒店的经营目标。酒店要想获得较多的顾客，就需要研究目标顾客群的特点，通过收集市场资料研究顾客的需求。酒店可以通过分析顾客对产品的需求、对价格的敏感程度等特点，制定更好满足目标顾客的策略。动态的市场意味着目标顾客的需求也会随时发生变化，酒店要能够预测顾客需求，进而可以不断满足顾客变化的需求。所以，酒店不仅要看重目前市场的需求，还要从经济、法律和政治等不同角度分析未来可能发生的市场需求及其变化的情形，这对于实现酒店的经营目标是十分重要的。

酒店的顾客有国内和国外之分，不同的文化背景会影响顾客消费的每一个环节，从购买产品种类到对服务的评价都会受到顾客个人在其文化背景下形成的思维模式的影响。每个顾客都有自己的思维模式，这会导致顾客的需求是不相同的，即使同一个顾客对产品也会有多种需求。酒店需要了解顾客的消费特征，并且会从顾客的角度考虑产品问题。酒店的管理者通过分析顾客的消费动机，以及考虑到文化、思维和态度等方面不同会对顾客产生的影响，建立和调整市场经营目标。

酒店只有经过市场细分之后才能确立目标市场，选择恰当的目标市场以及确定酒店的目标市场是市场细分的进一步发展。酒店的经营目标主要体现在三个方面：希望能够维持好现有市场、开拓一些有发展空间的潜在市场，以及创造新的市场以提高酒店的市场份额。市场对产品的要求是严格的，各种不同的酒店为市场提供服务和产品，顾客的挑剔以及竞争者的威胁让酒店面临着产品被淘汰的风险。酒店提供的产品和服务要想吸引顾客的眼球，在顾客心中形成特定印象，就需要加大对酒店和产品的宣传，提高酒店的知名度、美誉度。营业收入、市场占有率、平均房价、人均消费等都是反映市场经营的一些基本指标。

### （三）社会贡献目标

不论是酒店业还是其他行业，追求经营目标的同时要考虑到需要承担的社会责任，对于当代的酒店而言，承担社会责任是大势所趋。酒店的战略目标是为了达到一定的经济效益，希望将能够利用的资源投入可以产出经济效益的活动中，从这个角度来讲承担社会责任对于酒店的来说是一种经济负担，是资源的浪费。承担社会责任意味着企业不仅要遵守法律、实现对股东的经济承诺，还要考虑到酒店的经营活动对整个社会的影响，包含员工、顾客、环境等多方面的责任。酒店的社会责任要求酒店要关心组织中的人，重视人的价值，不再以实现利润作为唯一目标。酒店可以在酒店内宣传法律、倡导员工遵守法律，做到诚信合法经营，维护国家的法律制度。酒店企业应该带头发展绿色酒店，制定合理的排污措施以减少对环境的污染。另外，酒店不断发展的同时还应该提高吸纳员工的能力，为解决社会的失业问题做出贡献。酒店还应当注重对本地公益事业的支持，为促进当地的精神文明建设贡献一份力量。

### （四）人力资源目标

酒店最核心的竞争应当是人才的竞争，人力资源已然成为酒店竞争的最核心的资源。但是，就现代酒店企业而言，人力资源问题如果没有得到很好的解决，很可能会成为酒店发展的阻碍性问题。酒店应当大力开发人力资源，通过培训提高员工的素质，培养优秀的专业人才，重视员工并充分调动员工的积极性，这对于酒店的发展是非常重要的。针对现在酒店人力资源短缺的现实，完善酒店人力资源的管理，制定详细的人力资源发展目标，已经成为酒店急需解决的问题。制定酒店的人力资源管理目标需要和酒店的经营目标、发展战略相结合，需要通过科学的分析来预测对人力资源的需求，并制定相应的人事政策，组建合理的员工队伍来满足酒店对人员的需要。在酒店中形成良好的人才发展环境才能更好地吸引人才、留住人才。酒店人力资源的管理希望达到两个目标：留住人才和提高员工的满意度。酒店不愿看到员工离职，特别是一些优秀的员工，酒店希望通过人力资源管理降低人员流失率。员工满意度体现了员工对酒店管理合理性以及制度政策公平性的认同，因此提高员工满意度也是酒店人力资源管理不可忽视的目标。

#### （五）财务管理目标

财务管理是酒店管理的一个组成部分。它是根据财务法规制度，按照财务管理的原则，组织酒店的财务活动，处理财务关系的一项经济管理工作。财务管理涉及会计、预算、财务控制等几个方面，是一个酒店的命脉所在，并按照一定的整体目标，管理资产的购置、资本的融通、经营中的现金流量、利润分配。酒店的财务管理负责财产物资管理、采购管理和经营计划及决算。酒店管理者以此加强对计划、财务等方面的管理。酒店通过财务管理调整计划活动，努力提高酒店的经济效益和降低酒店的成本，经济效益的提高才能为酒店的持续发展提供原动力。酒店的财务管理目标包括资金目标和盈利能力指标。有充足的资金才能顺利开展酒店的经营活动，一般可以用现金流和贷款回收期等财务指标表示。盈利能力指标体现了酒店经济效益以及对股东的回报率，可用销售毛利、营业收入、利润等指标表示。

## 第二节　酒店的经营与竞争战略

### 一、酒店经营战略

酒店的经营战略是酒店对未来的规划，是企业通过分析内部和外部环境，以及自身资源状况所做的决策，是对企业日常活动方向的指导，也是企业日后制定计划的基础。通过准确分析做出适合且能够指导企业发展的战略有利于企业应对外部环境的挑战，增强竞争力。同时，企业战略的制定是最消耗时间和精力的一项决策，但已经成为当代企业提升竞争力，获得成功的关键因素。从战略的角度为企业的生存和发展谋划，在战略上形成优势已经是企业不断追求的目标。为形成战略优势，酒店应从以下三方面入手。

#### （一）选择战略的原则

酒店在选择战略时应该遵循以下原则：

1. 准确把握市场动态

酒店处在市场中，为了适应市场，酒店的所有活动决策都应当建立在分析市场的情形之后制定。酒店的战略决策关系到酒店的命运，更应当充分地研究所处的市场状况，以便做出准确的决策。酒店应当对消费者的消费水平和需求及当地的交通和经济、文化习俗、客源流向等多个方面进行考察和分析，只有了解这些与酒店发展紧密相关又能决定酒店命运的市场动态，才能做出适应市场的决策。不充分分析市场的决策在执行过程中是经不起市场检验的，不仅会浪费酒店的时间和金钱，也会给酒店带来严重的损失，可能会让酒店因为错失最佳的决策时机而被市场淘汰。市场是残酷的，酒店要想在市场中生存必须与市场结合、向市场靠近、适应市场、满足市场需求、接受市场检验。

2. 追求效益化

酒店经营的目标有可能是能为社会提供就业机会，为社会经济发展做出贡献；或者希望通过慈善活动为社会贡献一份力量；又或者希望传递一个品牌或者信念。酒店的目标有多种，但这些都要建立在酒店经营有效益的基础上才能实现。如前面所讲，经济是酒店开展其他活动的前提，因此酒店与其他企业的经营活动的目标是一样的。酒店希望通过经营活动获取利益，这也是酒店战略决策着重需要考虑的方面。酒店在制定战略时不仅要考虑技术、资源和人员方面是否支持，也要考虑到经济上是否合理，切不可鲁莽做出决策。酒店在制定战略决策之前需要慎重分析其经济成本和预估收益。另外，酒店在追求经济目标的同时也应当考虑社会效益，在追求经济效益的同时为社会做出贡献，兼顾两者的效益能够更好地推动酒店的发展。

3. 规范化制定过程

酒店战略的制定应当依据战略决策的原则，运用科学的方法，而不是随意决定，忽视后果。酒店战略决策之前需要确定需要解决的问题，之后通过员工和管理层的分析，为这个问题提出几个解决方案，并从几个方案中选择最满意的方案。选择方案是一个重要的过程，需要企业进行讨论和研究，有必要的话也可以听取一些外部专家的建议，从而选出比较满意和完善的方案，最后实施这个方案。酒店在战略制定和选择时应该遵循以上几个步骤，确保战略制定的规范性和科学性。

4. 考虑全局

酒店的经营战略是从全局的角度来考虑并决策的，它的制定是为了酒店的长远发展，而不是眼前的利益。有些战略可能对现在是有利的，但是对未来的发展是不利的；有的战略可能对发展规模有利，但是对服务质量可能是不利的，在选择这些只考虑某一方面利益的战略时应当慎重。酒店的经营战略追求的是酒店的总体效果、综合效益，因此在选择战略决策时，酒店需要综合考虑每一个战略的利弊，把战略决策可能给酒店和社会带来的负面作用降到最低。

### （二）环境分析

环境分析是战略制定的重要组成部分，酒店离不开环境，酒店的活动须建立在环境分析的基础上。酒店所面临的环境可以分为外部环境和内部环境两类，酒店战略的制定需要适应内外部环境，这是战略成功的前提。

1. 外部环境

酒店面对的外部环境主要包含政治、经济、文化、技术等多个方面。外部环境可能会给酒店带来威胁，但是也会给酒店带来机会。这些外部环境是长期形成的稳定状态，酒店的力量不足以改变外部环境，因此酒店需要做的就是通过对外部环境的分析，积极采取措施应对外部环境的威胁，抓住机会发展企业。

2. 内部环境

酒店的内部各经营要素有机结合所形成的总体经营实力是实现酒店目标的前提条件，酒店的内部条件包括营销能力、财务实力、管理能力等。酒店的营销能力是指及时把握市场动态，争取目标市场的能力，包括市场分析能力、销售能力、产品能力和创新能力等。财务实力是指酒店的经营状况及经营成果。一般从盈利能力、偿债能力、营运能力三个方面分析。管理能力是指发现制约组织长久发展的问题，提出方案解决问题以实现组织长远发展目标的能力。

**（三）战略选择**

1. 发展战略

酒店的发展战略是指酒店积极的扩大经营规模、拓宽市场或者提高产品的供应量以不断促进酒店发展的一种战略，这也是酒店常用的一种战略。经济的发展促进了消费者需求的不断变化，酒店需要提供多样化的产品来满足消费者的需求，以维持和开拓市场份额。对于处于发展初期的酒店来说，扩大市场份额的概率是比较大的，因为这样可以保证酒店未来的利益。当酒店发展到成熟期时，如果想要维持长久的发展或者取得突破性发展就需要开拓新市场；当一个企业想要在现有市场巩固自身的地位，并且自身存在明显的经营优势时，也可以采取这种战略。扩张战略的形式有：

（1）开拓市场战略。酒店的开拓市场战略是指酒店希望在原有市场的基础之上增加销量、扩大市场份额、提升竞争力。酒店可以通过运用研发新产品来开发新客户，也可以通过调整价格、折价促销的活动来吸引顾客的注意力。酒店可以运用各种新的营销策略来进行宣传以促进销售。在渠道方面，酒店可以增加销售渠道。这些方法都有利于提升销量以及扩大酒店的销售范围。酒店不仅需要维护好老顾客，还要有灵活的促销方案挖掘和吸引新顾客，在市场总份额无法大幅度改变的情形下，酒店只有改变经营战略，提升自己的竞争力，才能把顾客从竞争对手那里抢夺过来。

（2）产品发展战略。产品发展战略是指酒店提供给顾客新的服务内容、提高了服务质量，使酒店的产品变得更加丰富。酒店通过开发具有优势的新产品，这个产品的优势可以体现在多个方面，如在包装、质量、功能、价格等方面，新产品可以给酒店带来效益，提升知名度、进军新市场或者带来经济效益。因此，酒店若想通过这种战略达到发展的目的，需要紧密关注市场的变化，了解市场对产品的新需求，并且不断提高自身的创新能力，研发出具有创新性的产品，且要不断提高产品质量，满足和引导市场需求。

（3）一体化战略。一体化战略是指企业不断向深度和广度发展的一种战略。一体化战略的形式分为两种：横向一体化和纵向一体化。横向一体化是指将性质相同、生产同类产品的企业联合起来，能够快速扩大经营规模。酒店可以通过契约式联合、与同行合并等方式来实现一体化战略。纵向一体化是指酒店在原有业务的基础之上向供应链上游或者下游发展，形成产、供、销一体化，以扩大现有业务范围的经营行为。酒店可以通过与其他领域企业的契约联合、将供应链上下游的企业并购，或者通过自身发展将业务扩展到其他经营领域的方式实现纵向一体化。

（4）多元化战略。多元化发展战略是指酒店向新领域发展。多元化发展战略可以避免酒店业务单一的风险。多元化发展战略可以分为三类：第一类是积极发展与主业务相近的业务，酒店业以接待为中心，开发与此相似的业务，以增加业务范围。第二类是发展与主业务相差较大的业务，生产和销售不同行业的产品，可以避免酒店在主业务经营失败之后无业务开展的风险，同时通过其他经营领域的成功可以弥补主业务的损失。但是这种战略并不是每个酒店都适合采用的，对于有较强的经营实力的酒店可以采用，而对于发展初期的酒店来说，由于没有丰富和充足的发展资源，因此不适合采用这种措施。第三类就是利用酒店已有的声誉，开发不同技术的产品，酒店的声誉可以为其新业务减少宣传成本。如酒店可根据顾客的需要开发家政服务业务。

2. 维持战略

维持战略指的是酒店在一定时期内采取的一种“不变”的发展策略。企业不增加产品的种类，也不加大对技术的开发力度，只是维护好目前的经营状况。采取这种战略的酒店既不打算扩大经营规模，也不准备开发新的市场，但酒店想要对现有的产品进行质量管理，通过提高产品的质量维护好现有的客户，巩固市场地位。采取维持战略的情形有很多种：酒店所面临的外部环境较稳定；酒店经营状况良好，短期内酒店产品仍有较大的优势；酒店目前的经营实力较弱，只希望保持与过去相同的业绩；酒店的经营者为保守型决策者，不愿意冒险改变现状；酒店外部环境恶化只能采取维持现状的战略。实际上酒店的维持战略只是暂时的行为，各行业的发展都需要“停歇”来巩固发展成果，以便为日后的发展打下基础，但是若长期采用这种战略并不利于酒店的长远发展，机会来临时酒店还是应当及时抓住，追求更大的发展。维持战略具体可分为如下战略：

（1）无变化战略。无变化战略是适用于酒店的内部环境和外部环境无大变化时采用的一种战略。酒店的工作计划无大改变，即酒店的一切工作还是按照原有的政策来开展，这样做的目的是维持其战略的地位，以不变应万变。

（2）停顿战略。停顿战略是指酒店的整顿期。当酒店经过一段时间的快速发展之后，资源和产品方面都可能会出现效率跟不上发展速度的问题，这时候管理工作是困难的，停顿战略就是要求酒店在这个时期停下脚步，降低目标，整合资源以提高效率。这种战略也是暂时性的，通过短暂的整顿，酒店可以巩固和保障发展成果。

（3）获利战略。这种战略追求快速营利，酒店希望短期内收获最大利益。但是，这种重视眼前利益的战略往往不利于酒店的长远发展，酒店会在未来发展中遭遇损失。比如，酒店通过减少在广告宣传方面的支出来减少成本，短期内酒店可能是营利的，但是从长期发展来看，没有广告宣传的产品很大可能会在将来遭遇市场淘汰的风险。

（4）谨慎前进战略。谨慎前进战略强调酒店对外部环境的关注，每一步都会慎重考虑。比如，当酒店考虑采取实施一种新的营销方案时，外部的环境出现较大的变化，如果酒店坚持实施可能没有太大营销效果甚至带来负面影响，这时候酒店应当考虑放慢前进的步伐，不要急于实施营销方案，静观其变反而可能会收获新角度和更适应环境的营销方案。

3. 紧缩战略

紧缩战略又称防御战略，一般为酒店经营状态不佳时采用的一种战略。采用紧缩战略的情形有：宏观经济状况不佳，经济形势不稳定，酒店业随时会面临经济威胁；行业内竞争日益剧烈，市场需求正在下降，酒店的经营变得非常不稳定；酒店已经处于衰退期，酒店的经营因市场竞争过度已经产生亏损；酒店受到竞争对手的威胁，自身在产品上又不占据优势；酒店的某些产品项目已经进入衰退期，市场对其需求大幅度下降，产品销售业绩不容乐观。紧缩性战略的类型如下。

（1）转变战略。转变战略是针对还有挽留价值的业务的一种战略，有三种战略可供选择。第一种是生存重建战略，包括管理重建、财务重建和营销重建三个部分。管理重建是指管理层人员的更换，调整组织结构，为组织设计新的战略方案并对其进行宣传。财务重建的目的是希望通过资本重组以提高资本效率。酒店应加强对资金的管理，减少资金的流出，通过正确地处理企业内部闲置资源以减少企业资源浪费。营销重建是指酒店紧密关注市场动态，经过对市场和自身的研究分析后重新设计优化营销体系。第二种是提高收入战略。想要在不提价的前提下提高收入，酒店就要想办法提高销售量。酒店可以通过降价促销的方式增加销售量，也可以通过新的宣传方式对产品进行宣传以增加销量。第三种就是减少成本战略。成本的优势对企业来说无疑是竞争力的提升，产品成本影响产品定价，所以当企业处于危难时刻，降低成本也是较好的选择。

总之，采用转变战略就是希望帮助酒店解决财务方面的困难，使酒店面临的境况能够得到好转。如酒店可以通过削减广告方面的费用、削减员工数量等方式来解决酒店财务危机，但是这种战略的实施对酒店和员工都有较大的影响，所以酒店在使用这种战略之前应该慎重考虑，结合现状分析是否有必要采用。

（2）撤退战略。酒店采用撤退战略的目的是希望在危难中能够尽量减少损失，保存企业的实力。撤退战略可分为放弃战略和分离战略。当企业的某一项业务已经无法挽救时，企业应当果断采取放弃战略，回收资金和其他资源，否则可能会带来更多损失。当酒店发现自己的某个经营领域并不适合长久的发展，或者与企业的发展战略相反，酒店应当考虑将这一经营领域分离出去，母公司可以保持对其所有权，但大部分酒店会只保留部分所有权或者完全不保留所有权。如果这个经营领域还能营利，酒店可以考虑找到买家将这个经营单位卖给对方，专心开展主要业务。当然酒店也有可能是因为财务方面需求不得已才使用放弃战略和分离战略。撤退战略对经营者来说是个困难的决策，很有可能受到员工和其他管理层人员的反对，因此经营者要有能够判别市场和酒店现状的能力，在关键时刻能够果断决策。

（3）清算战略。清算战略是当所有战略都不能起作用才不得已使用的战略。采用这种战略意味着酒店经营收入已经不能偿还债务，只能通过售卖或者转让酒店资产的方式偿还债务。酒店采用清理战略有两种情况：一种是酒店意识到经营业务绩效惨淡，已经没有希望恢复到原来的状态，酒店采取自动清理，通过清算资产偿还债务，避免继续经营的损失。另外一种是强迫清理，此时酒店的资产已经不能偿还债务，只能被迫申请破产。如果酒店已经意识到其业务经营不善，其他战略不起作用，销售业绩没有改善的希望并且持续损失资源，酒店应当早些采取清算战略，这样更利于保护员工和股东的利益。

## 二、酒店竞争战略

### （一）成本领先战略

较低的价格可以吸引价格敏感的消费者，但是对于酒店来说价格要依靠产品成本来决定，酒店若想有较灵活的降价空间，就要努力降低产品的成本。较低的成本可以增加酒店在定价方面的主动性，与竞争者相比价格优势会让酒店争取到更多的顾客，也让酒店在消费者和供应商面前有更大的讨价还价能力。价格优势可以让酒店根据市场需要调整到合适的价格迅速进入市场，获取更大的消费市场。当酒店获取利润后可以扩大发展规模、拓展业务，再形成新的较低产品成本，这样的良性循环促进企业不断发展。较低的成本对酒店来说是一种优势，也是一种保护屏障，对想要进入这个行业的企业来说是一种无形的障碍，可以有效减少潜在进入者对自身的威胁。

酒店若想要实施这种战略是暗含一定的条件的。比如，对于同质产品，较低的价格能够吸引消费者的前提是顾客心里重视价格的差异，如果顾客对价格不太在乎，那么比同类产品稍低的价格并不会吸引到顾客。现代酒店提供的产品类型基本相同，酒店如果想要降低成本，需要扩大规模或者增加服务项目。另外，实施这种战略也会面临一定的风险，比如，酒店借助成本的优势经常对其产品采取降价促销活动，进而达到了不错的销售量，但是消费者会对降价产生一定的依赖，在非促销活动期间销量会大幅度降低，使得酒店只能被迫再降价。而且这种战略也有可能引起行业内恶性竞争，竞争者如果都竞相采取同样的战略，会降低整个行业的盈利水平。

酒店如果想要实施成功的成本领先战略，在酒店经营过程中就需要不断地积累管理经验，将管理经验逐渐转化为成本优势。通过追求规模经济效益来实现成本领先战略也是酒店常采用的一种方法。除此之外，酒店还可以根据自身的经营实力、经营方向决定和企业合作，通过这种联合来降低产品成本。

### （二）集聚战略

集聚战略就是指酒店对市场进行细分，将市场中特定的一部分群体作为自己的服务对象，满足这一部分群体的消费需要，并且在产品或价格方面形成与其他酒店有区别的优势，在这一部分群体中形成酒店独特的形象。

酒店为什么要选择这种战略呢？当酒店把所有精力放在特定一部分群体身上时，酒店就可以全身心为顾客服务，通过专业化的服务不断提高顾客的满意度和忠诚度，一旦顾客对酒店产生了情感和信赖，价格敏感性会逐渐降低，从而也降低了其他酒店在价格方面存在的优势。精细的市场划分有利于酒店更仔细地分析顾客的消费偏好，专业化的服务可以大大提高酒店的整体服务效率，降低成本，使酒店获利。

实施集聚战略的关键就是酒店要对顾客有较深的了解。酒店可以通过市场细分来区分目标顾客，进一步需要做的就是进行市场定位。酒店要对目标市场进行调查，了解目标顾客的需求以及满足程度。酒店需要找到自身的特点，客观地评价竞争对手，进而通过对比确定自己的经营特色和竞争优势，最后确定产品的定位。如果酒店的经营实力不强，经验也不丰富，与其他酒店竞争没有明显的优势，可以从竞争者的弱点或者未被开发的市场中寻求机会，形成自己的优势。

### （三）差异化战略

现在酒店市场产品同质化严重，酒店提供的产品种类越来越趋同，差异化对酒店提升竞争力越来越重要。差异化可以体现在产品、价格、种类上。酒店可以在服务内容、服务形式、服务对象等方面体现差异化。酒店差异化战略显示了酒店与竞争者的不同之处，不仅满足顾客的一定需求，而且在短时间内使竞争者没法取代其位置。实施差异化战略可以增强顾客的忠诚度和满意度，如果有新的进入者要进入这个行业，首先会考虑到顾客对老品牌的忠诚度，顾客对老品牌的信赖对新进入者来说是一种挑战，所以，差异化战略不仅可以为酒店防御各方面的压力，还会形成坚强的市场进入壁垒。差异化战略为酒店争取到价格的主动权，差异化越大，顾客讨价还价的能力就越弱。与替代品相比，产品越独特，优势越明显。

酒店实施差异化战略要有较强的创新能力，并且能够采用有效的经营手段和营销方法。酒店通过实施差异化战略提升酒店产品对顾客的吸引力，增强顾客的忠诚度，顾客忠诚度的提高能够提高酒店收益，而酒店收益又为酒店提供更好的服务创新创造条件，以此可以形成良性循环。

## 第三节　酒店的制度、计划与控制

### 一、酒店制度

#### （一）含义

酒店制度是指导酒店经营活动的准则，管理者根据酒店制度确立办事方法。酒店制度是对各种标准、办法、程序、条例的总称，可以分为四类：基本制度、管理制度、业务技术规范和个人行为规范。基本制度指的是涉及酒店所有层次、决定企业组织根本的制度。如酒店的法律和财产所有形式、企业章程、董事会组织等方面的规范和制度。酒店的基本制度规定了企业组织成员的权利和义务，确定了财产的所有关系和分配方式，制约着酒店活动的范围和性质。管理制度如人事制度、财务管理制度，指导酒店管理的基本方面，是酒店将个人行为整合为有目的的集体化行为的必要环节，是协调集体行为的制度。业务技术规范也可称为专业管理制度，其所规定的对象一般具有重复性、程序性特点，是组织用来处理重复性问题的常用手段。技术规范有利于提高组织效率，如服务规程，程序化的操作流程可用以指导员工服务行为，提高服务效率，避免资源浪费。个人行为规范是指专门指导个人行为的规定，如员工礼仪、员工行为规范、微笑服务原则等。个人行为规范虽然是组织中层次最低的制度，但是个人行为规范的效果直接影响高层次制度的约束效果，所以，组织应当重视个人行为规范的制定与实施。

#### （二）制定

酒店制度涉及范围较广，因此，它的制定不仅要建立在科学分析的基础之上，还要考虑以下三方面。

1. 目的性

酒店制度的制定是为了满足酒店管理的某种目的，如果酒店的制度起不到管理的效果，或者酒店不存在这方面制度的需要，就完全没有必要设置一些如同“摆设”的制度，这是决定制度设立与否的唯一标准。酒店制度要依据酒店的管理目标而定，同时不可忽视员工的利益。酒店制度不仅需要起到约束作用，约束员工行为，还要对员工起到激励作用，让员工认同酒店的制度，如果仅仅强制性让员工遵守制度，会引起员工的强烈不满。酒店的工作离不开员工，酒店的制度鼓励、激励、引导员工积极调整自己的行为，保持和发扬组织期待的、抛弃不利于组织发展的行为。所以，在制度制定的过程中，要考虑到组织的目标，同时也不能忽视员工的利益。

2. 可行性

酒店制度要符合实际，具有实施的可能，切不可空谈，因此需要可行性。如果一项制度无法落实到组织管理中，那就是没有任何意义的。酒店制度是对酒店经营活动的指导，要考虑企业自身的发展特点，充分体现酒店管理活动的规律性、合理性，酒店不能忽视实施的客观条件，要保证制度规范具有可行性。酒店制度不仅考虑到理性，也要考虑组织中的人对制度规范的接受能力，酒店制度要符合大多数员工的行为规律，不可超过员工可接受的心理范围，更不能挑战人类承受极限，最好能够让员工觉得制度的设置符合情理，好的制度规范应当是增强员工的自我约束能力，而不是强制员工遵守。

3. 严谨性

在一个酒店中，制度的地位如同法律一般，在制定制度时，必须要有严谨的态度，这就体现了严谨性。酒店想要制定什么样的制度？用来管理什么样的行为？约束对象是谁？具体制定到什么程度？在制定制度之前，管理者应当认真地研究这些问题。

当酒店确定有制度需要后，通过调查之后起草制定方案，不同的制度规范来源不同。酒店的基本制度由酒店所有者与主要管理者制定；管理制度一般由管理人员及其组织成员共同商讨制定；业务技术规范多数来自国家规定；个人行为规范由管理人员制定。制度的制定要充分考虑到约束对象的意见，得到他们的理解和认可。当制度方案提出以后，需要征求酒店各方的意见，组织进行成员讨论，对存在的问题提出修改意见，最后得到共同认可的方案。在正式执行制度之前要进行试运行，以完善制度。

**（三）实施**

酒店制度经过多次修改之后得到一个相对满意的结果，通过正式的制度文本在组织中实施。在实施过程中要注意以下三方面。

1. 权威性

制度不是可以随意违反的，员工没有遵守规定就要受到处罚。制度如同法律一样是组织中的每个成员应当遵守的，在制度面前，员工平等。制度用于约束员工的行为，必然要体现强制力的特点，制度对员工来讲是无形的约束力量，制度的实施需要借助强制力。强制力体现在对违反制度的处罚规定中，如降职、降薪、开除、罚钱等。对于组织来说，员工的不良行为只有借助强制力才能有效改善或者清除，所以组织需要维护制度的权威性，树立制度的权威。

2. 公平性

制度的公平性体现在对事不对人，在制度范围内，不论是谁违反了都应当承担后果，没有一人例外。制度以文本的形式在员工间传递，其规定应是具体的、公平的没有歧义的。管理者应当树立榜样，维护制度的公平性，不可存在包庇现象，否则制度就会逐渐丧失其在员工间的权威性，进而降低员工的积极性、工作热情，甚至会给酒店的形象带来严重的影响。酒店在依据制度对员工进行赏罚时，要做到让员工信服，做到赏罚分明，有理有据。

3. 艺术性

对于人的管理都要考虑到人的特性，酒店实施制度是希望能够引导员工向酒店期待的方向发展，但是在约束员工行为的同时要注意对员工的激励，员工对工作有热情、有努力的动力才能有良好的工作表现。中国人常说："规矩是死的，人是活的"，所以在一些特殊事件中管理者要根据具体情况分析，灵活处理问题，而且规定不可能完全涵盖所有的情况，总有意外发生的概率。如果特殊事件仍百分百按照规定处理，容易造成员工的不满，降低组织在员工心目中的"温暖"形象。

制度的艺术性体现在针对性、灵活性、创新性、情感性四个方面。每个员工的特点不同，组织要做好针对不同的员工有不同的处理办法的准备，制度没有感情，但是组织的人是有感情的，组织要做到以理服人。组织要做到灵活处理违规事件，注重方法的多样性、创新性，增强员工的接受程度。

**（四）调整**

酒店的制度是在长期实践的基础之上，经过分析研究、总结经验提炼出来的理性准则，具有相对的稳定性，但是酒店的制度不是一成不变的。当酒店所处环境发生变化时，或酒店产生新的制度需求，就需要对原先的制度做出调整。制度的调整包括三个方面：修改、废除和建立。

1. 修改

当有关国家法律、政策发生改变，酒店的制度与现有的法律不适应时应当及时做出修改；酒店发生重大决策，如战略调整，组织的制度体系也要相应调整；在制度实施过程中一旦发现不完善或者有待纠正的地方都要对组织制度进行修改。修改的范围及程度视情况而定，修改的程序与制定的程序基本相同。制度修改一般不需要再经历试行阶段。

2. 废除

当有关法律法规废除时，酒店以其为依托建立的制度也应废除；制度的约束事件已经结束，相应制度应随后废除；某个具体事件有了新的制度规范，旧的制度应立即废除。酒店还要考虑制度废除的后果，酒店在废除制度之前同样需要与员工沟通。

3. 建立

建立指制定新的制度，但新的制度是为了满足酒店的新的需求，要注意在新制度成功推行之前，要维持旧制度的权威，以免组织出现无约束的混乱状态。在组织内推行新制度时要注意对员工的教育，强化其意识，以便其快速接受新的制度。

酒店需要注意的是，一旦发现原制度不合理就要及时做出修改和调整，但是要注意修改的范围，如果是非常小的范围，管理者要仔细考虑是否修改，不要轻易动摇制度的权威性。

## 二、计划

酒店的计划是根据内外部环境的分析之后，用目标管理的方法，通过对计划的编制、执行、控制，确定酒店的经营目标。计划指导、规范、控制酒店的经营业务活动。酒店的年度综合计划是酒店最重要的计划，指导年度内酒店各方面的业务活动，对酒店全年的工作目标做出规定。年度计划从内容来说，保障了酒店各部门的业务目标、任务等。酒店的年度综合计划体现了综合性和部门性，主要包括以下 9 类：

1. 市场营销计划

酒店通过对市场的分析，确立客源类型、接待人数、市场规模、市场形象。确定年度市场营销的目标和方向，制定营销策略对酒店的形象和业务活动进行宣传，达到酒店营销效果。

2. 前厅接待部计划

确定酒店在计划年度内、各季度、各月度的接待量，确定在散客、团体、零散等各接待形式上的计划接待量。与顾客紧密相关的行李服务处、电话接待业要做好相应的服务计划。

3. 客房部计划

制定在年度时间内，各时间段内客房部计划达到的接待人数、营业收入、利润等指标。对于客房部人员做出合理分配，有关客房部的服务项目、设备添置、客房种类、房内设计，客房产品种类等方面计划，提高客房服务质量。

4. 餐饮部计划

根据营业总目标确立餐饮部年度收入目标以及收入在餐饮各部分应该占的比例。如在宴会、团体、风味、酒吧、咖啡各方面的收入指标。餐饮部计划包含原材料的储备量及采购来源、菜品价格、餐饮设施、服务人员及培训计划。

5. 商品部计划

商品部根据经营业务总计划确立本部门的营业计划，确定商品的种类、商品采购来源、商品质量要求、展柜设计、商品经营计划和策略、售后服务条例。对酒店的年度商品质量进行计划和控制。

6. 劳动人员薪资计划

根据酒店的劳动人员的需要，确立各部门劳动人员的占比，以及招聘特殊技术人员、普通人员、临时员工的数量。计划要确立招聘的劳动人员素质标准、培训和上岗人员数量。工资计划要根据工资总额确定平均工资以及工资分配形式，分析计划期内酒店奖金、津贴总额。

7. 设备维护计划

根据设备的现状做出评估，确定引进新设备和改造设备的方案。该计划要确定需要更新设备的资金投入，制定废弃设备的报废流程。对于日常的设备维护，该计划确立对设备的修护时间、修理方式、工作投入、可替代的修理方案。

8. 物资计划

该计划是为酒店的接待和供应任务提供保障的计划，确立各部门计划期内的物资供应种类、供应数量、储备数量、产品特性。同时，要计划对物资的管理，如仓库的管理方法和条例。酒店在制定物资计划时应与各部门核定，以免出现计划和实际差别较大的情况。

9. 财务计划

财务计划对酒店整个计划期内的预算做出决策，主要包括固定资产计划、流动资金计划、利税计划、专用基金计划、财务收支计划、成本费用计划。对酒店各部门资金分配、流动资金需要量及固定资产修理费等各方面的专项基金规定计划量。

酒店的计划除此之外还有管理人员计划、长期计划、接待业务计划等多种类型。

## 三、控制

### （一）含义

酒店中的控制是指酒店管理人员通过掌握内部、外部信息，按照酒店的决策标准和目标来监督、检查、调节、分析和纠正酒店的经营活动，以保证酒店的活动能够按照计划正常进行。酒店提供的服务产品不是由机器机械化制造，而是由人提供，所以酒店的控制职能就要通过对员工劳动过程的控制，对酒店业务活动的控制来完成。酒店是一个复杂的系统，包含人员、财产、物资等各种要素，组织关系复杂又容易受到环境的影响，所以，在执行计划过程中酒店的控制工作是必需的。美国北得克萨斯州立大学企业管理教授亨利·西斯克指出："如果计划从来不需要修改，而且是在一个全能的领导人的指导之下，由一个完全均衡的组织完美无缺地来执行的，那就没有控制的必要了。"然而，在现实生活中很难达到这种理想状态，无论计划制定得有多么完美，在执行过程中或多或少会受到环境的影响，发生与计划不一致的现象。酒店的控制工作贯穿酒店的经营活动的始终。控制工作应该落实在每一个执行计划的管理人员身上，他们不仅需要执行组织的计划，同时也是实施控制的人员，只有每一个人参与到控制之中，才能确保计划和现实保持一致。

### （二）目的

控制的目的是一个信息得到反馈的过程，管理者通过计划执行中反馈的信息，与计划内容进行比较进而适时调整计划，并且分析偏差产生的原因，不断完善计划内容来指导经营活动。信息反馈可以使管理者发现管理的不足之处，促进管理系统的不断调整和优化，并逐渐趋于稳定状态。

酒店管理者可以采用多种方法来进行控制工作，但是控制工作的基本目的只有一个，那就是希望酒店"维持现状"和"打破现状"。"维持现状"这个是动态意义上的维持，酒店所处环境是动态的，但是酒店希望能一直稳定地发展。通过控制工作，将计划执行的结果与计划设定的标准和期望目标进行比较，一旦发现有计划范围之外的结果出现，酒店可以及时采取纠正方案纠正偏差，以保持系统处于一个稳定运行的状态，实现组织的目标。"打破现状"是指在控制过程中发现环境已经变化，原先计划已经不再适应环境对组织的要求，执行计划已经无法达到酒店的目标，那酒店就要大胆地打破现状。管理者需要修改计划的内容，重新确立计划内容、目标以及控制标准，这样才能够让计划变得更加合理，使计划、目标、环境三者相适应以推动组织目标实现。

### （三）步骤

酒店的控制工作包括三个步骤：确立标准、衡量活动成效和纠正偏差。

1. 确立标准

控制标准是控制过程的起点，依据控制标准才能对实际活动进行评价，控制标准亦是纠正偏差的依据。一般来讲，控制标准可以从计划中提炼出来，计划方案中可以评价活动的一些关机按指标可以作为控制的标准，但是如果计划内容是比较抽象的，没有可以评价活动成效的具体指标，管理者就需要将这些抽象的概念转化成具体的考核标准。

控制标准的设立要遵循如下原则：

（1）考核标准要与计划一致。控制工作是为了检验计划在实际活动中的执行程度，并且纠正与计划方案偏离的活动。所以控制标准的制定首先要考虑计划的内容，组织要按照计划的标准设定控制指标进而开展控制工作。组织制定的计划越明确、全面，控制的标准越符合计划的方向，控制的效果自然也越好。

（2）控制的标准应尽量具体明确。控制的标准分为定量标准和定性标准。定量标准有实物标准、时间标准和货币标准。实物标准包括企业在原材料、劳动力、能源等方面的消耗量，以及在产品质量和功能方面的指标，比如客流量、服务项目、原材料采购量等。时间标准为组织工作的开展设立了时间限制，包括生产周期、交货期、工时定额等。货币标准用来衡量组织的经营状况，包括产品成本、销售收入、利润等。定性标准的制定对于组织计划和目标的实现也是非常重要的，它包括顾客满意度、组织形象等一些比较抽象的概念。最理想的标准是能够考核的指标，不管是定性的还是定量的，都要正式纳入目标管理的正常体系中。

（3）确定具体的控制对象。酒店经营包括设备规划、餐饮服务、客房服务、成本控制等一系列过程，酒店要做好控制工作，要明确控制的对象是什么，酒店的控制活动应该有特定的控制对象。

2. 衡量活动成效

一般来说酒店的控制标准制定得越详细，衡量活动成效就越容易。通过对比实际活动和控制标准，找出两者的差距，才能进行纠偏工作。衡量成效的关键就在于用设定的标准对实际工作的进度以及绩效进行检查，将需要纠正的偏差结果传递到对其负责的管理人员手中，形成控制的依据，使其开展管理控制工作，实施纠偏措施。但是对于酒店的许多工作，比如高层管理人员的管理工作很难通过具体的标准来衡量，尽管在衡量工作开展之前已经有了衡量指标，但是管理工作相对灵活，随机性也比较强，外部环境如若再发生变化，就很难确定应该达到的具体标准是什么，所以即使目前没有达到目标，也很难判断出是环境引起的，还是工作人员的努力不够。

对于管理人员来说，他们没有参与基层工作，对于前线工作状况是不了解的，所以他们需要不定期的从下属那里收集资料或报告来了解工作状况。管理者需要多次收集工作信息，要时刻了解工作进度，避免错过重要事件而引起重大损失，如果工作结束后才开展测量活动，即使发现了错误，也会造成多余的人力、物力、财力的损失。

衡量成效可分为两个方面：

（1）衡量实际工作成效。实际工作成效可以分为两个类别：定性衡量、定量衡量。

有些管理控制的对象是无法通过具体指标来衡量的，如员工的积极性、工作热情、工作满意度、员工责任心、团队凝聚力、组织气氛等。对于这些概念的测量大多采用观察法、现场调查法、交流、问卷调查、跟踪分析等定性测量的方法来测量。而定量衡量用于测评组织中各类可量化控制的指标、实际工作与指标的偏差等。定量衡量常用的方法有报表统计法、业务监测法、数据归纳法等。

（2）界定偏差。对实际工作的测量无非出现两种情况：第一种，实际工作符合计划标准，两者之间没有偏差；第二种，实际工作与计划标准存在差距，出现偏差。因为酒店的计划制定是对一段时间内工作的指导，存在预测的成分，包含组织对未来的期待，但是市场环境是变化的，不可能预想情景完全一样，所以一般情况下，实际工作会与控制标准存在差异。但是一般酒店会规定一个合理范围，在这个范围内的差距是可以接受的。若差距在这个范围之外，就会认为偏差存在，需要纠正偏差。

管理者在进行差异分析时，必须沉着冷静，尤其是当发现实际工作与控制标准差距特别大时，一定要客观分析，直到找出原因。管理人员应该依据例外管理原则去分析差异，避免浪费时间。在分析差异存在的原因时，要把握整体，将相关业务联系起来，比如在分析产品成本时，水价上涨、原材料货源不足都可能是造成产品成本上升的原因。

3. 纠正偏差

发现偏差存在后就要采取方法纠正偏差。纠正偏差包括两个步骤。

（1）找出偏差存在的原因。酒店客人接待量降低是可以通过客流量来衡量的，但是造成顾客减少的原因可能是多方面的，可能是自身价格、服务质量、服务项目、声誉等方面引起的，也可能是竞争者在这些方面的优势造成酒店顾客被挖走造成的。因此在采取纠正措施之前，先判断偏差的存在及程度，如果需要采取纠偏措施，管理者要准确分析原因所在，没有针对性的纠偏措施不可能起作用。

（2）纠正偏差。纠正偏差要找到纠偏措施的实施对象，有可能是计划需要调整，也有可能是活动偏离了轨道，所以纠偏的对象是计划标准或者是企业的活动。组织确立好纠偏对象之后就要实施纠偏措施，管理者要选出双重优化的纠偏方案，既要比较纠偏的成本与偏差损失，又要选出追加成本最小，效果最好的纠偏方案。

## 关键术语

计划管理(plan management)
目标管理(target management)
内部环境(internal environment)
外部环境(external environment)
一体化战略(integration strategy)
多元化战略(diversification strategy)
成本领先战略(cost leadership strategy)
聚焦战略(focus strategy)
差异化战略(differentiation strategy)
纠正偏差(correction of deviation)
控制系统(control system)

## 复习思考题

1. 怎样理解酒店的使命与价值观？
2. 酒店的目标管理有哪些内容？
3. 酒店还包括其他什么计划类型？
4. 酒店在实施成本差异化战略之前应该考虑哪些问题？
5. 酒店的控制过程会受哪些因素影响？

## 即测即评

## 扩展阅读

### 酒店员工企业价值观与伦理道德培育

一线员工是顾客在酒店最先接触也是接触最多的员工，很大程度上代表了酒店的企业价值观和伦理道德水平。但是，一些酒店员工缺乏职业道德、损害企业形象的行为屡屡发生，任何一家酒店要想获得成功，必须要有良好的企业形象作保障。

企业形象是酒店全体员工共同塑造的，员工的职业道德是其中的重要因素。如果个别员工缺乏起码的职业道德，将影响整个企业的形象，进而影响企业文化建设。例如，对待消费者爱理不理、装作没看见、服务不细心、态度生硬等现象，都会损害饭店的企业形象。另外，不少员工对饭店没感情，责任意识淡薄，更多关心的是自己的物质利益，对企业的发展不感兴趣，有的员工为个人私利故意泄露企业的商业秘密，使酒店在竞争中处于劣势，影响到正当利益的获得。

因而，提升一线员工的企业价值观和伦理道德水平是酒店管理层工作的重点，也是企业文化灌输的主要任务。

**一、有效激发一线员工积极性的动力机制**

行为科学的基本原理认为，人的任何行为都有一定的心理基础，一切外在因素对人的行为的影响都是通过人的心理发挥作用的。心理学家通过对人的行为的研究，提出人的行为有两大动力系统：一是基于“自我需要”的动力系统，是个体为获得一定的利益或机会满足纯自我需要而产生的动力系统，在这一系统作用下，人是以自我为中心的，一切行为都是为了维护自我的利益与机会；二是基于“超越自我”的动力系统，是个体为满足社会(有时表现为组织、企业等)的需要、社会利益而产生的动力系统，在这一系统作用下，人是以社会为中心的，行为的目的是实现社会的价值、社会的理想，维护的也是社会的利益。

在这两种动力机制之下，就饭店的企业文化建设和企业文化管理而言，需要着重解决两者对员工特别是对一线员工的影响机制问题。

满足“自我需要”的动力运行机制主要是自我利益机制。在这种机制作用下，员工产生“自我价值观”，它以是否“利己”作为一切判断的标准，造成利己性特征成为员工个体工作行为的一个基本属性之一。

“超越自我”的动力系统运行机制主要是对“企业价值与目标”的认同机制。当员工对所在企业的理念与价值观产生认同时，员工就会产生超我价值观，它以是否利于企业作为一切判断的标准，因而使人产生一切为了企业的行为。因此，如果用酒店的价值观和伦理道德统一员工的价值观与伦理道德，就能让员工用企业的价值观指导自己的行动，从而使员工作出对企业有利的行为，这就需要深入分析能有效激发一线员工的动力机制，通过企业文化建设实现酒店全体员工“一切为了酒店发展”的工作行为。

**二、满足员工的“自我需要”和“超越自我”的心理**

员工的“自我需要”是合法的利益，需要给予保障。

目前，酒店内部员工存在着较为严重的等级化现象，不少酒店一线员工工作最辛苦、待遇最低，所期望的“自我需要”长期得不到满足，自然对酒店缺乏认同感，更谈不上奉献精神。要解决这一问题，酒店必须承认合法追求个人利益是员工的基本权利，满足“自我需要”是激励员工的必要前提，从制度上对员工个人利益予以保障，并以此建立员工的激励机制，要真正关注员工的个人愿望，尊重员工的合法个人利益，努力使酒店利益与员工利益协调一致，使酒店成为员工心目中真正认同的利益共同体。

节选自圣才学习网.

# 第四章 酒店前厅管理

**本章导读**

本章主要阐述了酒店前厅部在运营管理中涉及的一系列问题。第一节是酒店前厅部概述，讲解了在酒店中前厅部的地位职责、主要部门功能以及能力素质要求等内容；第二节是酒店前厅管理流程，讲解了前厅部的预订管理、接待管理以及信息与商务服务；第三节是酒店顾客投诉管理，讲解了在前厅部工作中可能出现的一些投诉问题的处理途径以及方法。

## 第一节 前厅部概述

前厅部在任何一家酒店中都起着至关重要的作用，是酒店的门面、酒店的招牌，前厅部服务质量的高低通常直接影响了顾客对于这家酒店服务质量的评价，所以我们应该认真研究在酒店前厅部管理中所涉及的各项问题。

每一家酒店都拥有前厅，不同的酒店对于前厅的概念和认识是不同的。前厅部(front office)也被称为客务部、前台部、大堂部，是酒店组织客源、销售客房产品、沟通和协调各部门对客服务，并为宾客提供前厅服务的综合性部门。顾客进入酒店首先看到的就是前厅，首先和酒店发生联系的部门也是前厅，无论从哪个方面来说，前厅部对于一个酒店来说都是最为重要的部门之一。

### 一、前厅部的地位和职责

前厅部是现代酒店业的重要组成部分，在酒店的经营管理中占有举足轻重的地位。前厅部的运转以及管理水平，也会直接的影响整个酒店的经营效果以及对外展现的形象。

**(一) 地位**

前厅部在酒店中的重要地位，主要表现在以下的 5 个方面：

1. 前厅部是酒店业务活动的中心

前厅部作为一个综合性较强的服务部门，所涉及的服务类型、服务时间等都比其他的酒店部门要更多。任何一位酒店中的客人，从未出发前的预订、到办理入住直至最后的办理退房都与前厅部有着紧密的联系。

酒店的主要功能就是为入住的客人提供食宿服务，而客房是任何一家酒店最重要的产品。前厅部需要在工作中积极地开展酒店客房的预订销售业务，以最好的状态来为每一位来此的客人办理入住登记手续，从而把最好的酒店产品销售出去，让更多的人能够再次选择在此入住。同时前厅部还通过客房产品的销售来带动酒店其他各个部门的经营活动，需要及时地将客源、客情、客人需求以及投诉等各种信息通报给有关部门，共同地来协调整个酒店的对客服务工作，确保酒店能够提供最高质量的服务。

2. 前厅部是酒店的门面

对于任何一家企业来说，门面无疑都起着至关重要的作用。一个良好的门面能够给消费者留下良好的第一印象，而第一印象往往又会对消费者整个的消费体验起着很大的作用。那么对于一家酒店来说，前厅部就是其门面。前厅部是提供给顾客对于酒店的第一印象和留下最后印象的重要环节，顾客往往会对前厅部的服务印象停留最长的时间，并且将此作为整体的酒店服务印象评价。

酒店前厅部的主要服务机构通常都设置在客人来往最为频繁的大堂。任何一位客人进入酒店都会对大堂整体的环境、装修、布置、设施、服务员工仪容仪表等产生重要的第一印象。前厅是一个门面，当宾客进入酒店大堂的那一刻，酒店就应当最大限度的给宾客一种“宾至如归”的感觉。在服务行业，宾至如归是最为常见的一个成语，但是要真正地做到这一点却切实地对服务质量提出了很高的要求。宾客在酒店住下来很简单，但是从入住到最后的离店如何给客人“宾至如归”的感受，前厅部就起着重要的作用。

客人在入住期间，前厅部需要及时给客人提供一系列服务。客人在入住期间遇到任何不满或者需要帮助的地方都会找前厅部，甚至对于有一部分客人来说，前厅部就代表着酒店。所以说前厅部是酒店的门面，反映着一家酒店的整体水平，代表着酒店的对外形象。

3. 前厅部是酒店业务信息中心

在大数据的时代背景下，信息的重要性愈发显著。对于任何一家企业来说，运营都需要信息的支持。酒店也是如此。信息对于酒店的影响越来越大，这种影响有时候甚至是决定性的。

前厅部是酒店市场信息的中心。诸如旅游业发展状况、国内外最新经济信息、客人的消费需求与心理、人均消费水平、年龄结构等。在很多人的惯常印象中，饭店的市场信息中心应该是销售部，但是相对于前厅部来说，销售部了解的是酒店外部市场的部门信息，具有一定的局限性，而前厅部则掌握了包括顾客的消费需求与心理在内的较为全面的信息。当宾客进入酒店后所进行的消费反映、意见反映等都是由前厅部来进行信息的汇集、处理。

前厅部是酒店内部业务运行信息的中心。一家酒店的绝大部分业务的运行都需要经过前厅部，前厅需要在各个部门之间进行调度支配，有些业务虽然不需要前厅来进行处理，但是与前厅部也有着紧密的联系。那么前厅部怎么就会成为整个酒店内部业务运行信息的枢纽呢？对于前厅部来说，需要有意识地收集好这些信息，并且对信息进行及时有效的处理，将其传递到客房、餐饮等酒店经营部门和相关的管理机构，以便采取相应的决策，搞好对客服务。

4. 前厅部是酒店销售增收的重要部门

为宾客提供食宿是酒店的基本功能，而客房的销售是一家酒店最为重要的产品销售。前厅部的首要任务就是销售客房。通常在一家酒店的营业收入中，客房的销售额要高于其他的各项。根据统计，客房的营业收入大约要占全部酒店营业收入的40%～60%。酒店每日客房出租率的高低在很大程度上取决于前厅部的销售工作，前厅部的有效运转能够有效地提高客房的出租率，增加客房的销售收入，从而提高酒店的经济效益。

5. 前厅部是与顾客建立良好关系的重要环节

在服务行业，很多人都听过“顾客就是上帝”这句话，对于一家酒店来说，是一个为客人提供食、宿、娱乐等一系列综合服务的企业，而这些服务质量的好坏是由客人来作出评价的，评价的标准就是顾客的满意度。前厅部作为与宾客接触最多的部门，与顾客建立良好的关系能够有效地提高顾客的满意度，能够为酒店创造更好的声誉，从而带来更多的回头客。

**（二）主要职责**

前厅部在酒店中的地位以及作用，决定了前厅部主要职责就是推销客房以及酒店的其他产品，协调酒店的各个部门向客人提供最为优质的服务，让酒店能够得到最大化的经济效益和社会效益。具体来看，前厅部主要有以下职责。

1. 销售客房

前厅部最为首要的职责便是销售客房。在前文中我们已经提到过，客房是一家酒店中最为重要的一项商品，从客房出售中所获得的利润也是酒店收入中重要的一部分。前厅部推销客房数量的多少、达成价格的高低，不仅影响酒店的客房收入，也会同时影响到酒店的餐饮、娱乐、商场等酒店其他部门的收入。根据著名的酒店会计师事务所——美国的PKF国际咨询公司有关世界范围酒店经营情况的统计资料，客房营业收入占全酒店营业收入的平均比例为58.6%，而餐饮营业收入所占比例为31.6%，电话与其他经营收入所占比例为9.8%。在中国的涉外旅游酒店中，客房营业收入占全酒店营业收入的比例为48.17%，而餐饮营业收入所占比例为32.52%，商品与其他经营收入所占比例为19.31%。所以前厅部应当尽力销售出更多的客房。

2. 协调对客服务

前厅部作为酒店业务活动的中心，需要及时地向有关部门下达各项业务指令协调好各个部门在执行指令的过程中会碰到的问题，前厅部需要在客人以及酒店的其他部门之间起到一个牵线搭桥的作用，有效地协调好前台以及后台之间的对客服务。例如，当住客向前厅部反映所住房间内的灯出现不亮的情况时，前台的服务人员应该及时地受理顾客的投诉，联系工程部立即去维修。也就是说，无论在什么情况下，前厅部都应该将顾客的意见及时进行处理，从而有效地提升顾客的入住体验。

3. 提供各项综合服务

前厅部除了有协调对客服务的职责以外，还能提供其他各项综合服务，诸如需要在机场、车站和酒店的大门迎送客人；需要为客人提供行李、咨询、邮件服务等；对贵重物品的寄存服务以及保管客用钥匙、处理投诉等各项服务。

4. 及时准确反映客房状态

酒店客房状态是指酒店对客房的使用情况。前厅部作为第一时间掌握客房状态的部门，需要确保及时地显示客房的状态，从而能够使酒店最大限度地使用客房，确保能够得到最高的利润收入。

5. 提供信息

前厅是酒店的窗口，是酒店经营活动的主要信息收集场所。前文已经提到，这里的信息主要是包括酒店的外部市场信息（如旅游业发展状况、国内外最新经济信息、宾客的消费需求与心理、人均消费水平等）和内部管理信息（如出租率、营业收入、宾客投诉、客情预测、宾客住店和离店以及在各营业点的消费情况等）。前厅部需要收集这些信息，并且对其进行有效的加工处理，将其传递到酒店的其他相关部门，作为酒店经营决策的参考依据。

6. 管理客账

客账就是反映入住宾客的房费以及住店期间发生的其他费用的账目。在宾客入住时前厅服务人员根据宾客住宿登记表的要求来设立不同的客账账户，根据各个营业部门转来的客户资料及时记录宾客在住店期间的各项用款，进行每日的核算，保证账目的准确，保证宾客在离店时能够顺利地办理好结账的事宜。在大多数酒店之中，都会给入住的客人提供一次性结账的服务方式，前厅部管理客账的目的也是为了保持客人与酒店之间的财务关系，保持酒店的良好信誉以及酒店应有的经济利益。

7. 建立客人档案

前厅部应当建立住店客人的资料档案，尤其对于酒店的一些常住宾客以及一些重要的客人，记录内容主要可以包括宾客的个人情况资料，每次住宿时候的爱好、习惯、特殊要求以及之前有过的投诉经历等。酒店可以根据这些资料给宾客提供更加周到的服务，也可以及时地对一些需求进行有针对性的解决，给宾客提供良好的入住体验。对于酒店管理层来说，通过收集这些资料来对酒店的客源情况进行一个有效的分析处理，可不断地来改进酒店的服务工作，提高酒店的科学管理水平。

## 二、前厅部的组织结构及职能

### （一）前厅部的组织结构设置原则

前厅部顺利有效地开展各项工作的前提是科学合理地设置前厅部的组织结构。一个合理的组织结构既能够有利于提高前厅的工作效率，保证各项工作有效进行，也能够方便顾客。根据前厅部的工作特点，前厅部的组织结构的设计应当遵循以下原则：

1. 联系实际原则

每一家酒店的前厅部都应该根据所在酒店的性质、规模、地理位置、经营特点以及管理方式等因素来灵活地设置组织结构，不宜生搬硬套。例如小、中、大型酒店可以根据自身情况来设置机构。

2. 精简原则

前厅部在设置组织结构的时候，为了防止结构过于复杂，出现组织资源浪费的现象，应当要避免因人设事、因人设岗的现象，要“因事设职、因职用人”。精简结构并不等同于将组织结构过分简单化，而是合理地对资源进行分配，避免出现职能空缺或重复的现象。

3. 分工明确原则

前厅部的结构设置，应该使得每个员工都清晰地了解自身的职责、权力以及具体的工作方法，明确上下级隶属关系，相关信息传递、反馈的渠道、途径应当通畅，避免出现管理职能的空缺、重叠以及浪费的现象。

一个有效的组织结构应当建立明确的垂直层级指挥系统，一个下属只接受一个上级的指挥，在垂直指挥系统下，能够使组织内部层级分明，权责具体化，有效地完成日常工作。如果出现了一个下属同时接受几个上级领导命令的情况，会出现下属不知道听谁的命令的情况，这样会极大地影响工作效率。

4. 便于协作原则

前厅部在一个酒店中起着重要的枢纽作用，所以一个合理的组织结构便于前厅部各个岗位之间互相协作。除此之外，还应当便于前厅部与酒店内其他部门之间的协调合作。

**（二）前厅部的组织结构形式**

不同类型的酒店因为规模不同，所以会在组织结构上有很大的差异。所以应当根据大、中、小型酒店来区分不同的组织结构。

1. 大型酒店

在大型酒店中通常设置部门经理、主管、领班、员工四个层级，组织结构如图 4-1 所示。

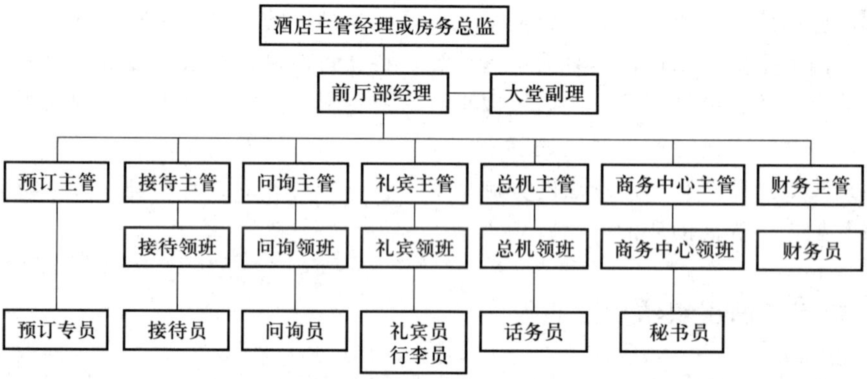


图 4-1 大型酒店前厅部组织结构示意图

2. 中型酒店

在中型酒店中一般是由部门经理、领班、普通员工三个层次构成，组织结构如图 4-2 所示。

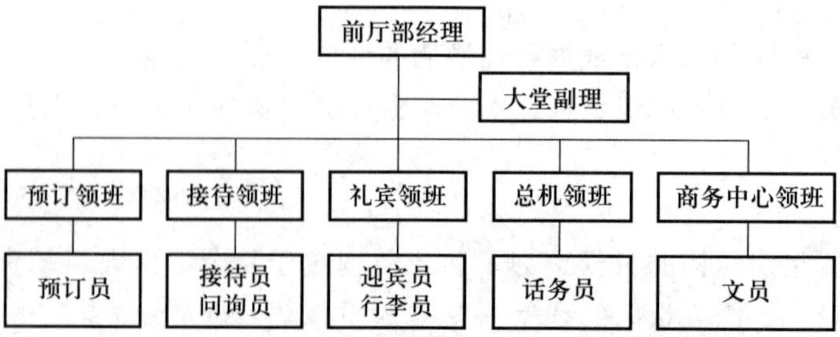


图 4-2 中型酒店前厅部组织结构示意图

3. 小型酒店

小型酒店前厅部管理层次通常较少，组织结构内容较少，甚至将某些岗位合而为一、合四为一，组织结构如图 4-3 所示。

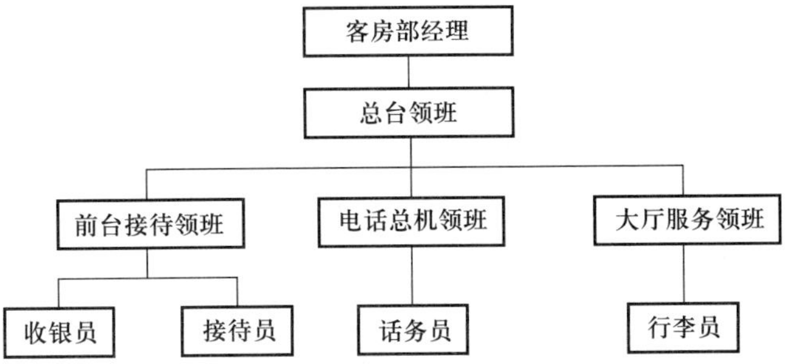


图 4-3　小型酒店前厅部组织结构示意图

### （三）前厅部各部门及职能

前厅部的工作任务需要内部各个分部门的共同协作来完成，缺少任何一个分部门都不能使工作顺利进行。由于酒店在规模上存在差异，所以在组织结构上也会出现不同之处，但是一般来说，酒店前厅部会设有以下主要机构：

1. 预订处（room reservation）

预订处作为前厅部“心脏”，起着至关重要的作用。预订处一般是由预订主管和预订员组成，主要的职能包括：

（1）熟悉掌握酒店的房价政策和预订业务；

（2）受理客房预订业务；

（3）负责与有关公司、旅行社以及会议组织等提供团队客源的单位建立良好的业务关系，熟悉、了解业务单位需求，尽力推销更多的客房。

（4）加强与总台接待处的联系，及时向前厅部经理及总台相关岗位和部门提供有关客房预订资料和数据；

（5）参与客情预报工作，向上级提供贵宾（VIP）、团队、会议抵店信息；

（6）参与前厅部对外订房业务的谈判及合同的签订；

（7）制订各种订报表（每月、半月、每周和翌日客人抵达预报）；

（8）参与制订全年客房预订计划；

（9）加强和完善订房记录及客史档案。

2. 接待处（check-in/reception）

接待处又称为“开房部”，主要是由主管、领班、接待员组成，主要的职能包括：

（1）销售客房，接待入住客人（包括团体客人、散住客人、常住客人等）；

（2）接待住店客人，为客人办理入住登记手续，分配房间；

（3）掌握住客动态及信息资料，控制房间状态；

（4）制定客房营业日报等表格；

（5）与预订处、客房部等保持密切联系，及时掌握客房出租的情况；

（6）协调对住客服务工作；

（7）积极参加酒店各项促销活动；

（8）确定客人的付款方式，建立客账。

3. 问询处(information)

问询处主要是由主管、领班、问询员组成，主要的职能包括：

（1）负责回答客人的问询；

（2）接待来访的客人；

（3）及时处理客人邮件；

（4）提供留言服务(住客留言和访客留言)；

（5）积极参加酒店各项促销活动；

（6）分发和保管客房钥匙。

4. 礼宾部(bellservice/concierge)

礼宾部又称为“大厅服务处”，主要是由大厅服务主管(金钥匙)、领班、迎宾员、行李员组成，主要职能包括：

（1）在门厅或机场、车站迎送宾客；

（2）负责客人的行李运送、寄存，确保其安全；

（3）雨伞的寄存和出租；

（4）在酒店公共区域提供找人服务；

（5）引领客人进客房，并向客人介绍服务项目、服务特色等，伺机进行宣传；

（6）分送客用报纸、信件和留言；

（7）协助管理和指挥门厅入口处的车辆，确保畅通和安全；

（8）回答客人问询，为客人指引方向；

（9）传递有关通知单；

（10）为客人提供召唤出租车和泊车服务；

（11）负责客人其他委托待办事项。

5. 电话总机(switch board)

电话总机主要是由总机主管、领班、话务员组成，主要职能包括：

（1）转接电话；

（2）为客人提供叫醒服务(wake up call)；

（3）提供“请勿打扰”（DND)电话服务；

（4）回答客人电话问询；

（5）提供电话找人服务；

（6）受理电话投诉；

（7）接受电话留言服务；

（8）办理国际、国内长途电话事项；

（9）播放或消除紧急通知、说明，播放背景音乐。

6. 商务中心(business center)

商务中心主要是由主管、领班、文员组成，主要职能包括：

（1）为客人提供打字、翻译、复印、传真、长途电话以及互联网服务(商务服务)；

（2）可以根据客人需要提供秘书服务；

（3）提供文件加工、整理和装订服务；

（4）提供计算机、幻灯机等的租赁服务；

（5）提供代办邮件和特快专递服务；

（6）提供客人委托的其他代办服务。

7. 收银处(check-out/cashie)

收银处隶属于酒店财务部，主要是由领班、收银员、外币兑换员组成，主要职能包括：

（1）办理离店客人的结账手续；

（2）受理入住酒店客人住房预付金；

（3）提供外币兑换和零钱兑换服务；

（4）与酒店各营业部门的收款员联系，催收、核实账单；

（5）建立客人账卡，管理住店客人的账目；

（6）夜间统计酒店当日营业收益情况，制作营业报表；

（7）为住客提供贵重物品的寄存和保管服务；

（8）负责应收账款的转账；

（9）夜间审核全酒店的营业收入及账务情况。

8. 大堂副理(lobby manager)

主要职能包括：

（1）代表酒店迎送 VIP 客人，熟记贵宾姓名，处理主要事件及记录贵宾、值得注意客人的有关事项；

（2）决定是否受理客人支票，处理关于客人结账时的问题和其他询问，根据酒店的有关规定和授权处理；

（3）负责迎接及带领 VIP 客人到指定的房间，并介绍房间设施，做 VIP 客人离店记录，落实贵宾接待的每一细节；

（4）负责处理换锁、换钥匙的工作并做好记录；

（5）负责处理客房部客房报表上与接待处有误差的房间，并亲自锁定该房间；

（6）负责处理客人投诉，以本人对酒店的认识及针对客人心理解决问题、替生病或发生意外事故的客人安排护理或送院事宜；

（7）发生紧急事件时，必须(在没有请示上级的情况下)作出主动决断的指示，与保安部及接待处联系，取得资料作出“意外”或“病客”紧急报告；

（8）应尽量参与接待工作，了解当天及以后房间的销售状况，巡查酒店内外部以保证各项功能正常运行，及时排除隐患；

（9）与客人谈话的过程中可适当推广酒店设施；

（10）服从管理人员(如总经理、副总经理、总经理助理及直属上级)的安排；

（11）与保安人员及工程部人员一起检视发出警报的区域；

（12）与财务人员配合，追收仍在酒店住宿客人拖欠的账款，必要时可以指挥其他部门人员协助工作；

（13）遇危险事故(如火警、匪警等)而没有高层管理人员可请示时，应作出适当决定，需要视情况疏散客人。

## 三、前厅部的人员能力素质要求

前厅部作为酒店的门面，其服务质量的高低会直接影响入住宾客对酒店的整体评价，所以前厅部的工作需要依靠高素质的管理者去完成。前厅部的每一位工作人员都在工作中扮演着不同的角色，担任着不同的岗位职责，对其基本素质的要求也会各有不同。

### （一）前厅部管理人员

前厅部的管理人员主要包括前厅部经理、大堂副理以及前厅部主管(领班)，其应具备的能力素质如下：

1. 前厅部经理

前厅部经理作为一家酒店的中层管理者，起着非常重要的作用。在任何一家酒店里，中层管理者都是中坚和支柱。前厅部经理不仅承担着承上启下的作用，向下代表酒店的领导宣布决策，向上代表员工反映计划的执行情况，反映下属的利益要求，前厅部经理同时也是整个前厅部决策的制定者，要立足于整个前厅部的情况作出有效的决策。所以具体所需要的素质要求包括：

(1) 知识要求。

① 能够掌握与现代酒店管理经营相关的知识；

② 应当对前厅部的各项业务实施标准化操作，诸如办理入住、退房等，对酒店客房以及利用入住宾客心理来进行客房销售等知识有一个系统、全面的了解；

③ 前厅部经理应当熟练地掌握酒店财务管理方面的知识，并且懂得如何制作分析报表等工作；

④ 前厅部经理应当具有一定的英语能力，能够流利地与外国宾客进行交流；

⑤ 具有一定的电脑操作能力；

⑥ 对涉外的法律法规较为熟悉，了解中国关于客源国的旅游法规；

⑦ 了解宗教常识和国内外的民族习惯以及礼仪的要求，了解国际时事。

(2) 能力要求。

① 能够根据市场客源情况以及历史数据来对用房情况进行预测，决定客房的价格，果断地接受订房协议；

② 能够管理好前厅部的下属员工，安排好各个人员的工作，并且能够处理好与其他部门之间的关系；

③ 前厅部经理需要能够与社会上各个层级的人进行良好的沟通，对沟通能力的要求很高，并且能够积极地与外界建立良好的业务关系；

④ 有能力撰写跟饭店管理相关的工作汇报，同时能够独立地完成前厅部的工作报告以及发展规划；

⑤ 要求具有正确评估他人的能力，能够妥善地处理客人的投诉，并且能够听取别人的意见；

⑥ 前厅部经理要求遇事冷静、性格沉稳，具有很强的情绪控制力。

2. 大堂副理

大堂副理也被称为“大堂值班经理”，主要是负责协调饭店对客服务，维护饭店应有的水准，代表总经理全权处理宾客投诉、宾客生命安全以及财产安全等复杂事项的一个角色。具体需要的素质要求包括：

（1）应当掌握现代酒店管理知识；

（2）对于所在酒店的运营体系必须足够了解，熟悉酒店的各项政策以及各方面的管理规定，了解各项规章制度、处理措施以及应急措施；

（3）应当具有一定的紧急情况处理能力，能够对一些突发情况作出及时处理；

（4）具有一定的责任心以及服务意识，为人正派，热情大方，办事稳重；

（5）要求具有一定的人际交往能力，能够很好地处理各方面的人际关系；

（6）要求具有一定水平的英语能力，能够与外宾进行良好的沟通；

（7）要求具有五年以上的从事酒店的工作经历，有在前台运转部门基层管理工作的经历；

（8）要求仪态良好，具有一定的风度气质。

3. 前厅部主管(领班)

在酒店中，主管或者领班是作为第一线管理人员而存在的，他们需要直接的与员工进行沟通交流，需要直接对员工的工作做出指导，所以他们往往也会被称为“督导管理层”。需要具备的具体素质包括：

（1）在学历上需要具有中专以上的学历，能够掌握一些现代的酒店管理知识以及相关的业务知识；

（2）在平时的工作中能够首先发挥带头人的作用，对待各项工作都以一个严谨的态度去完成，并且能够在工作中坚持自己的原则；

（3）需要受过一定的业务培训，能够熟练地掌握各项业务技能，并且带领全体员工一起完成客房销售与对客服务任务；

（4）需要具备一定的外语交流能力，能够熟练地与外国宾客进行沟通交流；

（5）善于与人交往，能够处理好各项人际关系，并且能够及时地关心本组员工的情绪与利益；

（6）具有一定的危机事件处理能力，能够及时地处理各项突发事件；

（7）要求仪表端正，气质好。

**（二）前厅部服务人员**

1. 良好的仪容仪态

对于前厅部的服务人员来说，必须具有一个良好的仪容仪态。因为前厅部作为酒店的门面，会直接影响到宾客对于酒店的形象感知，而服务人员作为直接与宾客最为直接接触的人员，会最大限度地影响宾客对于酒店的印象，在这样的情况下就要求前厅部的服务人员必须具备一个良好的仪容仪态。

2. 标准的普通话

对于前厅部服务人员来说，必须拥有良好的语言表达能力，而这一表达能力的基础就是应当具有一口标准的普通话。不能出现语音、语气带有方言的意味，从而影响与宾客进行正常交流，进而影响宾客的入住体验。

3. 良好的性格

对于前厅部这样一个直接对客的部门，前厅部服务人员必须具备一个良好的性格。前厅部需要与宾客、各个部门的人员交流，所以需要服务人员性格开朗，善于交际。除此之外，还应当具有耐心、容忍、合作精神以及愿意为别人服务的意识。

4. 广泛的知识面

前厅部人员需要对各种民族风情、历史、地理、风景名胜、特色美食、民俗文化等各个方面的知识都具有一定的了解。

5. 精湛的业务能力

前厅部服务人员需要熟练地掌握前厅部的各项业务操作，具有较强的动手能力，能够熟练、准确地按照操作程序来完成工作。

总的来说，前厅部服务人员相对于酒店中其他部门的员工来说，在有些方面会提出更高的要求，因为前厅部工作性质的对外性，所以需要服务人员热情开朗、通情达理，并且具有一定的紧急业务处理能力，让人能够感受到酒店服务人员的气质。

## 第二节 前厅管理流程

### 一、预订管理

前厅部首要的职责就是销售客房，而在客房销售过程中，客房预订更是最为中心的环节。预订对于方便宾客的外出旅行、酒店的客房销售等诸多方面都有着重要的意义。在大数据时代下，随着互联网在人们生活中占据着越来越重要的地位，预订已经成了很多人的选择。对于现代高星级酒店来说，拥有方便、快捷的客房预订系统和程序，关系到酒店的经营情况。

**（一）预订及其意义**

任何一家酒店都希望酒店能够获得更高的预订额，因为高的预订额也就意味着酒店取得了更高的销售业绩。酒店预订需要通过销售来完成，酒店如果想要获得一个更高的预订额就需要研究如何获得更多宾客的选择。

1. 预订的概念

“预订”指的是宾客在还没有到达酒店之前向酒店预先提出用房的具体要求。对于一家酒店而言，预订作为一个销售过程经常会发生，但是同时又具有一定的特殊性；对于宾客而言，在预订产品与真正使用产品之间存在一个时间差，宾客可能会选择提前很长一段时间预订，也有可能仅仅提前一小段时间预订。这是由宾客的需求和酒店的用房情况这两个方面共同决定的。

2. 预订的意义

酒店提供预订服务，对于宾客来说，能够有效地解决其确保住宿问题的需要；对酒店来说，则能够通过预订的情况来对酒店的客房进行合理的安排利用，最大限度地利用好酒店的客房资源，给酒店带来最大化的利润。所以，开展预订业务对于酒店来说具有重要的意义。

（1）增进客房销售。对于任何一家酒店而言，最为核心的工作就是将酒店产品销售出去，而产品的销售形势往往以两种形式展现出来：预订和直接购买。这也形成了两种不同的宾客类型：一种是预订客人，包括团队客人和预订散客；另外一种就是没有经过预订的散客。随着大数据时代下越来越多在线平台的出现，预订所占比重也一直在增长。预订其实就是酒店产品的预销售，只有预订的客人达到很大的数量，酒店才会取得更高的销售额，如果仅仅依靠散客的数量，那对酒店来说无疑是无法长久运营的。

预订是销售的一种形式，同时也是销售成功的结果。对于酒店来说，除了接受宾客的订房要求以外，还应当采取更为灵活的推销技巧从而能够为酒店带来更高的预订额，使酒店能够处在一个最佳的销售状态。酒店能够合理地通过客房预订情况来分析市场，并且有针对性地采取解决措施，来达到一个更好的销售额。

（2）有效协调各个部门业务。在进行预订业务的时候，会对宾客的情况和需求等进行了解确认。在前厅部进行接待业务的时候，可以有效地记录宾客的需求，然后将这些需求反馈给酒店的相关部门，这样既可以让宾客的需求得到最好的满足，同时也可以让酒店中的相关部门合理分配与调度资源，准备好共同安排接待工作，提高工作效率，保证服务质量，有效地避免出现问题。

例如，在旅游旺季的时候，会有许多旅游团队预订酒店，当提前预订的时候，酒店就能根据团队的人数、需求等将接待需求告知酒店的其他部门，客房部可以提前安排好房间，餐饮部可以提前安排好饮食等。这样的一种预订程序就能有效地避免办理入住时会出现的很多问题，有效地简化入住程序，使得宾客获得最好的入住体验。

（3）适应现代宾客的需求。虽然很多人都听过这样一句话，叫“来一场说走就走的旅行”，但是在现实生活中，却往往不是如此。拎包即走的游客是少数，大多数游客在进行一场旅行之前，必然会对旅行情况进行一定的了解，从而做出最后的选择，而在这个选择的过程中就会对旅行中所涉及的“吃住行游购娱”等方面进行安排，所以现代人们出行都具有较强的目的性与计划性。在这样的背景之下，预订这样一种形式的出现无疑是最好的选择，既能够有效地解决游客的需求，也能够减少盲目性，增加便捷性，所以，预订能够有效地适应宾客的需求。

（4）根据客源情况预测饭店市场。酒店在进行客房预订业务的时候，会第一时间获得关于入住宾客的信息，对于前厅部而言，应当将这些有效的信息进行收集整理，并加以分析，从而能够有效地预测在未来的一段时间内饭店的客源情况，及时有效地调整酒店的营销策略。

**（二）预订的方式、途径和种类**

1. 预订方式

对于一家酒店来说，每天都会接到许多客人的预订，预订的方式也是各式各样。

（1）面谈预订。面谈预订指的是宾客亲自到达酒店，与前台面对面地交涉预订客房有关的事宜。面谈预订主要会有两种情况：第一种是临时的口头预订；第二种是一些旅行社或者会务组负责人会到达酒店来协商有关客房的事宜。面谈预订这样一种形式相对于其他形式来说更为麻烦，但是这种方式能够最为直接地解决宾客有关住房的问题需求，从而达到最好的效果。

（2）电话预订。在客房预订方式的选择中，电话预订无疑是选择应用最为广泛的一种方式。电话预订指的是宾客通过电话向饭店订房，在进行电话预订的时候，宾客会对自己的订房情况进行说明，而前厅部的接待员应当问好宾客的各项需求与内容，填写预订单的各项内容，并且与宾客进行确认，确保各项要求记载的正确性。

在进行电话预订接待时，应当以礼貌用语与客人交流，确保清晰地表达，给客人提供最热情的服务。对于客人在预订时的问题应当及时地给出回复，避免让客人处在一个长时间等待的状态，这就要求前厅部的员工随时了解客房的预订状态，保证工作快速敏捷。

（3）信函预订。信函预订指的是宾客通过明信片或者是信件的方式来预订客房，这样的一种形式在现在人们的生活中已经逐渐淡出，越来越少的人会选择这种方式来预订。信函预订适合于提前预订时间较长或者以接待度假会议为主的宾客。这种预订方式的优点是能够完整、准确地表达订房需求，并且信函能够作为一种有效的订房协议，对于宾客以及酒店双方都具有一定的约束作用。当酒店接收到信函预订的时候，酒店应当及时地给予宾客回信，在回信时附上确认单，对各项信息进行一个有效的表达。

（4）传真预订。传真预订是一种较为常见的预订方式，指的是宾客通过传真预订客房。对于许多旅行团队、旅行社或者单位来说往往都会采用传真的形式。酒店在收到宾客的传真后应当及时地进行预订处理，并且与宾客进行电话联系，对传真上不清晰的地方再在电话中予以确认。对于酒店接待员来说，要将收到传真件的时间、电话确认的时间等信息与预订单订在一起。

（5）网络预订。网络预订指的是通过互联网的形式来进行预订。许多酒店都拥有自己的在线网站。除此之外，随着 OTA 浪潮的兴起，携程、驴妈妈等一些平台在人们的生活中占据了越来越重要的位置，网络预订已经成为最广泛和便捷的方式。宾客通过互联网进行预订，酒店从预订的终端获得宾客预订的信息，然后进行相应的预订处理。

（6）电子邮件预订。电子邮件预订指的是宾客通过直接向酒店发送电子邮件的方式来进行预订，而酒店也通过电子邮件的方式来回复，在电子邮件回复之后同样需要及时地填写好预订单，做预订后处理。

2. 预订途径

对于宾客来说，在进行预订时主要通过两种主要的途径来完成：一种是直接预订，即宾客直接与酒店联系完成整个预订的过程；另外一种是间接预订，是宾客通过一些中介的机构来完成整个预订过程。具体途径如下：

（1）宾客本人直接预订。由宾客自己与酒店进行联系，完成整个预订过程。直接预订对于酒店来说是最为直接与消费者进行接触的方式，酒店能够由此获得最大的利润，宾客也能以最为优惠的价格来获得产品。

（2）旅行社预订。对于任何一家酒店来说，旅行社所带来的客源量都是一个不可忽视的数字，旅行社作为核心的中介机构，在酒店的预订流程中起着至关重要的作用。旅行社一般来说都与酒店定有合同，负责将游客的住宿安排在这家酒店，然后酒店给予旅行社相应的回扣。在服务业中，这种销售的渠道与模式是最为常见的，也被很多人所接受。

（3）会议组织预订。很多大型会议都需要对场地以及餐饮、住宿、用车等进行安排、进行预订。会议旅游作为会展旅游的一种，在近几年得到了广泛热捧，越来越多的人会选择这样的一种方式，会议旅游的顾客人群一般消费水平都较高，所以随着这种方式的大热也就意味着对于酒店来说这是一个巨大的商机与市场。

（4）政府机关单位预订。一般当举行某项大型活动的时候，政府机关单位需要招待一些重要的嘉宾、学者以及团队人员等，所以需要提前与酒店联系，对相关事项进行合理的安排。

（5）连锁饭店订房。一些大型酒店为了达到更高的服务质量的要求，在进行预订服务的时候可以通过一些连锁酒店来完成。宾客可以自主选择自己方便的连锁酒店来进行预订，这种预订途径在给宾客带来良好的预订体验的同时也能给酒店带来更多的客源。

（6）合作酒店订房。大型酒店可以通过连锁酒店这种合作方式来预订，一些小型酒店由于没有开设连锁机构，所以为了增大其竞争力，往往会选择进行订房业务上的合作，进行客源上的合作共享。这种方式能够有效地增强酒店的竞争力，使酒店得以更好地发展。

（7）公司订房。现在的很多公司都会定期举办团建活动或者组织单位旅游，对于很多企业来说，为了业务上的需要都会与酒店签订长期协议以获得一个优惠的价格。

（8）航空公司订房。随着航空事业的发展，越来越多的人会选择航空公司代为预订客房，主要包括乘客、团队客人、机组乘务人员等。

以上简单列举了酒店的预订途径。当然酒店的预订途径远远不止这些，前厅部应当对于任何一种预订都具有最大的规范管理。

3. 预订种类

预订种类指的是预订确认的种类，这里的确认指的是酒店对于宾客预订的确认程度，当然也包括了宾客在预订之后的保证程度。虽然预订的方式方法对于宾客来说具有很大的选择空间，但是大致可以概括为四种主要的类型：临时性预订、确认类预订、保证类预订以及等待类预订。

（1）临时性预订。临时预订指的是宾客的预订与使用两个过程之间的间隔非常短，也就是说订房时间与入住时间相近，甚至有一些是当天预订当天就要入住。这种预订一般都是由前厅部总台办理客房服务的业务员来完成，在办理之后排房，进行客房保留。前厅部在完成客房安排后要及时与订房的客人联系，给予客人回复，并告知相关事项。

酒店对于预订房间的客人，会为其保留房间直到宾客抵达酒店日当天下午 6 点为止，这个时限被称为“取消预订时限”，或者称为“截房时间”。如果订房的客人到了规定的时间还没有抵达酒店，也没有与酒店联系，那么酒店可以将之前进行预留的房间出租给未经预订而直接抵店的客人。

（2）确认类预订。确认类预订指的是宾客提前较长时间向酒店提出订房要求，酒店根据客人的具体情况，以口头或者书面的形式给予确认，并且答应为订房的客人保留房间到某一个规定的时间。如果到了规定的时间，宾客还没有抵达酒店，也没有与酒店联系解释原因，就将其作为自动放弃预订。确认类预订一般不要求宾客预付定金。

确认类预订一般具有两种不同的方式：第一种是书面确认。书面确认需要填写预订单，同时需要填写预订确认书，确认书以一式两份的方式让双方共同持有，具有约束力。第二种是口头确认。口头确认相对于书面来说较为简单，要求预订人员做好预订单的填写记录，接下来做好预订后相应的一系列处理。

与临时性预订相比，确认类预订具有更大的优势。确认预订是在饭店与客人之间达成了一种双方认可的协议，形成了一种约束，也让客人了解到酒店是否已经正确理解了他们在订房上的要求。对于酒店来说，确认类预订中的书面确认能够将宾客完整的信息提供给酒店，让酒店能够更好地了解到预订客人的情况。

（3）保证类预订。保证类预订指的以预付定金的方式来进行客房的预订工作，这种预付定金的行为一方面是使得宾客可以保证自己的订房要求得以满足；另一方面，对于酒店来说，也可通过这种方式来避免损失。因为如果出现了宾客逾期不来的行为，并且没有与酒店联系，那么采用保证类预订酒店就可以从预订定金中或者按照合同收取一天的房费，从而有效地避免酒店的损失。

保证类预订一般分为三种：第一种是预付现金保证，指的是酒店要求预订的宾客在进行预订申请时支付一笔订房定金，具体的定金数额视酒店的政策、条件决定，但是理论上是不低于一晚的房费。当客人逾期没来，酒店可以收取一晚的房费。第二种是信用卡保证，指的是前厅部办理入住的业务员在进行预订登记的时候，对宾客的信用卡各项信息进行登记记录，并且对信用卡的有效性进行验证，一旦客人没有按照规定期限到达，酒店可以直接按照合同规定收取房费。第三种是订立合同担保。这种形式主要用于一些团体订房业务，诸如旅行社、企业或者政府机关单位等团体，在进行合同签订的时候，要包括团队详细的信息以及关于房间的条件要求，酒店也将具体的信息，诸如保留客房的最后期限等在订房合同中进行说明。在限定期限内，酒店为宾客保留客房，但是到了订房合同上的规定期限，如果客人没有按时办理入住，也没有解释情况，那么酒店就可以按照入住合同来收取房费。

（4）等待类预订。等待类预订指的是在客房的预订已经满了的情况下，将一定数量的订房客人列入客人等候名单，一旦有人取消预订或者提前离店，那么酒店就会通知客人预订成功。对于等待类预订来说，酒店一般是不给予确认书的，只是口头上通知宾客，在此期间一旦有其他宾客取消预订或者提前离店就安排房间。等待类预订具有一定的风险，因为宾客的预订要求得不到保证，而且有可能会失去同时间别家酒店的优惠。

**（三）预订业务程序的处理**

为了保证预订工作有效进行，应当建立完整的预订程序。一般来说，主要包括以下几个阶段：

1. 预订前期准备

在客人进行预订之前，做好一系列准备工作才能给订房客人一个良好的预订体验，如果没有进行一系列准备工作，那么在进行预订的时候有可能使宾客得不到良好的服务体验。所以在前期前厅部人员应该对于当天酒店以及在未来的一段时间内酒店客房的使用情况有一个全面的了解，对于可以预定的客房有足够的了解，以便能够及时地回复客人的提问。除此之外，前厅部办理入住的业务员在交接班时应当交代清楚客房的使用情况、资料用品的使用情况，确保前台办理入住设备的完善性，以避免接班的服务人员出现不了解问题的情况。

2. 受理预订

酒店在接到客人的预订申请之后，应该迅速查询客房情况，从而决定是否接受客人的预订申请。在受理申请时，应当了解以下一些要点：

（1）宾客的个人信息，包括姓名、电话等；

（2）预期抵达酒店日期；

（3）预期离开酒店日期；

（4）所需酒店的种类、数量、价格；

（5）付款方式；

（6）预付金；

（7）一些个人的特殊要求。

在对以上信息进行了解后，根据客房情况给予宾客回复，如果接受预订申请，就要将这些信息详细记录好。

3. 确认预订或婉拒预订

在对客人的预订需求有了一定的了解之后，将宾客所需要的客房与酒店的客房使用情况进行核实，从而决定是否可以接受宾客的预订需求。

（1）确认预订。如果进行确认预订，则给客人预订确认书，在确认书中，将付款方式、保留客房的截止期限、房价等信息进行详细说明。确认书一式两份，对酒店和宾客都具有同样的约束力。

（2）口头确认。对于一些临时预订或者时间较为急迫的宾客也可以采取口头确认的方式，但是进行口头确认时，也需要将所有相关信息进行说明，以避免后期出现问题。

4. 预订的更改和取消

酒店接受了预订申请并且做出安排之后，但是客人还是有可能因为某些原因对预订内容作出更改，甚至有时候还会要求取消预订，面对这种情况，前厅部业务员应该采取不同的处理方式。

（1）当宾客提出取消预订的时候，预订员应当填写预订取消单，将取消的订房资料归入取消类存档，同时对系统中预订的状况进行调整。

（2）当宾客提出更改预订的要求时，预订员应当首先在第一时间去查询是否有符合宾客更改需求的客房。如果有就接受客人的更改需求，满足客人的要求，并且将订房资料进行整理；如果没有，应当向宾客说明情况，询问客人是否愿意作为候补或者优先等待名单处理。

5. 预订核对

因为有些宾客的预订时间距离入住时间较长，所以在宾客抵店之前预订员应该通过电话等方式与宾客核对，以确保预订工作准确无误。一般核对三次，分别为客人到店前一个月、前一周以及前一天。

（1）第一次核对。前厅部预订员应每天在班时仔细核对下个月同一天到达的宾客名单，通过电话、书信、传真等多种方式与宾客进行核对，核对的内容主要是抵达日期、预住天数、房间数量以及类型等。如果没有更改，按照准确订房处理；如果有更改，核实更改后的客房是否还能提供，如果有就进行变更，如果没有询问宾客是否作出取消预订的决定。

（2）第二次核对。在宾客抵达酒店的一周之前，与第一次核对方式一样，对一周后到达的宾客进行核对，并对宾客的抵达时间、更改变动的订房以及重要客人订房进行重点核对。如果宾客对客房进行更改或者取消，将其转为候补或优先等待的客人订房。

（3）第三次核对。在宾客抵达酒店的前一天进行。最后一次核对应当主要采用电话方式来进行，并且将获得的信息及时尽心反馈处理。

6. 抵店准备

在客人抵店之前做好抵店准备工作能够有效缩短订房客人办理入住登记所花费的时间，也能给宾客提供最好的服务体验。客人抵店之前主要分为三个部分的准备工作：

（1）提前一周或数周。将主要的客情，如重要贵宾、大型会议团队、旅行团等信息及时通知各相关部门，以便各个部门能够及时地安排工作，做好准备。

（2）抵达前夕。将具体的接待安排告知各个部门，使各个部门及时有效地安排好工作。

（3）客人抵店当天。前台业务员应当根据抵店客人名单，提前预分好房间，并且将房间钥匙（卡）、住房登记表等准备好，将入住相关事宜告知各个部门，以便其做好接待工作，共同完成客人抵店前的各项准备工作。

## 二、接待管理

在前厅部的业务过程中，接待服务是第一环节，也是给宾客最开始印象的部分，除此之外，接待处也是销售客房以及饭店产品其他部分实际进行交换的场所，所以接待处的工作质量起着很重要的作用。前厅部的接待业务主要是接待前来投宿的宾客、办理入住登记手续、负责内外联络等，具体如下：

1. 接待准备

在宾客抵店之前，为了给宾客提供最高质量的服务体验，应当做好相应的接待准备，最大可能地缩短办理入住所耗费的时间。在进行接待准备的时候，主要包括以下的工作：

（1）熟悉客房情况。要对当天入住宾客的基本情况、用房需求等进行一定程度的熟悉与了解。

（2）客房状态的控制。对于酒店客房来说，具体的使用情况随时都处在变动状态，接待处应当在宾客抵店前随时掌控客房使用情况，只有对客房情况了如指掌才能进行最好的客房销售。

（3）制定用房预分方案。在宾客抵店之前，应当结合酒店整体房源的情况，来对客房的分配进行有效的管理，提前做好用房方案。

（4）准备欢迎材料。先把酒店的登记表、欢迎卡、钥匙等准备好，等到客人办理入住的时候使用，以有效地节省时间。

2. 识别宾客有否预订

在宾客抵店时，应当及时主动地向宾客问好，保持微笑，表达对于宾客的欢迎，并询问宾客是否已经预订了客房。对于已经预订客房的宾客，应当根据电脑储存的信息或者确认单等相关信息，调出宾客的预订资料，为宾客复述订房要求，诸如入住天数、房间种类等，与宾客进一步确认，及时作出安排。

3. 积极销售客房

除了已经提前做好预订工作的宾客，还有一部分没有办理订房手续而直接抵达酒店的客人。对于这一类客人，应当积极主动地询问客人的住宿要求，同时查看当天的客房销售情况，结合实际情况向客人进行推销，尽可能达成销售。如果客人没有接受，也应当尽可能地解决宾客问题，主动设法为客人联络住处，主动帮助客人，给客人留下好印象。

4. 办理入住登记

在整个接待服务中，办理入住登记是一个关键的环节，其工作效果将会在很大程度上影响宾客对于整个接待服务质量的评价。在办理入住登记时主要分为四种不同类型的宾客。

（1）预订散客。对于预订散客来说，在抵店之前办理预订时就已经将一部分信息告知酒店接待处，所以接待人员可以事先将已经得知的信息形成内容登记表，并且有序地排列在专用的序列表内，当宾客到达的时候就能有效地根据宾客的登记表快速完成预订。

（2）预订 VIP、常客。酒店对于已预订房间的贵宾及常客掌握的信息资料较多，所以接待人员可以在宾客到达酒店之前进行更多的准备工作，尽可能地减少宾客在办理入住时会遇到的问题。接待员可根据宾客的订房单及客史档案中的内容提前填写好登记表及房卡等。当宾客抵店时，只要核对证件、签字后，即可进入客房。贵宾还可以享受先进客房、在客房内签字登记的礼遇。

（3）预订的团体会议宾客。在接待团体会议宾客的时候，可根据其具体接待要求，提前将登记表准备好，与团体会议负责人联系确认，将登记表交给负责人负责填写。

（4）未预订的宾客。对于直接到达酒店没有办理预订登记的宾客，接待员应该尽可能帮助宾客，缩短入住登记的时间。

5. 排房、定价

宾客对于客房往往有着自己心仪的类型，越来越多的宾客也会提出自己的个性化需求，这也使得酒店的接待工作变得日益复杂。在进行排房时，接待员应当对宾客的喜好进行充分了解，根据宾客的喜好以及习惯推荐相应的客房。

客房确定以后，前厅部接待员可以在一定的价格范围内决定房价。这是因为在实际工作中，经常会出现宾客与前台接待人员讨价还价的情况，为了让接待人员能够很好地处理这种情况，可给予接待员一定的定价权限。

6. 确定付款方式

确定付款方式的目的，是决定宾客住店期间的信用限额及加快退房结账的速度。不同的付款方式所给予的信用限额不同，宾客常采取的付款方式有无现金、现金及转账等方式。

（1）无现金方式。接待员应首先确认宾客所使用的无现金方式是酒店所接受的方式。在核查无误之后可以根据消费金额结算。

（2）现金方式。对于现金结算的宾客，接待员应该严格按照酒店的有关预付款的相关支付政策，让宾客支付一定数量的预付金，并且根据客人交付预付的金额来确定客人在酒店内的消费信用额度。

（3）转账方式。一般都是在订房时就向酒店提出要求，因为这种结账方式需要经过酒店相关负责人的审核批准才可以进行。在办理时，接待员应向宾客清楚地说明属于转账款项的具体范围，例如房租、三餐费用等。

7. 完成入住登记手续

排房、定价、确定付款方式之后，接待员应制作房卡，请宾客在房卡上签名，提醒宾客注意房卡上的宾客须知内容，并将制作好的房门钥匙交给宾客。有些酒店还为宾客提供用餐券、免费饮料、宣传品等。接待员还应安排行李员运送宾客行李，并将客房楼层与电梯位置告诉宾客，祝宾客住店期间愉快。接待员还应将宾客入住信息迅速通知总机及客房服务中心，并改变电脑记录，更新客房状态表。

8. 制作客人账单和有关表格

将宾客的信息输入到前厅入住系统，并将填写好的表格、资料等分类存档，建立客史档案，同时将宾客的到达通知单等分送给酒店相关部门，使得各个部门能够有效地协调工作。

对于信用卡结账的宾客，应在印制好的账单上打印宾客的姓名、抵达日期、截止日期、房号、房间类型及房费等；然后将账单连同住宿登记表和宾客的信用卡签购单一起交前台收款员保存。对于使用转账方式结账的宾客，需要制作两份账单：一份记录应由签约单位支付的款项，是向签约单位收款的凭证；另一份记录宾客自理的款项。

## 三、信息与商务服务

### （一）信息服务

前厅部作为酒店中直接对客的一个重要部门，需要掌握足够全面的信息来尽量满足宾客的各项需求。在大型酒店中一般在前厅部都设有问讯处，专门为宾客提供各种信息服务，尽量满足客人的各种需求。

1. 问讯处的业务范围

（1）对于宾客所提出的各种咨询，热情积极的回复，并且应当提供准确的信息；

（2）对于宾客的邮件应当处理妥善；

（3）做好留言服务工作；

（4）宾客如果有委托需要办理的业务应当尽量及时地帮助完成；

（5）在有些使用传统机械钥匙的酒店，问讯处应该负责保管客用钥匙。

2. 问讯处的服务项目

（1）回答问询服务。对于许多大型酒店来说，入住的宾客来自不同的国家和地区，所以在询问的时候也会出现各种不同类型的问题，宾客要询问的问题也很多，包括酒店内部信息和酒店外部信息。

有关酒店内部信息的问询通常涉及酒店各个部门所在的位置及营业时间；酒店提供的其他服务项目、营业时间及收费标准，如健身服务、娱乐以及宴会、会议、展览会举办场所及时间等。有关酒店外部信息的问询服务涉及面非常广，这就要求业务员必须有较广的知识面，掌握大量的信息。但是在有些情况下业务员也不可能完全答得出宾客的问题，或把宾客所需的资料全部记在脑子里。因此，问讯处还必须准备大量的书面资料，并根据宾客的需求和具体情况的变化，对资料不断地更新补充。若不能及时回答宾客问题，应向宾客表示歉意，并且快速地查找资料，解决问题。

（2）查询服务。问讯处还应当承担查询服务，因为在有些时候会出现一些外来访客需要查询有关入住宾客的情况，所以如何合理地来处理这个问题就成了至关重要的一项服务。

对于查询住店宾客的有关情况时，工作人员应先问清来访者的姓名，与住店客人的关系等。然后打电话到被查询者的房间，经该宾客允许后，才可以让来访者去找住店客人。如果住客不在房内，切不可将住客的房号及电话号码告诉来访者，也不可以让来访者到房间找人，以保证客人的隐私权，避免出现差错和纠纷。如果查明宾客尚未抵店，请对方在宾客预订抵店的日期再来询问；如果查明客人已退房，则向对方说明情况。除已退房宾客有委托外，一般不可把宾客离店后的去向和地址告诉来访者。

电话查询住店宾客情况的时候，当接到店外打来的查询住店客人的电话时，工作人员必须先问清宾客姓名，如果查到了宾客的房号，应征求宾客意见，看宾客是否愿意听电话，宾客同意后，才可将电话接到房间；如果房间没有人接听电话，可建议打电话者留言或稍后再打电话来查询，不可将住客房号告诉他。有时宾客由于某种原因，会要求酒店对其房号进行保密。做好这项服务工作，小则可防止宾客受到不必要的干扰，大则可以保证宾客的住店安全和预防各类案件的发生。

(3) 留言服务。从问讯处的工作职责范围来看，留言服务主要是包括有两种不同的类型：第一种是前来拜访宾客的来访者没有见到宾客的情况；第二种是住客外出没有见到约定的来访者。对于这两种情况，都是可以通过问讯处的留言服务来进行信息的传递。

(4) 邮件服务。问讯处需要处理各种不同的邮件，宾客的邮件有信件、电报、电传等种类。所有邮件收到后，问讯员必须立即加盖时间戳，按姓名查找出房号。普通信件存放在钥匙架上，待宾客回店取钥匙时交给客人，也可由行李员分送。特种邮件应由行李员递送并请宾客签收。发现宾客外出，即打开该房间内电话机上的邮件显示灯，指示宾客回房后即与问询处联系。对有预订而未抵店宾客的邮件，应妥善保存，待抵达时交给宾客。对已离店宾客的邮件，按客史卡上的地址转寄。查找不到线索的宾客邮件，存放保留一周后，退还寄件人。所有邮件的处理情况都必须记录在册，以备查询。

**(二) 商务服务**

在酒店中一般都会设立商务中心，以此来满足宾客的各项需要。在通常情况下，商务中心所接待的大都是商务宾客，所以对于这些宾客来说，商务中心的设立就是一个流动办公室，对于商务中心所要求的也会相对来说更为严格。商务中心所提供的服务质量水平的高低已经成为很多情况下现代酒店呈现高低档次的重要标志之一。

1. 业务范围

(1) 为各类宾客提供文字处理服务；

(2) 能够提供复印、装订文件服务；

(3) 发送以及接受电传、传真服务；

(4) 满足客人的额外服务，诸如会议室的预订、电话呼叫等服务。

2. 服务项目

(1) 传真服务。在传真发送的时候，问讯员应该首先主动、热情问候宾客，问明传真发往国家和地区；核对宾客的传真稿件，查看发往国家或地区传真号、页数及其他要求；确认无误后，将传真稿件放入传真机发送架内进行发送操作，发送过程中的任何一步出现差错时，要停止操作并重新开始；发送完毕，核对发送传真号与打印报告是否一致，根据显示发传时间计算费用，办理结账手续；最后向宾客道谢，按要求在“宾客发传真登记表”上登记。

对于传真接收的情况，当传真机接收到发来的传真后，首先应与总台确认收件人的姓名及房号，并核对份数、页数等；将核对过的传真分别装入信封内，在信封上注明收件人姓名、房号、份数、页数，并通知宾客来取，或派行李员送到房间，记录通知时间、通知人；若收件人不在房间，必须及时通知问讯处留言，留言单上注明请宾客回来后通知商务中心，以便派行李员将传真送到房间；在“宾客来传登记表”上登记，以备查用；按规定的价格计算费用，办理结账手续。

（2）复印服务。首先在宾客需要复印的时候，问讯处的工作人员应当热情地接过宾客的复印原件，问清楚宾客的复印数量以及规模，并且告知宾客复印的价格；在宾客知晓并且决定之后，按照要求来给宾客进行复印；在复印结束之后将原件退还给宾客，并且按照规定价格收取费用，办理结账手续。

（3）打字服务。服务人员应该主动、热情问候客人，接过宾客的原稿文件，了解宾客要求（字体、格式和其他要求），浏览、查看、核对原稿有无不清楚的地方或字符；告知宾客打字的收费标准；告知宾客大概的交件时间；打字完毕后认真核对一遍，并请宾客亲自核对，修改后再检查、更改；将打印好的文件交给宾客，按规定价格、页数、字数为宾客开单收费，最后向客人道谢。

（4）会议室出租服务。在接到会议室预订时，首先应该记录好预订人姓名或公司名称、酒店房间号码或联系电话、会议的起始时间及结束时间，并且告知租用该室的费用（包括免费的服务种类，如茶、咖啡、文具、麦克风、投影机、音响、录放机等），并邀请宾客参观会场，介绍服务设施设备，然后确认付款方式，并要求对方预付定金，预订自收到定金时开始生效；填写会议室出租预订单，并在交班本上做好记录，如需要同时出租设备，也要做好预约工作。

（5）秘书服务。秘书服务主要包括了解宾客的要求：需要什么秘书服务，要求什么时候服务，在什么地方工作，估计多长时间；告诉宾客收费标准；弄清宾客身份，如姓名、房号、付款方式等最后向宾客道谢。

（6）设备出租服务。酒店一般只向住店宾客提供设备出租服务，而且只限在本酒店范围内使用。应该了解宾客要求，并填写清楚下列内容，包括使用时间、地点、宾客姓名、房号、设备名称以及规格等。

## 第三节 投诉管理

在服务业中众所周知的一句话是“顾客就是上帝”，但是即使秉持着这句话来进行服务，对于酒店来说，不可能出现让所有宾客都满意的情况，在服务过程中不可避免地会出现一些让宾客感到不满意的地方。不可否认，在有些情况下是酒店的工作出现了一些需要改进的地方。但是在有些情况下，也有可能并不是工作中真正地出现了某些问题，而只是沟通出现了差错等，所以酒店经营过程中出现宾客投诉有可能是多个方面的原因造成的，我们也需要用多种方法来进行处理。

### 一、投诉

投诉指的是宾客对于酒店所提供的服务、设施或者一些别的情况产生了不满，从而提出的批评、抱怨或控告。酒店宾客产生投诉的原因涉及方方面面，但最基本的原因是酒店的某些设施和服务未能达到应有的标准，不能给宾客以“物有所值”的感受，即宾客感知到的服务与其所期望的服务有差距。当宾客光临酒店，消费酒店服务产品时，对酒店的服务都抱有良好的愿望和期望值，如果这些愿望和要求得不到满足，就会失去心理平衡，由此产生的抱怨和想讨个说法的行为，就是宾客的投诉。

### （一）产生投诉的原因

1. 质量原因

任何一位入住酒店的宾客都会希望在此得到一种宾至如归的感觉，这也就要求酒店须提供最温暖的服务，服务质量的好坏会直接影响宾客的入住体验。如果酒店服务员在服务态度、服务礼仪、服务技能、服务效率、服务时间、服务纪律等方面达不到酒店规定的标准或宾客的要求与期望就会出现宾客投诉的情况。

2. 设备原因

酒店的服务质量是最为重要的部分，相对来说也会有更高的要求，但是关于酒店设备这类投诉一般在顾客投诉内容中却占有很大的比重。比如，空调不灵、电梯夹伤宾客、卫生间水龙头损坏，还有照明、供电、家具、门锁、电器等不能正常运行和使用等。因为对于酒店来说，即使服务质量再好，设备出现问题也是无法弥补的。所以任何一家酒店都需要维持一个较好的酒店设备水平才能提供更高的服务质量。

3. 餐饮原因

“民以食为天”这句话充分说明了中国对于饮食的重视。在酒店中餐饮也是很重要的服务内容，如果在这方面出现问题会引起宾客的强烈不满，这些问题可能包括餐具不清洁、菜品种出现异物、口味不佳等。

4. 安全原因

越来越多的新闻都开始报道某某酒店出现某安全事件，这一系列新闻报道让安全问题越来越受到人们的重视，也让宾客将酒店安全放在了不可替代的位置上。如果酒店的安全问题没有得到有效保障，宾客在房间内出现了物品丢失、遭受骚扰等问题，便会对酒店产生意见，甚至会投诉。

5. 酒店有关规定的原因

在有些情况下，宾客对酒店的有关政策规定不了解或误解也会引起投诉。如对房价、结账时间（中午 12 点）、通信、会客等方面的规定表示不认同或感到不方便，宾客也会产生投诉的想法。

### （二）投诉的类型

1. 典型投诉

一位正在结账的宾客因等了 30 分钟仍不见账单而大发雷霆，前厅经理出面反复道歉，仍然无效，宾客坚持要见总经理，否则将状告到政府有关部门。5 分钟后，总经理亲自接待了宾客，向宾客表示歉意并答应了客人的一些要求，事态才得以平息。这是一起典型的投诉案例。

2. 非典型投诉

前厅的接待员在征求入住宾客对所安排的房间是否满意时，宾客这样回答道：“不错，朝向、价格、面积、设备都不错，就是离电梯近了些，过来过去的声音都能听见。”这位宾客的说话不像是投诉，但仍然应该把它视为投诉，因为宾客毕竟向酒店传达了一种批评的信息，尽管他可能是随口说说并无怒气。

3. 控告性投诉

控告性投诉的特点是：宾客已被激怒，情绪激动，要求投诉对象做出选择或承诺。例如，一位酒店的常客将某样东西存放在前台，在情急之下可能没有登记存放物品的号码牌就出去了。当她再次回到酒店的时候却发现找不到她的东西，这个时候她就会勃然大怒，要求酒店的相关人员对此问题进行处理并且赔偿相应的损失。

4. 批评性投诉

批评性投诉的特点是：宾客情绪平静地阐述其对酒店的不满，但不一定要酒店做出什么承诺。诸如一位酒店的常客在酒店工作人员面前说自己对于酒店某方面的意见，但仅仅只是说而已，并不需要酒店就此问题作出什么承诺与改正。

5. 建设性投诉

建设性投诉的特点是：宾客对于酒店的投诉往往是伴随着对于酒店的赞誉而发生的。

## 二、投诉的处理

当酒店出现宾客投诉的时候，酒店不应该回避或者逃避被投诉的问题，因为这样问题并不能得到及时有效的解决。酒店应该积极应对这些问题，只有真诚地帮宾客解决这些问题，才能使宾客获得更好的服务体验。

### （一）处理投诉原则

1. 真心诚意帮助客人解决问题

当宾客出现投诉的情况的时候，酒店工作应当在一开始就以一个真诚的态度来解决这个问题，应当设身处地地站在宾客的角度来设想，保持一颗真诚的心来解决宾客所遇到的问题，诚心诚意地帮助宾客解决问题。除了态度以外，酒店要制定合理、行之有效的处理投诉规定，以便服务人员在处理投诉时有所依据。服务人员自己不能处理的事，要及时转交上级，而且要有一个引导交接的过程，不能使投诉中出现“空白”和“断层”。有些简单的投诉，凡本人能处理好的，更不能推诿和转移。否则，将会引起宾客更大的不满。如果缺乏诚意，即便在技术上做了处理，也不能赢得宾客的好感。

2. 维护饭店的利益和形象

在处理投诉的时候，应该以最真诚的态度来帮宾客解决问题，但是在帮宾客解决问题之前，应当明确注意保护酒店的正当利益，维护酒店的整体形象。不能为了安抚宾客的不良情绪就不顾酒店的形象，从而对酒店的名誉造成损失；也不能一味地顺从顾客，跟宾客一起对酒店某个部门加以批评。而应该以事实为依据，具体问题具体研究，使宾客不承受损失的同时也能维护好酒店自己的正当权益。

3. 绝不与客人争辩

“宾客永远是对的。”接到宾客投诉，服务人员首先要能够站在宾客的立场上考虑问题：一定是我们的工作没有做好，给宾客造成了麻烦，同时我们还要相信，没有一个宾客会没事找事，他们投诉总会有他们的理由，因为“宾客永远都是正确的”。这是一个非常重要的观念，有了这种观念，服务人员才会有必要的心理准备，即使宾客使用过激的语言及行为，也会以平和的心态来处理宾客的投诉，并且会对宾客的投诉行为给予肯定、鼓励和感谢。当宾客怒气冲冲地前来投诉时，首先应选择适当的处理投诉的地点，避免在公共场合接受投诉；其次，应让宾客把话讲完，然后对宾客的遭遇表示同情，还应感谢宾客对酒店的关心。一定要注意冷静和礼貌，绝对不要与宾客争辩。服务人员必须清楚，宾客不是争论斗智的对象，服务人员永远不会赢得争辩，也不要试图说服宾客，因为任何解释都隐含着“宾客错了”的意思。态度鲜明地承认宾客的投诉是正确的，能使宾客的心理得到满足，尽快地把宾客情绪稳定下来，同时也显示了酒店对宾客的尊重和对投诉的重视，有助于问题的解决。

**（二）处理投诉流程**

1. 正常处理流程

以下几种情况可以采用投诉正常处理流程：宾客投诉的事项有明确的文件规定，可以正常处理；投诉信息清楚无误，足以作出判断；受理人有足够的权限可以进行处理；宾客接受酒店的解决方案。

2. 升级处理流程

以下几种情况需要采用投诉升级处理流程：处理投诉所需采取的行动超出了受理员工的权限，如某酒店规定大堂副理在处理投诉时有不超过 1 000 元的权限；可能对酒店的声誉或经济造成重大影响的投诉，如惊动新闻媒体的投诉要上报总经理；关系复杂，牵涉酒店多个部门的投诉；宾客不接受员工提出的解决方案。通过升级处理可以避免投诉因某些人为因素而停滞不前，当投诉处理和宾客发生分歧时，升级处理可以缓解对立情绪，避免小事闹大。

3. 外部评审流程

尽管说宾客的投诉问题最好能在酒店内部解决，但是再好的投诉处理也不能期望让所有的宾客都满意。因此，当宾客不接受酒店提出的解决方案，且无法继续协商，甚至要准备采取法律行动时，就需要进入外部评审流程，即通过酒店行业主管部门、酒店协会、消费者协会或仲裁委员会等机构处理。

酒店可以采用多种处理投诉的方法和技巧力争内部解决。如果到了双方僵持不下的地步，为防止事态扩大，避免进入法律程序，应该主动推荐进入外部评审程序。

**（三）投诉处理方法**

1. 保持冷静，不与宾客争辩

宾客投诉时，心中往往充满怒火，要设法使宾客“降温”，不能反驳宾客的意见。对那些情绪激动的人，为了不影响其他宾客，不便在公共场合处理，可请宾客到办公室或到宾客房间个别听取意见，这样容易使宾客的情绪平静下来。

2. 认真记录要点

认真记录宾客的投诉要点，记录不仅可以放慢宾客的讲话速度，缓和客人的情绪，还可以使宾客确信，酒店对其反映的问题是重视的。此外，记录的资料可以作为今后解决投诉的根据。

3. 对客人表示理解与同情

设身处地从宾客角度出发，对宾客的感受表示理解，用适当的语言和行为安慰宾客，让宾客将不满情绪转化为感谢的心情，如“谢谢您，告诉我这件事”等，因为此时尚未核对宾客的投诉，所以只能对宾客表示理解与同情，不能肯定是酒店的过错。

4. 给予关心，不转移目标

不应该对宾客的投诉采取“大事化小、小事化了”的态度，应该用“这件事发生在您的身上，我感到十分抱歉”一类的语言表示对投诉宾客的关心，并把注意力集中在宾客提出的问题上，不随便引申、扩大态势。不嫁祸于他人，不推卸责任，绝不能怪罪宾客。

5. 对于能够解决的问题，迅速采取行动

如果问题能够解决，应迅速回复宾客，告诉宾客处理意见。对一些明显是酒店服务工作的失误，应立即向宾客致歉，在征得宾客的同意后，做出补偿性处理。

6. 对于不能立即解决的问题，告诉宾客大致所需的时间

对于自己权限范围内不能解决的问题，须及时向上级报告。对一些确属暂时不能解决的投诉，要耐心向宾客解释，取得谅解，告诉宾客估计解决问题所需的时间，请宾客留下地址和姓名，以便日后告诉宾客最终处理的结果。

7. 感谢宾客的批评指教

只要宾客的投诉性质不属于无理取闹，酒店都应真心诚意地对宾客的投诉表示感谢，因为宾客的投诉在某种意义上是指出了酒店经营过程中存在的问题，是对酒店的批评指教。

8. 检查落实并记录存档

检查核实宾客的投诉是否已得到圆满解决，将整个过程写成报告存档，以便酒店吸取经验教训，举一反三，起到将坏事变好事的转化作用，以利于今后工作的完善和预控管理。

## 关键术语

前厅部(front office)
预订处(room reservation)
接待处(check-in/reception)
问询处(information)
礼宾部(bellservice/concierge)
电话总机(switch board)
商务中心(business center)
收银处(check-out/cashie)
大堂副理(lobby manager)
预订管理(reservation management)
投诉管理(complaint management)

## 复习思考题

1. 酒店前厅部的定义是什么？
2. 前厅部主要有哪些部门，其主要职能是什么？
3. 宾客预订的方式、途径和种类分别是哪些？
4. 宾客产生投诉的原因有哪些？
5. 如何有效地处理宾客投诉？

## 即测即评

## 扩展阅读

### “难缠”的客人

我们生活在自由、开放、张扬的时代，每一个人都积极地向别人展示着自己的个性，并要求这种个性被尊重。酒店也一样，酒店之间的竞争力，很大程度上体现在如何认识、尊重、迎合客人的个性上。个性化服务，就是强调双向沟通，积极求变，多方位服务，迎合客人的个性，为客人提供区别式服务。

2012 年 2 月 29 日凌晨，酒店大堂依然陆陆续续来着客人，我像往常一样在前台认真地为客人办理着登记入住手续，一位先生走到我面前说：“服务员，给我一间豪华单间。”于是，我娴熟地做好各项工作，把房卡交给这位先生，并祝他住店愉快。客人走后，我发现这位名叫陈东的先生之前入住过我们酒店两次，而且印象中记得其他同事对他都有点害怕。说他的脾气似乎不太好，特别是他不允许服务员问问题，比较自我，不给对方解释的机会，对酒店的各个方面都比较挑剔。想到这些，我就针对这位客人的特点在交班本上进行了重点交班：1723 房客陈东先生脾气不太好，对于服务比较挑剔、要求完美，请大家特别关注、注意服务。

这几天，我发现陈先生经常早出晚归，总是在晚上七八点钟回来到前台交押金，于是对房间打出的电话就会特别留意，说话方式上更加注意。三天后，也就是 3 月 4 日中午，大概 11 点 35 分左右，陈先生从楼上下来到前台，告诉我要退房，下午再回来结账，说罢就快速走出了酒店。我就立即通知房务中心查房，谁知房务中心查房后发现客人的行李全部都在房间，没有要收拾的痕迹，并且东西比较多，摆放的也比较凌乱、随意。当我听到这个查房结果后就立刻决定，1723 房间先不退，先延迟到下午两点，看客人能否在两点之前赶回来。如果可以赶回来的话就由客人亲自去收拾东西，以免引起客人不快，像是在赶他离店似的。

时间在一分一秒地过去，马上就要超过下午两点了，但客人还是没有回来，于是我马上联系了前台接待主管，向其询问应该如何处理陈先生的行李。此时我们面临两个问题：一是如果我们私自为客人收拾行李的话，依照陈先生的脾气，回来肯定会暴跳如雷，因为这个客人的脾气比较怪，一旦有财务的纠纷，酒店会处于被动的状态；二是如果不为客人退房，一旦超过下午两点钟，酒店就要多加收客人半日房费，若让客人单方承担这半日房费，客人必然会不情愿而且会一直纠缠，并且会以“已经告知过前台退房”为由拒绝，势必也会造成投诉。

类似这样的事情我也遇到过，但大都是客人已经将行李收拾好放在房间，而只需大堂副理、礼宾以及楼层主管一起将客人的行李取出，将房间退掉。可是，陈先生的这个事情就有点棘手了。一方面，因为客人本身就挑剔难缠，一些问题不好沟通；另一方面，也是涉及行李问题，陈先生的行李较多，并且摆放得比较杂乱。最重要的是没有收到客人让我来为他收拾行李的授权，一旦发生财务纠纷，处理起来就很麻烦了。此时我正在想如何在财务制度不受影响的情况下来灵活完美地解决这个问题。思考片刻后，我立即联系到前台接待主管，向她详细说明了整个事情的情况，并特别告知陈先生的脾气与个性。前台接待主管仔细地了解了各方面的情况后，马上与大堂副理商讨解决方案。经过商量后一致决定：因周末房间预订不多，空余房间较多，所以陈先生房间的物品一律不动，房卡终止。但是电脑系统正常操作退房，退过后，房间在系统中以黄色显示，提醒他人勿动。随后我联系房务中心，向房务中心说明情况，告知此房间先不做打扫，等待客人的回来。大约下午 15：00 左右，陈先生出现在前台，我通知房务中心让服务员给客人开房门。陈先生回房间收拾了东西，20 分钟后下来办理结账、退房。在最后走前，陈先生向我说了声："谢谢。"此时，我感到了客人对酒店的认可，觉得他也没有那么难缠与挑剔了。

"客人永远是正确的"这一酒店业的经典名言，强调的是酒店应该站在宾客的角度去考虑问题。在对客服务过程中，我们对宾客要细心观察，并揣度其心理，然后认真地分析、研究和判断，再做出决定，要积极主动、设身处地为客人提供完美的服务。入住酒店的人形形色色，每一位客人的个性都不一样，因此对服务的具体要求也各不相同。我们就要快速掌握不同客人的个性特点，提供其所需服务，提高客人满意度，从而为酒店赢得回头客。

节选自职业餐饮网。

# 第五章　酒店客房管理

**本章导读**

本章主要阐述了酒店的客房管理，共分为三节：第一节从酒店客房的功能与分类、设备与用品、布置与美化三个角度系统分析了酒店客房的功能与配置；第二节在全面介绍客房清洁保养的基础上，进一步明确了不同类型客房的清扫流程。第三节主要介绍了客房的设备设施管理，并分别从客房的布草管理、洗衣管理、钥匙管理三个方面进行了详细的阐述。

## 第一节　客房的功能、设备与布置

### 一、客房的功能

客房是人们外出旅行中的投宿之所及以出租和劳务获得经济收入的特殊商品。这种商品并不单指房屋建筑，它是一个综合性的概念：房间形体是它的外壳，设备用品及其精美装修是它的实体，客房服务是它价值的主要组成部分。

**（一）基本功能**

根据酒店宾客的需求，客房应具备满足宾客生活的各种功能。客房的基本功能如下：

1. 睡眠功能

睡眠功能是客房最基本的功能，该区域主要由床铺（bed）和床头柜（night table）两种重要设备构成。

床铺的数量和大小由客房类型来决定。床铺的质量和客房等级密切相关。其质量的基本要求是底座牢固、弹性良好，床垫质量优良，使用时不会发出声响，整个床铺造型美观，可以方便移动。

床头柜一般设在床头板的下方。现代酒店客房床头柜实际上是一种多功能控制柜，可以满足宾客各种基本需求。其主要设计功能有：定时呼叫、电视机开关、广播选频、音量调节、床头灯、房间灯、台灯、脚灯开关、时钟等。此外，还有可拨打市内、国内和国际长途的电话机，可以为宾客提供极其方便的服务功能。

2. 盥洗功能

盥洗功能是客房的重要功能之一，该区域是区分酒店等级的重要条件之一。主要由盥洗台(sink)、浴缸(bath tub)、淋浴间(shower)、坐便器(toilet)等设备构成。

盥洗台是供宾客洗脸、漱口、化妆、修面等的活动空间。由台面、洗脸盆、水龙头、墙面玻璃镜、电源插座等组成。其中，台面一般使用大理石、水磨石等材料，其特点是光滑美观；面盆多用瓷质材料，其特点是美观、耐用、易清洁。

浴缸和淋浴间的功能是为了满足宾客洗澡沐浴的需求。该设备依酒店等级不同而档次区别很大。其中，低星级酒店有些不设浴缸，淋浴设备只设置冷水、热水、喷头和浴帘；高星级酒店除设置豪华浴缸外，在浴缸旁同时设有豪华淋浴间。

坐便器是客房卫生间的主要设备之一，一般采用搪瓷材料制成，为满足宾客使用方便，坐便器的前方需要保留 45~60 厘米的空间，左右需要 30~35 厘米的空间。

3. 起居功能

起居功能主要满足宾客的休息、会客、用餐等需求，该区域一般设在客房窗前，放置座椅、茶几等，宾客可以在这里饮茶、用餐、享用客房饮料、休息、会客、聊天、看书看报等。

4. 书写阅读功能

书写阅读功能主要是满足宾客的阅读、书写需求。该空间一般设在床铺对面或窗前，沿墙设计一长条形的多功能柜桌，一般包括行李架、写字台、电视机柜等。其中，行李架供宾客放行李物品，写字台可兼做化妆台，墙面上悬挂镜子，镜子离地面高度不小于 170 厘米。

5. 贮存功能

贮存功能主要满足宾客存放物品的功能。该空间一般设在房门进出小过道侧面，主要设备为壁柜和迷你酒吧。

壁柜长度一般为 2×(60~100)厘米，深度为 55~65 厘米，以使宾客的衣服可以垂直于墙面挂放。壁柜的柜门一般采用推拉门，柜门开关与柜内灯具开关相连，开柜门时灯具随即打开，关柜门时灯具即时断电。

迷你酒吧位置一般设在客房进门处靠近壁柜一侧或靠卫生间一侧的墙面上。迷你酒吧一般分为上下两层，上层设酒水台，放置瓶装酒水饮料及酒杯用品、酒单；下层设置冰箱，内放置小吃、饮料等，供宾客取用。

**（二）客房的分类**

客房是酒店最基本、最主要的产品，为满足不同类型和档次宾客的需要，提高客房的出租率，增加客房的销售收入，应结合酒店所处地理位置及类型，设计和布置不同类型和档次的客房。

1. 按客房位置划分

（1）内景房(inside room)。窗户朝向酒店内庭院的客房。

（2）外景房(outside room)。窗户面朝城市街道、公园、大海、湖泊等的客房。

（3）角房(corner room)。位于走廊过道尽头的客房。

（4）相邻房(adjoining room)。隔墙有门连接的客房。

（5）连通房(connecting room)。室外两门毗连，室内无门相通的客房。

2. 按客房功能划分

（1）单间客房。由一间客房所构成的客房出租单元称为单间客房。根据客房内床的配置状况，又可细分为下列几种：

第一，单人间(single room)，又称单人客房。该类客房是在房内配置一张单人床的客房，适用于从事商务旅行的单身宾客居住。酒店单人间的数量一般较少，且大多面积较小、位置偏僻。近年来，为适应拥有较高消费能力的单身宾客对安全和隐私性的需求，酒店增加了单人间的数量，同时在设备和布置上更加考究，逐渐摆脱传统单人间的概念。

第二，大床房(double room)。该类客房是在房内配置一张双人床的客房，适用于夫妇旅行者居住。

第三，双床间(two-bed room)。双床间的种类较多，具体可分为：

配置两张单人床，中间以床头柜隔开，可供两位宾客居住。这类客房在酒店中占极大部分，也称为酒店的国际标准间，适合于旅游团队、会议宾客居住。普通散客通常也会选择此类客房居住。

配备单双两便床，是以一块床头板连接两张单人床，既可独立做单人床使用，又可合并作双人床使用，适用于夫妇旅行者居住。

配备两张双人床，通常客房面积较大，适用于两个单身旅行者、夫妇或家庭旅行宾客居住。

配备一张双人床、一张单人床，或一张大号双人床、一张普通双人床，适用于家庭旅行宾客居住。

第四，三人间(triple room)。该类客房是在房内配置三张单人床的客房，适用于经济层次相对较低的宾客享用。

（2）套间客房。由两间或两间以上客房构成的"客房出租单元"称为套房，根据其使用功能和室内装修标准又可细分为下列几种：

第一，普通套间(junior suite)。普通套间一般是联通的两个房间，又称双套间，一间为卧室，另一间为起居室。卧室内配置有一张大床，并与卫生间相连。起居室设有供访客使用的盥洗室。

第二，商务套间(business suite)。此类套房是专为从事商务活动的宾客而设置的，一间为起居与办公室，另一间为卧室。

第三，双层套间(duplex room)，又称立体套间。一般起居室在下，卧室在上，两者通过室内楼梯连接。双层套间可设一个或两个卫生间。

第四，连接套间(connecting room)，又称连通房。是一种根据经营需要专门设计的房间形式。由两间相连的客房组成，中间用隔音性能好、安装门锁的一扇门连接，并分别配有卫生间。既可以作为两间单独的客房出租，也可作为套房出租，灵活性较大。

第五，豪华套间(deluxe suite)。豪华套间的特点在于注重客房装饰布置、房间气氛及用品配备豪华气派。该套房可以是双套间，也可以为三套间，三套间中除起居室、卧室外，还有一间餐室或会议室，卧室中配备大号双人床。

第六，总统套房(presidential suite)，又称特套房。装饰布置极为讲究，造价昂贵，通常在豪华酒店才设置此类套房。一般由五间以上的房间组成，套间内男主人、女主人卧室分开，男女卫生间分开使用。此外，还设有起居室、会客室、书房、餐室、酒吧、随从房、警卫室等。

3. 按经济等级划分

按经济等级划分，客房可分为：

(1) 经济间(economy room)。

(2) 标准间(standard room)。

(3) 豪华间(deluxe room)。

## 二、客房的设备

### (一) 设备分类

客房设备主要分为家具设备、电器和机械设备、卫生设备和安全设备。

1. 家具设备

客房家具从功能上划分，有实用性家具和陈设性家具两大类，其中以实用性家具为主。客房使用的家具主要有：床、床头柜、写字台、软座椅、圆桌、沙发、行李架、衣柜等。客房内的木质家具要注意防止受潮暴晒，避免用湿布擦拭，要定期打蜡。

2. 电器和机械设备

(1) 照明灯具。客房内的照明灯具主要有门灯、顶灯、地灯、台灯、吊灯、床头灯等，它们既是照明设备，又是房间的装饰品。平时要注意照明灯具的维护和保养，要定期检修，确保使用安全。

(2) 电视机。客房电视机作为娱乐设备，可以帮助宾客放松消遣。电视机应避免放在光线直射的位置，定期用干布擦净外壳上的灰尘，并定期检修。

(3) 空调。空调是使客房一年四季都保持适宜温度和调换新鲜空气的设备。各客房的墙面上都有空调旋钮或开关，平时要保持风口的清洁，并定期检修。

(4) 音响。一般在床头柜内安装音响装置，供宾客收听有关节目或欣赏音乐。床头柜上还装有电视机、地灯、床头灯的开关以及呼叫服务员的按钮等。这些装置均须定期检修。

(5) 电冰箱。为了方便饮料供应，大多数客房内都设有小酒吧，酒吧内有冰箱，在冰箱内放置酒水饮料，宾客可根据需要随意饮用。电冰箱要定期除霜，并根据季节调整温度。

(6) 电话。房间内一般设两部电话，一部装在床头柜上，另一部装在卫生间。这样，宾客就不会因在卫生间而影响接电话。每天要用干布擦净电话机表面的灰尘，话筒要每周用酒精消毒一次，并定期检修。

3. 卫生设备

卫生间的设备主要有盥洗台、浴缸与淋浴间、坐便器等。盥洗台上一般装有面镜。浴缸边上有浴帘，下面铺有胶皮防滑垫，有冷、热水龙头和淋浴喷头，还有手纸架、毛巾架及通风设备等。盥洗台、浴缸、坐便器要清洁消毒，保持干净。水龙头、淋浴喷头和水箱扳手等金属设备每天要用布擦净、擦亮。要定期检修上、下水道和水箱，以免发生下水道堵塞和水箱漏水的事故。

4. 安全设备

为了确保宾客的生命、财产安全，防止事故，客房内都装有烟雾感应器，门上装有窥镜和安全链，门后张贴有安全指示图，标明宾客现在的位置及安全通道的方向。楼层走廊安装监控器，可以观察楼层通道的情况。客房及走廊还要装备自动灭火装置，一旦发生火灾，安全阀即自动熔化，水从灭火装置内自动喷出。安全门上要装昼夜明亮照明指示灯。凡属防火、防盗的安全设施应经常检修保养，以免因损坏或失灵造成严重后果。

**（二）设备配置原则**

客房设备配置的原则是：技术先进，经济合理，符合酒店的档次，满足宾客的需求，有利于提高工作效率和服务质量。因此，在配置时应结合酒店自身的客房类型、目标市场等因素，遵循以下配置原则：

1. 等级性与实用性

中国酒店宾馆是按等级划分的，酒店及客房的设备配置应以酒店星级为依据，按照国家制定的星级标准选择型号、数量、规格、质量。五星级以上的酒店要超豪华，四星级要豪华，三星级要舒适，二星级要实用，一星级的要求则相对较低。

配置设备还应考虑实用性。凡是直接或间接作为宾客享用的设备，应以满足宾客的生活需要为主，同时提供相应的享受功能。而生产性、服务性设备，以提高工作效率和服务质量为主，要便于员工操作。

2. 针对性与协调性

针对性指的是设备的购置、更新应与客房的等级相适应，不同等级的客房应配备不同规格的设备用品。如普通档次客房一般配备“三大件”，即浴缸、洗脸盆、坐便器，而豪华间客房通常配有“四大件”，即浴缸、洗脸盆、坐便器、净身器，浴缸内还有能产生旋涡的水疗装置。

协调性指设备的大小、造型、外观色彩、质地等与客房装修相协调，整个房间有一个统一的主色调。如果整个房间的陈设布置对比反差太大，会给人一种东拼西凑之感。另外，要注意设备的配套问题。如果房间地面铺设地毯，与之相配套的应有浴帘、地巾、吸尘器等，以此来体现协调性。

3. 节能性与安全性

节能性指的是设备的配置要考虑节能效果。电热水瓶、电热淋浴器等虽然使用方便而且美观，但耗电量太大，对大多数酒店来说应该放弃使用。

安全性是客房的基本要求。设备的选择和购置必须考虑其安全性及相应应急措施。例如，家具饰物的防火要求、冷热水龙头的标志、电器设备的保护装置甚至包括防滑、防静电、防碰撞、防噪声污染等要求。此外，商家售后服务也是设备安全的重要保证。

4. 便利性与环保性

客房设备主要是供宾客使用，因此必须首先保证宾客使用便利，同时又要便于服务人员对设备的清洁保养，这就是便利性。

环保性指的是酒店应有必要的环保、绿化措施，如客房、楼道、电梯间等各处，都应该设置盆栽、盆景，以美化环境，调节气候。

### （三）设备管理方法

客房设备种类较多，在性能上有各种不同的用途，通过对设备用品进行资产管理、日常管理及更新改造管理，可以保证客房产品的质量、延长设备用品的使用寿命、减少设备用品维修更新的资金投入。

1. 设备资产管理

① 建立账卡。建账就是将客房各类设备详细地登记在设备账本上(见表5-1)。要求分类细致，通常设备有多少种，账本就应有多少页，每一页应登记品种、规格、数量等项目。在建账过程中要做到“账物相符”和“账账相符”。“账物相符”是指各类设备的品种、数量一定要与所登记的品种、数量相符；“账账相符”是指各小组的分账本要与客房总账本及酒店总账本相符。

**表5-1 客房设备账卡**

班组________

| 品种 | 名称 | 编号 | 规格 | 数量 | 领出 | 结存 | 建账日期 | 经手人 |
|---|---|---|---|---|---|---|---|---|
| | | | | | | | | |
| | | | | | | | | |
| | | | | | | | | |
| | | | | | | | | |

客房设备还要建立相应的档案卡(见表5-2)。建卡时要求做到“账卡相符”，即档案卡登记设备的品种、数量要与账本相符合，以便核对控制。设备在使用过程中发生维修、变动、损坏都应在档案卡上做好登记，使用状况也要做好记录。在建客房设备档案时，要按一定的分类法进行分类编号，使每件设备都有分类编号，以便管理。

**表5-2 客房设备档案卡**

<table>
<tr><td>项目</td><td>购买日期</td><td>供应商</td><td>价格</td></tr>
<tr><td></td><td></td><td></td><td></td></tr>
<tr><td colspan="2">型号</td><td colspan="2">编号</td></tr>
<tr><td colspan="4">出外维修情况</td></tr>
<tr><td>日期</td><td>价格</td><td>维修项目</td><td>修理方式</td></tr>
<tr><td></td><td></td><td></td><td></td></tr>
<tr><td></td><td></td><td></td><td></td></tr>
<tr><td></td><td></td><td></td><td></td></tr>
</table>

② 建立客房设备历史档案。为了全面掌握客房设备的使用情况，加强对客房设备的管理，所有客房设备都应该建立历史档案(见表5-3)，内容包括房号、类型、配套设施、装修、启用日期以及维修保养记录等。

**表 5-3　客房设备历史档案**

房号________类型________

| 配备设施 | 规格特征 | 制造商 | 装修或启用日期 | 维修保养记录 |
|---|---|---|---|---|
| 床架、床垫 | | | | |
| 床头板 | | | | |
| 梳妆台 | | | | |
| 书桌 | | | | |
| 床头柜 | | | | |
| 沙发 | | | | |
| 行李柜 | | | | |
| 台灯 | | | | |
| 地灯 | | | | |
| 镜子 | | | | |
| 窗帘 | | | | |
| …… | | | | |

此外，还有如下 6 种历史档案表。

第一，客房装饰一览表。该表将家具、地毯织物、建筑装饰和卫生间材料等分类记录下来，并注明其规格特征、制造商及装修日期等(见表 5-4)。

**表 5-4　客房装饰一览表**

区域________房号________类型________面积________

| 设备类别 | 项目 | 数量 | 规格 | 制造商 | 色彩 | 单价 | 使用日期 | 维修保养记录 | 更新改造 | 备注 |
|---|---|---|---|---|---|---|---|---|---|---|
| 家具 | 床垫床架 | | | | | | | | | |
| | 床头板 | | | | | | | | | |
| | 床头柜 | | | | | | | | | |
| | 地灯 | | | | | | | | | |
| | 写字台 | | | | | | | | | |
| | 沙发 | | | | | | | | | |
| | 软座椅 | | | | | | | | | |
| | 书桌 | | | | | | | | | |
| | 行李柜 | | | | | | | | | |

续表

| 设备类别 | 项目 | 数量 | 规格 | 制造商 | 色彩 | 单价 | 使用日期 | 维修保养记录 | 更新改造 | 备注 |
|---|---|---|---|---|---|---|---|---|---|---|
| 地毯织物 | 窗帘 | | | | | | | | | |
| | 装饰帘 | | | | | | | | | |
| | 遮光帘 | | | | | | | | | |
| | 床罩 | | | | | | | | | |
| | 地毯 | | | | | | | | | |
| | 浴帘 | | | | | | | | | |
| | 浴垫 | | | | | | | | | |
| 电器 | 空调 | | | | | | | | | |
| | 音响 | | | | | | | | | |
| | 电视机 | | | | | | | | | |
| 建筑材料 | 天花板 | | | | | | | | | |
| | 墙壁 | | | | | | | | | |
| | 地板踢脚线 | | | | | | | | | |
| | 房门 | | | | | | | | | |
| | 窗架 | | | | | | | | | |
| | 门框 | | | | | | | | | |
| 卫生间 | 地砖 | | | | | | | | | |
| | 墙砖 | | | | | | | | | |
| | 梳妆台 | | | | | | | | | |
| | 镜子 | | | | | | | | | |

第二，楼层设计图。说明酒店共有多少类型的客房、确切的分布情况和功能等。

第三，地毯织物等样品。客房内的墙纸、床罩、窗帘、地毯等各种装饰织物的样品，都应作为存档资料。如果由于原选用的材料短缺而采用其他材料作为代用品，也应保留一份替代品的样品存档。

第四，照片资料。每一种类型的客房都应保留如下照片资料：床和床头柜、座椅、写字台、行李柜布置，卫生间地面、墙面和电器等，套房的居室和餐室、厨房等。

第五，客房号码单。根据客房的类别和装饰特点，分别列出客房号码的清单。

第六，工作计划表。在客房部经理办公室应设有一份工作计划表，上列需要安排特别工作的房号或区域，如大维修或更换物件、重新装修等。待所列的工作完成后则记录到相应的档案中。

以上这些资料建立后，还应根据新的变化不断补充和更新，否则将逐渐失去其意义。

2. 客房设备用品的日常管理

（1）做好培训工作。客房部要加强对客房楼层员工的技术培训，提高他们的操作技能，培养其良好的职业道德及责任心，自觉爱护设备，掌握楼层各类设备的用途、性能、使用及保养方法。

（2）制定保养制度。所有的设备均应制定保养制度，定期对设备进行检查维护，使其处于正常的状态。如定期家具上蜡、电话机消毒，各种设备都应注意防潮、防锈、防腐蚀、防超负荷使用。那些存在库房中的备用设备或维修、报废设备必须擦干净，摆放整齐，并有防护措施。

（3）做好相关记录。楼层客房设备不能随意搬进搬出。客房设备的搬动或更换，都必须办理相关手续。所有需要出门维修的设备，即使是从客房部拿到工程部，都必须经过客房办公室做好记录，填写维修单(见表 5-5)。同时，要在原设备摆放处打上维修标志或设备用品补充上去，直到维修的设备送回原处。

**表 5-5 客房设备维修保养卡**

| 维修卡 No | 维修附卡(1)No | 维修附卡(2)No |
|---|---|---|
| 日期<br>物件名称<br>取自<br>收归<br>需维修项目 | 日期<br>物件名称<br>收件部门(人)<br>收件日期<br>送修部门(人)<br>送至<br>送修日期<br>备注 | 日期<br>物件名称<br>收件部门(人)<br>收件日期<br>送修部门(人送至)<br>送修日期<br>备注 |

（4）制定报损、赔偿制度。如果住客不慎损坏了客房设备，应根据酒店有关赔偿制度索赔并填写客房遗失损坏报告表(见表 5-6)。如果无法修复，应按有关程序报废。若是员工损坏设备，则根据具体情况做出相应的处理。

**表 5-6 客房遗失损坏报告表**

| 序号 | 团体 | 散客 | 报告时间 | 遗失 | 损坏 | 物品名称 | 数量(单位) | 客房报失者或员工损坏者 | 收银接报者 | 备注 |
|---|---|---|---|---|---|---|---|---|---|---|
| | | | | | | | | | | |
| | | | | | | | | | | |
| | | | | | | | | | | |
| | | | | | | | | | | |

（5）定期盘点。客房楼层设备要定期盘点，以免日久或交接频繁出现误差。发现账物不符，要找出原因，及时处理。

3. 设备的更新改造管理

为了保证酒店的规格档次和格调相协调，保持并扩大对客源市场的影响力，满足宾客不断变化的需求。酒店要制定客房设备的更新改造计划，并根据市场情况对一些设备进行强制性淘汰。客房部应与工程部一起制定固定资产定额，设备的添置、折旧、大修和更新改造的计划以及低值易耗品的摊销计划，减少盲目性。

（1）常规维护。这项工作一般每年至少进行一次，其内容包括：地毯、饰物的清洗，墙面的清洗和粉饰、常规检查和保养，家具的修饰，窗帘、床罩的洗涤，油漆等。其目的是保持客房的基本标准。

（2）部分更新。客房设备使用5年左右，对下列项目应实施更新计划：地毯、墙纸、沙发布、靠垫、窗帘、床罩等。由于酒店业竞争日趋激烈及宾客需求不断变化，酒店客房更新周期越来越短，有些酒店几乎年年都在部分更新。

（3）全面改造。全面改造往往10年进行一次。它要求对客房陈设、布置和格调等进行全面彻底的更换、改变及调整。全面改造项目包括：衣柜、写字台的更新；床垫和床架的更新；座椅、床头板的更新；灯具、镜子和画框等装饰品更新；地毯的更新；灯具、镜子和画框等装饰品更新；地毯的更新；墙纸或油漆的更新；卫生间设备的更新，包括墙面和地面材料；灯具和水暖器件等。全面改造一定要做广泛的市场调查，了解国内外同行业情况，掌握酒店业、旅游业最新发展趋势。根据市场需求及酒店自身的经济实力，合理地调整设施配备和产品结构。既要适合需求，又要有一定的远见，适度超前，体现特色，以保持和增强酒店的竞争力。另外，还需要考虑改造成本，力求尽快收回投资。

**（四）设备的维修保养**

客房设备维护保养的目的在于使日常清洁和计划维护工作能够顺利进行。客房部要加强对员工的培训，提高员工的操作技能水平，使他们懂得客房设备的用途、性能、使用方法及保养方法等。客房服务员要按规程对客房设备进行日常的检查与维护保养，发生故障及时报修。客房主要设备的维护保养要求见表5-7。

**表5-7 客房主要设备的维护保养**

| 设备 | 项目 | 做法及要点 |
| --- | --- | --- |
| 电视机 | 1. 放置 | (1)为防止机内热量积聚，切勿堵塞散热口<br>(2)应安放在通风良好的地方，位置离墙5厘米以上，切勿置于高温、潮湿之处，应避免阳光直射到电视屏幕上 |
| | 2. 维护 | (1)电视机若长期不用，要拔下电线插头<br>(2)雷雨天气时，最好不要打开电视机，并将电源插头拔下<br>(3)电视机长期不使用，夏季应每月通电1次，时间2小时以上；冬季3个月通电1次，时间3小时以上，以驱除湿气 |

续表

| 设备 | 项目 | 做法及要点 |
| --- | --- | --- |
| 电视机 | 3. 保养 | (1)用柔软的干布擦净机壳外表和屏幕的灰尘<br>(2)若机壳较脏，需用清洁剂，应选用中性清洁剂 |
| | 4. 遥控器的使用 | (1)遥控器不能正常使用，大多是因电池电力不足，应及时更换电池<br>(2)遥控器如果长期不使用，应取出电池 |
| 电冰箱 | 1. 搬运与安装 | (1)搬动电冰箱时要防止剧烈的振动，箱体要平稳直立，斜角不可小于60°，切勿将冰箱倒置<br>(2)电冰箱背部离墙要有10厘米以上，以保证散热<br>(3)要有独立的电源插座和可靠的接地线 |
| | 2. 保养 | (1)电冰箱长期不使用时，应拔下电源插头，取出饮料食品，并清洁干净<br>(2)在阴雨潮湿季节，由于湿度大，空气中的水分会凝结成水球珠吸附在箱体外壳，要用柔软干布擦掉<br>(3)箱体内外部应经常清理，可用温水或中性清洁剂擦洗<br>(4)电冰箱使用要保持连续性，不可采用日开夜停的方法<br>(5)尽量减少开、关门的次数和缩短开门的时间<br>(6)电冰箱停用后，每月应接通电源1次，时间0.5小时到1小时 |
| | 3. 除霜 | (1)蒸发器表面结有一定厚度(约5毫米)的冰霜时，应及时除霜，否则会影响制冷效果<br>(2)手动式除霜：拔掉电源插头，待箱体内壁上的冰融化后，用电冰箱塑料铲轻轻地将冰块去掉，再用软布蘸上温水擦净<br>(3)半自动式除霜：用手按下按钮，使冰箱进行除霜工作，除霜结束后，按钮自动复位<br>(4)自动式除霜：一般24小时1次，电冰箱内的定时器会自动进行除霜工作，使蒸发器的结霜除去 |
| 空调器 | 1. 日常保养 | (1)若关闭后再重新启动时，必须等3分钟以后，以免因机器内气体没有得到充分平衡，造成重新开机时负荷过大，损坏电动机<br>(2)机器运转有异常时，应立即停机检查，排除故障后方可重新开机 |
| | 2. 清洁 | (1)空调器内部冷凝器、蒸发器等处的灰尘可用软毛刷进行清扫<br>(2)经常清洁空调器风口、过滤网，通常1~2周清洗一次。清洗时先取下网格、过滤网，用低于40℃的温水或肥皂水、中性洗涤剂溶液清洗，然后用清水洗净，并用软布将水吸干 |

续表

| 设备 | 项目 | 做法及要点 |
|---|---|---|
| 床 | 1. 床架 | （1）经常检查床架各部件是否牢固安全，特别是脚轮，由于铺床经常移动，容易损坏，一旦发现问题，应及时报修或更换<br>（2）注意防潮、防火、防热<br>（3）靠卫生间的床应注意与墙保持10厘米以上的距离，可防潮 |
| | 2. 床垫 | （1）在床垫上加铺保护垫，保护垫要用松紧带固定在床垫上，否则容易打滑，脏后及时更换清洗<br>（2）定期翻转床垫，使床垫各处受力及磨损度相同，避免凹凸或倾斜，延长其使用寿命<br>（3）定期吸尘，保持清洁<br>（4）注意检查床垫弹簧的“固定钮”是否脱落，如果脱落，必须及时报修<br>（5）注意通风散热，避免床垫受潮 |
| 木质家具 | 1. 摆放 | （1）家具放置一般要离墙5~10厘米<br>（2）平时避免将潮湿物件放在家具上 |
| | 2. 清洁 | （1）家具上有水迹、污迹要及时擦干净，用软质抹布擦拭<br>（2）若有难以擦除的污垢，可用抹布蘸上少许清洁剂或牙膏擦拭，木质也可用家具蜡擦除 |
| | 3. 日常保养 | （1）平时应避免阳光暴晒<br>（2）装有暖气片的房间，家具摆放与暖气片应有一定的距离<br>（3）壁橱、柜台、抽屉，可放些防虫香或喷洒防虫剂，以防虫蛀 |
| | 4. 定期上蜡 | （1）用软干布蘸上家具蜡擦拭家具<br>（2）待蜡稍干后再用软干布擦拭一遍，使其保持光亮 |
| 沙发 | 1. 吸尘 | 经常对沙发吸尘，以保持清洁 |
| | 2. 去渍 | 沙发面层有污渍时，及时清除 |
| | 3. 定期洗涤 | 沙发面层脏后要进行洗涤，注意用干洗剂及时风干，以免留下黄斑 |
| | 4. 翻转坐垫 | 沙发坐垫要经常翻转，以使其受力均匀，延长使用寿命 |

## 三、客房的布置

客房的布置指的是合理运用材料、光线、色彩和陈设，在有限的空间里实现功能和美感的统一，营造出满足宾客生理和心理需求的住宿环境。客房的布置是客房服务工作的重要内容之一，其合理、舒适程度，不仅直接影响宾客的心理感受及其对服务质量的感知，而且对提高客房的出租率、增加酒店收益具有十分重要的作用。

**（一）客房布置的原则**

1. 功能性与美观性

功能性是客房布置美化的基本原则，客房的布置与美化要具备满足宾客休息、工作的基本功能。同时，要具备安全和方便的特点。安全指的是选用的材料要具备防火、防滑、防撞及防盗等性能，方便指的是要便于日常维修保养和清洁卫生，以保证服务员的工作效率。

美观性是指在满足功能性要求的前提下，通过设计手法来创造室内形象，满足宾客的审美需求。客房不仅要有完善的功能，还应体现美感，美观的重点是总体构图，通过优美的空间构图给宾客以艺术的感染力，从而为创造美好的环境和提供优质的服务创造条件。

2. 民族性与地方性

体现民族性和地方性是酒店环境艺术和装饰布置的基本要求，也是旅游业发展的需要。酒店宾客来自世界各个国家和地区，他们来到一个新的地方希望体验当地的风土人情，领略到异国他乡独特的艺术风格。因此，酒店客房的布置与美化必须体现民族性和地方性。中国属于多民族国家，由于各民族的地理位置、生活环境、生活方式、传统习惯不同，因而在客房的布置与美化上具有不同风格，这为客房布置与美化的民族性和地方性提供了优越条件。中国酒店大多以楼房建筑为主，民族性和地方性主要应通过材料选用、家具造型、物品装饰与陈设来反映。

3. 适用性与经济性

适用性指的是客房的布置与美化必须考虑不同宾客的需求，在满足宾客多样化需求的同时，要便于酒店经营管理。如果不适合宾客使用，则无法吸引更多的回头客，如果不方便酒店经营管理，则会增加经营成本。

经济性指的是客房的布置与美化应争取以较少的投入取得最佳效果。酒店作为自主经营、自负盈亏的企业，要以尽可能少的投入产生最大的产出。因此，在材料选取、人力物力的组织上要坚持因地制宜、精打细算的原则，做到少花钱、多办事。

**（二）客房布置的内容**

1. 客房布置的色彩知识

在客房布置过程中，色彩是一个能强烈而迅速被人感知的因素。在客房设计中，色彩占有重要的位置，因为客房设计所涉及的空间、家具、织品、装饰物等，最终都是以其形态和色彩被人们所感知。色彩使用得是否得当，不仅会对视觉产生影响，同时会影响人的心理和情绪。

（1）色彩的概念。

① 色彩的构成。室内环境色彩可分为背景色彩、主体色彩、点缀色彩三个主要部分。

背景色彩指室内固有的天花板、墙壁、门窗、地板等设施的大面积色彩。根据色彩面积的原理，这部分色彩宜采用低彩度的沉静色彩，比如采用某种倾向于灰调的较微妙的颜色，使它能够发挥其作为背景色的衬托作用。

主体色彩是指可以移动的家具、织物等中等面积的色彩。实际上是构成室内环境的最重要部分，也是构成各种色调的最基本的因素。

点缀色彩是指室内环境中最易于变化的小面积色彩，如壁挂、靠垫、摆设品。往往采用最为突出的强烈色彩。

② 色彩的属性。色彩有色相、明度、彩度（纯度）三种属性。其中，色相是指色彩呈现的相貌及不同色彩的面目；明度是指色彩的明亮程度；彩度是色彩的饱和度。三者在任何一个物体上都同时显示出来，不可分离，故称为色彩三要素。色彩三要素是区别和比较各种色彩的标准。

（2）色彩在客房中的应用。

① 色调的确定。一幅画、一个景或任何一组色彩，如果带有明显的色彩倾向，就称为色调。酒店的客房采用柔和、幽雅的色调，给人以文静感；卫生间多用冷色系的蓝、绿、紫等色调，给人以清洁感。为使客房室内空间具有宽敞感，可选择冷色调，而要使过于空荡的室内变得小而亲切，则可采用暖色调；缺少阳光的房间宜用暖色调，而阳光充足的房间则宜用冷色调；季节的影响主要是通过室内色彩织物、绘画和其他点缀的更换来调节，即夏季采用冷色系，冬季采用暖色系。据实验证明，同一环境用冷色和用暖色两种不同的处理方法，会使人主观感觉的室温相差3℃左右。

② 色彩的搭配。色彩搭配的方法主要有以下四种：第一，同类色搭配。同类色是指色相相同，而明度、彩度不同的色彩组合在一起。同类色是典型调和色。这种搭配朴素、单纯，大多用于宁静高雅的空间。如起居室、卧室和书房等。第二，类似色搭配。类似色是指色相环90°范围内的色彩组合在一起，类似色搭配有一个明显的特点，即一组色彩中的每色都含有相同的原色成分。类似色搭配也是种调和色搭配，但比同类色搭配更富有层次变化。类似色搭配在当今室内布置中运用较广。第三，对比色搭配。对比色是指色相性质相反或明暗相差悬殊的色彩。对比色搭配具有鲜明、强烈、跳跃的特点，在搭配方法上需要有一定的技巧。第四，有彩色与无彩色的搭配。有彩色是活跃的，而无彩色则是平稳的，这两类色彩搭配在一起，可以取得很好的效果。

2. 客房布置的照明知识

（1）灯具分类。

① 天花板灯具。包括吸顶灯、吊灯、镶嵌灯、柔光灯等。现代式吊灯简洁、别致；古典式吊灯繁复、精致；镰嵌灯则感觉柔和，具有现代感。

② 墙壁灯具。包括壁灯、窗灯、穹灯等。其中壁灯的形式复杂，有现代式的，也有古典式的；有民族式的，也有西式的。散光方式大都为间接照明或扩散式照明。

③ 可移动灯具。包括落地灯和台灯。落地灯和台灯通常由灯座、灯头和灯罩几个部分构成。

（2）常见照明方式。

① 按活动布置的照明类型，可分为直接、半直接、漫射、半间接和间接五种。

直接照明是全部灯光或90%以上的灯光，直接照射被照的物体。日光灯和白炽灯就属于这一类。直接照明无间隔、不靠反射，其特点是发光强烈、投影清楚，使物体产生鲜明的轮廓，对一些艺术品的光照可以产生特殊效果，但作为生活照明，应避免直接照射人的眼睛。

间接照明是90%以上的灯光先照射到墙上或天花板上，再反射到被照的物体上。间接照明的特点是光线柔和，不刺眼，没有较强的阴影。客房使用这种照明方式较多，因为它有利于创造一种安静、平和的氛围。

漫射照明是灯照射到上下左右的光线大体相等。这种照明，其灯罩常用乳白色磨砂玻璃，光线无定向、感觉柔和，通常无明显阴影，但灯光利用率较低。

半直接照明是60%左右的灯光直接照射被照物体，在灯具外侧用半透明的玻璃、塑料、纸等做伞形灯罩。

半间接照明是指大约60%的灯光首先照射到墙和天花板上，只有少量光线直接照射到被照物体上。

② 按照灯具的布局方式，可分为整体照明、局部照明和综合照明。

整体照明即使室内整体达到一定亮度、满足室内基本的使用要求。其特点是光线比较均匀，能使空间显得明亮和宽敞，如客房内顶灯和吊灯均为整体照明。

局部照明即对某些部位的局部采用加强照明度，来满足具体的功能需求。局部照明能使空间层次发生变化，增加环境气氛和表现力，如客房内的台灯、落地灯、射灯等均为局部照明。

综合照明即在整体照明的基础上设置局部照明。这种方式在客房豪华套间较为多见。

（3）照明设计的主要内容。

① 照度的高低。照度是指单位面积上接收到的光通量，其单位是勒克司。照度合适，人才会感到舒适，照度调整不当常使人感到疲劳，影响健康。客房照度应当符合客房功能要求和有利于营造一个亲切、宁静、轻松的环境氛围。如客房床头灯一般照度在60W，并有明暗控制开关。

② 灯具位置。灯具的正确位置应按照宾客在客房内活动的范围和家具的位置来安排。灯具的设置往往是多层次、多形式的。客房内有专门用于看书写字或梳妆的专用灯、进入房间的过道灯、衣柜内的灯和供宾客睡眠用的床前灯等。

③ 投光范围。投光范围是指达到照度标准的范围有多大，这取决于人们在室内特定空间的活动范围、被照物的体积和面积。即使装饰性照明，也应根据装饰面积的大小进行设计。投光面积的大小与发光体的功率强弱、灯罩的形式和大小有关，同时与灯具的高低及投光角度有关。照明的投射可使空间内部形成一定的明暗区，产生一种特定的气氛。如谈话时，可以从人的背面投光，但看书时，灯光应该正好投射在书页的范围。对于绘画作品和其他艺术品所用的射灯，应以覆盖被照物为准。

④ 选择灯具。由于现代照明工业的发展和制造技术的进步，灯具的种类和形式日新月异、品类繁多。选择灯具的形式固然重要，但灯具的实用效果更不可忽视。首先，灯具要符合客房空间的环境，适合客房的体量和形状，大空间要用大灯具、小空间要用小灯具，不可以把大吊灯挂在小房间；其次，灯具要符合客房的功能和装饰风格，并不是越豪华越好；最后，选择灯具还应注意体现民族风情和地区特点。

3. 客房的家具布置

（1）客房家具的种类划分。

① 按用途分。一种是供宾客休息、活动的家具，如沙发、座椅、茶几、床、床头柜、化妆台、小餐桌等；另一种是为贮存物品用的家具，如客房壁柜、微型酒吧、套间物品柜等。

② 按材料分。分为木制、竹制、藤制、金属制、塑料制以及各种软垫家具等。木制家具造型丰富，有亲切感，在客房中使用最广泛。竹制家具清新凉爽。藤制家具质地坚韧，色泽素雅，造型多曲线。金属家具轻巧、灵活，适用于工业化大批量生产，在经济型酒店中偶有使用。

（2）客房家具的选择。选择家具是客房家具布置的准备工作。选择客房家具，既要考虑功能，又要注意美观。家具功能选择的原则是：实用舒适，尺度合理，质地坚实，易于清洁。家具美观选择的原则是：格调统一，色彩协调，式样美观。客房家具选择还要考虑区分等级规格。同样是客房，有标准间、套间、豪华套间和总统套间等。不同规格的客房对家具的数量、质量、类型的要求都不相同。

（3）客房家具的布置。客房家具的摆放必须选择合理的布局，并解决平面和立面协调等问题。家具的布局有两种形式：一为规则式；二为自由式。不同的布局有不同的特点。规则式多以对称的形态出现，其特点是室内明显体现空间的轴线及对称状态。规则式的格局给人以庄重、严肃和平稳的感觉。自由式是以一种既有变化又有规律的不对称，均衡安排家具的形式。它是由一种不明显的空间轴线来支配室内各个部分布局的。这种布局给人的感觉是活泼、轻松、亲切的，往往能与室内空间相结合，有效地解决功能的问题，并适合当今建筑特点。现今客房的家具布置主要采用这一方式。

4. 客房的室内陈设

客房的室内陈设包括织物、观赏物等，在布置与美化上各有其特点。

（1）织物。客房的织物主要有地毯、窗帘、床罩、沙发蒙面、靠垫及其他织物，按其原料构成分为两类：一类为天然制品，如棉麻、丝、毛做成的织物；另一类为人造制品，如聚酯、人造丝、玻璃丝、腈纶和混纺织物。选择不同类的织物以适合不同的用途是客房室内织物陈设的重要内容之一。其具体表现在质地、色彩和图案（花纹）三个方面。

在质地方面，以视觉而言，粗纹理往往给人以豪放的感觉，细纹理则给人以文静的感觉，两者的装饰效果截然不同。为了显示不同质感，布置中常用对比的方法；以触感而言，直接接触皮肤的料子适宜选用质地细密、平滑的织物（如床上用的丝、绸缎等），经常摩擦的场合可用坚固的粗纹理的织物（如沙发套、踏脚毯等）。

在色彩方面，织物的色彩必须从室内的整体出发，同时兼顾各个局部。大面积的织物（如地毯、窗帘、床罩等）其自身的彩度要低，在客房布置中宜选用同类色或类似色；小织物（如靠垫、衬布、脚垫等）其色彩纯度可偏高，在整体中以对比色为宜。

在图案方面，按花纹类型可分为单独纹样、二方连续或四方连续等，客房内的墙布、窗帘、满铺地毯等较多为四方连续纹样；按纹样格式可分为规则式和自由式两种，规则式纹样庄重，常在古典式的室内和正规、隆重的场合采用这种图案格式，自由式纹样较活泼，现代织物主要是这种格式。按内容可分具象和抽象两类：具象是根据自然物象的花鸟、草木、山水、人兽绘制而成；抽象则不易分辨描绘的内容。

此外，选择织物时，还应考虑其阻燃性、防蛀、防静电等安全防火因素。

（2）观赏物品。客房内的客用品一般是宾客的生活必需用品，但它们同时也具有观赏的功能。客房观赏物品取材颇广，有出自名人之笔的书画，有来自民间传统的图案花纹，有高级精细的现代工艺品，也有粗犷古朴的古代实用品。客房之所以要陈设观赏物品，其主要作用是烘托气氛，增加情趣，点缀空间，调整构图，提高文化品位。客房观赏物品按其布置特点，可以分为墙饰品和摆件。

墙饰品也称挂饰或补壁，是在空荡冷落的墙面上进行某种补充。墙饰品是客房整个布置的一部分，其形式与内容应该与室内环境相协调。

摆件是一种相对挂饰而言的平面安放物品。其中有纯属观赏性质的，有兼实用价值的。在品种的选择上，要充分考虑客房功能、装饰风格及宾客的兴趣爱好。作品的风格应与客房的风格相一致。客房一般摆放各种小巧精湛的艺术品。对于常客或重要来宾，应根据其爱好进行布置。如宾客喜爱中国书画，可在客房摆设文房四宝等。

## 第二节　客房清洁与卫生管理

### 一、酒店客房的清洁保养

#### （一）客房清洁保养的概念与要求

1. 概念

清洁保养是酒店的一项日常工作，它包含清洁和保养两个方面：

（1）清洁，即清洁卫生。清洁指的是通过清除各种污迹，使被清洁的对象达到酒店所要求的标准。卫生指的是杀菌消毒，使环境及物品符合生化要求。

（2）保养，即维修保养。其目的是保证设施设备处于正常完好的状态，延长其使用寿命，减少维修及更新改造的资金投入。当前，有些酒店的管理人员对保养工作的重要性、必要性仍缺乏足够的认识。具体表现为：对清洁器具、清洁剂的投入不足；人员培训不到位；保养无计划，要求不高，从而导致酒店设施设备未能完全实现其使用价值，达到预期的使用寿命。

2. 要求

客房是供宾客休息、睡觉的场所，宾客对客房清洁保养的要求较高，无论是何种类型等级的酒店，客房清洁保养都应达到以下要求：

（1）凡是宾客看到的，必须美观整洁。

（2）凡是宾客使用的，必须清洁卫生。

（3）凡是客房提供给宾客使用的设备，必须完好有效。

#### （二）客房清洁保养的内容与安排

客房的清洁保养工作涉及范围广、项目多，可分为日常性的清洁保养和周期性的清洁保养。

1. 日常清洁保养的内容与安排

（1）内容。客房日常清洁保养是指为保证客房基本水准而进行的日常清洁整理工作。主要包括以下内容：

① 各类客房的清洁整理。酒店各类客房通常每天均须进行例行的清扫整理，以保证客房的整洁，为宾客提供一个舒适的居住场所。

② 晚间房间整理。通常，档次较高的酒店对宾客提供做夜床服务，其目的是体现酒店客房服务的规格，方便宾客，为宾客创造一个恬静幽雅的休息环境。

③ 房间用品的补充。客房服务员清扫整理客房时须按规定补充宾客已消耗的物品，以满足宾客对日常客用物品的需求。

④ 客房设备用品的检查。清扫整理客房时，客房服务员应检查客房设备用品，以保证客房设备用品的完好无损，提高宾客对客房产品的满意程度。

⑤ 客房的杀菌消毒。杀菌消毒是酒店清洁卫生的重要内容，定期对客房进行杀菌消

毒，可保持房间的卫生，防止传染病的发生和传播。

⑥ 楼层公共区域的清扫整理。每天均须清扫整理楼层公共区域，保持干净整洁，为宾客营造整洁舒适的环境。

⑦ 楼层工作间的清洁卫生工作。楼层工作间是存放物品，员工工作、休息的场所。做好工作间的清洁卫生工作，可为客房服务员提供一个良好的后台环境。

⑧ 客房工作车的整理及物品的补充。每天均须整理房务工作车并补充物品，工作车上的物品要整齐有序，取用方便。其目的是保证工作车的美观整洁，提高清洁整理客房的工作效率。

（2）安排。客房日常性清洁保养工作应有统一安排与调控。一般做法是：客房中心服务员根据当天客房出租率、人员排班及有关领导的特别指令和要求，通过《工作单》给每一当班人员分配具体工作任务。其原则是在确保工作质量、工作进度及定额标准的前提下，做到人人有事做、事事有人做。

楼层主管、领班在工作过程中，应根据工作进度及其他具体情况对下属员工进行指导监督，并合理调配。每一位员工在工作中要有全局观念和团队精神，分工不分家，互相支持、互相帮助。

2. 客房周期性清洁保养的内容与安排

客房周期性清洁保养工作，即客房计划卫生，指的是在做好日常清扫整理的基础上，有计划地、定期地对无须每天完成、日常清扫整理中难以完成及容易忽视、需要加强的部位或设备用品，进行全面彻底的清洁保养。做好客房计划卫生工作，能够保证和提高客房清洁卫生质量，加强对客房设施设备用品的维护保养。

（1）客房计划卫生的内容。客房计划卫生内容的确定需要遵循的原则是勿将日常清洁保养的内容与计划卫生的内容相混淆。如果有过多的交叉，就可能降低客房日常清洁保养的基本质量和效率，造成不必要的人力、物力浪费。通常在确定客房计划卫生内容时，可参考下列项目：

① 通风口除尘；

② 家具背后除尘；

③ 排风扇机罩和风叶除尘、除迹；

④ 电话机消毒；

⑤ 电冰箱消毒；

⑥ 墙纸、墙布除尘；

⑦ 天花板除尘；

⑧ 家具上蜡；

⑨ 酒篮、鞋篮除尘；

⑩ 门顶除尘；

⑪ 金属器件除锈、抛光；

⑫ 床垫翻转；

⑬ 地毯、沙发、床头板的清洁；

⑭ 皮革制品的抛光；

⑮ 毛毯、床罩、床裙、褥垫、被套的清洁；

⑯ 枕芯的清洁；

⑰ 窗帘的清洁；

⑱ 工艺品、装饰品的除尘；

⑲ 百叶门、顶板的除尘；

⑳ 卫生间顶除迹；

㉑ 冰箱、便器除垢；

㉒ 下水口及管道喷药、除污；

㉓ 浩帘的清洁；

㉔ 镜柜除锈、上油；

㉕ 大理石面上蜡；

㉖ 植物养护；

㉗ 顶灯的除尘；

㉘ 玻璃窗的擦拭；

㉙ 阳台的除污、除迹；

㉚ 其他项目。

上述各个项目中，由于物体受污染的速度快慢不一、清洁保养的难度有大有小，所以清洁保养的频率和周期也有不同。在实际工作中应根据具体情况，将所有周期性清洁保养的项目进行分类，诸如每三天一次、每周一次、每旬一次、每半月一次、每月一次、每季度一次、每半年一次、每年一次等。

（2）客房计划卫生的安排。

① 做好计划。首先要根据各种具体情况制定合理的计划。通常，有关管理人员要为计划卫生工作做出书面计划（见表 5-8），下发到有关部门及人员。计划中，规定计划卫生的具体项目内容完成期限等，各部门及有关人员按计划执行。

**表 5-8　客房计划卫生表**

________月________日至________月________日　　　　楼层________服务员________

| 项目 | 应得分 / 完成日期得分 / 序号 | 01 | 02 | 03 | 04 | 05 |
| --- | --- | --- | --- | --- | --- | --- |
| | | | | | | |
| | | | | | | |
| | | | | | | |
| | | | | | | |
| | | | | | | |
| | | | | | | |
| | | | | | | |

② 责任到人。计划制定出来后，酒店通常采用分区包干的方法，以将责任落实到人。服务员一般都相对固定地负责某楼层或某一区域客房及楼层公共区域的清洁保养工作。因此，该楼层或该区域的计划卫生也就由该服务员负责包干，他们必须在规定时间内完成任务，并达到规定的质量标准。

③ 配备器具用品。为了有效地完成各项计划卫生工作，客房部必须根据具体的需要，配备计划卫生所需的清洁器具用品，并做好这些器具用品的控制和管理工作。

④ 加强检查督导。客房有关管理人员应加强对计划卫生工作的检查，并督促、指导下属人员的工作，保证每个下属都能按期保质、保量完成各自负责的计划卫生工作。对于某些技术性较强、要求较高的工作，管理人员要做示范培训，以保证每个下属都能按照要求操作。检查要与考核相结合，考核要尽可能量化，并将考核结果作为评估服务员工作绩效的一项依据。

### （三）客房清洁保养的控制

客房清洁保养的控制，指的是通过采取有效措施，制定相关标准，对客房清洁保养工作的过程和结果加以控制，以提高清洁保养工作的效率，保证清洁保养的质量。

1. 制定标准

客房清洁保养的标准主要有三个方面的内容：一是操作标准，用于对过程的控制；二是时效标准，用于对进程的控制；三是质量标准，用于对结果的控制。制定上述标准的总体原则是：以酒店经营方针为指导，以市场需要为导向，以有关行业规定为参考，以实现三大效益(经济效益、社会效益、环保效益)为目标。

（1）操作标准。客房清洁保养的操作标准应以酒店的经营方针和市场行情为依据，具体内容包括以下三个方面：

一是进房次数。即服务员每天对客房进行清扫整理的次数，是客房服务规格高低的重要标志之一。按传统做法，国内大多数酒店一般都实行一天三进房的做法，即全面清扫整理、午后小整理、晚间做夜床。当然，在具体执行时还要有一定的灵活性，通常只要宾客需要，就应尽力予以满足。

二是布置规格，即客房设备用品的布置要求，客房内所配备的设备用品的品种、数量、规格及摆放位置、形式等，都须有明确规定统一要求，以保证酒店同类客房规格一致、标准统一。总的要求是：实用、美观、方便宾客使用及员工操作。具体的标准可以用直观和量化的方法加以规定和说明。为便于员工掌握，可将各类客房的布置规格制成图片、图表、文字说明，张贴在楼层工作间、客房服务中心。

三是费用控制。为有效地控制客房费用，获得理想的经济效益，酒店应根据客房档次、房价等具体情况，制定客房费用标准。通常，客房档次高，费用标准相应高；反之则低。

（2）时效标准。客房清洁保养的时效标准是为保证应有的工作效率和合理的劳动消耗，时效标准的制定必须科学合理。以加强员工的责任心和进取心，便于管理人员检查督导，控制整个工作的进程，评价员工的工作表现。

（3）质量标准。客房清洁保养的质量标准指的是客房清洁保养工作要求达到的效果。其总体要求是体现酒店及客房的档次和服务的规格，满足宾客的要求。根据内容及要求，可将其分为三大类：

① 感观标准。指酒店员工及宾客通过视觉等感觉器官能直接感受到的标准。这方面的内容主要包括：客房看起来要清洁整齐；用手擦拭要一尘不染；嗅起来要气味清新；听起来要无噪声污染。当然，宾客与员工、员工与员工之间的感官标准不可能完全一致。要掌握好此标准，只能多了解宾客的要求，并以宾客要求为出发点，总结出规律性的标准。

② 生化标准。生化标准指的是需要利用某些专门的仪器设备和技术手段才能测试和评价的标准，其核心要求是客房内的微生物指标不得超过规定要求。

③ 微小气候标准。客房微小气候标准包含客房内的温度、湿度、采光照明、噪声及风速等，必须符合人体的最佳适宜度。

2. 建立检查制度

制定标准只能为客房清洁保养工作提供规范和目标，但并非所有服务员在任何时候都具有执行标准的态度和能力，因而客房清洁保养工作未必能达到这些标准，故建立相应的检查制度、加强督促指导就显得十分重要。

（1）检查体系。完善的质量检查体系是客房清洁保养工作管理水平的重要标志。其根本任务是通过对客房清洁保养质量检查，以保证客房产品的质量。

① 客房部内部逐级检查体系。为保证客房清洁保养质量符合酒店标准，及时发现问题并予以纠正，客房部必须建立内部逐级检查体系。包括：服务员自查、领班检查、主管核查及经理抽查。

服务员自查，指的是服务员在清扫整理客房的过程中和工作结束后，对客房内的设备、用品、清洁卫生状况等进行检查。为了使这种检查真正落到实处，在客房清扫整理的操作程序中应加以规定，要求服务员养成自我检查的良好习惯。服务员自查有利于加强员工的责任心和质量意识，提高客房清扫整理工作的合格率，减轻客房部管理人员查房的工作量，充实丰富员工的工作内容，增进工作环境的和谐。

领班检查，指的是客房楼层领班对其所负责的客房进行的全面检查。领班检查是服务员自查后的第一道检查关口，也可能是最后一道关口。因为酒店往往将客房是否合格、能否出租的决定权授予楼层领班。领班查房不仅可以起到监督、控制和拾遗补漏的作用，还可以作为一种有效的岗位培训，帮助服务员不断提高业务技能。

主管核查，指的是客房楼层主管对其所管辖的范围进行的抽查。由于主管的管辖范围比较大，客房数量多，就其时间和精力而言，无法对所管的客房进行全面核查。因此，主管核查一般都是抽查。抽查的客房数量和类型可以有一定的量化规定。主管核查的目的：一是了解基层服务员的工作情况；二是对领班的工作进行监督和考查。

经理抽查，指的是客房部经理通常对客房进行的抽查，通过检查了解楼层的状况，可加强与基层员工的联系与沟通，了解宾客的意见和建议，提升自身的管理水平。

② 店级检查体系。店级检查的形式多样，包括大堂副理抽查、总经理抽查、联合检查、邀请店外专家、同行明查暗访。这种检查相对比较客观，更容易跳出部门检查的固定工作框架，发现客房部自身不易察觉的问题，帮助客房部改进工作。

大堂副理抽查。大堂副理可以代表总经理对一些客房特别是对贵宾房进行检查，通过检查，可以保证客房的质量标准和接待服务规格。

总经理抽查。酒店总经理也应经常亲自对客房进行检查。通过检查，可以了解客房的状况、客房楼层的工作状况、员工的思想状况、宾客的意见及建议等，对于加强沟通、改善管理、提高质量、掌握决策依据都有一定的帮助。

联合检查。酒店定期由总经理室召集有关部门，包括前厅部、工程部、营销部、安全部、大堂对客房进行检查，联合检查有利于促进客房的工作，保证客房及客房服务的质量，加强部门沟通与协调。

邀请店外专家、同行明察暗访。酒店管理专家、同行看问题较为客观，往往能发现酒店自己不能觉察的问题。不少酒店定期或不定期地邀请店外专家、同行到酒店进行明查和暗访，以帮助酒店“找问题、挑毛病”，收效颇佳。

（2）检查方式方法。为有效地控制客房清洁保养质量，酒店管理人员应采用多种方式方法对客房进行检查。

① 检查方式。自我检查。自我检查是控制客房清洁保养质量的第一道关口，由负责该客房清洁整理工作的服务员承担此项工作。

日常检查。日常检查的目的是使客房清洁保养工作达到酒店所规定的基本水准，客房楼层领班查房即为日常检查。

抽查。抽查可以起到以点带面，保证并提高客房清洁保养质量的作用，客房楼层主管一般采用抽查的方式控制客房清洁保养质量。

突击检查。是一种事先未做布置的检查方式。酒店经理级管理人员往往采用突击检查的方式，对客房进行检查，以保证检查结果的真实性，及时了解掌握部门及基层员工的工作情况。

重点检查。酒店对贵宾房、计划大清洁房等客房通常都给予特别的关注，要求有关人员将此类房间作为重点检查的对象以确保清洁保养质量。

定期检查。是一种公开性的检查方式，一般事先有明确的布置及要求。其目的是制造声势、营造氛围，防止发生差错，促进部门工作。通常由酒店总经理室召集相关部门管理人员进行此项工作。

暗查。就是不公开的检查，如邀请店外专家、同行，以普通宾客的身份在酒店消费，或聘请住店宾客对酒店进行部分或全面的检查。用这种方式检查的结果往往最为真切，也最能发现问题，进而有利于酒店采取有效的针对性整改措施。

宾客的最终检查。宾客是客房产品质量的最终检查者，也是权威评判者。客房清洁保养质量的高低不是看酒店服务人员或管理人员感觉如何，而是要看宾客是否满意。因此，酒店须重视宾客对客房产品的评价。在日常工作中，应采取一系列让宾客参与检查的措施，如发放宾客意见表，主动走访宾客，征求意见等。为提高宾客意见书的反馈率，加强对意见书的管理，意见书设计应简单易填、统一编号。有些酒店将意见书装在印有酒店地址、邮编收件人(通常是酒店总经理)的信封中，并贴足邮票，有针对性地发放给一些宾客，以方便宾客在任何时候寄发。一些高档酒店以鸡尾酒会或冷餐会等形式，定期举办住客信息交流会，邀请宾客及酒店有关管理人员参加，听取宾客的意见，收集信息，增进理解与沟通。

② 检查方法。为提高客房检查的效率，保证客房检查的效果，酒店各级人员查房时，应通过看、摸、试、听、闻等方法，对客房进行全方位的检查。

看。看是检查客房的主要方法。查房时，要查看客房是否清洁卫生，客房物品是否配备齐全并按规定摆放，客房设备是否处于正常完好状态，客房整体效果是否整洁美观。

摸。查房时，对客房有些不易查看或难以查看清楚的地方，如踢脚线、边角等，须用手擦拭、检查是否干净。

试。客房设施设备运转是否正常、良好，除查看外还需试用，如试用卫生间浴缸和洗脸盆，水龙头放水，使用电视机遥控器等。

听。客房室内噪声是否在允许范围内，日常检查主要靠听来判断，无法判断的再借助于相关仪器检测。另外检查客房设施设备，在看试的同时，还需用耳听是否有异常声响，如卫生间水龙头是否有滴漏水声，空调噪声是否过大等。

闻。客房内是否有异味、空气是否清新，需要靠嗅觉来判断。

（3）检查的程序和标准。查房的基本程序是：按顺时针或逆时针方向循序进行依次检查，按一定的程序查房，可以避免疏漏，提高速度。客房检查的标准应根据客房清洁保养的质量标准，逐项分解，细化、量化，见表5-9。

**表5-9　客房日常检查的内容和标准**

| 检查的内容 | 检查的标准 | 检查的内容 | 检查的标准 |
|---|---|---|---|
| (1)卧室部分<br>①房门 | a. 无灰尘，无污迹，无伤痕<br>b. 房号牌清洁完好<br>c. 门锁、安全锁链清洁完好<br>d. 窥镜清洁完好<br>e. 安全逃生图、请勿打扰牌、餐牌齐全完好<br>f. 门靠完好 | ⑥硬面家具 | a. 光洁明亮<br>b. 无伤痕，无木刺，无尖钉外露<br>c. 坚固无松动<br>d. 摆放得当 |
| ②墙面、天花板 | a. 无灰尘，无污迹，无蛛网<br>b. 无油漆脱落和墙纸、墙布起翘现象<br>c. 无漏水、渗水现象 | ⑦软面家具 | a. 无尘，无迹，无破损<br>b. 摆放得当 |
| ③护墙板、地脚线 | a. 无灰尘，无污迹<br>b. 完好无损 | ⑧抽屉 | a. 清洁，无灰尘，无杂物<br>b. 开关灵便，把手完好<br>c. 用品齐全 |
| ④地毯 | a. 无灰尘，无污渍，无杂物<br>b. 无烟痕、压痕和脚印 | ⑨电话机 | a. 无尘，无迹，定期消毒<br>b. 摆放位置正确<br>c. 电话线整齐有序无缠绕<br>d. 使用正常 |
| ⑤床 | a. 床头板清洁完好<br>b. 床上用品清洁完好<br>c. 铺法规范正确，美观清洁<br>d. 床垫按期翻转符合规定<br>e. 床底清洁无杂物 | ⑩灯具 | a. 清洁完好<br>b. 位置正确<br>c. 灯泡功率符合规定<br>d. 灯罩清洁完好，接缝面向墙 |

续表

| 检查的内容 | 检查的标准 | 检查的内容 | 检查的标准 |
|---|---|---|---|
| ⑪镜子 | a. 清洁明亮，无灰尘，无污迹<br>b. 无破裂<br>c. 镜框清洁完好 | ⑱小酒吧 | a. 吧台酒架清洁<br>b. 用品配置符合要求，清洁完好<br>c. 酒水配置符合规定 |
| ⑫挂画 | a. 清洁完好<br>b. 悬挂端正 | ⑲电冰箱 | a. 清洁卫生，无异味<br>b. 饮料食品配置符合规定<br>c. 用品配置符合规定<br>d. 温度调节符合规定 |
| ⑬电视机 | a. 表面清洁<br>b. 底座(转盘)清洁完好<br>c. 工作正常<br>d. 频道设置符合规定<br>e. 遥控器清洁完好，能正常使用，并摆放在规定的地方<br>f. 电视机清洁完好摆放正确 | ⑳空调 | a. 滤网及通风口清洁无积尘<br>b. 能正常工作<br>c. 温度调节符合要求 |
| ⑭收音机、音响 | 能正常使用，频道与音量符合规定 | ㉑壁橱 | a. 内外清洁<br>b. 门开关灵便<br>c. 用品配置符合规定<br>d. 壁橱内的灯能随门的开关而亮灭 |
| ⑮垃圾桶 | a. 清洁完好<br>b. 套有干净的垃圾袋<br>c. 摆放位置正确 | ㉒保险箱 | a. 清洁完好<br>b. 有使用说明书 |
| ⑯窗户 | a. 窗玻璃清洁完好<br>b. 窗台清洁无杂物<br>c. 关锁闭窗 | ㉓客用物品 | a. 客用物品的品种、数量符合规定<br>b. 质量符合要求<br>c. 摆放符合规定 |
| ⑰窗帘 | a. 清洁完好，无污渍，无脱落<br>b. 开关灵便<br>c. 悬挂美观、对称，皱褶均匀 | ㉔植物花草 | a. 清洁无灰尘<br>b. 无枯枝败叶<br>c. 盆套整洁完好<br>d. 定期浇水、施肥、修剪<br>e. 摆放符合要求 |

续表

| 检查的内容 | 检查的标准 | 检查的内容 | 检查的标准 |
|---|---|---|---|
| (2)卫生间部分<br>①门 | a. 清洁完好<br>b. 开关灵便，能反锁 | ⑨灯 | 清洁完好，灯泡功率符合要求 |
| ②墙 | a. 墙面清洁<br>b. 墙砖完好，无脱落，无裂缝 | ⑩排风扇 | a. 清洁完好<br>b. 噪声低 |
| ③天花板 | a. 无灰尘，无斑迹，无水迹<br>b. 完好无损 | ⑪电吹风 | a. 清洁<br>b. 使用正常 |
| ④地面 | a. 无尘，无迹，无毛发<br>b. 地砖完好<br>c. 下水口清洁无异味 | ⑫电话机 | 清洁完好 |
| ⑤便器 | a. 内外清洁<br>b. 使用正常，不漏水 | ⑬毛巾架、手纸架 | 清洁完好，无松动 |
| ⑥浴缸 | a. 内外清洁，无污迹，无水迹<br>b. 金属器件清洁明亮、完好<br>c. 下水口清洁，无毛发，水塞完好<br>d. 浴帘清洁完好<br>e. 晾衣绳能正常使用 | ⑭客用物 | a. 品种、数量符合规定<br>b. 质量符合要求<br>c. 摆放符合要求 |
| ⑦脸盆及洗脸台 | a. 清洁完好，无灰尘，无污迹，无水迹<br>b. 金属器件清洁明亮、完好<br>c. 下水口清洁并用水塞塞好<br>d. 台面清洁整齐 | (3)总体感觉 | 清扫整理后的客房给人的总体感觉应该是：清洁、卫生、整齐、美观、舒适、安全 |
| ⑧镜子 | a. 镜框清洁完好<br>b. 镜面清洁明亮，无破裂 | | |

（4）检查的其他相关内容。员工的工作状态、劳动纪律、操作规范、礼节礼貌等都会影响其工作的效率和效果。因此，管理人员在检查时不仅须注重对员工工作进程、最终质量效

果的检查，而且要重视对员工工作状态、劳动纪律操作规范、礼节礼貌等方面的检查。

① 工作状态。员工工作状态指的是员工上班时是否心情愉快、身体健康、精神饱满、态度良好，是否能很快进入工作角色。管理人员应主动关心、爱护员工，若发现员工工作状态不佳，应设法及时了解原因，有的放矢地做好员工的思想工作。此外，从酒店到部门、班组，都应为员工创造一个良好的工作环境。如有些酒店在后台区域、员工通道、员工更衣室、员工食堂、工作间等处张贴标语，内容诸如："×××(指酒店名称)是我家，我爱我家"；"微笑、问候、让路"；"宾客至上，员工第一"等。

② 劳动纪律。遵守酒店有关劳动纪律是做好客房清洁保养工作的前提条件。管理人员须每天检查员工的出勤情况，仪表、仪容，有无串岗、脱岗等违反劳动纪律的现象。如有以上现象，应及时指出并加以纠正。情节严重的应给予必要的处罚。

③ 操作规范。多数酒店都规定了包括具体工作步骤、方法、技巧、工具用品、标准等内容在内的操作规范。但在实际工作中，有些员工不遵守操作规范，工作随意性大，以致影响服务质量。因此，管理人员须将操作规范列入检查范围之内。如服务员清扫整理客房时是否按操作标准进行敲门通报；清洁工具用品的使用是否合乎规定等。如果发现员工的操作不符合标准，管理人员应立即指出，并采取针对性的整改措施，使员工养成自觉遵守操作规范的良好习惯。

④ 礼节礼貌。礼节礼貌不仅反映员工的个人素质，也反映其工作态度，影响客房工作的效果。管理人员应检查员工能否礼貌服务，能否使用规范的礼貌用语等。

⑤ 工作进程。客房清洁保养的任务重、技术高、时间紧、工作量变数较大，不易控制。尤其是旅游旺季，客房部经常要组织人力突击清扫客房。所以，工作进程应列为管理人员查房的一项重要内容。工作进程的检查可分为两个方面：一是要检查员工现有的工作进程如何；二是要检查按该进程，员工能否保质保量地如期完成工作。如发现问题，应及时调整。

⑥ 最终的质量效果，指的是客房清洁保养的质量标准。客房日常清洁保养质量应有明确的检查内容及标准，并逐项分解、细化、量化，以利于对照检查、考核、培训。

（5）检查的指导思想。树立正确的检查指导思想，才能将客房检查工作落到实处、做在细处，收到良好的成效。传统的质量控制是"事后把关"，检查侧重于发现问题、解决问题。管理人员往往成为消防队员，忙于补救工作。客房检查必须贯彻以预防为主的指导思想，加强对员工工作进程的控制，及时发现问题，解决问题，体现在以下五方面。

① 预防为主。在客房清洁保养质量控制上，必须贯彻"预防为主"的指导思想，将管"结果"变为管"过程"。采取一系列预防性措施，做好计划制定、员工培训、产品设计、流程分析等工作，使客房清洁保养的每一项工作、每一个环节都做到"第一次做好"，将质量问题消灭于质量管理的过程之中。

② 及时指导。为加强"过程"管理，管理人员在检查中应对下属进行及时指导，不断改进下属的工作方式和方法，提高其操作技能、技巧，帮助其提高工作效率。

③ 发现问题、解决问题。员工在工作中可能会出现这样那样的问题，管理人员在检查中要善于发现问题、分析问题、解决问题。这样，就可把客房清洁保养的质量问题消灭在质量管理之中，客房产品质量就可以得到不断改进提高。

④ 总结推广经验。善于总结才能得到更快的提高。客房管理人员要不断总结经验、推广经验，使客房清洁保养质量全面提高。总结推广经验可采取多种方式，如利用部门内部刊物、技能竞赛示范观摩、经验介绍、业务培训等。

⑤ 激励。指的是通过科学的方法激发人的内在潜力，开发人的能力，调动人的积极性和创造性。客房管理人员应根据客房清洁保养的特点及员工特性，采取多种方式激励员工，充分调动员工的积极性，发挥员工的创造性。

3. 严格考核

对客房楼层的员工及其工作进行严格的考核，是客房清洁保养质量管理的又一重要措施。考核的结果要尽量量化，并将考核结果与工资奖金挂钩。考核的标准是“100-1≤0”，即有一项过失，该工作项目就不合格。这就要求员工每项工作都达到标准。考核要公开、公平、公正。考核的结果要及时公布、定期汇总、落实兑现，负责考核的人员要大公无私高度负责。

4. 实行表格化管理

在客房清洁保养管理过程中要重视表格的作用。尽管很多酒店实现了计算机管理，但是一些表格在日常信息沟通、工作计划、任务分配、工作汇报、业务考核、总结分析等工作中作用重大。要实现这些表格的作用，首先必须合理地设计表格，其次是能够规范地使用和保管表格。

（1）表格的设计、使用和保管。各酒店因等级规模以及管理的风格不同，表格的设计也不尽相同，但都应遵循以下几个原则：够用、适用、实用、方便填写统计。够用，指表格的种类及栏目内容能够满足酒店部门日常工作运转的需要；适用，即适合本酒店使用；实用，即指各种表格要具有某种特点和功能，可有可无的报表及栏目应尽量剔除，以减轻员工的负担。方便填写统计，即设计表格时应尽可能为员工填写及有关人员统计提供方便。客房清洁保养工作的各种表格是对客房服务和管理活动各种原始数据和事实的忠实记录。客房部应培训员工正确使用，规范填写有关表格；定期进行整理、统计、分析，一般每月统计一次，每年做一次汇总。通过比较、分析，发现问题、找出原因、制定措施，以改进、提高客房管理水平。各类表格须妥善保管，通常由客房中心负责归档存放，一般的工作表格通常保管 1 年，以备查阅。

（2）常用表格。客房清洁保养工作常用的表格有：“客房服务员工作报表”“客房状态报表”“楼层领班工作单”“客房服务员工作考核表”“楼层主管工作单”“维修通知单”“宾客意见表”“综合查房表”等。

5. 加强计划控制

客房部的管理主要是通过各种制度和计划，将客房服务工作科学地组织起来，完成预定的目标。因此，客房部在日常工作中，要根据具体情况制订出各种计划。常见的计划有：《资金投入计划》《客房产品质量计划》《客房清洁保养工作日常计划》《客房清洁保养工作长期计划》《客房设备维修计划》《客房更新改造计划》《员工培训计划》《环境保护与安全生产计划》等。

计划控制是将计划的实际执行结果和计划本身做对比检查，发现差异、分析原因，采取相应的措施，以保证计划的顺利完成，达到清洁保养的质量要求。计划控制主要应做好以下工作：

（1）明确标准。在一定的时限内，任何计划都必须具有明确的标准。例如员工培训计划要求新员工培训标准为经过3个月的岗前培训，客房楼层新员工合格率要达到95%。在产品质量计划中，明确规定本年度宾客对客房清洁保养投诉率不得高于3%。

（2）反馈、分析偏差。客房部应定期检查客房清洁保养计划的落实完成情况，并将检查结果及时与计划标准做比较，发现偏差，要查找原因，分析是偶然的还是必然的，以便及时采取有效措施加以纠正或调整。

（3）计划调整。俗话说，计划赶不上变化，特别是长期计划，由于时间跨度大，不确定因素多，更容易出现计划与实际情况不相符的情况。客房部应通过过程控制纠正误差，及时调整有关计划，从而保证客房的清洁保养质量。

## 二、客房的清扫流程

### （一）走客房（check out，C/O）的清扫程序

1. 卧室的清扫程序

卧室清扫程序有“进”“开”“撤”“做”“抹”“查”“补”“吸”“检”“写”。具体内容如下：

（1）“进”，即进入客房。按进房间规定敲门进房，敲门时，要手指微弯曲，以中指第二关节部位轻敲门两次，每次三下，并报称“housekeeping”；将“正在清洁牌”挂于门锁把手上；打开房门，在清洁整理房间的过程中，要始终将房门敞开。

（2）“开”即打开房门。打开灯具，检查是否有故障，一旦发现灯泡损坏，立即通知维修人员更换；拉开窗帘、窗纱通风透气，并检查窗帘导轨是否顺畅；必要时应打开空调，加大通风量保证室内空气清新，同时检查空调开关是否正常。

（3）“撤”即撤掉客用品及垃圾。撤掉用过的杯具、餐具；撤掉脏的布草，放进工作车的布草袋内，在撤床单时，要注意检查是否夹带有宾客物品；撤掉宾客用过的浴衣；撤掉“四巾”；撤掉房内垃圾，检查烟灰缸的烟头是否已经熄灭，必须熄灭了才可倒进垃圾桶，以免引起火灾。

（4）“做”按照做床的操作程序和标准进行床铺的整理。无论是西式床，还是中式床，都要求做到结实、平整、对称、挺括美观。撤床与做床的要求见表5-10。

**表5-10 撤床与做床的要求**

| 步骤 | 动作规范 | 要求 |
|---|---|---|
| 1. 撤床 | （1）先在床尾处将床单全部拉出，然后撤毛毯，从床尾处向后把毛毯拉出并放于圈椅上；（2）撤床单；（3）撤枕套：双手握住其尾部，开口处向下，提起使枕套与枕芯分开，然后将枕芯放于圈椅上 | 床单要一张一张撤，仔细检查是否夹带有宾客物品；脏床单要卷好放在布草袋里，不要放在地下；切忌将脏床单和干净的床单混放，以免沾染细菌 |

续表

| 步骤 | 动作规范 | 要求 |
| --- | --- | --- |
| 2. 带入干净床单、枕套 | 把所需的干净床单、枕套等物品带入房间 | 在带铺床所需要的干净布草时，注意不要夹带脏物品 |
| 3. 拉床 | 服务员自然地站在床头前的中间位置，双手把床拉开，使之距床头板50厘米处，并检查和整理好床垫和保护垫 | 铺床前应注意检查床垫和保护垫，发现有弄脏的要及时更换并清洗；注意，每一个细小动作都会影响卫生的质量好坏 |
| 4. 铺第一条床单 | (1)打单。将叠好的床单打开，一只手抓单尾呈抛物线形将床单拉开，使其正面向上。(2)抛单。一只手抓单尾，以平衡力向床尾抛出。(3)甩单。根据床单的“三线”，以中线为中心线，左右手分别抓住平衡于中线的左右两线，把双手轻轻举起，向前向上甩单。(4)定位。在抛起床单下落时，下压定位，双手顺势把抓住的床单整齐拉至床垫底部，中折线居中，床单四边自然下垂。(5)包角。从床头开始，将床的四个角包成90°或45°角，将床单四边塞入床垫下面 | 如发现床单有污迹或破损应及时更换。不要用力太猛，注意要将单尾打开弄散。注意床单的正面向上，床面平整。床单在熨洗后，一般都摺有三条直线，中间的为中线，须注意掌握好 |
| 5. 铺第二条床单 | 方法同上 | 注意床单的正面向下，中线与第一张床单重叠，床头部分长出床垫5厘米 |
| 6. 铺毛毯 | (1)抓住毛毯一边的两侧，把毛毯提起至胸前，双手把毛毯向前平抛，然后让毛毯自然下落，手抓毯子向后拉平。毛毯距离床头25厘米。(2)将第二条床单床头部分折起盖住毛毯。(3)将两侧的毛毯和床单一起分别塞入床垫下。(4)到床尾将边塞入床垫下，同时将两角包好 | 铺毛毯时要保持外观的平整、无褶皱，商标应在床尾向上。注意单头包角应成90°角，这样才能使整张床包得挺括、整齐、美观 |

续表

| 步骤 | 动作规范 | 要求 |
| --- | --- | --- |
| 7. 装枕袋 | 抖开枕袋平放在床上，将枕芯对折，右手抓住枕芯前部，左手把枕袋口张开，用右手所拿枕芯压住枕袋口下套枕袋前要注意检查枕芯是否有边，把枕头套入枕袋内。两手抓住枕袋口上下抖动，使枕芯全部装入到位，并封好口 | 套枕袋前要注意检查枕芯是否有污秽、破损，应及时更换 |
| 8. 放枕头 | 把枕头平放在床头中间，离床头边袋注意两张单人床枕袋的开口方向 5 厘米，整理好四角 | 注意两张单人床枕袋的开口方向要反向于床头柜。双人床则开口相对 |
| 9. 铺床罩 | 从床尾开始铺床罩，然后把床罩左右及尾部饰布自然放下，在床头与毛毯齐口处，把床罩复折，将床罩铺在枕头下，把床罩多余部分塞在两个枕头之间，并整理好枕线 | 床罩一定要平整、无褶皱，而且遮盖住枕头，才能显得美观 |
| 10. 将床复位 | 双手轻轻托起床尾，对正床头板的位置慢慢地把床推回原处，最后再查看一下 | 床头板对称，注意床头要摆正在床头板的中间位置 |

（5）“抹”即抹尘。按照从上到下和环形整理的要求，从门外门铃开始把房间的家具、物品抹一遍。在抹尘的过程中要注意区分干、湿抹布的使用。

（6）“查”即检查客房用品。包括衣柜组合柜的抽屉里有无遗留物品，若发现遗留物品，应尽量在第一时间交给主管或台班，想方设法尽快交还给宾客；还应注意检查房间内家具、设备是否损坏，并做好记录。

（7）“补”即补充客房用品。按客房要求添置更换、补充房内物品，按标准摆放整齐美观。房间物品的补充要根据酒店规定的品种、数量及摆放要求补齐、补足、放好。

（8）“吸”即客房地面吸尘。先把吸尘器电线理顺插上电源，把吸尘器拿进房间后再开机。吸尘的顺序是先里后外，注意要按地毯的纹路方向推把，同时拉上窗帘。

（9）“检”即检查客房。房间清扫完毕，客房服务员应认真观察房间，检查打扫的是否干净，物品是否齐全，摆放是否符合要求，有无留下清洁用品或工具，有无工作漏项，发现后及时补上。最后，空调开关是否拨到适当位置。

（10）“写”即填写“楼层服务员做房日报表”（见表5-11）。房间清洁完毕，要填写进房、离房的时间和清洁整理的内容以及用品配备情况。

**表5-11 楼层服务员做房日报表**

楼层： 区域： 服务员： 领班： 月 日

| 清扫客房 | | | | 撤换布草数量 | | | | | | 补充日耗品数量 | | | | | | | | | | | | | |
|---|---|---|---|---|---|---|---|---|---|---|---|---|---|---|---|---|---|---|---|---|---|---|---|
| 房号 | 房态 | 时间 | | 床单 | 枕套 | 浴巾 | 面巾 | 地巾 | 方巾 | 购物袋 | 信封 | 信笺 | 茶叶 | 针线包 | 擦鞋纸 | 洗衣袋 | 沐浴液 | 洗发液 | 牙具 | 香皂 | 梳子 | 卫生纸 | 面巾纸 |
| | | 进 | 出 | | | | | | | | | | | | | | | | | | | | |
| | | | | | | | | | | | | | | | | | | | | | | | |
| | | | | | | | | | | | | | | | | | | | | | | | |
| | | | | | | | | | | | | | | | | | | | | | | | |
| | | | | | | | | | | | | | | | | | | | | | | | |
| | | | | | | | | | | | | | | | | | | | | | | | |
| 计划卫生： | | | | | | | | 维修要求： | | | | | | | 备注： | | | | | | | | |

2. 卫生间的清扫程序

卫生间清扫程序：“开”“冲”“撤”“洁”“擦”“消”“补”“刷”“检”“关”，具体内容如下：

（1）“开”即开灯、换气。打开电灯检查是否有故障；打开卫生间排风扇，抽风透气；并将清洁剂、消毒剂、清洁工具带入卫生间。

（2）“冲”即冲马桶。放水冲马桶滴入清洁剂，做好洗刷清洁准备。

（3）“撤”即撤走用过的布草。撤走宾客用过的“四巾”洗刷用品，以及垃圾袋。

（4）“洁”即清洁浴缸、墙面、镜子、云台、脸盆和马桶。特别要注意清洁马桶的桶盖、水箱和内、外壁、底座，注意使用不同的毛刷，切记不可混用。

（5）“擦”即擦干卫生间所有设备和墙面。注意使用不同的抹布，切记不可混用。

（6）“消”即对卫生间各个部位进行消毒。一般采用消毒液消毒，也有设备先进的酒店采用手提式紫外线消毒器消毒。

（7）“补”即添补卫生间的布草和消耗用品。注意按照摆放标准摆放，要求整齐统一、美观。

（8）“刷”即刷洗卫生间地面。要用专用的毛刷和抹地布刷洗、抹净卫生间的地面，特别要注意门后和角落的刷洗效果。

（9）“检”即检查清扫结果。清洁后的卫生间一定要做到整洁干净、干燥、无死角、无异味、无脏迹、皂迹和水迹。并按此标准检查。将待修项目记下来上报。

（10）“关”即检查卫生间工作无误后，关灯、关闭排风扇、关门。

### （二）住客房（occupied，O）的清扫程序

1. 宾客在房间时

进入客房前先按门铃或敲门，房内无人方可直接进入客房。若宾客在房间，应礼貌问好，主动征求意见，得到允许后方可进房进行清扫。如果宾客暂不同意清理客房，将客房号码和宾客要求清扫的时间写在工作表上。清扫时将宾客的文件、杂志、书报稍加整理，但不能弄错位置，更不准翻看；除放在纸篓里的东西外，即使是放在地上的物品也只能替宾客做简单的整理。宾客放在床上或搭在椅子上的衣服，如不整齐，可挂到衣柜里；睡衣、内衣也要挂好或叠好放在床上。女宾住的客房更须小心，不要轻易动其衣物，擦壁柜时只搞大面卫生即可。擦拭行李架时，一般不挪动宾客行李，只擦去浮尘即可。对女性用的化妆品，只需稍加整理，但不要挪动位置，即使用完的化妆品也不得将空瓶或包装盒扔掉。不要触摸宾客的照相机、计算机、笔记本和钱包之类的物品，以免引起不必要的麻烦。客房如需更换热水，注意水温不低于 90℃，新的水瓶注意擦拭干净，如使用电热水器，则应换新水，以免产生水垢。客房整理完毕，宾客在客房时，要向宾客表示谢意，然后退后几步，再转身离开客房，轻轻将房门关上。

2. 宾客中途回房

在清扫工作中遇到宾客回房时，要主动向宾客打招呼问好，询问是否继续打扫房间，如未获允许应立即离开，待宾客外出后再继续进行清扫。若宾客同意，应迅速地把房间清扫好，离开时应礼貌地向宾客致谢，退出房间时注意要轻轻地关上房门。

3. 客房电话

房间电话是宾客的通信工具，为了尊重宾客对房间的使用权和避免不必要的麻烦，清扫房间时不要使用客房电话，也不要接听客房电话。

4. 客房物品

宾客的物品不应乱动或翻看，必要时应轻拿轻放，清扫完毕要放回原位。若不小心损坏了宾客的物品，应如实向主管反映，并主动向宾客赔礼道歉；如属贵重物品，应由主管陪同前往，征求宾客意见；若对方要求赔偿时，应根据具体情况，由客房部出面给予赔偿。

**（三）空房（vacant，V）的清扫**

空房的整理虽然较为简单，但却必须每天进行，以保持其良好的状况。其整理的具体内容如下：进房开窗、开空调进行通风换气；用抹布擦除家具、设备、门窗、卫生间的浮尘；每天将浴缸和脸盆的冷热水及马桶的水放流一两分钟；如果客房连续几天为空房，则要用吸尘器吸尘一次；检查客房有无异常情况，检查浴室内“四巾”是否因干燥而失去弹性和柔软度，如果不符合要求，要在宾客入住前更换。

**（四）夜床服务**

夜床服务指的是对客房进行的晚间清洁整理，又称“做夜床”。夜床服务的最佳时间是晚上 18：00—20：00，这段时间宾客大多外出不在房间，既可不打扰宾客，又方便服务员工作。夜床服务的意义在于方便宾客休息，使宾客感受高规格的礼仪接待。

1. 客房整理

（1）按规范要求进房，通报自己的身份和进房的目的。若宾客在房间，应礼貌地询问宾客是否要做夜床。如果宾客不需要做夜床，服务员应在夜床表上做好登记。如果挂有“请勿打扰”牌或门反锁，可从门下塞入“夜床服务卡”。

（2）开灯，调好空调，轻轻拉上窗帘。

（3）更换用过的茶具。

（4）清理垃圾和烟缸，查看物品有无短缺，补充短缺用品。

（5）将家具、物品清洁干净。

2. 做夜床

（1）将床罩撤下，叠好置于壁橱。

（2）把靠近床头柜一侧的第二条床单连同毛毯一起向外折成30°或45°角，以方便宾客就寝。

（3）拍松枕头并将其摆正，如有睡衣应叠好置于枕头上，把拖鞋放在沙发或床的一侧。

（4）按酒店规定在床头或枕头上摆放鲜花、晚安卡、早餐牌或小礼品等。

（5）标准房住一人时，开墙边靠近卫生间的一张床，方向应朝向床头柜；二人同住标准房，则各自开靠床头柜的一侧，也可根据宾客习惯开床。

（6）如果有浴衣，则叠好放在床尾一角。

（7）如果有加床，则应打开整理好。

3. 卫生间整理

（1）清洗使用过的面盆、浴缸、马桶。

（2）将地巾放在浴缸外侧的地面。

（3）将浴帘放入浴缸，并拉出1/3，以示意宾客淋浴时应将浴帘拉上并放入浴缸内，避免淋浴的水溅到地面。

（4）整理或更换用过的毛巾，其他用品稍做整理。

（5）将卫生间门半掩，关灯。

（6）最后检查是否有漏项，除夜灯和走廊灯外，关掉所有的灯并关上房门。如果宾客在房内，不用关灯，向宾客道别后退出客房，轻轻将房门关上，并在开夜床报表上记录。

## 第三节　客房的布草、洗衣和钥匙管理

### 一、布草管理

#### （一）布草的种类及规格

1. 种类

根据布草的用途，客房布草可以分为三大类，即卫生间布草、床上布草和其他布草。

（1）卫生间布草：地巾、浴巾、小浴衣、大浴衣、方巾、面巾等。

（2）床上布草：床罩、床单、枕套、褥垫、被套、床裙等。

（3）其他布草：沙发套、窗纱帘、遮光窗帘、帷幔等。

2. 规格

（1）卫生间布草的规格。客房卫生间布草的规格应与酒店规模相适应。参照酒店星级评定标准的有关要求，客房卫生间布草的规格如表5-12所示。

表 5-12 客房卫生间布草的规格

| 种类 | 尺寸(厘米) | 质量(克) | 酒店档次 |
|---|---|---|---|
| 大浴巾 | 120×60 | 400 | 一、二星级 |
| | 130×70 | 500 | 三星级 |
| | 140×80 | 600 | 四、五星级 |
| 小浴巾 | 100×34 | 125 | 无明确规定 |
| 面巾 | 55×30 | 110 | 一、二星级 |
| | 60×30 | 120 | 三星级 |
| | 70×35 | 140 | 四、五星级 |
| 地巾 | 65×35 | 280 | 一、二星级 |
| | 70×40 | 320 | 三星级 |
| | 75×45 | 350 | 四、五星级 |
| 方巾 | 30×30 | 45 | 三星级 |
| | 30×30 | 55 | 四、五星级 |
| 浴衣 | 大、中、小号 | | |

(2) 床上布草的规格。客房的床上布草是与床上的其他用品配套使用的，其规格尺寸应与床的规格及其他相关用品的规格相适配。

① 床单。床单的规格尺寸是根据床的规格尺寸和铺床的方法及要求确定的。通常按下列公式计算：

床单的长度=床垫的长度+2×床垫的厚度+2×20 厘米

床单的宽度=床垫的宽度+2×床垫的厚度+2×20 厘米

如果床垫的规格是 120 厘米×200 厘米，厚度为 16 厘米，用于这种床的床单的规格就应该是：

长度=200 厘米+2×16 厘米+2×20 厘米=272 厘米

宽度=120 厘米+2×16 厘米+2×20 厘米=192 厘米

之所以按照这套公式计算床单的规格，是因为按西式铺床的方法和要求，床单不仅要覆盖床面，还要能包边包角，即包住床垫的四边四角，为了包角紧密，还需收四边塞进 20 厘米。

按照公式计算出来的床单的规格是实际所需的尺寸，没有考虑缩水的因素。棉布的缩水率一般为 5%~8%，购买床单时要考虑其缩水率。

② 枕套。枕套是与枕芯配套使用的，因此，枕套的规格尺寸要依据枕芯的规格尺寸来确定。一般要求枕套比枕芯宽 2~5 厘米，长 20~23 厘米。

③ 褥垫。褥垫是铺在床垫上起防护作用的垫子。因此，褥垫的规格要与床垫的规格相适配，通常要求略小于床垫的长度与宽度，以四边不超出床垫滚边并紧贴滚边为宜。不能过大，也不能过小。

(3) 窗帘的规格。窗帘可分为标准窗帘和落地窗帘两种。

① 标准窗帘。标准窗帘的尺寸(单位:厘米)为:

长度(高度)=窗子的长度(高度)+2×(15~30)

标准窗帘的上下两端均应超出窗户15~20厘米。如果窗子的高度为150厘米，那么窗帘的长度应为[150+(30~40)]厘米，为180~190厘米。

窗帘宽度与窗帘轨道的长度相等。轨道长度等于窗子宽度两边各加15~20厘米。如果窗户的宽度为250厘米，那么窗帘的宽度应为[250+(30~40)]厘米，为280~290厘米。

② 落地窗帘。是否做成落地窗帘，一般取决于窗户的大小与墙面的比例及整体效果。如果窗户面积与墙面面积之比大于2∶3，则宜做落地窗帘；如果窗台离地面的距离小于45厘米，宜做落地窗帘；大于70厘米宜做标准窗帘；介于45~70厘米，则视整体装饰效果和窗户面积，与墙面面积的比例大小而定。

落地窗帘的高度应为挂好后下端离地面2厘米，宽度则等于轨道长度。一般轨道的长度等于墙面的宽度。

③ 窗帘用料。用料面积计算(长度单位:厘米):

用料面积=(2×丈量宽度+25)×丈量高度

用料长度计算(长度单位:厘米):

用料长度=用料面积÷布料宽度×高度

式中的2为折中倍数，通常最大不大于3，最小不小于1.5，具体折中倍数取决于布料的厚薄。厚料可选偏小数，薄料可选偏大数。25厘米是用于接缝和重叠。在购买布料时，要考虑接拼缝及凑花形图案的需要和缩水率，要留有余地。

**(二) 布草的配备**

布草的配备是布草管理工作中的一个重要问题。布草的配备需有合理的定额标准，要防止定额的不合理而影响客房布草的正常供应及造成无谓的浪费和损耗。

通常，客房布草主要包括在用布草和备用布草两部分。在用布草即投入日常使用和周转的布草，备用布草即存在库房以备更新补充使用的布草。

1. 在用布草

确定在用布草的数量时，要综合考虑下列因素：

(1) 必须能够满足客房出租率达100%时的使用和周转需要。

(2) 必须能够满足客房一天24小时运营的使用和周转需要。

(3) 必须能够适应洗衣房的工作制度对布草周转所造成的影响。

(4) 必须适应酒店关于客用布草换洗的规定和要求。

(5) 必须考虑布草调换补充周期及可能发生的周转差额和损耗流失等情况。

(6) 能够保证刚洗烫过的布草有一段保养的时间。

2. 备用布草

在确定备用布草的数量时，要综合下列因素：

(1) 布草的损耗率。

(2) 计划更新补充的周期和数量。

(3) 预计流失布草的补充情况。

(4) 是否有更新布草品种及规格等计划。

(5) 定制和购买新布草所需的时间。

（6）库存条件。

（7）资金占用的损益分析。

根据经验，有些酒店的客房布草配备定额为3.5~4套。其中一套在客房使用，一套在楼层布草房或工作车上，一套在洗衣房或中心布草房，另外的半套或一套存在房库。这里所说的一套是指按酒店规定标准全部客房完整配备布草时的布草总数。

由于各种布草的损耗情况并不完全一样，为防止库存时间过长而造成自然损耗，库存的布草不宜过多。此外，有的布草可以改制再利用。因此也就无须各种布草都按3.5~4套配备。

**（三）布草的管理和控制**

1. 核定布草的需要量

各种布草的需要量，应当根据每个酒店的等级、各类客房的床位数量、餐厅种类、餐桌座位数及台布替换率等来核定。本着既要保证经营需要，又要保持最低的消耗和库存周转量的原则，确定各类布草配置的件数和套数。

2. 定点定量存放布草

除客房必须配置一套布草之外，在楼层布草房应存放多少，工作车上要配置多少，中心布草房要存放多少，以及各种布草的摆放位置等，都应有统一的规定。有了统一的规定，员工就有章可循。这样，工作效率可以得到提高，员工的责任心也会相应地加强。

3. 建立布草收发制度

客房部领用布草时，必须填写申领单，控制领用数量的原则是送洗多少脏布草就换领多少干净的布草。因此，送洗的品种和数量应填表说明，洗衣房如数收到并清点后，签字认可。如果申领者要求超额领用，应填写借物申请并经有关人员批准。如果中心布草房发放布草有短缺，也应该开出欠单，作为以后补领的依据。

4. 定期进行存货盘点

布草房应在布草分类的基础上，登记布草的数量和金额，并设置“在库布草”和“在用布草”科目，以便分别控制仓库和楼面的布草使用数量。在设立账卡的基础上，布草房要每月或每季度进行一次存货盘点。这个制度一是为了控制布草的数量，二是为了方便会计核算，三是能及时帮助客房部管理人员发现存在的问题，以便堵塞漏洞，改进管理工作，如表5-13所示。

**表5-13 布草盘点统计分析表**

部门： 盘点日期： 制表人：

| 品名 | 额定数 | 客房 | | 楼层布草房 | | 洗衣房 | | 中心布草房 | | 盘点总数 | | 报废数 | 补充数 | 差额总数 | 备注 |
|---|---|---|---|---|---|---|---|---|---|---|---|---|---|---|---|
| | | 定额 | 实盘 | 定额 | 实盘 | 定额 | 实盘 | 定额 | 实盘 | 定额 | 实盘 | | | | |
| | | | | | | | | | | | | | | | |
| | | | | | | | | | | | | | | | |
| | | | | | | | | | | | | | | | |
| | | | | | | | | | | | | | | | |
| | | | | | | | | | | | | | | | |

5. 建立布草报损和再利用制度

通常情况下，对使用年限已到、有破损或无法洗涤的布草，均采取报废处理。处理时须对所有布草一一过目、仔细判断，以避免不必要的差错。布草报损应定期、分批进行，以分散工作量及保持布草质量水准。另外，可将报损的床单、毛巾等改制成抹布或其他布草进行再利用。

6. 布草的贮存和保养

（1）布草的贮存。布草应该存放在一个合适的环境中。不管是楼层布草房、中心布草房或备用布草房，都应具备下列条件：

① 纺织品怕潮湿，不能长期处在高温状态下。因此，布草房的通风必须良好，相对湿度不大于50%，温度以保持在20℃以下为宜。

② 严禁烟火，并配置必要的安全消防设施，以防万一。

③ 经常进行清洁工作和定期的安全检查，包括有无虫害迹象、电器线路是否安全等。

④ 对布草进行分类上架存放，并附备用布草贮量卡（见表 5-14）。布草房不应存放其他物品，特别是化学药剂、食品等。

**表 5-14　备用布草贮量卡**

| 规格 | 单价 | 项目 | | | | | 最高限量 | 最低限量 | |
|---|---|---|---|---|---|---|---|---|---|
| | | | | | | | | | |
| 日期 | 摘要 | 进 | 出 | 结存 | 日期 | 摘要 | 进 | 出 | 结存 |
| | | | | | | | | | |
| | | | | | | | | | |
| | | | | | | | | | |
| | | | | | | | | | |

⑤ 对长期不用的布草应用布兜罩起来，以防止积尘、变色。否则，严重的污染可能导致布草难以洗涤干净。

（2）布草的保养。布草的保养必须贯穿于贮存与使用的始终，除了前文已提及的有关要求外，还应注意如下几点：

① 备用布草不宜一次购买太多，因存放时间过长布草质量会明显下降。

② 备用布草应遵循“先进先出”的原则投入使用。如能在布草边角上做 A、B、C 之类的标记以表明投入使用的批次，则不仅有利于跟踪分析其使用状况，而且便于布草的定期更新工作。

③ 新布草应洗涤后再使用。这不仅是清洁卫生的需要，也有利于提高布草强度和方便使用后的第一次洗涤。

④ 刚洗涤好的布草应在货架上搁置一段时间，以利其散热透气。这样可以延长布草的使用寿命。

⑤ 对于毛毯、丝绵被、枕芯等纺织品，存放时不能重压，同时要定期翻晒，否则会有异味并容易霉变。

⑥ 要消除污染或损坏布草的隐患，如将布草随便丢在地上，收送布草时动作粗鲁，布草中夹带别的东西，布草车、架等不干净或表面粗糙、有勾刺等。

## 二、洗衣管理

酒店客房洗衣管理的水平、洗涤质量和工作效率的高低，不仅影响客房部乃至酒店的经营活动和成本消耗，而且影响宾客对酒店形象的评价。其主要的业务范围有：客房棉织品的洗涤及客衣的洗涤。

### （一）洗衣的配置

洗衣的配置包括手工工具、机器设备和用品。

1. 手工工具

（1）熨斗。几乎可以熨烫所有的衣物，特别适宜熨烫某些特殊的服装或衣物的某些部位，如肩、领。通常选用自动调温的蒸汽电熨斗。根据蒸汽的不同提供方式，这种电熨斗可分为两类：一是外接蒸汽式，由中央蒸汽系统提供蒸汽；二是内置蒸汽发生器，使用时不断补充水源即可。

（2）刮板。是一种去渍的辅助工具，用来软化污渍，使去污剂更易渗透到织物中。刮板可用骨头、金属或塑料制成。

（3）烫台板。烫台板的面积只有普通烫床 1/4~1/3，熨烫西裤裙子、衬衣等比较灵活方便。

（4）去渍刷。用于刷除衣物上的污渍，有黑鬃刷和白鬃刷两种。黑鬃刷一般用于干性溶剂，白鬃刷用于湿性溶剂。

（5）棉枕头。用棉花作枕芯，外包软布缝制而成，作为垫子用在一些不规则形状的衣物部位，如某些衣物的肩部、胸部、裤腰等。棉枕头长 15 厘米、宽 9 厘米、厚 5 厘米为适宜。

（6）木手骨。用木板制成，以长 70 厘米、宽 12 厘米为宜。上层木板垫有棉毯，用软白布包好并缝合，上下两板相隔 20 厘米左右，熨烫衣物袖子等处时使用。

（7）喷水壶。即普通市售喷雾式塑料喷水器，熨烫衣物时根据需要喷水。

（8）烫床。与熨斗配套使用，可以将整件衣物平铺在上面熨烫。

（9）地磅秤。专用于称布草重量，根据布草重量投放洗涤剂用量以达到最佳清洗效果为好。

（10）桌子。应配若干张桌子，用于折叠布草、衣物。

2. 机器设备

（1）打码机。打码机专用于衣物的打码编号，是以加热的形式将不干胶打压到衣物上，打压的同时将编号印在不干胶片的正面，快速完成编号。打码机替代了将编号写在布条上，再缝在衣物上的烦琐工作。

（2）烘干机。经湿洗机洗净甩干后的布草及衣物仍含有较多水分，若直接整烫，耗时、耗力，所以应配置不同容量的烘干机。烘干机分电和蒸汽两种，酒店应根据能源供应情况选择。

（3）干洗机。干洗机用于洗涤不能水洗的衣物，工作原理同湿洗机，所不同的是除有主洗机外，还增加了回收干洗液的装置。另外，现在普遍使用的干洗剂为有毒溶剂，所以还附有安全装置。

（4）棉织品熨平机。专门用于熨烫床单、枕套、台布等面积较大的棉织品。其原理是通过蒸气高温杠杆滚压、平整和干燥织品。新一代的熨平机只需人工将甩干后的棉织品平整送入熨平机传送带，机器便自动熨平、折叠，有些机器还能在折叠时辨别棉织品的洗净度和破损情况，不合要求会自动剔除。

（5）人像整烫机。人像整烫机是一种立体整烫机，由于外表酷似人形，所以叫人像整烫机。人像整烫机是一种先进的自动烫衣设备，它利用充气、蒸汽加热的原理；整烫时，把衣服穿在人像模具上，开足蒸汽，衣服在强大压力升起的冲击下，膨胀伸展开来；然后加风使水汽比例逐渐降低，再关闭气阀就变成冷风，使衣服迅速冷却随即定型。可自由调节大小的人像模具，使人像整烫机能熨烫从儿童到成年人任何尺寸、任何规格的外衣，且有定时控制系统，可保证蒸汽、热风、冷风联合自动操作，动作精确、迅速，不仅省时省力还能保证整烫质量。

（6）绒面蒸汽熨衣机。绒面蒸汽熨衣机是根据熨烫原理而设计的可以熨烫大部分的衣物，因而有万能熨衣机之称。该机器操作方便熨烫质量好、省时省力。

（7）光面蒸汽熨衣机。光面蒸汽车熨衣机是根据熨烫原理设计的，主要熨烫一些能耐一定温度和可直接加热的纤维织物，对纯棉、混纺或某些化纤类织物熨烫效果更好，具有省时、省力、效率高、熨烫质量好等优点。

（8）湿洗机。主要用于洗涤床单、枕套、毛巾等布草，分全自动、半自动、机械操作三种，容量大小有 50~140 千克。最好能同时配备大小容量不同的湿洗机，既保证大宗布草的洗涤效率，又能满足小件衣物的洗涤需要，节省能源。

（9）去渍台。去渍台用于布草衣物的去渍，在去渍台上能对织物各部位进行清楚的检查和去渍，可与真空抽湿机配套使用。

3. 用品

（1）洗涤用品。

① 棉织品主洗剂。目前，通用的主洗剂均为有机合成类，除含碱外，还含有表面活性剂、过氧化氢、增白剂、泡沫稳定剂、酶制剂和香精等，pH = 10。主洗剂有液体和粉状两种，液体主洗剂含有机成分多、易溶化；粉状主洗剂除垢效果好（含碱量高），但不能完全深化和均匀分布。全自动洗衣机最好使用液体主洗剂。

② 干洗剂。四氯乙烯，专用于干洗织物。目前酒店使用的四氯乙烯主要是进口的。国产四氯乙烯为工业用料，并非专门为织物洗涤而研制生产，所以杂质较多，对织物纽扣的腐蚀性较严重，因此不适于织物。

③ 上浆粉。通过上浆，能使被浆织物表面挺括、防止纤维起毛，有良好的观感。同时使被浆织物表面有一保护层面，可延长织物的使用寿命。常用的有淀粉和聚乙烯醇两种浆料。

④ 氧漂剂。过氧化氢漂白剂 pH = 3 ~ 4。专用于彩色织物主洗时适量加入，可避免碱对色彩的破坏作用，从而保持布草原有的光泽。

⑤ 氯漂剂。有次氯化钠和过硼酸两种，前者 pH = 8 ~ 9，后者 pH = 10，起漂白作用，主洗时适量加入。

⑥ 酸粉。一般为柠檬和醋酸，pH = 3，有粉状和液体两种，用于中和碱。主洗剂的碱性在漂洗时不容易过清。因此，在棉织品洗涤最后一次过水时，加入适量的酸粉去中和

碱，能使棉织品的pH降至6~6.7，以增加使用时的舒适度，延长棉织品的使用寿命。

⑦ 柔软剂。织物水洗属于工业形式洗涤，通过洗涤织物可达到良好的清洁度，但有明显的粗糙手感，如床单、内衣，尤其是毛巾，使用时会使人的皮肤有不舒适之感。柔软剂是为解决这一问题而配置的，在洗涤的最后一次过水时加入适量柔软剂，可使织物表面和内部平滑，增加其柔软感。

⑧ 化油剂。化油剂是专为洗涤餐巾和台布而配置的，与主洗剂同时使用。pH = 13~14。

⑨ 领洁净。用于清洗衣物污渍，可洗去油斑、色斑和其他脏迹，洗前使用，不影响衣物色泽。

（2）服务用品。

① 表格。客房洗衣过程中的各类表格。

② 包装袋。主要用于包装客衣，分别有小包装袋（用于小件衣物）、衬衣包装袋（包装衬衣）、吊挂包装袋（用于外套）。

③ 衣架。应备有一定数量的大衣架、衬衣架及裙裤架，以便挂衣。

**（二）洗衣范围**

洗衣的范围包括棉织品和客衣。

1. 棉织品

（1）分类。客房的棉织品一般可以分为以下三大类：

① 床上用棉织品，如床单、枕套等；

② 卫生间棉织品，如面巾、浴巾、方巾、地巾等；

③ 装饰性棉织品，如窗帘、床罩、沙发套等。

（2）洗涤

① 床上用棉织品的洗涤。床上用棉织品的洗涤标准是：洁白、无污点、无破损、杀菌消毒、挺阔平整、舒适度好，洗涤程序如表5-15所示。

**表5-15 床上用棉织品的洗涤程序**

| 程序 | 标准 | 时间（分） |
|---|---|---|
| 1. 开机 | （1）接通电源<br>（2）试机，确认机器正常运转 | |
| 2. 装入床上用棉织品 | （1）检查有无夹带其他物品（枕套）<br>（2）数量相当，无超载 | |
| 3. 预洗 | （1）清水浸<br>（2）低水温，高水位<br>（3）排水 | 4 |
| 4. 主洗 | （1）水温约65℃，低水位<br>（2）加入主洗剂<br>（3）排水 | 30 |

续表

| 程序 | 标准 | 时间(分) |
|---|---|---|
| 5. 漂洗 | (1) 水温约 55℃，高水位<br>(2) 加入漂白粉(次氯化钠)<br>(3) 排水 | |
| 6. 第一次过水 | (1) 水温约 55℃，高水位<br>(2) 过水以减少碱度，排水 | 15 |
| 7. 第二次过水 | (1) 水温约 55℃，高水位<br>(2) 减少碱度至 pH=8，排水 | 4 |
| 8. 中和 | (1) 水温约 40℃，低水位<br>(2) 加入酸粉<br>(3) 中和约 5 分钟，pH=6.5，排水 | 6 |
| 9. 第三次过水 | (1) 水温约 50℃，高水位<br>(2) 加入适当柔软剂，排水 | 3 |
| 10. 脱水 | (1) 甩至六成干<br>(2) 整熨，折叠 | 6 |

② 卫生间棉织品的洗涤。

卫生间棉织品的洗涤标准是：洁净、无污点、无破损、无细菌、柔软轻松、色泽明朗，洗涤程序如表 5-16 所示。

**表 5-16　卫生间棉织品的洗涤程序**

| 程序 | 标准 | 时间(分) |
|---|---|---|
| 1. 开机 | (1) 接通电源<br>(2) 试机，确认机器可以正常工作 | |
| 2. 装入卫生间棉织品 | (1) 检查有无夹带其他物品<br>(2) 数量相当，无超载 | |
| 3. 预洗 | (1) 清水浸<br>(2) 低水温，高水位<br>(3) 排水 | 4 |
| 4. 主洗 | (1) 加入主洗剂，低水位<br>(2) 加温至 85℃，加入氧漂剂<br>(3) 排水 | 40 |
| 5. 第一次过水 | (1) 水温约 65℃，高水位<br>(2) 过水以减少碱度，排水 | 6 |

续表

| 程序 | 标准 | 时间(分) |
|---|---|---|
| 6. 第二次过水 | (1) 水温约 65℃，高水位<br>(2) 减少碱度至 pH=8，排水 | 4 |
| 7. 第三次过水 | (1) 水温约 65℃，高水位<br>(2) 排水 | 4 |
| 8. 中和软化 | (1) 水温约 45℃，低水位<br>(2) 加入酸粉和柔化剂<br>(3) pH=6.5，排水 | 6 |
| 9. 脱水 | (1) 甩至六成干<br>(2) 整熨，折叠 | 6 |

③ 装饰性棉织品的洗涤。装饰性棉织品由于其质地的特殊性，需要针对不同类型的棉织品，采用干洗的洗涤方法，故在此不做详细的介绍。

(3) 客房棉织品的熨烫。棉织品在洗涤过后均需熨烫平整，才能重新使用。鉴于各类棉织品的熨烫大致相同，在此以床单为例进行介绍，如表 5-17 所示。

**表 5-17 床单熨烫程序**

| 程序 | 标准 |
|---|---|
| 1. 开机 | (1) 接通电源<br>(2) 试机确认烫平机可以正常工作<br>(3) 预热选择熨烫速度(最低约 600 条/小时)<br>(4) 将床单放在工作台上 |
| 2. 熨烫操作 | (1) 2 名熨烫工分立机器两边同时捏住床单的两角轻拽拉直同步送入机口输送带上，用另一只手将下垂的床单向外轻扯平送入<br>(2) 床单送入的同时用另一只手抓起另一条床单重复前面动作<br>(3) 随时观察烫平的床单是否有搓折现象<br>(4) 送入的床单不能有折边折角及底角拉长的现象<br>(5) 压出的床单应平整舒展<br>(6) 有污迹的床单应及时捡出回水，有破损的通知接单员捡出报损 |
| 3. 接单操作 | (1) 接单员与熨烫工配合工作<br>(2) 每 10 条床单打一捆 |
| 4. 记录 | 在记录本上记录熨烫床单总数 |
| 5. 送布草房 | 将成捆的床单装车，及时送交布草房 |

2. 客衣

（1）客衣洗涤的运作程序，如图 5-1 所示。

（2）客衣洗涤的操作规范。

① 收取客衣。收衣员应尽可能在宾客提出洗衣要求的 5 分钟内到达客房，按照敲门的程序进入房内。若宾客在房间内，应表明身份，经宾客同意后进入房间收取客衣；若宾客不在房间，则应请该客房区域的服务员打开房门，收取留下的衣物，并请客房服务员在收衣记录上签名。

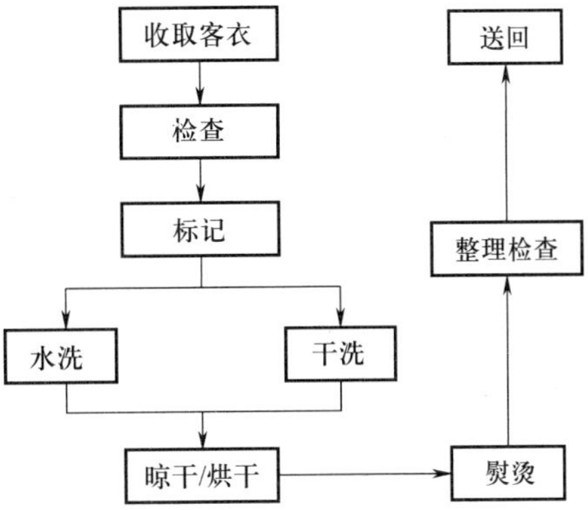

图 5-1 客衣洗涤的运作程序

② 检查客衣。检查房号、日期和宾客签名，做到“三核对”。仔细查看洗衣单确认房号和日期，如果没有，要填充好；仔细检查宾客签名并确认；看懂、读懂手写体的中英文字迹，知道用广东、日本或中国有关拼音拼法的区别方式；如果未填写姓名，要与客房服务中心核实，有必要的话与前台核查；如果衣物有破损或严重的污渍，要同宾客确认，以免发生洗后投诉。发现任何差异的发生应马上报告主管。

③ 标记客衣。打码。收回的客衣立即由收衣员进行编号和打码。对衣物进行打码，一般打码在衣物的反面隐蔽处。如果布料是真丝、100%羊毛、羊绒，不能直接打在衣物上，只能打在衣物的商标上以防止号码条损伤衣物。

分类。客衣打码后即可进行清点和分类。衣服分类时不仅要核对洗衣单，还应以洗涤行业的职业要求，根据衣服的面材质地、图案颜色、保养标志和受污的程度，选择最为适合的洗涤方式。不同颜色、不同纤维的织物要分开洗涤，要求有不同的洗涤液配置和不同的洗涤方法。按受污程度分拣时，可将严重污染或有明显污渍的客衣拣出，先做去渍处理。如发现有斑迹洗不掉或洗衣设备无法洗涤的衣物时，应及时退还给宾客，并附致歉信，说明不能洗涤的原因，请宾客谅解。同时在洗衣单上减去该衣物的洗涤费用。

做记号。需要去渍处理的客衣要做记号；如需缝补的客衣，交到缝纫组；需放入洗脱机内洗涤的要用封条；衣物如果干洗需要用纸制号码条，做特殊的记号；其他特殊服务如快件服务、净烫服务、上浆（轻度、中度、重度）服务、不熨烫等也要用标记标明。如果洗涤过程会腐蚀客衣上的纽扣，剪下纽扣保存好，并做好记录。

分发。收衣员将做好记号的衣物分别送交去渍台、干洗区、水洗区、熨烫区进行处理。

计价挂账。客衣发出后，收衣员开始逐份对洗衣单进行计价，登记汇总表，交前台收银挂账。

④ 干洗客衣。客衣干洗的程序如表 5-18 所示。

表 5-18 客衣干洗的程序

| 程序 | 标准 |
|---|---|
| 1. 开机 | （1）接通电源<br>（2）确认干洗机可以正常工作 |
| 2. 检查衣服 | （1）衣兜内是否有宾客未掏尽的钱财<br>（2）衣服是否破损、褪色、缺扣、饰物不全等<br>（3）确认衣服可以干洗 |
| 3. 装车 | 不能超载 |
| 4. 洗涤 | （1）不同类别的衣物要分别洗涤<br>（2）有重污的衣服先去污<br>（3）易损衣物装入网袋内洗涤<br>（4）不同衣物不同的洗涤时间<br>（5）不同衣物不同的洗涤液位<br>（6）排水 |
| 5. 甩干 | 不同衣物不同的甩干时间 |
| 6. 烘干 | 不同衣物不同的烘干温度 |
| 7. 复检 | （1）复洗<br>（2）补洗 |
| 8. 熨烫 | |

⑤ 水洗客衣。

客衣水洗的程序如表 5-19 所示。

表 5-19 客衣水洗的程序

| 程序 | 标准 |
|---|---|
| 1. 开机 | （1）接通电源<br>（2）试机，确认洗衣机可以正常工作 |
| 2. 检查衣物 | （1）口袋内是否有未掏尽的钱物<br>（2）衣物是否有破损、褪色、缺扣等<br>（3）确认衣物可以水洗 |
| 3. 分类 | （1）按颜色深浅分类<br>（2）有重污的衣服先行去污<br>（3）小件装入网袋内洗涤<br>（4）须上浆的衣服单洗 |
| 4. 装车 | （1）不能超过规定的洗衣容量<br>（2）衣服装入时，避免相互勾连 |

续表

| 程序 | 标准 |
|---|---|
| 5. 预洗 | （1）用高水位，低水温<br>（2）观察是否有掉色的衣服<br>（3）3 分钟，排水 |
| 6. 主洗 | （1）低水位，水温 30℃～40℃<br>（2）加入洗涤剂<br>（3）10 分钟，排水 |
| 7. 过水位 | （1）高水位，低水温<br>（2）过三遍水<br>（3）排水 |
| 8. 中和 | （1）低水位，低水温<br>（2）加入适量酸粉，加入适量柔软剂<br>（3）5 分钟，排水 |
| 9. 脱水 | 根据衣服不同的含水率控制不同的脱水时间 |
| 10. 卸车 | （1）检查是否干净，是否需要复洗<br>（2）熨烫 |

⑥ 熨烫客衣。熨烫客衣时，要根据衣物的材质和熨烫特点，选用不同的熨烫方式，具体分类如表 5-20 所示。

**表 5-20 熨烫客衣的类型**

| 类型 | 标准 |
|---|---|
| 1. 衬衫 | （1）先熨烫衬衣的衣领及袖口，正面熨烫的时间短一些，背面的时间长一些<br>（2）熨烫袖子时对准袖筒缝线，先左后右进行熨烫<br>（3）纯棉温度控制在 175℃～195℃，丝质温度控制在 120℃～160℃，涤棉温度控制在 150℃～170℃ |
| 2. 西服 | （1）用人像机将西服打气整形，使其恢复原本状态<br>（2）领子要从反面进行熨烫，熨烫的次序依次为：左片正面、左翻领内里，右片正面、右翻领内里 |
| 3. 裤子 | （1）裤子的内折线、前中线对直<br>（2）两裤筒的前中线与后中线的高度要相等<br>（3）前后口袋应翻开熨烫 |

⑦ 整理检查客衣。整理检查客衣的程序如表 5-21 所示。

**表 5-21 整理检查客衣的程序**

| 程序 | 标准 |
| --- | --- |
| 1. 收集 | （1）从烘干机内收集干燥的衣物<br>（2）由熨烫区收集熨烫过的衣物 |
| 2. 抖动 | （1）根据号码抖动干燥的衣物到格子内<br>（2）按记号将衣物挂在衣架栏杆上 |
| 3. 质量检查 | （1）按编号顺序检查每一件衣物的质量<br>（2）发现问题马上返回进行特殊处理，包括重洗、重去渍、重熨烫、完全烘干、重换纽扣以及重新修补等 |
| 4. 折叠 | 仔细检查洗衣单是否有挂件的指示后进行折叠 |
| 5. 包装 | （1）将干净的衣物挂起或摆放在篮子内<br>（2）摆放在固定的位置准备递送，防止发生错送 |

⑧ 送还客衣。送还客衣的程序如表 5-22 所示。

**表 5-22 送还客衣的程序**

| 程序 | 标准 |
| --- | --- |
| 1. 准备 | （1）送衣员检查控制单找出序号及房号<br>（2）检查木格架及栏架收集完成的客衣<br>（3）根据检查单检查客衣，包括房间号、衣架数量、袋子数量<br>（4）仔细填写送衣交接本 |
| 2. 装载 | 将衣架挂在栏杆上，袋子小心放入槽中，并保证基于房号装载 |
| 3. 进房 | 按门铃或敲门三次并报称："洗衣服务，请问可以进来吗？" |
| 4. 挂衣 | （1）房门由宾客打开，要跟宾客先打招呼<br>（2）宾客没在房间，由楼层服务员用钥匙（万能钥匙）打开房门，将客衣送进房间<br>（3）应将衣物挂在房内显眼处，以便宾客查收 |
| 5. 离开 | （1）宾客在房内，应请宾客当面验收<br>（2）宾客不在房间，送衣员摆放客衣后马上离开房间，关好房门 |
| 6. 填表格 | （1）送衣员应准确填写客衣控制单<br>（2）楼层服务员应在客衣投递本上签名 |

## 三、钥匙管理

酒店客房钥匙管理的安全与否是宾客选择酒店的重要因素，宾客的人身与财产安全在很大程度上取决于客房钥匙的管理是否严密。客房钥匙的分发与管理既是一项服务，又是一种保障安全的手段。如今，越来越多的酒店采用先进的科学技术成果来完善客房的钥匙性能，如电子暗码锁以及与之相匹配的电子磁卡钥匙，以此来提升住店宾客的方便性与安全性。

**（一）钥匙的发放（以实体钥匙为例）**

客房钥匙的发放由问讯员负责，在此过程中必须严格遵守酒店的规定。

（1）宾客取钥匙时，应该核对宾客的住宿凭证，并注意入住及离店日期，以达到严格控制的目的。

（2）如果宾客没有带酒店的住宿凭证，或声称丢失了凭证，则应问清宾客的姓名、房号，在与有关记录核对无误后，才可分发钥匙，或者请宾客重填一份入住登记表，与原登记表核对一致后，才可分发钥匙，此时宾客应有能证明身份的证件。

（3）问讯员应努力记住宾客的相貌、姓名和房号，一方面可以称呼宾客使之感受到尊重；另一方面能让宾客尽快拿到钥匙，提高效率。

（4）问讯员从钥匙架上取出钥匙时，应该反复核对是否是宾客所要的钥匙，因为有时接待员会把钥匙插错钥匙孔，使钥匙孔上的号码与钥匙牌上的号码不符。

（5）钥匙摆放应规范化，例如所有钥匙上的钥匙牌都放在钥匙孔的外部可以使钥匙孔内是否有钥匙一目了然。

**（二）客房钥匙的回收**

大多数宾客在离店时都会主动交回钥匙，但也有相当一部分宾客由于各种原因忘记交回钥匙。因此，酒店应注意钥匙的回收问题。对待团体宾客，可由团体导游或会务组交回全部钥匙；对待散客，收银员、门卫、问讯员、行李员、接待员等均有义务提醒宾客在离店时交回钥匙。同时，酒店可采用预付押金的方法进行管理，以提高钥匙的回收率。

**（三）宾客钥匙丢失后的处理办法**

宾客钥匙丢失后，应尽快采取行动进行处理。具体措施有：

（1）通知值班经理，由值班经理负责处理。

（2）说明酒店的规定，向宾客收取或从押金中扣除钥匙赔偿费，如果丢失的钥匙由他人找回或在离店后找回，则应照数收赔偿费，不必主动退给宾客，因为在一定程度上酒店已受到了损失。也许此时已更换了新锁，而且钥匙丢失增大了客房失窃的可能性。

（3）丢失钥匙的房间，应暂停使用，最好给丢失钥匙的宾客换个房间。

（4）填写一式两份的丢失钥匙报告单，递交安全部经理签字，一份交安全部备查，一份放前厅部办公室存档。

（5）问讯领班或问讯员应及时填写维修单，通知工程处更换门锁，配备新钥匙。

## 关键术语

床铺（bed）　　床头柜（night table）

盥洗台(sink)
淋浴间(shower)
软座椅(chair)
行李架(luggage rack)
电视机柜(TV cabinet)
迷你酒吧(mini-bar)
外景房(outside room)
相邻房(adjoining room)
单人间(single room)
双床间(rwo-bed room)
普通套间(junior suite)
双层套间(duplex suite)
豪华套间(deluxe suite)
经济间(economy room)
豪华间(deluxe room)
住客房(occupied,O)
浴缸(bath tub)
坐便器(toilet)
茶几(tea table)
写字台(writing desk)
壁柜(closet)
内景房(inside room)
角房(corner room)
连通房(connecting room)
大床间(double room)
三人间(triple room)
商务套间(business suite)
连接套间(connecting suite)
总统套房(presidential suite)
标准间(standard room)
走客房(check out,C/O)
空房(vacant,V)

## 复习思考题

1. 酒店客房设备与用品管理需要考虑哪些方面的问题?
2. 加强酒店设备与用品管理有何意义?
3. 简述客房装饰布置的美学法则。
4. 综合考虑功能性和艺术性,客房设备与用品在选择上有哪些注意事项?在布局上又有哪些要求?
5. 如何安排客房的计划卫生?
6. 客房清洁保养的检查制度包括哪些内容?各项检查的意义是什么?
7. 简述各种不同状态客房的清扫程序。
8. 客房如何进行布草的管理和控制?
9. 如何进行客衣的洗涤?洗涤过程中应遵守哪些标准?
10. 为防止客房钥匙丢失应采取哪些措施?

## 即测即评

## 扩展阅读

### 酒店不换床单　布草卫生引担忧

近期，酒店行业风波不断。先是有网友在“七夕”前夕探访杭州地区快捷酒店，发现其卫生状况堪忧；继而国内一家自称为独立测评机构的“蓝莓评测”发表了《五星级酒店,你们为什么不换床单?》一文，引起了公众对酒店行业管理情况的全面质疑。

**五星级酒店：床上用品未能及时更换?**

9月4日，自称为独立测评机构的“蓝莓评测”在微博上发表了一篇名为《五星级酒店,你们为什么不换床单?》的文章，引起了公众的广泛关注。

该机构表示，他们效仿美国电视节目 Inside Edition 的做法，使用“隐形印章”（该节目介绍,这种印章为荧光剂的一种,可在特殊紫外线的照射下显示,经冲洗即可消失）对北京地区的五星级酒店进行了调查。结果发现，北京 W 酒店、北京三里屯洲际酒店、北京希尔顿酒店、北京万豪酒店以及北京香格里拉饭店等 5 家五星级酒店都没有按照“一客一换”的要求更换床上用品，也没有对洗手池、马桶盖等卫生设施进行彻底清洁。

长期以来，由于价格不菲、地理位置好，五星级酒店一直是“高端服务”“严格品控”的代名词，而此次爆料则令其公信力遭遇重挫。

**业内释疑：行业标准与大众认知有差距**

根据原国家卫生部和国家商务部 2007 年发布的《住宿业卫生规范》卫生操作要求，客房床上用品应做到“一客一换”；卫生间内洗手池、浴缸、坐便器应每客一消毒，针对长住宾客应每日一消毒。

然而，业内人士表示，在实际工作中，“一客一换”的标准并非如大众认为的那样，只要有新宾客入住就会将日用品全部更换，对各项设施予以彻底清洁。根据经济观察网的报道，在五星级酒店房务部有 10 年工作经验、现为中瑞酒店管理学院讲师的于涛表示，“一客一换”指的是用过才会给换。在行业内有一个惯例叫“十无六净”，它也是每一位前台经理检查房间是否被清扫合格的标准，具体是指四壁无灰尘、地面无杂物、床上用品表面无污渍、卫生间清洁无异味、金属把手无污渍、家具无污渍、灯具无破损和污渍、茶具无污渍、房间卫生无死角、楼面整理无“六害”，“六净”是指四壁净、地面净、家具净、床上净、物品净、卫生洁具净。

于涛坦言：“在宾客退房后，床单、被罩、枕头罩必须被更换。这是五星级酒店清扫客房的硬性标准。”但他同时指出，酒店有成本考量，特别是在行业整体效益不佳的现状下，而且会从环保角度考虑。

酒店体验师稻糠在“悟空问答”中则透露：“五星级酒店客房服务员会‘灵活’处理，比如大床上有 4 个枕头，如果 4 个都被使用了，客房服务员就要将枕头罩全部更换。如果宾客睡觉前把 2 个枕头放在沙发上或者衣橱里没有使用，服务员就可以不更换这 2 个枕头罩。”

**探究成因：行业不景气导致乱象丛生**

面对酒店公信力下降导致的危机，《经济观察报》报道，中瑞酒店管理学院原副教授王兴顺向记者表示，事件在浅层意义上是监督不力引起的；从深层看，酒店行业整体不景气也是行业出现乱象的原因之一。在“国八条”出台后，北京地区出现了相当严重的星级酒店产能过剩，收益大不如前。

据悉，目前北京大多数五星级酒店客房服务员月薪不足 3 000 元，员工流动率维持在 40%以上。招工难，让酒店“一人多用”成为常态。

界面新闻报道，业内人士称，五星级酒店的客房清理流程一般是先由客房服务员清扫，然后领班查房，接着再由主管和经理抽查。另外，高星级酒店客房服务员所负责清扫房间数量占总客房数的 1∶10~1∶8，一旦每人所负责清扫的客房过多，可能会出现员工为完成工作而降低服务品质的情况。

除此之外，接受采访的业内人士表示：“酒店清扫房间的员工有些是兼职的，人手不够就会外聘，不过大酒店都会进行业务培训和考核。酒店员工流动性很大，素质也不一样。”

**行业之困：酒店面临信任危机**

在五星级酒店“床单事件”风波未平、尚待调查之时，遍布全国的快捷酒店所面临的卫生问题已经到了必须解决的地步。

今年“七夕”前夕，名为“爱生活的马克君”的微博博主探访了杭州的多家快捷酒店，发现多数酒店都存在隔音差、堂内有异味、床品有污渍等情况。

就在舆论对快捷酒店服务与价格的关系争论不休时，9 月 4 日，北京市卫生和计划生育监督所对 2017 年北京市快捷酒店专项监督检查工作情况进行通报，其中 35 家快捷酒店因卫生不合格被北京市卫生和计划生育监督所约谈，涉及 7 天、桔子酒店、速 8、如家和格林豪泰等。

根据通报信息，目前北京市共有快捷酒店 1 052 家，在接受检查的 691 家快捷酒店中，有 46 家卫生不达标，35 家被罚款。其主要问题包括卫生检测指标不符合国家卫生标准，未按照规定对顾客用品及用具进行清洗、消毒、保洁等。

在此次检查中，物品卫生消毒仍然是最大问题。《新京报》报道，北京市卫生和计划生育监督所公共场所卫生监督科科长高旭东称，他们发现“一些酒店没有按标准程序”，被子、枕头、床单、毛巾以及卫生间内洗手池被检查出大肠杆菌、细菌等微生物超标，原因多为曾被使用过，没有及时消毒。

受此影响，在“十一”黄金周出游高峰来临之前，《北京晨报》报道，隔脏睡袋、浴缸罩在网上热卖。在评论区，购买者将这些物品称为“出游必备”和“能安心住”的保障。事实上，近年来，由于高中低档酒店卫生问题频频被曝光，不少消费者已对该行业持质疑态度。

**谁来拾起酒店行业失落的光环**

事实上，早前酒店卫生问题也时常被曝光，涉及经济型和高星级酒店，其中既有国内酒店品牌，也不乏国际连锁酒店。白天鹅宾馆原总经理杨小鹏直言，现在酒店行业的服务水平正在整体下滑。对于五星级酒店曝出不换床单的消息，他则表示，“放在以前，这实在不可思议。”

当人们对快捷酒店的卫生乱象习以为常，而高端酒店的卫生问题也不再令人震惊时，酒店行业的集体沦陷已到了有关方面需要深刻反思并作出改变的时候。对此，《中国青年报》评论员曹林称："前段时间海底捞脏后厨被媒体暗访曝光后，舆论震惊和哗然。在'震惊体'标题铺天盖地的传播语境中，原以为'床单事件'也会让舆论震惊，没想到公众的反应竟然那么平淡，这种漠然的态度真让人震惊。不怕五星级酒店脏得触目惊心，怕的是集体已经麻木得失去了痛感，把自己的期待拉到了一个非常低的层次。"

南方网评论称，经济型酒店卫生隐患的"原罪"在于野蛮扩张之后的成本控制；高端酒店的"账本"则是另一番情景，如今输出品牌、收取管理费是国际酒店管理集团采用的轻资产运作模式。换句话说，在这种模式下，国际酒店管理集团按固定比例收取管理费，可谓是"旱涝保收"。而与经营方相比，普通消费者一方面话语权较弱；另一方面，也容易被"表面清洁"迷惑，进而轻信商家的服务。

虽然市场竞争需要考虑成本，但前提是绝不能以降低服务质量、牺牲消费者利益为代价。

**结语**

随着社会经济和旅游产业的不断发展，不论是快捷酒店还是高端酒店，其与公众的联系都越来越紧密。经济的发展给服务业带来了机会，也带来了挑战。利与义如何选择，是对商家的严峻考验。面对酒店行业不断曝出的负面新闻，我们希望更多企业能够痛定思痛，而不是让消费者为企业的不作为买单。

节选自王艺超．酒店风波　不换床单惹非议．中国民航报，2017-9-11，(9).

# 第六章　酒店餐饮管理

**本章导读**

本章主要阐述了酒店餐饮管理的主要环节和注意问题。共分为三节：第一节介绍了酒店餐厅菜单的分类、设计与管理，酒水销售与管理，宴会设计与管理；第二节按照酒店餐饮物流管理的先后顺序，按照阶段分别介绍了酒店餐饮物流的采购、验收、储存和发放管理所需注意的主要问题；第三节首先介绍了酒店餐饮服务礼仪的流程，然后分别介绍了中、西餐服务礼仪。

餐饮部是酒店的重要部门，同时也体现了酒店的定位、档次和风格。餐饮管理的好坏直接影响到酒店的对外形象和经济效益。餐饮业务繁杂，管理难度大，本章主要介绍餐饮管理的核心内容，包括酒店菜单分类与管理、酒店酒水销售与管理以及酒店宴会设计与管理。

## 第一节　菜单酒水与宴会

### 一、菜单分类与管理

菜单在餐饮业务工作中至关重要，是连接酒店和消费者供求双方的媒介，酒店餐饮经营活动都将围绕菜单展开。因此，酒店都非常重视餐厅菜单设计与管理，并在使用中不断改进完善，以提高餐饮销售额和盈利水平。

菜单是餐厅提供的食品、饮料等商品目录和价格介绍书，它是餐厅的消费指南，也是餐厅最重要的名片，直接影响顾客的消费。下面介绍菜单的分类与管理。

**（一）分类**

菜单的种类多种多样，按照不同的分类方法，可以划分为多种类型。

1. 按菜单实施时间划分

菜单按照实施时间划分为固定性菜单、临时性菜单和循环菜单。

（1）固定性菜单。固定性菜单是酒店为满足就餐顾客对餐饮产品的日常消费需要而制定的一种菜单。固定菜单上所列的餐饮产品品种、价格等内容在一定时间内保持固定不变。固定性菜单是酒店中最常见、应用最广泛的菜单形式。

固定性菜单一般具备两个基本特征：一是这种菜单是满足就餐顾客的日常消费需要而制定的；二是菜单上展示的餐饮经营品种、价格，在某一特定时间内（通常为一年）固定不变。

（2）临时性菜单。临时性菜单是为了满足临时性活动的而制定的即时性菜单，包括每日精选菜单、不同形式宴会菜单、自助餐形式菜单、美食节等餐饮促销活动菜单。这种菜单内容变动性大，只为某一活动而单独存在。

（3）循环菜单。循环菜单是按一定周期循环使用的菜单，包括季节性菜单、每周菜单，针对团体、长住客户餐饮消费的菜单。按照预定的周期制定一整套菜单，当这套菜单全部使用完毕后，就结束了一个周期。

2. 按餐饮类别划分

菜单按照餐饮类别划分为中餐菜单、西餐菜单和其他菜单。

（1）中餐菜单。中餐菜单是在中餐餐厅中使用的菜单，其上所列的餐饮产品，包括餐饮名称、食材、烹饪方法，均符合中华民族的饮食风格和习惯，同时要求餐具选配、酒水选择、服务程式、餐厅环境都与之相配套。

（2）西餐菜单。西餐菜单以西餐厅使用为主，菜单上所列的餐饮产品，包括餐饮名称、食材、烹饪方法，反映的是西方人的饮食习惯，同时也反映出相应的餐具搭配、服务要求和就餐环境。

（3）其他菜单。除中西餐菜单以外的其他菜单的总称。目前，在国内外餐饮业常见的其他餐食有日本餐、韩国餐、越南餐、印尼餐、拉美餐等餐饮类别，此类菜单就是为这些不同的餐食所配备的，反映的是上述民族、国家的餐食风格、食材选择、烹饪方式和服务方法。

3. 按餐饮产品的品种划分

按照餐饮产品品种不同，可以划分为菜单（此处为菜单的狭义概念）、饮料单和餐酒单。

（1）菜单。菜单在这里指的是餐厅向就餐者提供的餐饮主体产品菜肴的清单，包括菜肴名称、价格、食材、烹饪方法等信息内容，属于最典型的餐单形式。

（2）饮料单。饮料单是餐饮部向就餐者提供的酒品、饮料清单，包括名称、价格等信息内容。饮料单所列产品品种通常分为三类，纯饮的各种酒类、软饮料类和混合饮品类。

（3）餐酒单。餐酒单主要用于酒店的西餐厅，是酒店西餐厅向就餐者提供的记有各类葡萄酒清单，包括各类葡萄酒的名称、价格等信息内容，供就餐者挑选合适的佐餐葡萄酒。

有些酒店将以上三种菜单合并在一起，有些酒店则分开制定。

4. 按菜单载体不同划分

（1）书面菜单。书面菜单是指在酒店中经常用到的在纸质或塑料等材质上呈现的菜单形式，让顾客通过书面菜单对酒店的菜品一目了然，方便选择；但酒店菜品、价格等内容更新调整时，须重新设计制作。

（2）电子菜单。随着电子信息技术的发展，现在很多酒店推出了点餐系统，应用iPad、手机等电子产品进行点餐，从而替代传统书面菜单。与传统菜单相比，电子菜单有诸多优势。虽然一次投入成本较高，但综合应用成本低于传统菜单，传统菜单制作价格不菲，且须经常翻新、修改、更换，且要耗费大量的精力、财力。电子菜单缩短了点菜、下单、买单的时间，提高了餐厅用餐效率。最大限度地降低了点菜、下单、买单过程中的差错率，增加了宾客对酒店的满意程度。电子菜单后台管理系统可以为餐饮管理者提供管理数据支撑，促进餐饮经营管理更加科学、高效。

### （二）酒店菜单的管理

1. 制定菜单须进行的分析

制定菜单需要进行一定的分析，分为对酒店自身技术力量的分析和对外部经营环境及状况的分析。

（1）对自身技术力量的分析。在制定和修订酒店菜单之前，应该对酒店自身的餐饮技术力量进行分析，即需要明确根据酒店现有的人员和设备条件，能够制作何种风格、何种档次的菜肴，这种菜肴经制作人员加工出来之后，餐厅的服务人员有无能力提供与之相适应的配套服务，酒店餐厅的就餐环境是否与之相适应等情况。

对人员技术力量的分析主要体现在两个方面：

一是对餐饮产品制作人员的情况分析。包括厨房的各类厨师、糕点师、调酒师以及后厨各类帮工，需要分析他们的年龄结构、餐系结构、工作经验、技术等级结构、文化层次结构、性别比例等信息，这些都是我们需要了解和分析的重要内容。餐饮服务工作是直接的面对面服务工作，这就要求我们在对餐饮服务人员进行分析时，重点应放在年龄、性别、学历、外语水平、外貌长相、工作态度、服务技能、技巧等方面。

二是餐饮设备的适用性分析。同样是中餐，由于菜系不同，对设备需求程度是不一样的，如今天的粤菜，由于受西餐的影响较大，对设备的依赖程度就较高。不同菜系，要求的餐具风格不同，这些都是我们在制定菜单时所需要考虑的因素。

（2）对经营环境及状况的分析。酒店餐饮业市场竞争激烈，这就要求酒店餐饮经营要紧紧围绕满足市场需求，紧跟市场变化。餐饮消费市场需求形势的分析，有赖于酒店餐饮部日积月累的统计数据及变化多端的餐饮市场消费需求。依据这些数据和需求，指导菜单的制定。另外，也需要做市场需要分析，借鉴学习成功酒店餐饮经营理念。

酒店前期销售统计数据是对前一阶段经营工作的总结，同时对下一阶段的工作往往具有很大的指导意义。这些销售统计数据主要来源于目前酒店中广泛使用的计算机记录。这些数据计有原料成本数据、销售收入数据、各种费用数据、毛利状况数据、人均消费额数据、餐位周转率数据等。

2. 选择菜肴

选择菜肴需要注意以下几方面。

（1）把握餐饮消费趋势。选择菜肴，主要依据酒店以前的餐饮销售数据统计，筛选顾客喜欢的菜肴，同时又能使餐饮企业获得较高利润的菜肴，即选择顾客欢迎指数高、销售指数高的菜肴出现在菜单中，并放在菜单显著的位置。

在选择菜肴时，应密切注意有关菜肴的销售状况，阅读各种有关餐饮情况的专业杂志和报刊，关注网络餐饮专栏，了解社会餐饮消费趋势。同时，还要定期访问各类餐饮同行，通过亲自品尝，了解他们的经营品种、烹饪特色和销售、服务状况；了解哪些菜尤其受顾客欢迎，哪些菜销售不佳、问津者无几；从而修订或制定自己餐厅的菜单。

餐厅的菜单，即使固定菜单，也不能一成不变，必须定期进行销售动态的调查、研究，并辅之以菜单分析，确定本餐厅各种菜肴的销售情况，定期更新菜单，来巩固酒店的老顾客，吸引新顾客。

（2）菜肴销售情况的定量分析。在更新菜单之前，要对酒店餐饮进行菜肴销售状况的定量分析，这是菜肴选择的一项十分重要的工作。菜肴销售状况的定量分析就是对菜单上各种菜肴的销售情况进行分析评价，分析哪些菜肴最受顾客欢迎，哪些菜肴销售不佳，用顾客欢迎指数表示；分析哪些菜肴赢利最大，一般价格越高的毛利额越大，用销售额指数表示。

菜肴销售状况定量分析的第一步就是对分析对象——“菜肴”进行分类。菜单一般分几类列出菜名。各类菜肴内部会相互竞争，如就餐顾客点了“白灼基围虾”，一般就不会再点“腰果虾仁”；点了“珍菌汤”，一般不会再点“一品松茸汤”。这说明，在同类菜肴中，一道菜的畅销会影响其他菜的销售业绩。所以在对菜肴进行定量分析时，先要将菜单的菜肴按不同类别划分出来，对相互竞争的同类菜肴进行分析。

例如，某餐厅菜单上的菜肴品种共有五个，某统计期内各菜肴的销售份数、顾客欢迎指数和销售额指数如表 6-1 所示。

**表 6-1 菜肴销售状况定量分析表**

| 菜名 | 销售份数 | 销售百分比(%) | 顾客欢迎指数 | 单价(元) | 销售额(元) | 销售额百分比(%) | 销售指数 | 菜肴评价 |
|---|---|---|---|---|---|---|---|---|
| 蔬菜沙拉 | 310 | 27.63 | 1.38 | 28 | 8 680 | 8.40 | 0.42 | 畅销、低利润 |
| 一品松茸汤 | 126 | 11.23 | 0.56 | 138 | 17 388 | 16.84 | 0.84 | 不畅销、低利润 |
| 清蒸鲈鱼 | 220 | 19.61 | 0.98 | 118 | 25 960 | 25.14 | 1.26 | 不畅销、高利润 |
| 白灼基围虾 | 280 | 24.96 | 1.25 | 98 | 27 440 | 26.57 | 1.33 | 畅销、高利润 |
| 黑椒牛仔骨 | 186 | 16.58 | 0.83 | 128 | 23 808 | 23.05 | 1.15 | 不畅销、高利润 |
| 总计 | 1 122 | 100 | | | 103 276 | 100 | | |

菜肴销售状况定量分析的原始数据来自某段时间内菜单统计，汇总账单上各种菜的销售份数和价格，便可算出顾客欢迎指数和销售额指数。计算公式如下：

顾客欢迎指数=某种菜肴销售数百分比÷每份菜应售百分比

销售指数=某种菜肴销售额百分比÷每份菜应售百分比

不管分析的菜肴项目有多少，任何一类菜的顾客欢迎指数和销售额指数的平均值总是1。凡是顾客欢迎指数超过1的菜肴一定是受顾客欢迎的菜，超过越多，表示受欢迎的程度越高，因而顾客欢迎指数较菜肴销售数百分比更科学、更直观，是我们制定菜单时需要参考的重要指标。菜肴销售数百分比只能比较同类菜的受欢迎度，但与其他类的菜肴比较时，或当菜肴分析项目数发生变化时就难以比较。而顾客欢迎指数却不受其影响。同理，销售额指数超过1的菜一定是销售额、利润状况良好的菜肴，超过越多，销售额与利润状况则越佳。

根据对顾客欢迎指数和销售额指数的计算分析，可以将被分析的菜肴划分成四类，并根据不同的状况，制定出相应的产品销售对策。表6-2显示出这种对应关系。

**表6-2 菜肴定量分析对策表**

| 菜名 | 销售特点 | 产品对策 |
|---|---|---|
| 蔬菜沙拉 | 畅销、低利润 | 作为诱饵或取消 |
| 一品松茸汤 | 不畅销、低利润 | 取消 |
| 清蒸鲈鱼 | 不畅销、高利润 | 吸引高档宾客或取消 |
| 白灼基围虾 | 畅销、高利润 | 保留 |
| 黑椒牛仔骨 | 不畅销、高利润 | 吸引高档宾客或取消 |

对于畅销、低利润的菜肴，一般可用于薄利多销的低档餐厅中。如果价格和赢利不是太低而顾客又较欢迎的菜肴，可以保留，使之起到吸引顾客到餐厅来就餐的诱饵作用。餐饮消费是种典型的组合消费，就餐者一般至少点三个或三个以上的菜肴就餐，所以虽然低利润畅销菜肴利润不高，但就整体而言，它能带动其他菜肴的销售。但有时盈利很低而又十分畅销的菜，也可能会转移消费者的注意力，挤掉那些盈利大的菜肴的销售空间。如果这些菜肴已明显地影响盈利高的菜肴的销售，那么就应果断地取消这些菜肴。

对于不畅销、高利润的菜肴，可以用来满足一些愿意支付高价的高端宾客需要，同时提升酒店餐饮规格和档次。

（3）确定菜肴价格范围。在制定酒店餐饮菜单时，确定菜肴价格是一项重要的工作。因为菜肴价格直接影响到餐饮菜肴销售量，并会最终影响到酒店餐饮销售目标的完成情况。在确定菜肴价格之前，酒店餐饮管理人员必须对餐饮的经营情况进行分析，计算为达到餐厅的目标利润，就餐宾客的人均消费额应该为多少；同时还要进行菜肴销售状况分析和顾客调查，了解在本餐厅用餐的顾客愿意支付的人均消费额是多少。管理人员根据这些信息确定本餐厅的人均消费额标准，定出各类菜肴的价格范围。

在确定价格范围时，先把菜肴分成若干个大的类别，根据本餐厅以前的销售统计数据，得出各类菜肴占销售额的百分比以及就餐者对各类菜肴的订菜率。

如果某餐厅消费者的期望人均消费额为50元人民币，按菜单上菜肴的分类，每类菜的价格范围如表6-3所示。

**表 6-3　分类菜肴价格范围确定表**

| 材料类别 | | 占销售额百分比(%) | 订菜率(%) | 计划平均价格(元) | 价格范围(元) |
|---|---|---|---|---|---|
| 冷盘 | | 15 | 30 | 25 | 15~35 |
| 热炒 | 鱼虾类 | 16 | 20 | 40 | 30~50 |
| | 禽类 | 15 | 25 | 30 | 20~40 |
| | 肉类 | 15 | 25 | 30 | 20~40 |
| | 蔬菜类 | 12 | 30 | 20 | 15~25 |
| 汤类 | | 10 | 50 | 10 | 8~12 |
| 主食类 | | 10 | 80 | 6.25 | 3.25~9.25 |
| 饮料类 | | 7 | 50 | 7 | 5~9 |

各类菜肴的平均价格计算公式如下：

各类菜肴平均价格＝期望人均消费额×该类菜占销售额百分比÷订菜率

表 6-3 中的冷盘的平均价格应定为：

$$50\text{元}\times 15\%\div 30\%=25\text{元}$$

在计算出各类菜的平均价格后，根据对该类菜拟订的菜肴数量上下浮动，确定该类菜的价格范围。

在各类菜的价格范围内，再选择原料成本高、中、低档次搭配的菜，使各类菜在一定价格范围内有高、中、低档之分，如家禽类的菜肴拟订为 10 种，高、中、低档菜的价格范围可参照表 6-4 分解。

**表 6-4　高、中、低档菜肴价格范围分解表**

| 总计/分类 | | 家禽类菜肴数 | 价格范围(元) |
|---|---|---|---|
| 总计 | | 10 | 20~40 |
| 菜肴档次 | 高档菜 | 2 | 34~40 |
| | 中档菜 | 5 | 26~34 |
| | 低档菜 | 3 | 20~26 |

管理人员在这些价格范围内，根据原料的种类、成本和可得性以及厨师的烹调能力来选合适的菜肴就比较容易了。

3. 菜单的设计、制作及内容选择

菜单是酒店将餐饮产品的信息直接传递给就餐顾客的有效媒介，是将销售者与消费者连接起来的纽带和桥梁。菜单的内容与设计制作直接关系到餐饮产品信息的传递效果，影响餐饮消费者的消费选择，最终影响到酒店餐饮销售业绩。

（1）菜单的设计与制作。递送到宾客面前的菜单，形式可以五花八门、各式各样，但不论其呈圆形、长方形或其他形状，尺寸属大号或小型，是单页或折叠，是纸质或电子的形式，必须制作得能恰如其分地反映出这家餐厅的面貌和经营特色，使就餐者仅从菜单的外观，便能推断一家餐厅的餐饮规格档次、管理水平和服务质量。

① 菜单的设计与制作应注意艺术性和美观。一份漂亮的菜单会增加就餐者的食欲，激起就餐者的消费欲望，营造良好的就餐气氛。菜单的设计要与餐厅的经营宗旨相匹配，要体现和宣传餐厅的形象。这里面涉及的因素较多，菜单材料的选择、颜色的搭配、尺寸的大小、字体与字号的选取等，都直接影响菜单的艺术性与美观。

② 菜单的材料与尺寸。如何选取菜单的制作材料，取决于菜单的使用方式。一般而言，饭店的菜单有“一次性”和“耐用”两种方式。“一次性”即使用一次后就处理掉，主要用于临时性菜单；“耐用”指尽可能长期地使用，主要用于固定性菜单。如果菜单每天更换，即使用每日菜单，那么“一次性”使用便是选择制作材料的依据。这种每日更换的菜单内容应当印在比较轻巧的、便宜的纸上。由于仅使用一天后就丢弃不用，因而不必考虑纸张的耐污、耐磨等性能。但是，菜单的一次性使用并不意味着可以粗制滥造，也必须认真对待，要求设计美观大方，体现酒店风格和特色。饭店在设计制作长期使用的菜单时，应当选用质地精良、高克数的厚实纸张，同时还必须考虑纸张的防污、去渍、防折和耐磨等性能。当然，耐用的菜单也不一定非得完全印在同一种纸上，不少菜单是由一个厚实耐用的封面加上纸质稍次的活页组成。

避免使用塑料、绸、绢等作为菜单封面。因为塑料制品在现代人看来是极其低廉的东西，使用塑料菜单无形之中就拉低了酒店餐厅形象；绸、绢之类固然高雅，但却因极易玷污染渍，也不宜用作菜单封面。其他材料，如漆纸、漆布，虽不易弄脏，但因油漆常发生龟裂、剥落而有碍观瞻，也不宜用作菜单封面。

菜单的尺寸大小。菜单尺寸大小，有一定的规律可循：一般单页式菜单以 30 厘米×40 厘米大小为宜；对折式的双页菜单合上时以其尺寸为 25 厘米×35 厘米最佳；三折式的菜单合上时，尺寸以 20 厘米×35 厘米为宜。当然，其他规格和式样的菜单也并非罕见，重要的是菜单的大小必须与餐厅的面积、餐桌的大小和座位空间相适应。

另外，菜单在篇幅上应留有一定的空白，篇幅上的空白会使字体突出、易读，并避免杂乱，如果菜单的文字所占篇幅多于 50%，会使菜单看上去又挤又乱，妨碍顾客阅读和挑选菜肴。菜单四边的空白应宽度相等，给人以均匀之感。左边字首应排齐。

③ 菜单的字体与字号。菜单的字体与餐厅的标记一样，是餐厅形象的一个重要组成部分。菜单的字体同餐厅所用的标记、颜色一样，是鉴别餐厅的重要特征。菜单上的字体一经确定，就和餐厅标记、颜色一起用在菜单上，同时还可以用在火柴盒上、餐巾纸上、餐垫上、餐桌广告牌上及其他推销品上，加深就餐者印象，强化酒店餐饮形象营销。使用令人容易辨认的字体能使顾客感到餐厅的餐饮产品和服务质量具有一定的标准并留下深刻的印象。仿宋体、黑体等字体，较多地被用作餐单正文字体，而隶书则常用作菜肴类别的题头说明字体。在引用外文时，应尽量避免使用圆体字母，宜用一般常见的印刷体。

菜单的字号，根据调查统计，最易被就餐者阅读的字号是二号字和三号字，其中以三号字最为理想。

④ 菜单的颜色和照片。在菜单上使用颜色和照片是酒店餐厅常用的做法。菜单如果能够合理应用颜色，将起到多方面意想不到的作用。合适的菜单颜色能起到推销菜肴的作用；具有装饰效果，使菜单更具吸引力，令人产生食欲和兴趣；通过色彩的安排、组合，

能更好地介绍重点菜肴。颜色能显示餐厅的风格和气氛，因此菜单的颜色要与餐厅的环境及餐桌、桌布、餐巾、餐具的颜色协调一致。一般来说，鲜艳的大色块、五彩标题、五彩插图较适用于快餐厅之类的菜单；而以淡雅优美的色彩如浅褐、米黄、淡灰、天蓝等为基调设计的菜单，点缀性地运用色彩，便会使人觉得使用该菜单的是一个具有相当档次的餐厅。

彩色照片也能促进食品饮料的销售。彩色照片能直接展示餐厅所提供的菜肴和饮品。一张令人垂涎三尺的菜肴彩照胜于大段的文字说明，它是真实菜肴的反映与写照。许多菜肴、点心、饮品用颜色和照片才能显示其质量，如展示新鲜牛排、对虾的质量使用彩色照片更有说服力。彩色照片能使顾客加快点菜速度，是菜肴有效的推销工具。顾客见到菜肴诱人的照片，就能很快做出选择，无疑能加速餐座周转率。

并不是菜单上的每一道菜肴都需要配上图片，只有餐厅重点推荐并希望就餐顾客最能注意并决定购买的菜肴才需配上彩照，这样会突出重点，达到推销效果。餐厅常将高价菜、名牌菜和顾客最欢迎的菜做成彩照印在菜单上。另一类常有彩照的菜是形状美观、色彩丰富的菜。

彩色照片的印制要注意质量。如果印刷质量差，反使顾客倒胃口，适得其反。彩色照片旁边要印上菜名，注明配料和价格，便于顾客选择点菜。

⑤ 菜单设计、制作及使用中常见的问题。鉴于菜单在酒店餐饮销售中的重要作用，每家酒店都非常重视菜单的设计与制作。目前，中国不少独资、合资酒店的菜单在材质、设计等许多方面都可与国际水平的菜单相媲美。与此同时，也有不少酒店的菜单设计与制作存在诸多问题，有待提高和改善。常见的问题如下：

1）制作材料选择不当。菜单的制作材料非常讲究，它能够体现酒店的档次和规格，影响着酒店餐饮的对外形象。但中国很多酒店的菜单制作材料粗制滥造，有些甚至采用各类簿册制品，其中有文件夹、讲义夹，也有集邮册和影集本，而非专门设计的菜单。这样的菜单降低了酒店餐厅规格和档次，影响顾客的就餐心情，特别是高端顾客，最终会影响酒店餐饮销售业绩。

2）菜单太小，装帧过于简陋。菜单制作的大小尺寸要合适，如果太小，也会影响效果。有些酒店的菜单内芯以 16 开普通纸张制作，这个尺寸无疑过小，造成菜单上菜肴名称等内容排列过于紧密，主次难分。有的菜单甚至只有练习本大小，但页数竟有几十张，无异于一本小杂志。还有些酒店的菜单纸张单薄、印刷质量差、无插图、无色彩，加上保管使用不善，显得极其简陋，毫无吸引人之处，信息传递效果极差。

3）字号太小，字体单调。有些酒店的菜单为打字油印本，即使是彩印本，也大多使用 4 号字。坐在饭店餐厅中不甚明亮的灯光下，阅读较小字号的菜单就比较吃力。同时，菜单字体单一，没有使用不同字号、不同字体等变化的手法来突出、宣传重要菜肴，重点不突出。

4）随意涂改菜单。有些酒店由于菜肴价格调整，而又不愿意重新修订制作菜单，所以很多酒店就在原有菜单中随意涂改。涂改的方法主要有：用钢笔、圆珠笔直接涂改菜名、价格及其他信息；或用计算机打印纸、胶布遮贴。菜单上被涂改最多的部分是价格。所有这些，都使菜单显得极不严肃，显得比较随意，很不雅观，容易引起就餐宾客的反感。

5）缺少描述性说明。中国餐饮文化源远流长，很多菜肴都有其特殊的文化含义，而这种餐饮文化在菜单设计和菜肴介绍中应用得比较少。尤其是中餐中的那些传统经典菜和创新菜，不少菜名虽然雅致形象、引人入胜，却很少有就餐者能知其由来，更不用说来自异国他乡的国际旅游者。即使许多菜单附有英译菜名，但由于缺少描述性说明，外国游客在点菜时仍觉不便，影响菜肴销售业绩。

6）单上有名，厨中无菜。凡列入菜单的菜肴品种，厨房必须无条件地保证供应，这是一条相当重要但极易被忽视的餐饮管理规则。不少菜单表面看来可谓名菜云集、应有尽有，但实际上往往缺点很多，徒有其名。

7）不应该的省略。有些菜单居然未列价格，读来就像一本菜肴名称集。有的菜单未把应列的菜肴印上，而代之以“请询问餐厅服务员”，让餐饮消费者感觉不甚方便，使菜单失去了其本身的价值。

8）遗漏信息。菜单是宣传酒店的重要媒介，一定要发挥好菜单的宣传作用。有些酒店的菜单上没有注明饭店地址、电话号码、餐厅营业时间、餐厅经营特色、服务项目、预订方法等内容。这造成菜单的宣传效果大打折扣。

（2）菜单的内容。从整体上看，一份完整的菜单，就专业角度而言，应有四个方面的内容：菜肴的名称和价格，菜肴的介绍，告示性信息，以及机构性信息。

① 菜肴的名称和价格。菜肴的名称，直接影响就餐者对菜肴品种的选择。宾客对于那些自己未曾享用过的菜肴，往往会凭菜肴名称去挑选。菜单上的品名会在就餐宾客头脑中激起一种联想。消费者对某一餐厅是否满意，在很大程度上取决于阅读了菜单之后对菜肴产生的期望值。根据国际上通行的做法，菜单上菜肴的名称和价格必须具有真实性。这种真实性应包括如下几个方面的因素：

菜肴名称应真实可信。菜肴名称应该好听，但更应真实，不能太离奇。国际餐饮协会对就餐者进行调查发现，故弄玄虚而离奇的菜名、顾客不熟悉或名不副实的菜名不易被顾客接受。以前曾流行过充满想象力、离奇但华而不实的菜名，如香港、广东一带就十分流行起名时“讨口彩”的做法，就餐者拿着一份充满想象力的菜单，如坠云雾之中，不知道这些菜名所指的真实含义，不利于餐饮消费者进行菜肴的选择。只有那些经过世代流传、约定俗成的传统菜、经典菜的菜名可以沿用世代相传的富有传奇色彩的菜肴名称，如粤菜中的“龙虎斗”、川菜中的“蚂蚁上树”、闽菜中的“佛跳墙”等。酒店餐厅一般应该采用切合实际并为顾客所熟悉的菜名。当然有些餐厅用独特菜名也有成功的，但这些名称刚进入市场时一般都配有一些辅助说明，以便于顾客了解、认知和选择。

菜肴的质量应真实可靠。菜肴的质量真实可靠，指包括原料的质量和规格要与菜单的介绍相一致。如菜肴名称是糖醋里脊，餐厅就不应用其他部位的肉作为替代原料。原料的产地也应该真实，菜单上说是进口牛肉，就不应该用国产的替代。菜肴的份额同样应该真实，菜单上注明的分量为多少，就应足量供应。中餐中菜肴的分量必须保证在通常情况下足够 3~4 个人食用。原料的新鲜程度也应保证真实，如菜单上注明的是新鲜蔬菜，就不应该使用罐头或速冻品替代。

菜肴的收费应明码标价。菜肴的收费应与菜单上标注价格相符。有些餐饮机构加收服务费、特种行业经营管理费、包间费、开瓶费等，只要符合相关法规，就必须在菜单上加以注明，明码标价，不应该含有隐性收费。

外文名字须准确无误。菜单是餐厅管理服务质量的一种标记。如果西餐厅菜单的英文或法文名称搞错或拼写错误，说明西餐厅对西餐的烹调不熟悉或对质量控制不严；如果中餐厅菜单上的英文名称译错或书写出错，将会使外国宾客茫然不知所措，影响外国宾客的就餐选择，同时会降低酒店在外国宾客心目中的评价。

② 菜肴的介绍。菜单应对某些菜肴产品进行介绍。这些介绍往往可以代替服务员站立向顾客介绍这一环节，帮助顾客在斟酌之后下决心挑选某些菜肴，并能减少顾客的选菜时间。菜单上应列出的介绍内容有：

菜肴的主要配料以及一些独特的浇汁和调料。有些配料要注明规格；有些采用“讨口彩”方法起名的菜肴，应说明其主料、辅料的确切名称，方便宾客选择。

菜肴的烹调和服务方法。某些具有独特烹调和服务方法的菜肴应予以说明，而普通加工及服务方法则不必介绍。

菜肴的份额。许多菜肴要注上每份的量，西餐用分量要加注重量，如牛排重 200 克；中餐则应标明是例、盆、大盆等不同规格、份额等，方便餐饮消费者根据宾客数量选择菜肴规格和数量。

菜肴的烹调等候时间。某些特殊菜肴，由于加工时间较长，应在菜单上注明烹饪等候时间，以免销售者与消费者之间产生误会，方便宾客根据自己的就餐时间选择。

重点促销的菜肴。菜单上的介绍要注意引导宾客去消费那些餐厅希望重点促销的菜肴，因此要着重介绍特色菜、名牌菜、看家菜、滞销菜等菜肴。

③ 告示性信息。除菜肴名称、价格等这些菜单必不可少的核心内容之外，菜单还应提供一些告示性信息。告示性信息必须十分简洁明了，一般包括以下一些内容：

餐厅的名字，通常在封面等显著位置标注。

餐厅的特色风味。如果餐厅具有某些特色风味而餐厅名字本身又反映不出来的，最好在菜单封面、餐厅的全名下列出其风味。例如：川江人家(川菜风味)。

餐厅的地址、电话和商标记号。一般列在菜单的封底下方，有的菜单还列出餐厅在城市中的地理位置。

餐厅的营业时间，在菜单的封面或封底列出。

餐厅加收的费用。如果餐厅加收服务费，通常在菜单每一张内页的底部标明，如：所有项目均加收 10%的服务费，以告知餐饮消费者。

④ 机构性信息。有些菜单上还介绍餐厅的质量、历史背景和餐厅特点。许多餐厅需要推销自己的特色，而菜单是推销的最佳途径。例如，肯德基炸鸡刚刚进入中国市场时，在其各分号的餐馆中利用菜单介绍了这个国际集团的规模、历史背景、企业的发展过程及炸鸡的烹调方法。

（3）菜单上内容的安排。

① 内容安排的总原则。菜单的菜肴内容一般按就餐顺序排列。顾客一般按就餐顺序点菜，所以希望按就餐顺序编排，这既符合人们正常的思维步骤，又能很快找到菜肴的类别，不至于漏掉某些菜肴。例如，西餐菜单的排列顺序一般是开胃品、汤、色拉、主菜、三明治、甜点、饮品；中餐的排列顺序则为冷盘、热菜、汤、主食、饮料。

② 西餐菜单的表现形式及主菜的相应位置。西餐菜单的表现形式通常有如下几种：单页式菜单；双页式菜单(对折式菜单)；三页式菜单(三折式菜单)；四页式菜单(四折式

菜单)。在西餐菜单中,主菜的地位举足轻重,分量很大,应该尽量排在显要的位置。根据人们的阅读习惯和餐饮同行们的经验总结,单页式菜单上主菜应列在菜单的中间位置;双页式菜单上主菜应放在右页的上半部;三页式菜单中主菜须安排在中页的中间;四页式菜单里主菜通常被置于第二页和第三页上。各类菜单中阴影部分为列主菜的理想位置(见图 6-1)。

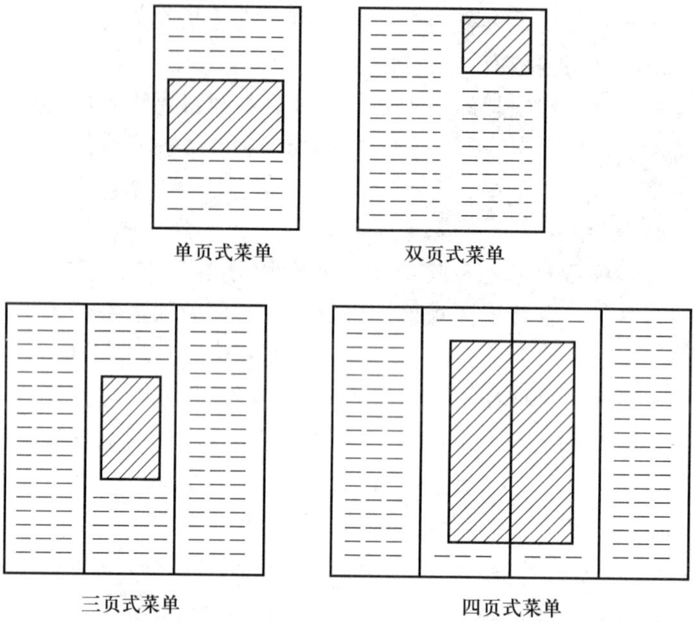


图 6-1　西餐各类菜单中主菜的位置

③ 中餐菜单的表现形式。中餐菜单的创新改造起步较晚,目前还少有专业人员对中餐菜单的表现形式加以关注,中餐菜单最常见的表现形式仍停留在书本杂志的形式,一份中餐菜单形同一本薄薄的杂志,打开之后,菜名、菜价平铺直叙,无重点,无起伏,这是中餐菜单亟待改进之处。另外,中国餐饮文化博大精深,可以根据酒店餐饮特色,将餐饮文化融入菜单设计与制作之中,让菜单不仅成为点菜的工具,更成为传播餐饮文化的媒介。

④ 菜单上重点促销菜肴的位置安排(以西餐为例)。重点促销菜肴可以是时令菜、特色菜、厨师拿手绝活菜,也可以是由滞销、积压原料经过精心加工包装之后制成的特别推荐菜,总之是酒店餐饮企业希望尽快介绍、推销给就餐者的菜肴。

既然是重点促销菜,就应该将这些菜肴安排在菜单的醒目之处。菜肴在菜单上的位置对于此类菜肴的推销有很大影响。要使推销效果明显,必须遵循两大原则:首部和尾部。也就是将重点促销菜放在菜单的开始处和结尾处,因为这两个位置往往最能吸引人们阅读的注意力,并在人们头脑中留下深刻的印象。有些餐饮企业将赢利最大的菜肴放在第一眼和最后一眼注意到的地方。经统计,顾客几乎总是能注意到同类产品的第一个和最后一个菜肴。菜单上有些重点推销的菜、名牌菜、高价菜和特色菜或套菜可以采用插页、夹页、台卡的形式单独进行推销。

另外,不同表现形式的菜单,其重点推销区域是不同的。对单页式菜单而言,如用横线将单页菜单对分,菜单的上半部就是重点推销区(见图 6-2 阴影部分)。

双页式菜单。双页式菜单的右上角为重点推销区，该区域是以上边及右边的 3/4 形成的三角形(见图 6-3 阴影部分)。

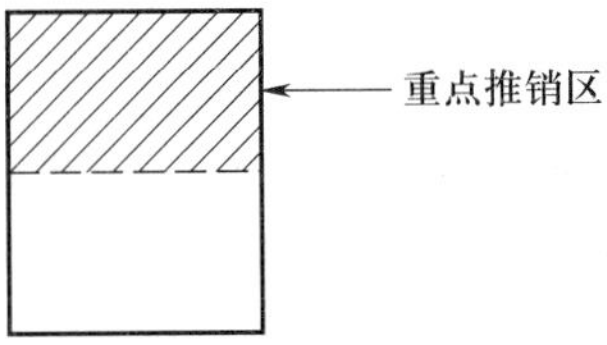


图 6-2　单页式菜单重点推销区

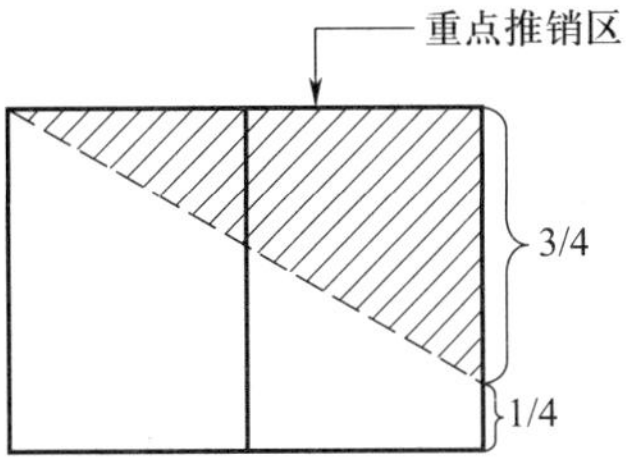


图 6-3　双页式菜单重点推销区

三页式菜单。三页式菜单对菜肴推销很有利，中间部分是人们打开菜单首先注意的地方。使用三页式菜单，人们首先注意正中位置，然后移至右上角，接着移至左上角，再到左下角，最后又回到正中。对人们眼睛注意力研究的结果表明，人们对正中部分的注视程度是对全部菜单注视程度的 7 倍。因而中页的中部是最显眼之处，应放上餐厅最需要推销的菜肴。人们阅读三页式菜单的先后顺序如图 6-4 所示。

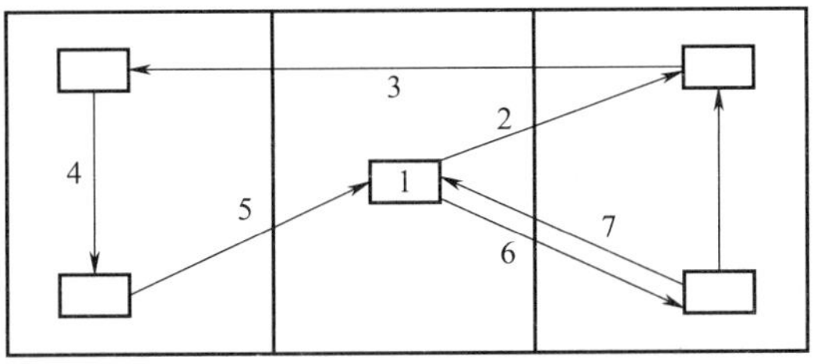


图 6-4　人们阅读三页式菜单的先后顺序

## 二、酒水销售

中国酒文化源远流长、博大精深，酒水在中国餐饮中占有重要位置，无酒不成席，已经深入人心，成为中国各民族的饮食习惯。酒水销售是酒店餐饮利润的重要来源，因此，酒店的酒水销售与管理工作就显得格外重要。酒水销售人员与宾客的接触面广、量大，且又是直接接触，面对面服务时间长，从而给宾客留下的印象较深，并直接影响宾客对整个酒店的评价。酒店酒水包括以下两个方面。

### (一) 销售

酒店酒水销售工作按照一般程序，可以分为四个步骤：

1. 事前准备。作为一名优秀的酒水销售人员，为了使酒水销售活动取得成功，完成酒店销售目标，酒水销售人员必须收集和了解多方面的信息资料，以便于有针对性地为宾客推销酒水产品。

(1) 酒水产品知识。酒水销售人员首先必须对自己推销的酒水产品有比较清楚的了解，包括酒水的产地、酒精度数、香型、年份以及适宜搭配的菜肴等知识，这样在酒水推荐过程中才能有说服力，才能突出酒水产品的特性，才能随时回答顾客的各种问题，才能说服顾客做出购买决定。

(2) 餐饮企业知识。酒水销售人员必须熟知本餐饮企业的历史、文化，了解餐饮企业在同行中的地位，了解本餐饮企业主要的客源群体，并掌握餐饮企业营销目标和营销策略，了解本餐饮企业酒水产品种类及服务项目等知识，以方便为宾客推销适宜的酒水产品。

（3）竞争知识。为了有效地与来自餐饮企业外部的竞争对手竞争，酒水营销人员必须掌握以下两方面的情况：第一，了解竞争者的酒水推销水平或规模以及市场竞争格局，包括各竞争对手的数量，市场占有率和力量对比，找出给本餐饮企业构成威胁的竞争对手。第二，了解竞争者的酒水产品，如品牌、价格等。分析对方酒水产品与自己所推销酒水产品的异同点，尤其是各自的优缺点。扬长避短，突出优势，有利于提供推销酒水的成功概率。

（4）市场知识。市场知识主要是指酒水消费需求的特征、酒水购买能力、酒水购买方式及潜在顾客所在。此外，也包括市场环境情况，如国家的政策法令、社会文化知识等。研究市场变化和需求情况，掌握这些知识，可以更好地进行酒水的创造性推销。

2. 接近推销。接近是指酒水营销人员寻找可能的顾客并开始与之接触的过程，包括三个阶段：

（1）寻找顾客。即根据自己所要推销酒水产品的特征，确定自己的潜在推销对象。这种潜在顾客应具备三个条件：有真实需要，有支付能力，有购买决策权。

（2）了解顾客。即收集和分析推销对象的各种情况，包括购买动机、购买能力及个人特征等。

（3）接近顾客。即向推销对象发出推销信息，进行推销联系和沟通推销关系的过程，其目的在于充分吸引推销对象对酒水销售人员和酒水产品的注意，提高其兴趣。

3. 推销实施。推销实施包括三个方面的工作：

（1）推销酒水。即向顾客介绍自己的酒水产品，说服顾客购买酒水的过程，这是推销的重要环节，要运用各种有效策略，促使顾客产生购买欲望。

（2）应付异议。即处理推销对象提出的各种反对意见和疑问。在推销之前，事先要估计各种可能的反对意见和疑问，设计好相应对策。在酒水推销过程中，必须诚恳地、实事求是地解释，最终消除顾客的疑虑。

（3）销售酒品。当酒水营销人员发现顾客被说服，产生一定购买意向时必须抓住时机，立即成交。

4. 售后跟踪。对于餐饮企业来说，售后跟踪主要是指同顾客保持联系，了解顾客对酒水产品的态度、意见和感觉，增加对顾客饮酒习惯的了解，培育长期顾客，以方便下次有针对性地进行酒水推销。

### （二）管理

酒水管理的内容包括以下 3 方面。

1. 顾客酒水账单管理

做好酒水销售管理的第一个环节是要求将顾客所订的酒水及其价格清楚而准确地记载在宾客的点酒单上，宾客点酒单也用作向宾客收款的凭证，所以也称作宾客酒水账单。

在顾客酒水账单上要有日期、桌号、服务员姓名（或工号）、宾客数。这些信息便于服务员向客人提供服务，以免将酒水送错餐桌，并帮助辨别各账单和餐桌的服务具体由哪个服务员负责。这样，在服务过程和收入核算过程中发现问题，便于追查责任。汇总这些信息能统计每天餐厅的宾客数、各时段服务的宾客数以及每个服务员服务的宾客数，汇总这些基本信息还可用于管理决策，并方便对酒水销售人员进行绩效考核。

酒水账单上的酒水是顾客要求订的，是对餐厅生产下达的指令，其金额是向宾客收费的凭证。购买信息也是酒水销售信息，汇总酒水销售额可统计出餐厅每日的酒水营业收入，并在销售过程中起着核算和控制酒水营业收入和现金收入的作用。在经营管理决策时，可利用酒水账单上各种酒水的销售量的汇总信息，帮助管理者确定酒水的生产计划和人员的配备安排。

2. 酒水销售程序管理。

酒水销售控制在一定程度上依赖于严密的程序。餐厅服务员在接受顾客点酒水时，必须在酒水账单上做好记录。然后，服务员凭酒水账单领取酒水。结账时，服务员应将现金(或信用卡记账凭单)和酒水账单交给收银员，由收银员将销售额打入收银机。

3. 酒水销售指标管理

酒水销售指标管理是指管理人员对影响餐饮酒水销售总额高低起关键作用的各项控制指标的控制与管理。而餐饮酒水销售额是指所销售的各种酒水与服务的总价值，此价值可以是现金，也可以支票、信用卡等，它是酒水部门要达到的最终经济目标。为了能达到酒水销售总额指标，管理人员加强对其相关控制指标的管理至关重要。

(1) 酒水平均消费额。酒水平均消费额是指平均每位宾客每餐支付的酒水费用。酒水平均消费额能反映酒店的酒水销售效果，反映餐饮酒水销售工作的成绩，能帮助管理人员了解酒水价格是否过高或过低，了解酒水销售人员的推销效果。

通常酒水部门要求每天都分别计算酒水的平均消费额，其计算方法是：

酒水平均消费额=酒水总销售额÷接待宾客数

管理人员应经常关注酒水平均消费额的高低水平，如果连续一段时间酒水平均消费额都过低，就必须检查酒水饮料的生产、服务、推销或定价有何种问题，发现问题及时调整，以免影响酒水销售目标的最终实现。

(2) 每座位销售量。每座位销售量是以平均每座位产生的酒水销售金额及平均每座位服务的宾客数来表示。平均每座位销售额是由总销售额除以座位数而得。计算公式如下：

每座位销售额=总销售额÷座位数

每座位销售额这一数据可用于比较相同档次、不同酒店的经营的好坏程度。比如A餐厅的酒水年销售额为140万元，有餐座140座，而B餐厅的酒水年销售额为120万元，具有餐座80座，则A餐厅的每座位年销售额为10 000元，而B餐厅的每座位年销售额为15 000元，可见B餐厅的经营效益要好些。

每座位销售额对于评估餐厅的酒水销售情况十分重要。在餐厅中一位宾客也许喝一杯饮料匆匆而去；也许整个下午在那里商谈公务，要订十几次酒水饮料。这样就难以统计座位周转率和酒水平均消费额，所以往往用每座位销售额来统计一段时间的销售状况。

(3) 平均每座位服务的宾客数。平均每座位服务的宾客数也常常被称作座位周转率，它以一段时间的顾宾客数除以座位数而得。计算公式如下：

座位周转率=某段时间的顾宾客数÷(座位数×天数)

例如A餐厅去年的消费人数为51 100人，而B餐厅的消费人数为32 120人，它们的座位周转率分别为1和1.1。

餐饮企业由于各餐、各部门客源的特点不同，座位周转率往往分别统计。座位周转率反映餐饮企业酒水部分吸引客源的能力。在上例中，A 餐厅不仅吸引客源能力低于 B 餐厅，而且每座位产生的收入也低于 B 餐厅，说明 A 餐厅的酒水价格较低或销售低档酒水的比例较高。

（4）每位酒水服务员销售量。该销售量也有两种指标。一是以每位酒水服务员服务的顾宾客数来表示。这个数据反映服务员的工作效率，为酒水部门管理人员配备员工、安排工作班次提供基础，也是员工绩效评估的基础。当然，该数据要有一定的时间范围才有意义，因为酒水服务员每天、每时段、每小时服务的宾客数是不同的。

每位酒水服务员的销售量也可以用酒水销售额来表示。每位服务员的宾客平均消费额是用酒水服务员在某段时间中产生的总销售额除以他所服务的宾客数而得。服务员的销售数据可由收银员对酒水账单的销售数据进行汇总，也可由餐厅经理对酒水账单存根的销售数据进行汇总而得。

（5）时段销售量。某时段（各月份、各天、每天不同的钟点）的酒水销售数据对于计划人员的配备、酒水推销和最佳的开始营业和打烊时间是特别重要的数据。时段酒水销售量可以用两种形式表示：一段时间内所服务的宾客数和一段时间内产生的酒水销售额。例如，某餐厅下午 3：00—6：00 所服务的宾客数为 35 位，产生的销售额为 1 200 元；而在 6：00—9：00 所服务的宾客数为 300 位，产生的销售额为 9 000 元。很明显，在这两个时段应配备不同人数的服务员工。

（6）销售额。销售额是显示餐饮酒水部门经营好坏的重要销售指标，一段时间的酒水销售额指标可以通过下式来计算：

一段时间的酒水销售额指标=座位数×预计平均每餐位周转率×平均每位宾客消费额指标×天数

销售额是衡量酒店酒水销售是否完成规定指标的直接显示。

## 三、宴会设计与管理

酒店宴会包括宴会设计和管理两方面。

### （一）宴会设计

宴会设计就是针对一定宴会的目标要求，通过策划、设计到最终完美完成宴会设施方案的规划活动。

1. 要求

宴会设计必须符合科学化、规划化、标准化、审美化的要求。

（1）牢固地确立科学的宴会饮食营养观。对于宴会的设计，必须牢固地确立起科学的宴会饮食营养的设计观，以中国传统饮食养生理论和现代营养科学理论为指导，根据宴会宾宾客群特点，科学进行宴会饮食结构的编排、烹饪操作、食制选择，真正将宴会设计纳入科学营养的轨道，使其健康地发展。

（2）强化对宴会生产服务过程的规划职能。经宴会设计产生的宴会实施方案，一旦审定，对于生产服务过程而言，便是具有高度约束力的技术性文件，必须严格遵照执行和实施。但现在的宴会设计依然存在着简单、含糊、不确定现象，这就会使宴会设计缺乏实施的可操作性，导致宴会生产与服务的随意性、无把握性、波动性大。要改变这种情况，宴会设计应该从严要求，要从宏观整体的角度总揽设计，清晰地反映宴会生产与服务的结构关系、职能、责任目标、操作标准、实施方法，从而使宴会生产与服务的全过程，既接受设计既定的目标引导，也接受设计施加的约束和规范。

（3）牢固地树立定量化和标准化意识。现代宴会生产和服务过程要向定量化和标准化的方向发展，特别是高级别的宴会这方面要求更高，这就对宴会设计提高了要求。欲使宴会生产服务过程标准化，就必须在设计中准确而又明了地制定出与此过程相关的各方面操作、实施的具体细则，搞好定量化，强化标准意识，这样才能更好地指导宴会生产和服务过程，才能最终消除宴会操作过程中各自为是、随心所欲的状况。

（4）牢固地树立人性化和审美化意识。宴会设计最终的目标是满足人的社会需要。因此，应该把人们对美食的需要、卫生安全的需要、营养健康的需要、利益的需要、尊重的需要、文化的需要、审美的需要等体现在宴会设计中，即体现人性化的特点。

宴会设计中，要特别强调人们对宴会审美的诉求和需要，这是因为宴会中存在着广阔的审美空间，可以创设多样的供饮宴者审美的对象。例如，宴会主题的渲染、餐厅环境装饰的舒适温馨美、餐厅格局台面布置的典雅实用美、菜单的设计制作的形式美、菜品色形香味美的展示、宴会进程的运作流动的节奏美、服务员的热情体贴风度礼仪美。在这广阔的审美空间里，让人们的审美触觉可以自由地伸展，获取自己需要的审美对象，并从中得到多重的审美满足，这是宴会设计的最高标准。

2. 原则

（1）目的性原则。每一个宴会都有其目的性，宴会设计必须围绕宴会的目的进行。作为一种特殊的社会交际工具，宴会被人们广泛地应用于公务接待、商务接待、社会生活、日常交际活动之中，人们设置宴会，都带有一定的目的动机，有各种各样的需求。为了满足这些目的需求，宴会设计必须具有目的性。要根据不同宴会任务要求，确定与之相适应的设计方针和总目标，确定具体设计的分级目标，如成本与价格目标、菜点数量目标、质量目标、风味目标、营养目标、操作目标、服务目标等，从而形成设计的目标体系系统。

（2）整体性原则。宴会就是一个复杂的系统，涉及因素众多，因此在宴会设计时要遵循整体性原则。设计时，既要考虑局部设计之间的相互作用、相互影响，还要考虑整体与宴会烹饪生产和服务的客观条件的相互作用、相互影响，考虑整体设计与宴会群体的主观需求、接受程度的相互作用和相互影响。

在实际的宴会设计中，有不少设计人员往往把设计的重点只放在菜单设计上，而考虑其他方面因素太少。一张只考虑菜点如何组合的精美宴会菜单，孤立地来看或许挑不出毛病，但是若把它和外部环境联系起来分析时，却可能会发现很多问题。也许菜单中某些原料在本地市场上是无法采购到的，或者是菜点的生产设备条件无法满足加工，抑或是厨师的操作技术水平实现不了，或者服务人员提供不了与之相配套的服务；如果把它和宴饮群体的饮食需求联系起来分析，又发现菜点口味不适合宴饮群体，显然这个似乎很不错的宴会菜单实际上是一个很失败的设计。所以，只考虑局部优化而不考虑整体的设计是有缺陷的设计，最终无法实施。因此，在宴会设计中，一定要以整体性原则为指导，统筹规划，既要使各组成部分的设计优化，更要使整体的设计优化，实现和外部条件、筵宴群体的无缝对接。

(3) 针对性原则。宴会设计要契合具体宴会任务的要求进行有针对性的设计。由于在实际的宴会设计中，会面对不同的宴会任务，不同的宴饮群体，其需求是不尽相同的，所以宴会设计要进行有针对性的调整才能满足不同宴会的需求。宴会是开放的系统，饮宴群体的需求在变化，外部的条件在变化，必然要求宴会设计也要同步做出调整才能与之相适应。因此，宴会设计就要以开发的姿态，适应变化的情况，具体宴会具体分析，使每一个宴会设计都更有针对性，让宴会设计的价值充分显现出来。

(4) 多样性原则。用多样性原则指导宴会设计，就是要避免和克服设计的单一性。以宴会菜品为例，丰富多样的菜点给人的印象是变化无穷，美不胜收，给宾客留下深刻印象。因为不同菜点类别的变化，菜点具体品种的变化，必然引起在烹饪原料选用、刀工工艺、原料组合、烹饪方法、风味特点、外观形式等诸方面的丰富变化，只有如此，才能更容易为人们所喜爱、所接受，也才更具有普遍的适应性。当然，多样化原则并不意味着把设计搞得光怪陆离、混乱驳杂，它的最高准则是围绕主题展示丰富性，围绕风味特色展示多样性，有变化而又有规律性和目的性。

(5) 满意性原则。宴会设计必须以满足和实现既定的目标状态为准则。围绕宴会主题可以构造出多个宴会设计方案，这时就可以利用满意性原则帮我们选择其中一个设计方案。

设计者往往期望能使用最便捷的途径和最简便的方法，去寻找和构造出一个最佳最优的设计方案。在这种情况下，满意性原则的介入为实际的宴会设计带来了两个方面的好处：一是提供现实的终止依据，即一旦寻找并构造出一个能满足设计目标状态的方案时，设计便大功告成，这样就可以避免毫无必要地、无止境地去寻找和构造若干备选方案的设计反复，造成不必要的人员和精力的浪费。如果这个设计方案尚有不足与缺陷，则加以修订，使之与设计目标状态相吻合。二是避免不现实的边际主义假定，即在需要比较几个方案的优劣时，可以防止人为地不切实际地吹毛求疵，鸡蛋里挑骨头，只要其中有一个设计方案与设计目标状态相吻合，就可以把它们认定下来，结束比较，或在其中挑选一个与设计目的相接近的，再进行补充和完善。所以，满意性原则追求的是一种相对状态中的最佳最优。

(6) 效益性原则。宴会设计必须在充分考虑满足顾客需求的前提下，实现宴会经营经济效益与社会效益的最大化。宴会经营效益的基础在宴会菜单，宴会菜单的关键在设计。因为酒店企业的宴会价格集中体现在宴会菜品价格上，宴会经营成本则集中反映在宴会菜品成本上。因此，宴会菜单设计是控制宴会成本的首要环节。又因为宴会菜单是直接面向顾客的，顾客对宴会价格的理解是基于对宴会菜单价格的理解。所以，要让顾客能够接受宴会菜单，也就是接受宴会，并产生“物有所值”甚至是“物超所值”的印象，顾客就会成为宴会消费的常客，有了固定的客源保证，酒店宴会经营和效益肯定会越来越好。因此，从这个意义上说，宴会菜单设计对确保宴会经营的效益性，具有特别重要的意义。

3. 宴会设计的要素

宴会设计是个系统工程，包含要素众多，概括起来有人、物、境、时、事五个基本要素。

(1)“人”包括设计者本人及餐厅服务人员、厨师、宴会主人、宴会来宾等。宴会设计者的学识水平、工作经验是宴会设计乃至宴会举办成功与否的关键要素。宴会设计者是宴饮活动的总设计师、总导演、总指挥。餐厅服务员是宴会设计方案的具体实施者，宴会设计者要根据服务人员的具体情况，做出合理的分配和安排。厨师是宴会菜品的生产者，宴会设计师要充分了解厨师的技术水平和风格特征，然后对筵席菜单作出科学、巧妙的设计。宴会主人是宴会商品的购买者和消费者，宴会设计时一定要迎合主人的爱好，满足主人的需求。宴会来宾是宴会最主要的消费者，宴会设计时要充分考虑来宾的身份、习惯等因素，进行针对性设计。

（2）“物”是指宴会举办过程中所需要的各种物资设备，包括餐厅桌、椅、餐具、饰品、厨房炊具、食品原料等。这些“物”的因素是宴会设计的前提和基础，宴会设计必须紧紧围绕这些硬件条件进行，酒店不可能为了一次宴会而对这些硬件条件进行升级改造，所以，脱离实际的设计肯定是要失败的，这也是宴会设计要遵循的一条基本原则。

（3）“境”是指宴会举办的环境，它包括自然环境和建筑装饰环境等。宴会设计要素考虑环境因素，同样环境因素也会影响宴会设计。繁华闹市临街设宴与幽静林中的山庄别墅设宴不一样；金碧辉煌的现代餐厅设宴与民风古朴的竹楼餐厅设宴不一样。因此，“境”是宴会设计不可忽视的一个重要因素，宴会设计一定要因地制宜。

（4）“时”是指时间因素，包括季节因素、中餐晚餐、订餐时间与举办时间、宴会持续时间、各环节协调时间等。“时间”是宴会设计不可或缺且有一定影响的重要因素之一。季节不同筵席菜点用料有别；中餐设宴与晚餐设宴性质有一定的差异；订餐时间与举办时间的距离长、短，决定宴会设计的繁、简；宴会持续时间的多少，决定服务方式和服务内容的安排；大型(或重要)宴会各项活动内容的时间安排与协调，影响整个宴饮活动的顺利进行。因此，“时间”是宴会设计的先决条件和要素之一。

（5）“事”是指宴会为何事而办，达到何种目的，这也是宴会设计师在宴会设计之前和设计过程中应该考虑的重要因素之一。不同的宴事，其环境布置、台面设计、菜点安排、服务内容是不尽相同的，宴会设计要因“事”设计，设计方案要突出和针对宴会主题——即宴事，不可偏离或雷同。

宴会设计就是要根据“人”“物”“境”“时”“事”五大要素反馈的信息，充分利用各方面的知识，对宴会内容、程序等进行科学、合理、巧妙设计，以期达到满意的效果。

4. 宴会设计的内容

宴会设计的内容十分广泛，它包括宴会场景设计、宴会台面设计、宴会菜单设计、宴会酒水设计、宴会服务及程序设计、宴会安全设计等方面的内容。

（1）宴会场景设计是指宴会举办场地及其周围环境设计。宴会环境包括大环境和小环境两种，大环境就是宴会所处的特殊自然环境，如：海边、山巅、船上、临街、草原蒙古包、高层旋转餐厅等餐厅所处的大环境。小环境是指宴会举办场地在酒店中的位置，宴席周围的布局、装饰，桌子的摆放等。宴会场景设计对宴会主题的渲染和衬托具有十分重要的作用。

（2）宴会台面设计就是根据一定的进餐目的和主题要求，将各种餐具和桌面装饰物进行组合造型的创作过程。它包括台面物品的组成、台面物品的装饰造型、台面设计的意境等，具体来说有餐具的选择、桌布的选择、餐巾折花造型等。台面设计是宴会设计的重要内容之一，它在烘托宴会气氛、突出宴会主题、提高宴会档次、体现宴会水平等方面具有重要作用。

（3）宴会菜单设计是宴会设计的核心，它是对宴会菜肴及其组合进行科学、合理的设计。宴会菜单设计是以人均消费标准为前提，以顾客需要为中心，以酒店餐厅物资和技术条件为基础的综合菜单设计。其内容包括各类食品的构成、营养设计、味型设计、色泽设计、质地设计、原料设计、烹调方法设计、数量设计、风味设计等。

（4）宴会酒水设计也是宴会设计的一个重要内容，“无酒不成席”是中国人的传统习俗，“以酒佐食”和“以食助饮”是一门高雅的饮食艺术。酒水如何与宴会的档次相一致，酒水如何与宴会的主题相吻合，酒水如何与菜点相得益彰，这都是宴会酒水设计所涉及的内容。

（5）宴会服务及程序设计，是对整个宴饮活动的程序安排、服务方式规范等进行的设计。其内容包括接待程序与服务程序、行为举止与礼仪规范、席间乐曲与娱乐杂兴等。宴会程序与服务设计是确保宴会得以圆满成功的重要因素。一个大型宴会如果在程序安排上稍有不慎，或是在宴会服务过程中稍有闪失，往往会造成意想不到的不良后果，影响宴会的整体效果，这种事例在日常经营服务活动中时有发生。

（6）宴会安全设计是对宴会进行前后可能会给顾客造成的各种不安全因素的预防和设计。其内容包括顾客人身安全设计、食品原料安全设计、顾客财务安全设计、服务安全设计等。

5. 宴会设计的步骤

各种宴会的设计过程，一般都要经过获取信息、分析研究、制订草案、研讨修改和下达执行五个步骤。

（1）获取信息。宴会设计不是随心所欲的盲目设计，而是具有一定针对性的设计。针对宴会主人的要求，针对宴会的主题目的、针对顾客的特点，针对宴会的标准，针对开宴的时间，所有这些“针对”的内容，都是宴会设计师需要获取的重要信息。没有准确充分的信息，宴会设计师就无法进行准确恰当的设计。宴会设计信息主要包括五个方面的内容：一是宴会主办单位（或个人）。有了主办单位，在设计过程中就可以主动与主办单位及其负责人取得联系，交换意见，商量和修改设计方案，并根据主办单位提出的具体要求进行设计。二是宴会标准及规模。宴会标准信息是宴会成本设计的前提和基础，也是决定宴会设计档次和水平的重要因素。宴会规模的大小也是宴会设计的信息内容之一，一桌和十桌规模的宴会设计差别很大，它们在场地安排、菜单制定、服务方式、整体布局等方面都存在较大的差异。三是宴会进餐对象。宴会进餐人员一般可分为三大类：一为主人，二为来宾，三为其他人员。宴会设计是要充分了解主人的设宴意图，来宾的兴趣爱好，其他人员的有关情况，然后才能进行有针对性的设计，尽可能满足绝大多数人的宴饮需求。四是开宴时间。开宴时间也是宴会设计所需要的一项重要信息内容，它包括开宴与订餐的时间差、宴会持续时间、是中午还是晚上举行等信息，这些时间内容信息都影响宴会的设计内容。五是酒店餐饮条件。它包括人的因素（人员是否够用、业务技术情况等）、物的因素（餐厅面积、布局情况、各种用品等）。酒店条件是宴会设计的限制性因素，宴会设计必须在本酒店各方面条件可能或允许的情况下进行。

信息的获取途径和方法是多种的，有顾客提供的（如进餐时间、宴会标准及规模、进餐对象及要求等）、有主动收集的（如接待某些知名人士或社会要人，就要通过各种途径和方法掌握其爱好、兴趣、禁忌）。不管是通过什么方法获取的信息，都要做到准确、真实、全面。

（2）分析研究。各种有关信息资料收集汇总以后，就要进行综合分析研究，这是宴会设计过程的第二个重要步骤。分析研究就是要对各种信息资料进行具体分析，研究制订一套切合实际、符合要求的宴会设计方案。要做好分析研究工作，必须做好以下几点：第一，要全面认真。对所掌握的信息资料，要尽可能全面、认真地分析研究，了解其特点和作用，构思如何在宴会实施过程中突出宴会主题，满足顾客要求。第二，要切合实际，也就是我们设计的方案要符合已经掌握的信息要求。第三，要有创意。我们在分析研究时，既要实事求是，联系具体实际，同时也要解放思想，大胆突破陈旧模式，在宴会形式和内容上都应该有所创新，既要突出宴会主题，也不要墨守陈规。

（3）制订草案。通过对所掌握的信息资料进行分析研究后，第三步就是制订草案。草案由宴会设计者主持制订，综合多方面的意见和建议，形成一套详细、具体的设计方案，交由主管领导或主办单位负责人审定，或者制订出二至三套可行性方案由相关人员选定。草案可以是口头的，也可以是书面的，视宴会等级、规模、影响等因素而定。

（4）研讨修改。草案仅仅是宴会设计者的初步思考结果，一般不能作为定论。草案制定出来后，首先要征求主办单位负责人的意见，与主办单位负责人一起对草案进行修改，尽量满足主办单位提出的合理要求。一旦按照主办单位的意图修改完成，该设计方案就可以定稿，然后就可以付诸实施了。

（5）下达执行。宴会设计方案设计完成并经通过后，就应该马上下达执行。宴会设计方案的下达形式有两种：一是召集各有关部分负责人或主要人员开会，在会上将本次宴会的重要性及详细设计方案向与会人员做介绍，并就有关问题作具体交代，敦促落实执行。二是将本次宴会的设计方案打印若干份，以书面的形式向有关部门和个人下发，具体要求在方案中均做出详细交代，无须再作说明。宴会活动是一个系统工程，宴会设计方案下达执行时一定要将每一个环节考虑周全，万不可遗漏和疏忽。

**（二）宴会的管理**

宴会的管理包括成本、生产和服务三方面的管理。

1. 宴会成本管理

宴会成本管理是宴会管理的重要内容，宴会的最终效益高低与宴会成本控制管理好坏直接相关。宴席售价和毛利率是宴会设计和成本控制的前提。为了确保宴会的正常营利，设计菜单时，要对每一道菜点进行认真的成本核算，然后对整套宴席菜品进行综合考察和核算，将成本控制在规定的毛利范围之内。原材料成本是价格的最重要、最基本、最直接的决定因素，有关费用、税金和利润都是影响价格的因素。此外，还需要考虑餐饮产品质量、就餐环境、就餐时间、服务水平、地理位置、宾客类型、市场需求、竞争状况及通货膨胀、物价指数等影响因素。

宴会的成本管理主要体现在以下两方面。

（1）宴会定价方法。宴会定价的方法有多种，常用的有以下几种：

① 计划利润法。酒店为获得预期的营业收入扣除营业费用后，获得一定盈利而必须达到的食品成本率。

② 贡献毛利法。宾客除须支付其宴席菜肴的成本以外，应该平均分摊酒店的其他费用，如实施设备、环境气氛、餐饮服务。对酒店的营收进行预测，再确定每桌宴席菜肴对

毛利的贡献。

③ 分类加价法。各类宴席的获利能力，不仅应根据其成本高低，还应根据其销售量大小来确定。不同标准的宴席菜肴使用不同的加价率，因而各种宴席的利润率高低是不同的。根据经验，高成本的菜式应适当降低其加价率，而低成本的菜式可尽量提高其加价率。

④ 售价毛利率法。根据宴席菜肴的标准食品成本和售价毛利率来计算宴席销售价格的定价方法。此法以宴席菜肴的售价为基础，从中扣除预期毛利所占售价的百分比即售价毛利率，剩下宴席菜肴成本占售价的百分比，又称内扣毛利率法。

⑤ 成本毛利率法。根据宴席菜肴的标准食品成本和成本毛利率来计算宴席销售价格的定价方法。此法以食品标准成本为基础，加上毛利占标准成本的百分比即成本毛利率，再以此计算宴席菜肴的销售价格，又称外加毛利率法。

⑥ 跟随法。以其他同类酒店的价格水平为依据，对宴席菜肴进行定价的一种方法。但盲目使用此方法会忽视本酒店食品原料成本，容易引起亏损。

在实际定价过程中，一般综合考虑以上多种方法，而不是仅用一种直接定价。较常用的宴席价格，是先确定大概的产品轮廓与价格，然后按预算营收的边际贡献来确定外加毛利率或内扣毛利率，再来确定具体菜肴的主、副料的配比的定价方法。

（2）宴会成本控制内容。

① 原料成本控制。

A. 合理设计菜单。应根据食品原料的产地、季节、采购渠道、价格、主辅料的配置等因素，设计各种菜单，供顾客选择。倘若有更换菜品的必要，仍应在成本范围内更换，以有效控制食物成本，避免不必要的浪费，确保利润率。

B. 控制采购环节。制定采购规格标准。宴会食品原料种类繁多、消耗量大，为了减低采购供应成本，根据烹制各种菜肴的质量标准，应对每一原料制定详细的采购质量的规格和标准，如食品原料的品种、产地、产时、品牌、分割要求、包装、部位、规格、营养指标、卫生指标及新鲜度等，做到所有采购的原料其形状、色泽、水分、质量、质地、气味、成熟度、食用价值等均符合宴会的菜品要求。要想方设法缩短和优化食品原料的供应链，减少中间环节，降低库存费用。严控采购数量。应根据宴席量的需要、资金情况、仓库条件、原料特点、市场供应状况等因素，制定出采购最高库存量与最低库存量，既保证原料的正常使用又不会造成积压。采购价格合理。采购中，要以尽可能低的价格获得尽可能好的原料。要了解市场行情，认真核定进料价格，把好原料价格关。

② 菜品成本控制。

控制加工环节。原料加工分为粗加工和精加工，在保证原料质量符合宴会使用规格标准的基础上，提高出净率，降低净料成本。应制定各种原料加工的标准，如对原料用料的加工数量、质量标准、干货的涨发标准、原料的出净率标准、刀工处理标准等。

为保证菜肴的原料、配料的品种、数量的正确性，保证菜肴符合设计要求，进行用料配制，分为冷菜配制、热菜配制、点心配制。应制定各类菜肴制作的用料品种、数量标准，主料、配料的投料量及按人所需量配制标准，员工必须使用称具、量具，按标准菜谱规定的投料量进行切配。

菜肴烹饪任务由冷菜、炉灶、打荷、面点等负责。制定冷菜制作、热菜制作、打荷制作、面点制作的操作标准，把烹烧损耗控制在许可范围内，最大程度减少浪费。

根据标准菜谱的制作程序和装盘要求，保证菜肴装盘的准确性。大型宴会有不少菜肴是成批烹制生产的，因而在成品装盘时必须按照标准菜谱所规定的烹饪份数进行装盘，否则会增加菜肴的成本，影响毛利。

③ 人工成本控制。

宴会生产和服务均需要人力保障，要制定劳动定额，控制人员数量，合理安排人力，加强员工培训，提高员工服务技能，调动员工工作积极性，控制人工成本。

2. 宴会生产管理

宴会生产管理包括宴会出品管理和宴会菜点生产控制两个方面。

（1）宴会出品管理。宴会出品管理重点是建立一整套的质量监控标准，包括出品质量标准、原料加工标准、烹调装盘标准、成品质量标准、菜点组合质量标准，各个程序严格按照标准操作，最终保证宴会出品质量。

① 出品质量标准。要求原材料新鲜、原料部位准确、原料品种对路地道。每份菜的投料的数量要适当，选料搭配要注意色彩搭配、味道搭配、形状搭配、质地搭配、营养成分搭配以及主、配料数量搭配。

② 原料加工标准。有原料加工顺序标准，粗加工分档取料标准，原料加工的刀工、刀法标准，原料腌渍、码味标准，原料上浆、挂糊、排粉标准等，并严格落实。

③ 烹调装盘标准。有烹调加热时间标准，菜单烹调火力标准，过油温度标准，烹调投料顺序标准，调料投放数量标准，餐具配用选择标准，菜点装盘装饰、造型标准等。

④ 成品质量标准。有菜点成品色泽标准，菜点成型标准，菜点综合味感标准，菜点质地标准和特殊效果标准等。

为标准化生产，每个菜点应建立菜肴生产质量标准书，对原料、切配、烹制在数量、质量与成本上进行细化、量化的分解。

⑤ 宴会菜点组合质量标准。有不同类别菜点组合标准，不同原料的组合标准，名贵菜与普通菜的组合质量标准，菜点色泽组合标准，菜点味型组合标准，菜点质地组合标准，菜点组合速度标准，不同规格宴席菜点组合标准等。

（2）宴会菜点生产控制。

① 宴会菜点用料控制。宴会菜点用料要根据宴会规模和菜单内容进行科学测算，并进行详细的具体计划安排。进料过多或不足都会影响酒店经营，进料不足会影响宴会菜点生产，进料过多则造成浪费，增加成本，降低酒店餐饮效益。具体菜点的投料比例，要严格按《菜点生产质量标准书》中规定的要求执行。

原料质量直接影响菜点的质量。宴会菜点的选料较之普通便餐更讲究，对原料的不同等级、不同品种、不同部位以及新鲜程度要做严格要求。加强宴会原料的更新、变化的控制是提高宴席质量的重要途径。

② 宴会菜点加工烹饪控制。根据菜点的成型要求，进行相应的刀工处理；根据每道菜肴的特点，进行巧妙的原料组配；根据不同菜肴的需要，适时、适量做好腌渍、入味工作；根据烹调的需要，做好挂糊、上浆、勾芡工作，调味要做到“准”“正”，符合该道菜应具有的味型；必须符合规定的烹调操作程序和要领，掌握好烹调时间，做到不超时、不欠时，保证菜点质量；掌握装盘艺术，选择适宜餐具，进行适当装饰，起到衬托美观、

突出菜品主题的作用。

3. 宴会服务管理

宴会服务管理包括以下5方面。

（1）仪表仪容。宴会服务人员的长相打扮、精神面貌是酒店形象的代表，是宴会服务中首先映入宾客眼帘的第一形象。要求服务人员必须保持仪表端庄、衣冠整洁。内外服装整洁干净，不能有油渍污物，外套服装清洁笔挺，不可有破损、缺纽扣等现象。坚持淡妆上岗和清洁卫生的原则，要求每个服务人员在工作前应洗手、清理指甲。发型大方，头发清洁无头屑、整齐不零乱。女服务员头发不能披肩，不戴戒指、手镯、耳环及不合要求的发夹，不留长指甲和涂指甲油，要化淡妆，不喷浓烈的香水；男服务员头发不得过耳，发脚不能过衣领，不留大鬓角，工作时间不吸烟、不嚼口香糖。不可在服务区内梳理头发、掏耳、剔牙、挖鼻子、修指甲。更不能对着食品说话、咳嗽或打喷嚏。

（2）服务态度。在宴会服务中，服务员要和蔼可亲，微笑服务。态度要和蔼，语言要亲切，动作要敏捷，技能要娴熟，行为要礼貌。不仅为宾客提供功能服务，更要提供富有人情味的服务；不仅要为宾客提供一视同仁的标准化服务，避免宾客的不满意；更要根据宾客的具体情况，给宾客提供个性化服务。使宾客在生理上产生安全感、舒适感和方便感，在心理上产生亲切感、自豪感和新鲜感。

（3）服务技能。服务人员应熟悉本岗位的业务知识，掌握服务操作规程，善于把握宾客心理，熟悉各地各民族顾客的风俗习俗，具备较强的应变能力。为宾客提供餐饮服务时，要注意把握分寸，上菜、斟酒时注意选择合适的时机及方法，尤其在宾客致辞、相互敬酒时不宜上菜、分菜；分菜的动作要正确麻利，分配均匀；要善于察言观色，揣摩顾客的心理活动，及时为他们提供优质服务。保持宴会场所、宴席桌面的卫生整洁，随时收走餐台上的杂物，空盘要在征得宾客同意后撤去。

（4）服务方式。要根据不同地区、不同宾客的风俗习惯，不同的宴会档次及服务对象，采取不同的服务方式。如有些宾客斟酒水不需要服务员服务，而喜欢自己相互斟酒水，体现主人的热情好客；有的宾客喜欢服务人员帮助他们斟酒水，显示出自己的身份地位，有的宾客要求上菜速度要快，最好把所有菜肴一次性全部上桌，显得菜肴丰盛；有的宾客要求上菜速度要慢，吃完一个菜，再上一个，用餐时间要长一些，方便沟通交流。还有自助餐会、酒会、西餐宴会与中餐宴会服务方式完全不一样，要求最大限度地满足宾客对宴会的各种物质需求和精神需求。

（5）服务效率。在宴会服务过程中，服务人员要眼勤、手勤、脚勤，细心观察宾客表情及示意动作，及时迅速做出回应，满足宾客服务需求。服务员要工作效率高、服务速度快，特别是在出菜的速度、斟酒水的及时程度、对宾客需求的反应速度等方面要及时迅速，只有快速有效地为宾客提供优质服务，不断地提高服务标准及工作效率，才能得到宾客的认可和欢迎，同时也会增加酒店餐桌的周转率，提高酒店餐饮效益。

## 第二节 餐饮物流管理

餐饮物流管理是酒店管理的重要部分，餐饮物流管理关系到餐饮部是否能够正常、高效运营。本节主要介绍餐饮物流管理过程最重要的餐饮采购管理、验收管理、储存管理和发放管理。

## 一、餐饮的采购管理

酒店餐饮的采购是餐饮生产业务活动的首要环节。采购管理工作控制好坏，直接影响到厨房生产、酒店餐饮成本消耗和经济效益。

### （一）基本要求

餐饮采购管理是一项涉及面广、关系复杂、对餐饮成本影响大的重要工作环节。为保证采购管理工作能够科学有效开展，满足餐饮生产业务需要，同时做好采购成本控制，必须遵循以下基本要求。

1. 计划性要求

做好食品原料用品采购，必须根据采购计划进行，根据厨房生产和餐厅销售制定原料采购计划，每天的采购都做到适用、适销、适时、适量。具体表现为：品种对路、质量优良、价格合理、数量适当、到货准时，保障餐饮生产正常进行。

2. 质量要求

食品原材料的采购质量直接影响原料加工的出料高低、配菜要求和烹调质量，最终影响产品成本、菜肴质量和经济效益。为此，食品原料采购管理在原料质量上的基本要求是：部位准确、色纯味正，优质上乘、新鲜安全、规格达标、确保卫生，对于特殊原料，还要保证产地要求。

3. 价格要求

食品原材料的价格直接影响餐饮成本和产品毛利。为此，食品原材料采购管理必须在保证原料质量的前提下，随时掌握市场行情，选好供货渠道，减少流通环节，合理掌握价格，做到“价比三家，货比三家”，尽量做到以最低价格买到质量最好的原料，在保证质量的前提下，最大限度地降低餐饮成本。

4. 渠道要求

采购渠道对食品原材料的购货方式、进价成本、采购手续、运费高低和质量控制等都有一定影响。为此，在原料进价和质量标准基本相同的条件下，食品原材料在采购渠道方面的基本要求是：先市内后市外，先国内后外国，先比较后决定。如果可能的话，尽量直接从产地直接进货，务求减少流通渠道，降低进价成本。

### （二）采购方法

餐饮采购方法多种多样，运用什么样的采购方法可根据餐饮经营要求、结合市场行情进行分析和比较，从而选择适合本酒店的最佳采购方式。主要的采购方式有以下 4 种：

1. 市场即时采购

按照当时（当日）市场行情，对所需食品原料进行选择性购买的一种方法。这种形式适用于一些价格起落频繁、使用量大且不宜储藏的原料，如新鲜的肉类、禽类、水产品、蔬菜、豆制品、水果等。其特点是原料新鲜、当日购买、当日使用，能较好地保证原料质量。缺点是货源和价格不稳定，特别是价格容易受到货源、天气、交通、节假日等因素的影响。

2. 集中招标采购

餐厅把所需采购的原料名称、规格标准，以招标的方式向社会公布或以邀请招标的形式寄给有关供货单位，采用集中招标的形式确定原料供应商，由中标供货商进行供货。

3. 定点归类采购

一些大型酒店餐饮企业常常选定一个或几个供货商并与之签订长期供货合同，同一类原料向同一个供货单位购买，以保证一些市场上紧缺商品的及时供给。这种方法要求所选的供货商应具备提供满足酒店餐饮生产所需原料的品种、数量、质量和价格等方面要求的能力。值得注意的是，这种采购方法不能完全依赖于该供货商。否则，供货商往往会降低供货质量，抬高供货价格，使采购陷入被动状态，使酒店蒙受损失。

4. 代销

代销即由供货商提供原料供餐厅使用，按酒店餐厅实际使用量定期结算的方式，如海鲜产品的采购。

**（三）价格控制**

由于餐饮原料加工受各种因素的影响，采购价格存在较大的地区差异、产销差价、批零差价、季节差价等。针对这些价格差异，餐饮企业可以采取以下方法控制价格并保证原料质量，以实施有效的价格控制，最大限度地控制餐饮原料成本。

1. 建立完善的市场寻价制度

建立市场寻价制度主要是通过最低报价法和多数最低价法来控制价格以确定供货单位。

（1）最低报价法。餐饮原材料种类繁多，许多原料市场价格波动大，难以进行标准化控制。为了能够以最低的价格购得理想的原料，餐饮管理者与采购人员必须在确定价格前详细地对市场价格行情进行调研。确定价格时，采购人员要直接与供应商商谈，取得所需原料的最低报价。若是向供应商采购品种较多，可以将要采购品种的空白报价单以及采购规格表送交各供应商，在取得各供应商的报价单后，认真比较。一般说来，每种原料至少要取得三个供应商的报价，然后选择价格最低的供应商。酒店餐饮企业在最终定价前，要每天派采购人员进行价格市场调研，综合考虑最新的市场价格信息与供应商的报价及其他有关信息，制定一个酒店和供应商双方都能接受的价格。

（2）多数最低价法。如果餐饮采购的每一种原材料都要通过最低报价法购得，必然需要多次采购，需要投入很大的人力、财力去完成采购、验收和处理账务工作。最低报价法虽然控制了原料成本，但增加了采购的人力成本，并且工作程序复杂、操作困难。酒店在得到各供应商报价后，也可以不选择最低价格者进行采购，而是对照各供应商报价，考虑与各供应商的长远关系等因素，选择多数原料价格最低的供应商，与该供应商协商，使所采购原料的价格多数降为最低。因而，多数最低价法是一种很好的权衡办法，对提高酒店的综合采购效率大有帮助。

2. 根据市场行情适时采购

采购人员要及时关注市场供需关系，当某些原料供过于求、价格低廉，厨房生产大量需求，只要质量符合标准并有条件储存，可利用这一机会及时购进，以减少价格回升时的开支。当时令性原料刚上市时，价格会日渐下跌，这时的采购量应尽可能少，以满足日常的短期生产为标准，等市场价格相对稳定时再行添购。

3. 尽可能减少中间环节

目前多数餐饮企业的原料都是从中间供应商处采购，这样势必会增加原料中间流通环节的成本。如果能从制造商或种植、养殖者处直接采购，就可以获得相对低廉的原料价格。省去一些中间环节，对节约生产成本大有好处。近年来，也有不少餐饮企业从经营特色和节约成本角度出发，建立了自己的无公害、绿色蔬菜生产基地、禽畜饲养基地，既保证了原料质量，又省却了中间流通环节，降低了原料成本，可谓明智之举。

4. 控制大批量原料和贵重原料的采购权限

大批量原料和贵重原料是影响厨房生产成本的主体。因而，有些酒店规定由行政总厨在综合各厨房情况后提供使用情况的报告，采购人员提供各供应商的报价信息，具体向谁购买、购买数量多少，由酒店决策层研究后决定。

**（四）质量控制**

1. 餐饮原料的质量

餐饮原料的质量通常是指原料的新鲜度、成熟度、纯度、清洁卫生情况、固有的质地等。原料的质量要求既包括对原料的品质要求，也包括对原料的使用要求，往往会根据各自的特殊需要作出详细规定，如原料的产地、等级、性能、大小、个数、色泽、包装要求、肥瘦比例、切割情况、冷冻状况等，将这些规定写成书面的形式作为与供应商沟通的依据，明确原料的有关质量要求，避免产生分歧，作为供应商供货、酒店验收的依据，从而指导采购。

2. 采购规划书

使用采购规格书进行采购的最大好处在于明确规范商品细目，有效维持商品标准化，确保原料采购质量。采购规格表由于条目清晰，可以减少采购错误、规格不符等情况的发生，更可提醒采购人员留心物品的尺寸、重量、数量等不同要求。这份表格同时也可提供给验收人员及管理人员，使核对、管理工作有依可循。采购规格表至少反映原料品名、产地、部位与形状、色泽与外观、气味与味道、原料出料率、发货条件和时间等方面的内容。

**（五）数量控制**

餐饮原料采购不仅要符合质量要求，也要满足酒店餐饮生产经营所需的数量要求。各类原料的采购频率和采购数量取决于原料的使用生命期和日需要量。如果采购的原料数量不足，会造成菜品断档，影响酒店声誉。同样，超量采购易造成原料积压，增加餐饮原料成本。为使原料的供给既够用又不过多的剩余，管理者要指导采购员合理控制原料的采购量，同时根据不同类别的原料采取不同的采购策略。

1. 鲜活易坏原料的数量控制

这类原料购进之后须立即使用，用完后再购买新的原料。因而，这类原料的采购频率较大，一般要求每日采购。

鲜活原料的采购原则是基本不存货，急需原料实行紧急采购，可由厨师长填单，经财务部和行政总厨共同签字后直接采购，再由厨师长验单。总体来说，鲜活原料的采购方法有以下两种：

（1）根据实际用量采购。根据实际用量采购，即要求采购人员每日检查库存余量。为方便采购，厨师长要协同采购人员将每日要采购的原料编制成原料采购清单。清单上列出所有日常采购原料的品名和规格、应备用量、现有存量、须采购量等，同时还要加上供应商报价、实际采购量和实际价格。

酒店可将材料清单印制多份，每日使用一张。各个厨师长根据客源预测量填写每日原料的应备量，然后根据库存账款，填上现有存量和须采购量。各厨房将采购单交给采购人员汇总再进行采购。根据这种方法采购，原料的采购数量需要每日确定。

原料采购清单的使用，可节省厨师长和采购人员的工作量，他们无须每日填写须采购原料的品名，同时还能帮助控制采购数量和采购价格。采购清单与采购规格表联用，能使采购数量、质量以及采购价格标准化，在一定程度上限制供应商与采购人员相互串通的舞弊行为。采购清单要留出一些空格，以便填写须采购的特殊原料以及一些特殊要求。

（2）长期订货法。厨房生产中还有一些原料，其本身价值不太高，但其消耗量大，所需数量也较稳定，这类原料如果根据实际用量每日采购显然太费工费时。因此，可采用另一种更为简便的方法，这就是长期订货法。适用于采购调味品、奶制品、鸡蛋、常用蔬菜、水果和常用饮料等原料。企业可与一家供应商签订合同，以固定价格每天向酒店供应规定数量的原料。对这些低价值原料，采购员不必天天联系和检查存量，可节省工时。长期订货法还可用于价值低、消耗量大、占地大又天天须补充的原料，如卫生纸、啤酒、饮料等。

2. 仓储原料的数量控制

为加强对非易坏性物资的采购管理，可根据不同的存货定额决定采购原料数量，即对此类原料确定标准储存量。标准储存量就是一项物资在库房中储存的最高存量。由于客源量的预测不可能十分精确，同时采购后供货单位发货也可能会因某些意外而推迟，因而在所需原料的总量上还须加一定的保险储存量。管理人员可根据库房的储存面积、原料的可得性和流动性资金多少确定同类原料采购的间隔天数，再根据各项原料预计的日需要量算出各项原料的标准储存量，其计算公式为：

标准储存量=日使用量×定期采购间隔天数+保险储存量(库存安全系数)

管理人员或采购人员定期清点各种货物存量，掌握各项货物存量与标准存量的差额，计算出需要采购的数量，其计算公式为：

需要采购量=标准储存量-现存量+日使用量×发货天数

这种采购方法的优点是同类物资或同一供应商的物资，可定期在同一天采购，这样能减少采购次数和工时；每项物资确定标准储存量后，原料不会过量储存，采购数量容易决策。缺点是某些货物的实际用量大大超过预计数，采用定期采购法不易发现货物短缺。为避免这种缺陷，对每项货物要订出最低储存量。当货物减少到最低储存量时，不管是否是定期采购的日子，也要进行补充采购。其计算公式为：

最低储存量=日使用量×发货天数+保险储存量

以上介绍的是用限制最高和最低储存量的方法确定订货量，使用这种方法必须先决定每一项物品的最低和最高储存量，并向采购人员说明订货时不得少于最低储存量，否则会影响经营。超过最高储存量则不得再行采购，以防原料积压。

## 二、验收管理

酒店餐饮的验收管理是保证采购原料的数量、规格、产地、质量等符合采购标准的重要控制环节。如果不严加控制，供应商发送的货物会有意、无意地超过订购量；或者可能短斤少两；或者质量不符合酒店的要求，高于或低于采购规格；账单上的价格也往往与商定的价格大有出入。因而验收也是餐饮管理和成本控制中不可缺少的重要环节，主要包括以下 4 方面。

### （一）数量验收

验收人员对进货数量进行验收时，要检查发送原料的实物数量与订购单和账单上的数量是否相符。带外包装及商标的货物，在包装上已注明数量、重量，要仔细清点。必要时要抽样称重，核实包装上的重量是否正确，无包装的货物要过称称重。订购单上有采购货品的品名和数量，要检查发送货物的品种和数量是否与订购单上的一致。有的供应商为设法多销售，将没有订购的货物也送来，或订购的货物多送。供应商送来的账单也有货物的名称和数量，要检查账单上列出的品名是否都收到，数量是否正确，重量是否充足。数量验收时，还要注意有无注水、掺杂、多余包装物及表里不一等现象。按单据所列单位，计量验收，做到准确无误。

### （二）质量验收

验收人员要检查实物原料的质量和规格是否与标准采购规格相吻合，账单上的规格是否与订购单上的一致。为防止供应商和采购员以次充好，验货时必须要对照标准采购规格仔细核对。罐头食品要检查罐体是否有变形，要注意保质期是否过期。蔬菜、水果是否有腐烂。肉类的规格有时要用尺量，检查是否是规定的部位并留意是否掺水。饮料要注意商标牌与订购单和账单是否相一致。有必要时，特别是大批量采购时，对罐头和瓶装食品饮料要抽样检验质量是否合格。

### （三）价格验收

价格验收指检查账单上的价格与订购单上的是否一致。有些供应商在订购时答应了某价格，但在开账单时会有意或无意提价。验收人员若不注意对照订购单认真检查，往往会蒙混过关，使酒店遭受损失。

### （四）验收程序

验收程序分为以下 4 个步骤。

1. 依据订购单和送货发票核实收受项目

验收人员在验收过程中必须核实进货的原料是否与订购单上的相符。凡未办理订购手续的物品一律不予接收，避免使不需要的物品进入库房。如果发送数量与订购单数量不符，多发送的货要退回并重开账单。数量不足，可要求补回或重开发票。如果进货原料不符合标准采购规格，要坚决退回，并填写退料通知单。

2. 根据采购规格书检查物品质量和规格

经过检查发现有数量不足或规格不符的，要填写数量和规格不准通知单。验货时，要求送货人员在场，共同清单验收，对于不合格的物品要得到对方认可。退料通知单和数量、规格不准的通知单要让送货员签字。验收员要将通知单连同发票副本退回供应商。

3. 受理签字盖章及送库储存

验收人员在对原料的质量、数量、规格、名称和凭证等验收完毕后，要在账单上加验收章并签字，账单的正本送财务部，作为记账交款凭证，副本退回供应商留存。

4. 填写有关验收报表

验收人员要认真地填写清楚物品进货日期、供货单位、货物品名、数量、单价、金额及验收人。

## 三、储存管理

为保证餐饮经营活动持续、稳定进行，餐饮原材料有适量存储的必要。储存管理是验收后的又一项重要管理内容，要求通过科学的管理手段和措施保证餐饮成本得到有效的控制，体现在以下两方面。

### （一）仓库的设计要求

仓库的位置、面积、分类、温度、湿度、光线、安全卫生条件等直接影响原料质量和仓库成本。

1. 位置

为便于将原料从验收处运入仓库，并且方便从仓库送至厨房，仓库位置尽可能位于验收处与厨房之间，且距离越近越好。

2. 面积

仓库的面积要根据酒店餐饮经营规模合理确定。仓库面积过小，就难以保证足够的库存以满足酒店餐饮业务经营的需要。仓库面积过大，会增加资金占用，增加仓库能源费用和维修保养费用。根据有关资料，餐饮仓库的面积一般为餐饮经营总面积的 10%～12%。从目前市场趋势来看，一方面宾客对菜肴的新鲜程度要求越来越高，另一方面市场商品越来越丰富，所以仓库的面积要求有缩小的趋势。

3. 分类

餐饮原料储存库一般可以分为干藏库、冷藏库、冷冻库及酒水饮料库四类。餐饮原料的储存一般分为干藏和冷藏两大类。常温下可保存的原料应采用干藏，而须低温或冷冻的原料则应采用冷藏。由于各类食品原料对贮存的条件要求不同，所以，酒店应设计不同功能、不同类别的仓库，以满足不同原料存储需要。

4. 温度

不同类型的仓库温度要求有差异，干藏库最佳温度为 10℃，一般控制在 10℃～22℃；冷藏库应设计在 0℃～4℃；冷冻库则须保持在-24℃～-18℃。酒水饮料库应设在阴凉处，要注意防止因与特殊气味的原料一起储存而串味。啤酒的储存温度最好在 4℃，葡萄酒储存的最佳温度为 12℃～15℃，烈性酒无特殊要求。

5. 湿度

不同类型的仓库湿度要求也不同，干藏库的相对湿度应控制在 50%～60%；水果蔬菜冷藏库的湿度为 85%～95%；肉类、乳制品及混合冷藏库的湿度应保持在 75%～85%；冷冻库则应保持高度湿度，以防干冷空气从食品原料中吸取水分。

6. 光线

所有食品仓库均应避免阳光的直射。在选用人工照明时，应挑选冷光灯，以防止由于电灯光热，使仓库的室温升高。干藏库一般以每平方米 2W~3W 为宜，如需玻璃门则应使用暗玻璃以防阳光直接照射库存食品原料；酒水饮料中的葡萄酒一般应避光贮存。

7. 安全卫生条件

为了确保安全和卫生，餐饮食品仓库的设计均须符合消防部门、公安部门和卫生防疫部门的要求。同时应注意配备良好的通风设备及下水道，以便保持空气流通和设备的清洗，并配备适量的货架、容器，避免食品直接置于地面、靠墙摆放及裸露散放，造成食品原料污染或变质。

**（二）储存管理要求**

1. 入库要求

所有购置回来的原料均应及时入库，以防变质散失。入库的原料均应系上标签，注明入库时间、数量等，便于领用发放、盘存清点，并利于掌握贮存时间，做到先进先出。

2. 存放要求

（1）分类存放。食品原料应根据不同的性质和贮存的时间要求，存入不同的库房。干货、罐头、米面、调味品等无须冷藏的食品应放入干藏库；果蔬、禽蛋、奶品等存入冷藏库；须冷冻的海产品、家禽等放入冷冻库；活的海鲜水产品应放入海鲜池。

（2）科学摆放。食品原料摆放应该科学合理，做到便于领取发放，便于原料盘存。经常采用的摆放方法主要有三种：

① 定位摆放，即根据仓库布局，合理规划各类不同食品原料的摆放区域，实行分区定位摆放。

② 编号对应，即把食品原料按主要种类、性质、体积、重量等不同情况，分别对应地摆放在不同的固定仓位上，然后对其进行统一编号，标出不同食品原料的库号、货架号、层号、位置号，并和账页上的编号统一对应。

③ 立牌立卡，即对定位、编号的各类物品建立料牌与卡片。料牌上写明物品的名称、编号、到货日期，并涂上不同的颜色加以区分。卡上填写记录物品的进出数量和结存数量。

（3）保持清洁。仓库要保持清洁，保证库存原料安全清洁存储。仓库要及时通风，如干货库存的空气应保证每小时更换四次。对贮藏库每天进行清理，冷藏库每周清洗一次。放置于货架上的带汁食品应用器皿盛放。发现腐败变质食品应立即取走，并清洗干净，避免污染其他原料。每天清洁地面，用消毒液拖地，定期清洗墙壁、货架等设备。专人负责杀虫灭鼠。当贮存的数量降到最低时，及时安排冷藏库的清扫除霜。规定仓库卫生标准，并经常检查贮藏库卫生是否达标。

（4）保证安全。配备专用锁系统，并及时上锁。限制仓库进出人员。经常检查定期盘点。加强监控，安装监控系统。做好仓库防火、防盗、防事故发生的预防工作。

3. 建立库存卡制度

食品原料贮存应有严格的登记制度，要能准确反映食品原料在入库、发放、存货等方面的时间、数量、价格和价值等情况，有效控制存货量、订货量和发货量，确保食品原料的利用达到最理想的程度。

建立库存卡制度有利于方便货物的保管、盘存、补充，从而加强对库房的管理。库存卡的内容信息主要包括五部分。

（1）货物进货信息。主要包括进货日期、数量、单价、金额及账单号，以防丢失。

（2）货物的发货信息。主要记载原料的发料情况，每一笔原料的使用去向、数量、金额，以便核对。

（3）结存量信息。主要记载货品结存的数量、单价、金额，以便控制货物短缺。

（4）采购信息。主要记载标准库存量、订货点存量、订货量、订货日，为采购管理提供方便。

（5）货品位置信息。主要标明货物的货架号，与货架卡配合使用，以便库房管理员寻找和盘点货品。

库存卡管理制度中的管理卡主要有库存卡、货架卡和领料单。库存卡采用永续活页方式记录，按种类归类，以货物存放的固定顺序作为库存卡的编排顺序，以便查找。货架卡记录货品的一些基本信息，粘贴在货架上，以便货品核对、查找和盘点。领料单与库存卡配合使用，以便有效控制发货并对成本核算起到重要作用。

4. 原料盘存管理

盘存原料工作是一次全面彻底地核实清点仓库存货、检查原料的账面数字与实际贮存数是否一致的工作，是原料贮存管理工作的一个重要措施，通常每月一次，必要时，盘存工作可随时进行。

原料盘存工作不能只由仓库管理员经手，还要有酒店财务部门专人负责。使用永续盘存卡，可随时掌握库存原料的最新存量，便于及时补充原料和进行发货控制。

原料盘存时，必须对每一种库存原料进行实地清点核对数目，检查实际库存数是否与账面数字相符，并记入存货清单。如实际数字与账面数字不相符，则应重新点数库存原料，或查询原料的进货记录和发料记录。如仍不能纠正数字错误，则应根据原料的实际库存数修改账面数字。

永续盘存卡的编排次序和存货清单上原料的编排次序应与仓库原料存放实际次序保持一致，从而能够节省人力和时间，避免遗漏。

清单结束后，应立即计算各种原料的价值和库存原料总额，作为本期原料的期末结余。因不同原料的进价不同，且同一原料的市价也有变化，所以盘存工作的关键应在于计算各种原料的价值及如何决定原料的单价，这关系到原料总额的计算。

## 四、发放管理

### （一）发放原则

餐饮原料发放的原则是：一是保证厨房餐饮生产的需要；二是有效控制厨房的用料数量；三是正确记录厨房用料成本。要达到此目的，必须做好以下几点：

1. 定时发放

定时发放，即规定发放时间的食品原料，并不是全天 24 小时发放。此举的意义是便于仓库管理人员有充分的时间检查、整理仓库，同时，也有利于促进厨房管理人员树立计划意识，养成计划管理的习惯。

2. 凭单发放

凭单发放，就是要求凭领料单发放。领料单是厨房领料和仓库发料的凭证和依据，必须手续齐全，填写准确清楚，符合酒店管理规定。

3. 先进先出

先进先出，即食品原料入库时必须注明入库日期，并做到先入库的食品原料先发放，注意食品原料的保质期，保证在食品原料的保质期内使用。

4. 准确计价

准确计价，即食品原料出库后，仓库员必须在领料单上列出各项原料的单价，计算出各项原料的金额，并汇总领取食品原料的总金额，以便计算餐饮的食品成本。

5. 正确如实记录食品原料使用情况

如实记录，就是有些原料不在领取日使用，而在第二天或此后某天使用，则应在原料领用单上注明该原料的消耗日期，以便把该原料的价值计入其使用日的原料成本。有些原料则是一次领用，分次使用，则应分天计入，以便核算成本。至于各部门之间的内部调拨，则同样应办理必要的手续。

**（二）直发原料发放程序**

直发原料及应在短时间内使用的易坏性原料通常从验货处直接输送到各用货单位，并不是采用向仓库领料的方式。

（1）依据订购单，通知厨师长，在规定的时间内派专人领用；

（2）填写领料单；

（3）进价发出；

（4）直发原料计入当日成本。

实际上直接发料至各用货部门的食品原料并不一定当天消耗完，可能数天后才能用完，但还是应计入领料单当天的食品成本。

**（三）库存原料发放程序**

1. 审核单据

厨房向仓库领用原料必须填写领料单。领料单一式三联，由厨师长填写，一联交与仓库作为发料凭证；一联由厨房留存，用以核对领到的原料；第三联则应交给成本控制部门。仓库管理员接到领料单应进行查验，通常情况下，贵重原料的领料单应由厨师长签字，普通原料应由领班签字，管理员确认签字后方可发放原料。

2. 凭单付货

仓库管理员根据领料单上填写的货品名称、数量等信息，进行领料单、库存卡及货品的三方核对，核准货品名称，清单数量等信息后准确发料。发料后应清点结存数量并填写库存卡。

**（四）计价方法**

要计算库存原料的价值，必须确定库存原料的计价方法。在实际清点各种原料后，与各种原料的单价相乘便可得到各种原料的价值，各种原料的价值相加便得到原料的库存额。

然而，有时同种原料在不同时间的进货价格是不同的，在计算库存额时，有必要先确定库存原料的单价。计算库存原料价值的方法有以下几种：

1. 实际进价法

如果酒店在库存的原料上粘贴或挂上标签，标签上注明进货日期及单价，那么采用实际进价法就比较简单，也最合理。

2. 先进先出法

如果不采用原料标签注明价值，可按照库存卡上进货日期的先后，采用先进先出计价法。先购进的原料，在发料时先计价发出，而月末库存则以最近价计价。

3. 后进先出法

由于市场价格呈上涨趋势，采用后进先出法可使计入餐饮成本的原料价值较高而计入库存货的价值较低。这样出现在经营情况表上的经营利润会偏低，可以少交所得税。当然，在实际发料时，还是坚持将先进的原料先发出，只是价值的计算采用后进先出法。

4. 平均价格法

如果饭店采购的原料市场价格波动较大，采用上面方法计算太复杂时，也可采用平均价格法。平均价格是将全月可动用原料的总价值除以总数量而得到的单价，用此价格再乘以月末库存数量就可得到月末库存额。

5. 最后进价法

如果酒店不采用原料标签，也无库存卡显示每次进货价格，可采用最后进价法。一律以最后一次的进货价格来计算期末库存的价值。这种方法最简单，当然库存额也不太精确。

酒店要根据财务制度和库存管理制度确定一种计价方法，并统一按该方法计算，不能任意变动。

**（五）库存周转率**

酒店餐厅经营需要有足够的库存来保证供应，但过多的库存会导致以下问题：

（1）食品原料容易变质；

（2）库存占压资金增加；

（3）由于存货增加而引起的劳动力成本上升；

（4）占用过多的库存空间；

（5）食品被盗机会增加。

由于酒店餐饮产品的销售存在周期性，食品原料的供应存在季节性，原料市场又存在不确定性，因此，要为酒店确定一个固定不变的存货量是不可能的。餐饮管理人员应根据本酒店的具体情况，确定适当的原料存货水平。

在确定原料存货水平时，经常使用的一种方法就是计算库存周转率，衡量食品原料在一定时期内的订购和使用次数。库存周转率也是衡量酒店效率管理的一个重要指标。

库存周转率的计算，可用下列公式：

库存周转率=原料成本÷平均库存

原料成本=月初库存+本月进货-月末库存

平均库存=(月初库存+月末库存)÷2

库存周转率大，说明每月库存周转次数多。一般来说，食品原料的库存周转率为每月2~4次，但并不是所有原料都是以同样速度周转。许多鲜货原料每天周转一次，而有些干货原料数周甚至数月周转一次。

周转率过高，容易造成原料供不应求；而周转率太低，又会积压资金，造成浪费。因此，企业管理人员应经常分析库存周转率，以保持适度库存。

## 第三节 餐 饮 服 务

餐饮服务是餐饮管理的重要环节，因为这是直接对客服务的环节，餐饮服务的好坏直接影响宾客对酒店的印象，直接影响酒店餐饮经营指标的实现。餐饮服务体现在以下两方面。

### 一、餐饮服务流程

餐饮服务是从迎客到送客的整个过程，在整个过程中服务员要热情周到、和蔼可亲地为顾客提供优质服务。酒店餐饮服务流程一般包括以下八个步骤：

#### （一）招呼宾客

对于所有的宾客，服务员都应该真诚、热情欢迎，并使他们感觉到真正受到欢迎，受到尊重。要愉快地向宾客打招呼，用“早上好”“晚上好”“欢迎光临”等礼貌语言迎接宾客，并为宾客寻找合适的位置。

#### （二）引客入位

有些宾客已经预定餐桌或包房，在这种情况下，服务员应了解宾客是否有预订。如有预订，应查阅预订单或预订记录，将宾客引到其所订的餐桌。如果宾客没有预订，应根据宾客人数的多少、宾客喜好、年龄及身份等选择合适桌位。

当选定餐桌后，就该引宾客入座。宾客到餐桌边时，为女士选择位置并帮助入座。在大的团体里，则先让年长的女士入座，需要时再帮助其他女士入座。

#### （三）呈递菜单

宾客坐稳后，把菜单呈递给宾客。一般情况下，菜单是从宾客的左边递给宾客的。对于夫妇，应先呈递给女士。如果是团体，先递给主人右手的第一位宾客，然后沿着餐桌，逆时针方向依次递给宾客。

#### （四）解释菜单内容

服务员应对本酒店餐饮情况有详细了解，对菜单上顾客有可能问及的问题有所准备。对每一道菜的特点要能够准确地进行解释和描述，例如，菜品的口味、特色、典故、原料构成、销售情况等，为宾客选择菜肴提供辅助信息。

#### （五）就餐服务

1. 点菜服务

待宾客看过菜单后，便可礼貌地站在宾客后侧约 50 厘米处，征询宾客的意见开始点菜。点菜时要掌握宾客的心理特点、就餐目的、口味要求，并运用一定的语言技巧，针对性地介绍菜点、酒水及其价格，推荐本餐厅特色菜、特价菜、创新菜等，让宾客能够领略到本餐厅菜点的特色。

在宾客点菜之前，服务员应在事先准备好的点菜单（器）上写明宾客的餐桌号、进餐人数、日期、服务员自己的名字或工号。

2. 酒水服务

根据宾客所点的酒水摆上相应的酒杯、饮料杯，并撤去餐桌上多余的酒杯，用托盘将酒水送到宾客面前，按操作要求进行斟酒。斟完第一杯酒后，可将剩余的酒水放在餐台的一角或放在附近的工作台上，以备随时为宾客续酒。

3. 上菜服务

上菜时应遵循服务规范，按顺序上菜，对于特色菜、风味菜要报菜名，并给以适当的介绍，及时回答宾客的询问，征求宾客对菜肴的评价，并将各种信息及时地反馈至领班。当最后一道菜端上桌时，要通知主人，并询问是否还有其他要求。

4. 餐间服务

就餐服务是点菜服务的继续，也是餐饮服务中时间最长、环节最复杂的服务过程。服务员必须经常在宾客台边来回巡视，以便随时为宾客服务。及时添续茶水、斟酒，对餐盘、餐具、烟灰缸进行撤换，保证餐桌卫生清洁。宾客对菜肴的质量有意见时，应冷静考虑，认真对待，若菜肴确实有问题，应立即道歉，并征得厨房或主管的同意后马上更换一道质量好的菜肴。如宾客无中生有，无理取闹，则报告主管或经理，请他们处理。

**（六）结账服务**

1. 结账准备

在给宾客上完菜后，服务员要到账台核对账单，当宾客要求结账时，立即去收银处取回账单。

2. 递交账单

走到宾客右侧，打开账单，账单账面朝向宾客，并礼貌地说："女士/先生，这是您的账单，请过目。"

3. 结账方式的选择

结账的方式有多种，可以现金、二维码、结账，也可以用支票、签单、信用卡等支付方式。在用支票收款时，需要识别真伪，按有关规定要求宾客出示有关证明身份的证件，并进行签字。当宾客结账要求签单时，需要出示房间钥匙，并请宾客在账单上填写房号及本人签名。

结账完毕后，征询宾客的意见或建议，虚心听取宾客对就餐方面的意见，以便不断改进工作、提高服务质量。

**（七）送客服务**

宾客结账后不想马上离开时不能催促，不要做出催促宾客离开的错误举动。宾客离开前，如有未吃完的菜肴，在征询宾客同意的情况下，可主动将食品打包。宾客起身离开时，应主动为其拉开座椅，提醒宾客携带好随身物品，协助宾客穿外衣，提醒携带随身物品。要礼貌地向宾客道谢，欢迎他们再来。

**（八）餐后工作**

宾客离座后，应及时检查客位附近有无宾客遗留的物品，若发现有，要及时交还给宾客或上交有关部门。服务人员立即清理餐桌，重新摆台，并安排下一批宾客就餐。清洁时应注意文明作业，保持动作沉稳，不要损坏餐具物品，也不应惊扰正在用餐的其他宾客。要注意周围的环境卫生，不要将餐纸、杂物、残渣乱洒乱扔。清扫完毕后，应立即开始规范摆台，尽量减少宾客的等候时间。营业结束后，要对餐厅进行全面的检查，结算一天的账务，清扫地面，分类送洗，整理餐具，安全检查，关闭水、电、火等设备开关，关闭门窗，保证安全。对自己的岗位工作情况做一个简单的小结，一是整理宾客意见，二是填写工作记录，以便以后工作的改善。

## 二、餐饮服务礼仪

服务礼仪在餐饮经营中占有重要地位，优质的餐饮服务能够提升酒店的形象和档次，促进酒店餐饮经济效益；而较差的餐饮服务会严重影响酒店在顾客心目中的形象定位，导致酒店餐饮经营惨淡，可以这么说，服务决定酒店餐饮经营的成败。在餐饮服务工作中，服务礼仪渗透在餐饮服务的方方面面，贯穿于服务过程的始终。作为餐饮工作者，必须熟练掌握餐饮服务的各种礼节、礼貌规范。餐饮服务礼仪在中餐和西餐服务礼仪在细节上有所区别，下面将分别进行介绍。

### （一）中餐服务礼仪

1. 迎候礼仪

（1）到岗准时。提前 15 分钟到岗，整理仪容仪表，换好工作服，佩戴员工牌，在分管的岗位上等候开餐，迎接宾客。餐厅多是站立服务，在站立时要注意姿势规范。

（2）微笑迎客。宾客进入餐厅时，值班餐厅经理或专职的迎宾员站在餐厅门口迎接，宾客会因为服务人员温暖的微笑而对酒店形成一个良好的印象。在微笑的同时，还应热情问候。

2. 引座礼仪

服务员给宾客领位时要用左手为宾客指引方向，四指并拢，手心向上，同时说：“这边请，先生/小姐。”服务员领宾客进餐厅时，在宾客前边和宾客保持距离约 1 米左右，随着宾客的步速，将其引到合适的餐位；在遇到转弯或进入包房时，要伸手示意，领到座位时要为宾客拉椅让座。

3. 餐前服务礼仪

（1）斟茶礼仪。中国有餐前饮茶的习惯，服务员在斟茶倒水时，不要倒满，要倒到水杯的四分之三处。俗话说：酒满敬人，茶满赶人。斟茶要注意不可碰到嘴唇接触杯口部分，以满足宾客的卫生要求。要先给女主人或女宾斟茶，从宾客的右边斟茶。斟茶后，将茶杯的柄转到宾客右手方便可握的角度，方便宾客饮用。

（2）递香巾礼仪。餐前给宾客呈递香巾时，要注意用夹子夹住香巾角，打开递到宾客面前，并说“请用香巾”。但撤香巾时则不应再用夹子去夹，以防宾客产生交叉感染的联想。

（3）点菜礼仪。递菜单时应站立在宾客座位的左侧，点头微笑双手递上。呈菜单后，可以离开一会儿，让宾客从容地选择。然后回到桌边，和蔼地询问宾客是否准备点菜。宾客点菜时应当好参谋，根据宾客的人数、性别、身份及籍贯主动向宾客推荐合适的菜肴。

宾客点菜完毕后，应向宾客复述一遍，以确认菜单是否正确，对宾客的特殊要求也要记在菜单上。

4. 餐中服务礼仪

（1）上菜礼仪。服务员要注意上菜顺序，一般是先酒后菜，先冷菜后热菜，先咸味菜后甜味菜，先厚味菜后清淡菜，先炒菜后汤菜，先荤菜后素菜，先酒菜后饭菜，先菜肴后点心、水果。

上菜时用右手操作，并说“对不起，打扰一下”，提醒宾客注意。将菜轻轻地放到转台上并顺时针转动转台，将所上的菜，转至主宾面前，退后一步，报菜名：“清蒸鲈鱼，请品尝”，并伸手示意，要声音洪亮，委婉动听，视情况作适当介绍。上菜要掌握好时机，当宾客正在讲话或正在互相敬酒时，应稍微停一会，等宾客讲完话后再上，不要打扰宾客的进餐气氛。上、撤菜时不能越过宾客头顶。

带头的菜品，如烤乳猪、全鸡、全鸭等，头部一律朝右、脯部对准主人，孔雀和凤凰等冷盘，须将其正面对着主位，以供主宾和主人欣赏。

（2）餐中礼仪。宾客进餐过程中，服务员应为宾客及时加添饮料、更换烟缸、味碟。有些菜品要进行分菜，分菜前先将菜端上桌并报菜名，用礼貌用语“请稍等，我来分一下这道菜”，然后再进行分派；用叉勺分菜时，左手托菜盘(菜盘下垫口布)，右手拿分菜用的叉勺，从主宾左侧开始，按顺时针方向绕台进行，动作姿势为左腿在前，上身微前倾。分菜时做到一勺准，不允许将一勺菜或汤分给二位宾客，数量要均匀，可将菜剩余的再装小盘然后放桌上，以示富富有余；分汤及一些难分派的菜时，可用旁桌分菜法。在工作台上摆好相应的餐具，将菜或汤用分菜用具(叉、勺)进行均匀分派；菜分好后，从主宾右侧开始按顺时针方向将餐盘送上，注意要将菜的剩余部分，换小盘再上桌；服务员分菜时要注意手法卫生、动作利索、分量均匀；服务员在保证分菜质量的前提下，以最快的速度完成分菜工作；一叉一勺要干净利索，切不可在分完最后一位时，菜已冰凉；带佐料的菜，分菜时要跟上佐料，并略加说明。

（3）撤盘礼仪。先征得宾客同意，才能收撤菜碟。应在宾客的右边逐样收撤，先收筷子，后收碗、调羹、味碟。切勿在宾客面前刮盘子。

5. 结账礼仪

就餐结束后，及时送上账单，如果是一对夫妇就餐，账单先给男方；几人同时用餐，应问清楚宾客是一起结账，还是分开结账。送账单和找零钱都应用小托盘。结账要核实准确，收款要看清票面，点清数字，当面算清钱款。

6. 送客礼仪

宾客结账并不代表服务结束，服务员应继续服务，切忌做出催促宾客离开的举动。当宾客站起离开时，应帮宾客拉椅子。当宾客离去时提醒宾客不要忘记携带物品，如有可能应送到餐厅门外，并面带微笑：“欢迎您再来。”

**（二）西餐服务礼仪**

西餐服务经过多年的发展，各国和各地区都形成了自己的餐饮服务特色。西餐的服务常用的有法式餐饮服务、俄式餐饮服务和美式餐饮服务等。

1. 法式餐饮服务

（1）法式餐饮服务特点。传统的法式餐饮服务在西餐服务中是最豪华、最细致和最周密的服务。法国餐厅装饰豪华和高雅，以欧洲宫殿式为特色，餐具常采用高质量的瓷器和银器，酒具常采用水晶杯。通常采用手推车或旁桌现场为宾客加热和调味菜肴及切割菜肴等服务。在法式服务中，服务台的准备工作很重要。通常在营业前做好服务台的一切准备工作。法式服务注重服务程序和礼节礼貌，注重服务表演，注重吸引大家的注意力，服务周到，每位宾客都能得到充分的照顾。但是，法式服务节奏缓慢，需要较多的人力，用餐费用高，餐厅利用率和餐位周转率都比较低。

（2）法式餐饮服务方法。

① 法式餐饮服务的摆台。法式餐饮服务的餐桌上应先铺上海绵桌垫，再铺上桌布，这样可以防止桌布在餐桌上滑动，也可以减少餐具与餐桌之间的碰撞声。摆装饰盘，装饰盘常采用高级的瓷器或银器等。将装饰盘的中线对准餐椅的中线，装饰盘距离餐桌边缘1~2 厘米。装饰盘的上面放餐巾。装饰盘的左边放餐叉，餐叉的左边放面包盘，面包盘上放黄油刀。装饰盘的右边放餐刀，刀刃朝向左方。餐刀的右边常放一个汤匙。餐刀的上方放各种酒杯和水杯。装饰盘的上方摆放甜品的刀和匙。

② 传统的二人合作式服务。传统的法式餐饮服务是一种最周到的服务方式，由两名服务员共同为一桌宾客服务。其中一名为经验丰富的正服务员，另一名是助理服务员，也可称为服务员助手。服务员请宾客入座，接受宾客点菜，为宾客斟酒上饮料，在宾客面前烹制菜肴，为菜肴调味，分割菜肴，装盘，递送账单等。帮助宾客现场烹调，把装好菜肴的餐盘送到宾客面前，撤餐具和收拾餐台等。在法式服务中，服务员在宾客面前做一些简单的菜肴烹制表演或切割菜肴和装盘服务，而她的助手用右手右侧送上每一道菜。通常面包、黄油和配菜从宾客左侧送上，因为它们不属于一道单独的菜肴；从宾客右侧用右手斟酒或上饮料，从宾客右侧撤出空盘。

③ 上汤服务。当宾客点汤后，助理服务员将汤以银盆端进餐厅，然后把汤置于烹调炉上加热和调味，其加工的汤一定要比宾客需要量多些，方便服务。当助理服务员把热汤端给宾客时，应将汤盘置于垫盘的上方，并使用一条叠成正方形的餐巾，这条餐巾能使服务员端盘时不烫手，同时可以避免服务员把大拇指压在垫盘的上面，汤由正服务员从银盆用大汤匙将汤装入客人的汤盘后，再由助理服务员用右手从宾客右侧服务。

④ 主菜服务。主菜的服务与汤的服务大致相同，正服务员将现场烹调的菜肴，分别盛入每一位宾客的主菜盘内，然后由助理服务员端给宾客。如服务员为顾客服务牛排时，助理服务员从厨房端出烹调半熟的牛肉、马铃薯及蔬菜等，由正服务员在宾客面前调配作料，把牛肉再加热烹调，然后切分并将菜肴放在餐盘中。正服务员这时应注意宾客的表示，看他要多大的牛排。同时，应该配上沙拉，服务员应当用左手从宾客左侧将沙拉放在餐桌上。

2. 俄式餐饮服务

（1）俄式餐饮服务特点。俄式餐饮服务是西餐普遍采用的一种服务方法。俄式服务的餐桌摆台与法式的餐桌摆台几乎相同。但是它的服务方法不同于法式。俄式服务讲究优美文雅的风度，将装有整齐和美观菜肴的大浅盘端给所有宾客过目，让宾客欣赏厨师的装饰和手艺。同时也刺激了宾客的食欲。俄式服务，每一个餐桌只需要一个服务员，服务的方式简单快速，服务时不需要较大的空间。因此，它的效率和餐厅空间的利用率都比较高。由于俄式服务使用了大量的银器，并且服务员将菜肴分给每一个宾客，使每一位宾客都能得到尊重和较周到的服务，因此增添了餐厅的气氛。由于俄式服务是大浅盘里分菜，因此，可以将剩下的，没分完的菜肴送回厨房，从而减少不必要的浪费。俄式服务的银器投资很大，如果使用和保管不当会影响餐厅的经济效益。在俄式服务中，最大的问题是最后分到菜肴的宾客，看到大银盘中的菜肴所剩无几，总有一些影响食欲的感觉。

（2）俄式餐饮服务的方法。

① 分发餐盘。服务员先用右手从宾客右侧送上相应的空盘，开胃菜盘、主菜盘、甜菜盘等。注意冷菜上冷盘，即未加热的餐盘，热菜上热盘，即加过温的餐盘，以便保持食物的温度。上空盘依照顺时针方向操作。

② 运送菜肴。菜肴在厨房全部制熟，每桌的每一道菜肴放在一个大浅盘中，然后服务员从厨房中将装好的菜肴大银盘用肩上托的方法送到顾客餐桌旁，热菜盖上盖子。站立于宾客餐桌旁。

③ 分发菜肴。服务员用左手以胸前托盘的方法，用右手操作服务叉和服务匙从宾客的左侧分菜。分菜时以逆时针方向进行。而斟酒、斟饮料和撤盘在宾客右侧。

3. 美式餐饮服务

（1）美式餐饮服务特点。美式餐饮服务是简单和快捷的餐饮服务方式，一名服务员可以看数张餐台。美式服务简单、速度快，餐具和人工成本都比较低，空间利用率及餐位周转率都比较高。美式服务是西餐零点和西餐宴会理想的服务方式，广泛用于咖啡厅和西餐宴会厅。

美式餐饮服务的餐桌上也要先铺上海绵桌垫，再铺上桌布。桌布的四周至少要垂下 30 厘米。但是台布不能太长，否则影响宾客入席。有些咖啡厅在台布上铺上较小的方形台布，这样重新摆台时，只要更换小型的台布就可以了，可以节约大台布的洗涤次数。同时也起着装饰餐台的作用。通常每两个宾客使用一个糖盅、一个盐盅和一个胡椒瓶。

将叠好的餐巾摆在餐台上，它的中线对准餐椅的中线，餐巾的底部离餐桌的边缘 1 厘米。两把餐叉摆在餐巾的左侧，叉尖朝上，叉柄的底部与餐巾对齐。在餐巾的右侧，从餐巾向外，依次摆放餐刀、黄油刀、两个茶匙。刀刃向左，刀尖向上，刀柄的底部朝下，与餐巾平行。面包盘放在餐叉的上方。水杯和酒杯放在餐刀的上方，距刀尖 1 厘米，杯口朝下，待宾客到餐桌时，将水杯翻过来，斟倒凉水。

（2）美式餐饮服务方法。在美式服务中，菜肴由厨师在厨房中烹制好，装好盘。餐厅服务员用托盘将菜肴从厨房运送到餐厅的服务桌上。热菜要盖上盖子，并且在宾客面前打开盘盖。传统的美式服务，上菜时服务员在宾客左侧，用左手从宾客左边送上菜肴，从宾客右侧撤掉用过的餐盘和餐具，从宾客的右侧斟倒酒水。目前，许多餐厅的美式服务上菜服务从宾客的右边，用右手，顺时针进行。

## 关键术语

菜单设计（menu design）

固定性菜单（fixed menu）

宾客欢迎指数（customer welcome index）

销售指数（sales index）

平均消费额（average consumption）

每座位销售额（sales per seat）

座位周转率（seat turnover rate）

宴会设计（banquet design）

标准储存量（standard storage）

最低储存量（minimum storage）

餐饮物流管理(catering logistics management)

## 复习思考题

1. 菜单在酒店餐饮管理中的作用有哪些?
2. 菜单设计与管理工作需要注意哪些问题?
3. 酒店餐饮宴会设计工作需要考虑哪些问题?
4. 酒店餐饮采购过程需要控制哪些环节?
5. 中、西餐餐饮服务礼仪有哪些区别?

## 即测即评

## 扩展阅读

### 餐饮在酒店中的地位和作用

餐饮是酒店服务设施的重要组成部分。现代酒店主要靠客房、餐饮获得经济收入。酒店餐饮部一般餐厅类型较多。中餐厅、西餐厅、咖啡厅、宴会厅、酒吧间等各类餐厅比较齐全,其经营风味和产品类型也多种多样,档次相对较高,建筑面积相对较大,一般要占酒店总面积的30%左右。加之餐厅装饰布置档次较高,厨房设备和自动化程度较高,因而餐饮必然是酒店服务设施的重要组成部分。“酒店酒店,吃饭住店”,酒店管理必须在重视客房经营的同时,十分重视餐饮经营与管理,才能适应宾客需求,获得良好经济效益和社会效益。

餐饮是酒店经济收入的重要来源之一。现代酒店的经济收入主要来自客房、餐饮、康乐设施和商品经营四个方面。各酒店建筑设计的综合性程度、市场结构和客观条件不同,其收入结构也不完全一样。但就一般正常情况来说,餐饮收入大多占酒店总收入的30%~50%。比较合理的收入结构应该以4:4:2的比例为好。即客房收入占40%,餐饮占40%,商品和娱乐设施占20%。如果经营管理水平高,产品质量和服务质量优良,市场声誉和品牌信誉度高,酒店餐饮收入可以超过客房而成为其主要收入来源。所以,加强餐饮管理是增加酒店收入、调整收入结构的重要出路。

餐饮是塑造酒店形象和声誉、促进地区经济文化交流的重要业务部分。现代酒店餐饮服务项目较多。除一般零点服务、旅行社的团队用餐服务外,还有各种宴会、酒会、冷餐会、茶话会、谈判、签约服务和酒吧、KTV包房服务,还可以举办各种食品节、美食节、食品周等主题餐饮经营活动。这些服务都是以餐饮宴会为表现形式的社交活动方式。市场各类宾客或客户之所以要利用酒店、宾馆举办这些餐饮活动,都是为了政治、经济、文化交流及各种具体的目的，而酒店餐饮管理根据市场宾客或客户的这些需求举办、开展这些活动，提供优良环境、优质服务，必然能够塑造和提高酒店形象和声誉，扩大酒店知名度和美誉度，必然能够促进国家和地区的经济文化交流。

酒店餐饮对地区经济发展也有重要作用。酒店餐饮是社会餐饮业的一个重要分支。在全国各地区、各城市和重点旅游景区，酒店餐饮不仅档次高，而且占有相当大的规模。这种餐饮对地区经济发展的促进作用主要表现在四个方面：一是对活跃地区经济、繁荣市场作用具有促进作用；二是对地区食品原材料，包括各种肉类、鱼类、海鲜、蔬菜、副食品的生产流通有重要推动作用；三是因餐厅、厨房建设和装饰布置需要而对建筑、装修行业的发展有促进作用；四是对扩大地区劳动就业有直接和重要的扩散作用。一般来说，餐饮行业每吸收一个直接就业人员，可以带动上述四个方面的间接就业人数达 5~7 人。

节选自蔡万坤，刘捷，田彤．新编酒店餐饮管理．广州：广东旅游出版社，2004.

# 第七章　酒店康乐管理

**本章导读**

本章主要阐述了酒店康乐部的设计与管理问题，共分为两节：第一节介绍了酒店康乐部的服务事项，康乐部的任务以及康乐部的主要岗位职责；第二节按照康乐项目的性质类别，分别介绍了酒店康体项目的分类与管理，酒店娱乐和保健休闲项目管理。

康乐部是为宾客提供康乐项目和服务的部门，在现代酒店各部门中，康乐部的地位与作用日益突出。作为一种较高档的消费品，它应该能满足人们适当超前的需求，引导人们的消费潮流，而且它很好地迎合了现代人对健康和娱乐的需求。当今的许多酒店已经发展成集餐饮、住宿、购物、康乐于一体的综合性经济实体。随着中国居民收入水平的不断提高，越来越多的消费者开始对酒店的康乐项目和服务提出了更高的要求，为宾客提供康乐设施和服务已成为酒店发展的趋势。

## 第一节　酒店康乐部管理

随着酒店行业的发展，康乐部已经成为与客房部、餐饮部并列的酒店三大支柱产品部门，给酒店带来可观的经济效益和社会效益。康乐部管理分为服务事项管理、特色与文化、机构设置与岗位职责。

### 一、服务事项管理

#### （一）服务事项管理内容

酒店康乐部的服务事项是满足宾客在康乐方面的需求，为宾客提供康乐项目和服务。具体包括开发、设计康乐服务项目，提供康体运动服务、娱乐服务、保健休闲服务，做好康乐设施设备管理、安全卫生管理工作等。

1. 开发、设计康乐服务项目

根据酒店经营目标和市场定位，迎合消费者需求，开发设计适宜的康体运动、娱乐项目、保健休闲服务项目，做好项目论证、开发、运营和管理工作。

2. 康体运动服务

为宾客提供健身、高尔夫球、保龄球、游泳等康体运动服务，做好项目咨询服务，为宾客提供技术指导、场地服务，并根据宾客需要提供陪练、教练服务。做好康乐运动项目各种设施设备日常管理和维护，处理宾客对康体运动项目服务的投诉。

3. 娱乐服务

为宾客提供棋牌娱乐、卡拉 OK 娱乐等项目服务，做好项目咨询服务，为宾客提供技术指导、场地服务，为宾客提供娱乐中的餐饮、酒水、饮料服务。做好娱乐项目各种设施设备日常管理和维护，处理宾客对娱乐项目服务的投诉。

4. 保健休闲服务

为宾客提供桑拿浴、美容美发等保健休闲项目服务，做好项目咨询服务，根据宾客个人体质，推荐适宜的护肤、护发及保健建议。做好保健休闲项目各种设施设备日常管理和维护，处理宾客对保健休闲项目服务的投诉。

5. 康乐设施设备管理

根据酒店康乐服务需求，结合市场发展趋势，申购、更新康乐部各康乐设施设备。根据康乐部有关规章制度，做好各种康乐设施设备的日常管理工作，做好各种设施设备的日常保养及维护，如有故障，及时报修，保证康乐项目正常安全运行。

6. 康乐部的安全与卫生管理

根据酒店及康乐部有关规章制度，做好康乐部防火、防盗、防事故发生的预防工作。给宾客介绍各种康乐设施设备的正确操作规程，确保宾客人身安全，确保康乐设施设备安全运行。根据酒店及康乐部有关规章制度，做好康乐部卫生清洁工作，保证宾客们在干净卫生的环境中进行康乐活动。

**（二）特色与文化**

随着我国酒店行业的发展，市场竞争日趋激烈，康乐部作为酒店重要的创收部门，就需要突出特色，做好康乐文化建设，稳定和吸引客源，提高酒店经济效益。

1. 突出康乐部的特色

纵观中国高星级酒店康乐部的发展情况，就会发现各酒店在康乐项目设置、服务流程上都大同小异，没有体现每家酒店的特色，对宾客吸引力不大。这就要求酒店康乐部要加强市场调研，对接国际标准，紧跟市场需求，创新康乐项目。酒店康乐部要想在激烈的市场竞争中取得相对优势，就要突出特色，错位发展，做到“人无我有、人有我特”，在项目设置、环境营造、服务提供上“优势做优，特色做特”，打造成为酒店的特色招牌。

2. 做好康乐文化建设

优良的酒店康乐文化建设是酒店康乐部可持续发展的基本保障。酒店行业的竞争与发展，最终离不开优良文化的营造与熏陶。要想在激烈的市场竞争中立于不败之地，酒店康乐部就需要从文化软实力方面着手，从文化的视角来思考和分析问题。康乐部的管理要从技术、经济和文化等多个层面考虑。

酒店康乐文化建设是个系统工程，需要从多个层面、多个维度进行建设，包括酒店康乐部的装修装饰、环境营造、康乐服务礼仪等。以茶室为例，就可以添加中国源远流长的茶文化元素，包括茶艺表演、茶礼仪、茶养生等，让宾客在轻松愉悦的环境中品茶悟道，感受中国博大精深的茶文化。

## 二、康乐部的任务

康乐部的任务包括以下几方面。

1. 满足宾客体育锻炼的需求

随着社会的发展进步，人们对体育锻炼的需求也在不断提高。规律性的体育锻炼已经成为人们生活的一部分，满足人们在体育锻炼方面的需求也就成了康乐部的任务之一。

2. 满足宾客形体健美的需求

由于时代不同，人们对形体美的追求标准也不同。现在人们对于形体美的追求更符合科学规律，即以健为美。而一个人的身体是否强健，最直接和明显的标志就是看其身体各部肌肉的发达程度、心血管系统功能和身体协调性三个方面，而健美锻炼就是一种以力量训练为主要目的的身体活动。随着人们生活水平的不断提高，人们对健美的要求也越来越高，满足宾客在这方面的需求便成为康乐部的任务之一。

3. 满足宾客保健和形象美的需求

追求健康和美是人类的共性，现代社会人们的这种追求更加强烈了。人们追求健康的途径除了加强锻炼、增加营养、使用药物外，还倾向于采用物理保健的方法，这种方法已经成为酒店康乐部门必备的服务项目，深受宾客欢迎，如桑拿浴、SPA 等项目。为了满足宾客形象美的要求，还应提供美容美发服务项目。

4. 满足宾客娱乐的需求

随着人们生活水平的提高，娱乐是人们生活追求的重要目标。酒店的宾客来自不同地区，他们的娱乐需求千差万别。酒店康乐部娱乐项目很多，包括围棋、麻将、扑克牌、电子游戏、卡拉 OK 等，以满足不同地区、不同类型宾客的多样化娱乐需求。

5. 满足宾客安全的需求

做好设施设备的日常管理和维护，满足宾客的安全需求，为宾客提供一个安全而又舒适的康乐休闲环境，是康乐部的最基本任务。

一方面，任何一项活动都存在不安全因素，这就需要服务人员时刻注意宾客的活动情况，及时提醒宾客按照安全规范参与康乐活动。另一方面，随着设备使用时间延长和客流量的增大，设备的损耗和老化进程就会加快，由此产生的不安全因素也会增加。如果不注意设备的检查和保养，就有可能给宾客带来不必要的伤害。康乐部的一项重要任务，就是要把这些安全隐患控制在最小范围内，要尽最大努力为宾客提供一个安全舒适的康乐消费环境。

6. 满足宾客卫生的需求

康乐场所是个高雅的地方，但因其客流量大，设备使用频繁，所以要特别注意康乐设施的卫生清洁工作。小到设施设备的手柄部分，每天都经多人触摸，清洁和消毒工作十分重要。此外，还要严格注意：严格控制噪声，采取多种措施，降低噪声强度；由于部分城市部分时间雾霾严重，要根据情况，使用空气净化机，保持空气清洁，加强通风和消毒，使空气中的细菌含量低于卫生防疫部门规定的数量标准；保持适宜的空气温度、湿度；采光照明要符合规定。

每时每刻保持康乐场所的环境卫生和设备卫生，为宾客提供优雅、洁净的康乐环境，满足宾客卫生的需求。

7. 满足宾客对运动技能、技巧的需求

使用康体设施设备，一般需要宾客具有一定的技能、技巧，有些设备具有较高的科技含量，使用时必须按照有关规程去操作，否则就可能造成设备的损坏或发生其他事故。另外，对于初次来康乐部消费的宾客，有些看似简单的项目，实际操作时却需要提供较全面的技能、技巧和规则方面的介绍服务。

## 三、康乐部机构设置与岗位职责

为了保证酒店康乐部高效运转，为宾客提供优质服务，就需要科学设置康乐的组织机构，明确各岗位职责。

### （一）康乐部组织机构的设置原则

随着社会经济的发展和人们消费需求品质的提升，康乐部越来越被各酒店作为竞争手段而倍加重视。由于康乐部的康乐项目较多，各项目的服务管理存在较大差异，为了更高效地管理，在组织机构设置上应遵循以下原则：

1. 方便宾客的原则

康乐部组织机构设置时应考虑酒店的规模，以便更好地为宾客提供相应的健身娱乐服务。所以，在确定康乐部的组织机构时，要考虑如何方便宾客，为宾客提供更好的康乐服务。根据宾客康乐活动的习惯，可将功能特点、业务联系或区域相近的项目组成一级部门，以一个活动链来设计相关康乐项目，方便宾客进行康乐活动。

2. 便于管理的原则

康乐部康乐项目品种较多，其服务方式、计价方式、服务环境、服务性质差别较大，从便于管理的原则出发应遵循以下几点：

（1）分散管理与集中管理相结合的原则。康乐部许多项目部门从业务过程到资金流动都应有相对独立性，给项目部门一定的人、财、物的权力，以充分调动部门积极性。在实施分散管理的同时，必须考虑酒店管理者对其是否有可靠的控制力，即分散管理与集中管理相结合，在各项目业务活动相对独立进行管理的同时，酒店对这些部门的整体格调、营业时间、服务档次、财务收支等都能进行集中控制，以实现分散管理基础上的集中管理。

（2）垂直统一领导原则。即链式管理原则，它要求每个员工对一个管理者负责，管理者不应超过下级管理者直接处理基层问题。垂直统一的领导方式，强调组织的层次性，有利于建立正常的运作秩序，避免内耗，提高效率。

（3）管理层次与管理范围适度的原则。垂直统一领导必然产生管理层次。如管理层次过多，就会降低管理工作的效率；管理层次过少，又会降低管理工作的质量。而管理层次与管理范围又是相互对立的，在这种对立关系中，康乐部组织机构的设置应考虑适度原则，即适当的管理层次与适当的管理范围，以达到管理工作质量与效率最佳的目的。

3. 有利于经营的原则

康乐部的组织形式是为经营服务的，应以便于康乐部业务经营活动的运作为目标。根据康乐部主要接待对象，经营内容及规模档次确定分工的细致程度，组织机构的大小须同任务量与服务规格相适应。一个组织机构严密、紧凑、高效的康乐部，每个岗位都是不可缺少的，其业务经营活动运作所需的岗位一应俱全，不会发生管理上或服务上的真空地带，同时又不会发生不同岗位之间任务重叠，造成人力资源浪费。

**（二）康乐部高层岗位——经理的工作职责**

（1）在总经理领导下，全面负责和主持康乐部日常工作。贯彻酒店各项规章制度和总经理的工作指令，保证各项任务的顺利完成。

（2）分析各康乐项目的宾客需求、营业结构、消费状况及发展趋势，提出部门收入成本与费用等预算指标，报总经理审批。纳入酒店预算后，分解落实到各康乐项目，并组织各级主管和领班完成预算指标。

（3）根据酒店规章制度和各康乐项目具体情况，提出部门管理制度和各级主管、领班的具体工作任务、管理职责、工作标准，并监督贯彻实施，保证各项管理工作协调发展。

（4）研究审核各康乐项目的服务程序、质量标准、操作规程。并检查各康乐项目各级工作人员的具体贯彻实施情况，随时分析存在的问题，及时提出改进措施，不断提高服务质量。

（5）制定部门各康乐项目人员编制，安排员工培训。根据业务需要，合理组织和调配人员，提高工作效率。

（6）根据市场和宾客需求变化，研究并提出调整各康乐项目的经营方式、营业时间、产品和收费标准等管理方案。

（7）审核签发各康乐项目主管的物品采购、领用、费用开支单据，按部门预算控制成本开支，提高经济效益。

（8）做好各康乐项目主管、领班工作绩效考核，适时指导工作，调动各级工作人员积极性。做好巡视检查，保证康乐部各康乐项目管理和服务工作的协调发展。

（9）随时收集、征求宾客意见，处理宾客投诉，并分析康乐中心服务质量管理中带倾向性的问题，适时提出改进措施。

（10）搞好康乐部和酒店各部门的协调配合，完成总经理交办的其他工作任务。

**（三）康乐部中层岗位——主管的工作职责**

（1）指导、监督各康乐设施项目日常经营活动，安排营业方式、营业时间，监督制定安排班表，安排员工工作。

（2）巡视检查各康乐设施项目业务活动的开展，贯彻酒店及康乐部各项规章制度，检查设施和服务程序、质量标准的贯彻实施，保证各康乐设施项目不断提高服务质量。

（3）根据业务需要，协助康乐部经理做好在康乐项目开展的各类比赛和促销活动，拟定活动计划方案，报部门经理或总经理审批后，做好人员场地及接待活动的组织工作。

（4）代表康乐中心负责各康乐设施项目员工培训，指导实习生和新员工了解和掌握酒店及康乐部的规章制度和工作程序，提高员工素质。

（5）观察考核各康乐设施项目领班的工作，协调各领班的关系，定期作出评价，研究解决有关问题，提出改正意见，对员工的调动和新员工的选择提出建议，保证各康乐设施项目的协调发展和工作效率。

（6）督导检查各康乐设施项目营业收入的完成情况，控制用品、费用消耗，分析存在的问题，提出改进意见，保证预算指标的顺利完成。

**（四）康乐部基础岗位——领班的工作职责**

（1）监督指导所负责的康乐项目员工为宾客提供优质服务，保证本康乐项目的设施设备的安全使用。负责本项目日常服务工作的组织和营业活动开展，保证服务质量。

（2）检查所属员工的仪容仪表、礼节礼貌、劳动态度和工作效率。编制员工当值轮休班，严格记录本班组员工考勤情况。

（3）培训所属员工，按有关操作规程合理使用和保养设备，每日营业前，对所负责康乐项目设施设备进行全面检查，确保设施安全可靠，清洁卫生，性能完好。

（4）负责监督检查服务员岗位责任制的落实情况，定时检查所负责康乐项目及其配套设施周围的清洁卫生状况，按规定标准，测定所负责项目有关卫生标准及运动器械消毒，做好详细记录。

（5）与所属员工一起为宾客提供优质服务，并有礼貌地劝阻个别宾客的违章行为，劝阻无效时，应立即向直接领导和有关部门汇报。

（6）负责本班组物品领用，填写领用单，经主管审核后，向仓库领取并做好保管使用工作。

（7）报告并检查各种维修项目，确保所辖区域设施、设备处于良好状态。

（8）经常对所属员工进行规章制度教育，评定所属员工的劳动态度和工作表现。

（9）每日开好班前班后会议，做好班前工作布置，班后工作有总结，建立交接班手续，严格交接班制度。

**（五）康乐部基层岗位工作人员的工作职责**

1. 做好服务接待准备

必须穿着整洁的工作制服，服从指挥，文明礼貌。做好服务环境的清洁工作，使环境优雅、空气清新，达到要求标准。

熟悉各康乐服务项目及营业内容，了解价格，掌握服务方式和活动规则。

根据规范要求，使各种器具和器械保持整洁、完好，整齐地摆放在固定的位置上。做好备用物品的准备。

2. 热情服务、做好推销

热情熟练地运用专业语言接待好宾客，服务热情、周到；能较熟练地维护和操纵各康乐设施设备，为宾客介绍各种设施设备的正确使用方法，注意事项；为宾客提供优质服务。恰当地为宾客介绍新的康乐项目，积极推销康乐产品。

3. 规范服务、保证安全

对康乐设施设备能够熟练使用，能够向宾客讲解要领和练习方法，对娱乐类活动能懂得活动规则，并有一定的专业活动技能。坚守岗位，勤巡查，礼貌地纠正违反使用规则的宾客行为，保证宾客安全；也能有礼貌地劝阻个别宾客的违章行为，维护活动场所的安全。负责所管康乐项目设施设备的日常管理、维护和报修，确保康乐设备安全运行，满足宾客康乐活动需要。

# 第二节 酒店康乐部项目管理

酒店康乐部的项目多种多样，一般可以根据项目性质和作用，分为康体类项目、娱乐类项目和保健休闲类项目，本节分别介绍各类康体、娱乐和保健项目管理内容。

## 一、酒店康体项目的分类与管理

### （一）分类

酒店康乐部的康体设施项目是借助一定的设施、设备和场所，通过宾客的积极参与，达到锻炼身体、增强体质的康体目的。康体项目主要是满足宾客体育锻炼、塑造形体、释放压力、身心平衡等需求。不同的康体项目可以达到不同的健身效果，以满足不同顾客的多样化康体需求。根据康体项目的性质和内容，一般可以分为康体运动项目、戏水运动项目和球类运动项目三类。其中，康体运动项目包括跑踏步运动（跑步机、踏步机等）、骑车运动（动感单车）、划船运动（划船器）、举重运动、健美运动等。戏水运动项目游泳、戏水等。球类运动项目包括保龄球、台球、壁球、网球、乒乓球等。

### （二）酒店康体项目的管理

以下以保龄球和壁球项目管理介绍酒店康体项目管理。

1. 保龄球项目管理

（1）保龄球业务管理的内容。

① 根据酒店市场定位和康乐项目的等级规格，研究客源对象，确定目标市场，制订保龄球馆服务收费标准，经康乐部经理审阅、报酒店总经理审批后组织实施。

② 根据康乐市场需求，预测保龄球馆设施利用率和标准人次，编制经营预算和直接费用预算，报财务部审批，纳入酒店的预算，形成计划指标后组织实施。

③ 健全组织结构和管理系统。制订保龄球馆各岗位工作程序，服务规范和质量标准，并组织全体员工贯彻实施。

④ 提出保龄球馆人员编制方案，拟定主管和领班人选，经康乐部经理审核、报人事部经理和酒店总经理审批。

⑤ 认真做好保龄球馆接待服务过程的组织工作。在日常接待服务中，通过开办培训班、播放教学演示片等形式向宾客提供技术和规则的讲解、指导示范操作等技能、技巧服务。

⑥ 拟订保龄球馆用品配置和费用消耗标准，做好物品申购、申领和消耗考核，严格控制成本开支。

⑦ 以月度计划为基础，检查保龄球馆营业指标的完成效果、完成比例和完成进度，分析存在的问题，及时提出改进措施。

⑧ 督导检查保龄球馆设施设备，做好日常保养。发现问题及时向工程部报修，确保保龄球馆经营活动的正常开展。

⑨ 坚持社会主义精神文明，加强全体员工的政治思想、职业道德和专业技术的教育

和培训，开展健康文明的康乐服务工作，确保为宾客提供优质服务。

⑩ 根据酒店业务需要，在康乐部经理的领导下，配合酒店公关、销售、前厅、客房、餐饮等部门组织促销活动，大力做好保龄球馆营销工作，提高保龄球馆设备利用率，增加酒店经济收入。

（2）保龄球馆主管业务管理工作内容和方法。

① 全面负责保龄球馆的具体工作。参与保龄球馆各项规章制度、工作程序以及服务规范、服务质量的编制，编制员工工作安排表，参与营业时间、经营方式、收费标准和营销方案的制定。

② 每天提前15分钟上岗，检查员工出勤和仪容仪表准备情况，巡视保龄球馆各工作岗位，督导领班和服务员搞好馆内卫生，准备营业和服务用品，做好每日营业前的准备工作。

③ 阅读前一日营业报表和工作日志。检查存在的问题，分析工作情况，查看有无投诉，处理遗留问题。

④ 参加康乐部主管例会。汇报保龄球馆的工作，听取部门经理传达酒店领导的指令。明确工作任务，共同研究、分析存在的问题及解决措施。

⑤ 召开领班例会。通报保龄球馆前一日营业情况，传达上级领导指示，提出解决存在问题的措施，布置当日工作，提出工作重点及注意事项。

⑥ 检查保龄球球馆各项设施设备的维护保养和清洁情况，检查球馆的照明、空调的温度是否达到要求。根据领班、服务员的汇报和宾客的反映，处理保龄球馆有关设备、环境和用品在服务中出现的问题，确保保龄球馆营业正常开展。

⑦ 营业中，检查各岗位工作情况。与宾客或服务员交谈，了解有关问题，督导各岗位员工为宾客提供优质服务，并对员工进行绩效考评。

⑧ 巡视、了解宾客接待情况，了解客流量。主动观察宾客在保龄球馆活动情况，对宾客提出的问题认真答复，处理营业期间发生的宾客投诉，妥善解决。做到解决一般问题不过夜。

⑨ 及时解决、处理各种不安全因素和突发事件，处理营业中发生的员工违反工作纪律、规定的问题。

⑩ 制定培训计划，组织培训材料的编写。领导并参与对员工的培训。督导员工掌握酒店和康乐部制定的各项规章制度、工作程序和服务标准，不断提高员工素质。

⑪ 定期提出保龄球馆各类用品预算，按照工作程序领取表格、清洁剂、清洁工具等各种用品，确保营业供给。负责每月盘点和日常成本核算，做好消耗用品使用的控制管理。

⑫ 督导领班上报营业报表与工作日志，阅读签批。完成康乐部下达的各项经营指标和管理目标。

（3）保龄球馆领班业务管理工作内容和方法。

① 负责本班次日常接待服务管理。每天提前15分钟上岗，整理仪容仪表，换好工作服，佩戴员工牌，到主管处签到。安排各岗位人员的工作。

② 阅读交接班记录和工作日志，了解上一班次的工作完成情况，落实本班次需要进行的工作。检查钥匙，清点物品，做好交接班工作。

③ 检查当班次各岗位人员的签到情况，组织营业前的卫生清扫和服务用品的准备工作。

④ 参加主管召开的领班例会。汇报工作情况和存在问题，听取工作指令，明确工作任务重点与注意事项。然后召集班组会议，传达上级领导指示，布置当日重点工作。

⑤ 掌握保龄球馆各项设施设备的维护保养和维修情况。检查保龄球馆照明、温度是否达到营业要求。检查核对控制台读表数上的各球道上跳表数字是否准确无误。检查球道保养、清洁和场内的清洁状况。

⑥ 为保龄球馆的设备开机，进行试运行，发现故障及时报修，确保营业期间设备安全运行。

⑦ 与各岗人员共同做好对客接待服务，督导服务员按照酒店和康乐部制定的各项规章制度、工作程序以及服务规范、服务质量标准，为宾客提供优质服务。

⑧ 巡视保龄球馆，检查服务员日常接待服务情况。妥善处理宾客投诉，对难以解决处理的重要问题，及时报告主管请示处理办法。

⑨ 督导服务台服务员做好营业记录，编制营业报表。填写工作日志和交接班记录，报主管阅批。与下一班次领班做好工作交接。若为当日最后一个班次，将交接班记录和工作日志摆放在规定位置，做好安全检查，做好下班前的一切结束工作。

⑩ 根据培训计划，参与对员工进行培训。督导服务人员掌握酒店和康乐部制定的各项规章制度、工作程序和服务质量标准，不断提高员工素质。

⑪ 负责每月盘点和日常成本核算，做好消耗用品使用的控制管理。

⑫ 遵守酒店《工作手册》和康乐部相关规定。

（4）保龄球馆设施设备管理。

① 主管和领班负责保龄球馆设施设备日常使用和维护保养工作，指定专人负责、定期清洁保养、定期检查达标、定点存放工具。

② 每日营业前，领班或指定专人检查设备状况，做好调试，确保安全运行。每日营业结束指定专人检查，按时关闭设备。

③ 员工必须严格遵守各种设施设备的清洁和使用操作规程，做好维护保养，防止人为损坏。

④ 保龄球馆设施设备如发生故障，由领班填写报修单，报工程部及时修理，确保保龄球馆正常营业运行，满足宾客的康乐健身需求。

⑤ 如果宾客未听劝阻违反《宾客须知》中有关规定，造成设备损坏，由保龄球馆领班按酒店规定，请宾客赔偿，并报告主管。

⑥ 保龄球馆各项设施设备的维修保养应达到下列标准：

保龄球道采用高级木料，色彩自然，木纹清晰，表面光洁水平。球道长度、宽度达到正式比赛标准。木柄回收、摆放和计算器安装合理。木柄回收、摆放和计算器准确无故障，使用方便。机器先进，开启自如，传送装置无故障。回收快速准确、噪音低。全自动红外线对焦计分系统，计算准确。机械、电器设备日常维修保养良好，表面清洁，可正常使用。

（5）保龄球馆安全管理。

① 保龄球馆安全管理由主管和领班负责，实行“谁使用、谁负责”的管理制度，并

具体落实到人。贯彻“预防为主、防治结合”的安全管理原则，由主管根据本项目的安全管理目标、安全责任制度和安全操作程度，将安全工作列入检查范围，每周检查一次，并与绩效考核挂钩。发现事故及时处理，确保保龄球馆安全事故率趋于零。

② 每月开展一次安全教育或培训，督导员工认真贯彻国家和地方安全主管部门的安全工作方针、政策、法规、条例与有关指示和规定，认真做好防火、防盗、防破坏、防事故发生的预防工作，确保酒店与宾客人身、财产安全。

③ 在接待和服务过程中，必须保证绝对安全，防止事故发生，在活动中要向宾客说明使用规则并帮助其掌握。对年长或年幼者给予特殊照顾。

④ 在管理中必须十分重视设施设备的安全管理，要建立一套严格的防护、检查、维修、保养等措施。

⑤ 督导全体员工严格遵照执行《保龄球馆安全操作规程》。在对设施设备进行维修、养护和清洁时，一定要强化安全意识，确保不出现任何工作失误和责任事故。

⑥ 如发生事故，迅速报告主管。一般事故主管必须立即到场，制止事态发展。如发生严重事故，在制止事态发展的同时，必须保护好现场，并速报康乐部经理，请酒店保安部门处理。

⑦ 凡发生事故，必须查明事故发生时间、地点、原因、见证人姓名、单位、电话号码和通信地址等。发生事故如造成保龄球馆设施设备和用品损坏，在查明原因后，由酒店保安部门通知责任人赔偿。

⑧ 事故处理中始终坚持查清事故原因，查明事故责任，让员工从中深受教育，并积极落实整改措施。

⑨ 经常加强与酒店保安部门和地方公安部门的联系，随时沟通信息，征得有关部门的支持和配合。

⑩ 保龄球馆安全操作规程要求如下：

操作者对机械有所了解，正确使用。对所有用具要正确使用，用完后放回原处。工作时要穿合适的服装。棉丝、油布不能乱放，要放在防火容器内。

维修机器时一定要关上送电箱开关。检查机台下面时一定要把开关关上，放下扫瓶板。维修和保养机器时，一定要先在发球区犯规线上放置维修设置标志牌。非维修人员不准进入机器内，不得维修电器用品。机器上面和机器内不得摆放其他物品。

开动、操作增速器和球升降器时，要同时关上有连带的两台机器开关。如果两人或多人维修，要注意查看其他人不在机器内时才能启动机器。维修机器、更换零件和电器开关后，一定检查安装是否正确、机器内有无遗留物，然后再启动。

2. 壁球室项目管理

（1）壁球室业务管理的工作内容。

① 根据酒店市场定位和康乐项目的等级规格，研究客源对象，制定壁球室服务收费标准，经康乐部经理审阅、报酒店总经理审批后组织实施。

② 根据康乐市场需求，预测壁球室设施的利用率和标准人次，编制壁球室经营预算和直接费用预算，报财务部审批，并纳入酒店预算，形成计划指标后组织实施。

③ 根据壁球室管理特点和经营规模，提出壁球室人员编制方案，拟订主管和领班人选，经康乐部经理审核、报人事部经理和酒店总经理审批。制定各工作岗位和各岗人员的

工作程序、服务规范和质量标准，并组织全体员工贯彻实施。

④ 要求服务员须熟悉壁球活动的特点、知识和规则，会做一般壁球运动裁判，有一定的壁球运动技能。能为宾客提供运动技能、技巧服务以及技术与规则讲解，做好指导与示范操作。开办培训班，播放教学演示片，向宾客提供相关技术服务。

⑤ 拟订壁球室用品配备和费用消耗标准，做好物品申购、申领和消耗考核，严格控制成本开支。

⑥ 以月度计划为基础，检查壁球室营业指标的完成效果、完成比例和完成进度，分析存在的问题，及时提出改进措施。

⑦ 督导检查壁球室设施设备管理，做好日常保养。发现问题及时向工程部报修，确保经营活动的正常开展。

⑧ 坚持社会主义精神文明建设，加强全体员工的政治思想、职业道德和专业技术的教育与培训，开展健康文明的康乐服务工作，确保为宾客提供优质服务。

⑨ 根据酒店业务需要，在康乐部经理的领导下，配合酒店公关、销售、前厅、客房、餐厅等部门组织促销活动，做好壁球室的营销工作，提高壁球室设备的利用率，增加酒店经济效益。

（2）壁球室主管业务管理的工作内容和方法。

① 全面负责壁球室的经营管理工作，制定经营活动计划与管理方案，并组织实施。认真遵守酒店《员工手册》和康乐部相关管理规定，确保宾客人身、财产安全，确保壁球室经营活动的正常进行。

② 每日提前15分钟上岗，检查员工出勤情况，督导全体员工搞好清洁卫生，准备服务用品，做好每日营业前的准备工作。

③ 阅读前一日营业报表、工作记录，检查存在的问题，分析工作情况，查看有无宾客投诉，处理遗留工作。

④ 参加康乐部主管例会，汇报壁球室工作。听取康乐部经理传达酒店各级领导的工作指令，明确工作任务，共同研究、分析存在的问题及解决措施。

⑤ 主持召开领班例会，通报前一日营业情况，传达各级领导的指示，分析存在的问题，布置当日工作，提出当班次需要注意的重要事项。

⑥ 经常巡视壁球室，检查营业和服务情况，与宾客和服务员交谈，了解有关问题，督导全体员工按照酒店和康乐部制定的工作程序、服务规范和服务质量标准为宾客提供优质服务。

⑦ 根据领班、服务员的工作汇报或宾客反映的情况，了解营业期间发生的问题、宾客投诉，处理有关服务、工作纪律、安全管理和设备、用品的有关问题，确保处理一般问题不过夜，保证经营水平和服务质量不断提高，保证营业活动顺利开展。

⑧ 巡视、检查服务台，了解宾客登记情况，掌握客流量变化情况，分析存在的问题，及时提出改进措施。

⑨ 编制服务人员定岗、定编、定员方案，负责招聘领班和员工，编写员工培训教材，参与员工培训、考核和工作绩效考评，不断增强员工服务意识和业务素质。

⑩ 负责壁球室各项物品的申购、补充和盘点，严格落实成本控制与管理，努力降低消耗，提高酒店整体经济效益。

⑪ 制定特殊事件的解决方案和紧急情况处理预案，当发生特殊事件和突发事件时，能够采取妥善方法处理。

⑫ 协调酒店其他经营和管理部门的关系，处理壁球室发生的安全和设备维修等事项。

⑬ 在充分理解和深刻认识酒店整体经营管理和经营思想的基础上，认真贯彻执行，通过有效的计划、组织、指挥、协调和控制，完成康乐部下达的各项经营指标和管理目标。

（3）壁球室领班业务管理的工作内容和方法。

① 负责本班次日常接待服务管理。每天提前 15 分钟上岗，整理仪容仪表，换好工作服，佩戴员工牌，到主管处签到。安排各岗位人员的工作。

② 阅读交接班记录和工作日志，了解上一班次的工作完成情况，落实本班次需要进行的工作。检查钥匙，清点物品，做好交接班工作。

③ 召集当班例会，检查当班次各岗位人员的签到情况，检查员工仪容仪表。传达上级领导指示，布置当日工作，对重点工作进行安排部署并督促落实。

④ 组织营业前的卫生清扫和服务用品的准备工作。掌握壁球室各项设施设备的维修保养和维修工作。检查球厅的照明、空调效果是否达到营业要求。

⑤ 熟悉壁球运动规则，接受宾客预订，及时做好预订宾客的安排和接待服务准备工作。与各岗人员共同做好接待服务工作，督导服务员按照酒店康乐部制定的各项规章制度、工作程序与服务规范、质量标准为宾客提供优质服务。

⑥ 巡视壁球室，检查服务员日常接待服务情况。妥善处理宾客投诉，对难以解决处理的重要问题，及时报告主管请示处理办法。

⑦ 督导服务台服务员做好营业记录，编制营业报表。填写工作日志和交接班记录，报主管阅批。与下一班次领班做好工作交接。若为当日最后一个班次，将交接班记录和工作日志摆放在规定位置，做好安全检查，做好下班前的一切结束工作。

⑧ 参加主管召开的领班例会。汇报工作情况和存在的问题，听取工作指令，明确工作任务、重点和注意事项。根据培训计划，参与员工培训。督导服务人员掌握酒店和康乐部制定的各项规章制度、工作程序和服务质量标准，不断提高员工素质。

⑨ 负责每月盘点和日常成本核算，做好消耗用品使用的控制管理。

（4）壁球室设施设备管理。

① 主管和领班负责壁球室设施设备日常使用和维护保养工作，要求做到指定专人负责、定期清洁保养、定期检查达标、定点存放工具。

② 每日营业前，领班或指定专人检查设备状况，做好调试，确保安全有效。每日营业结束指定专人检查，按时关闭设备。

③ 壁球室员工必须严格遵守设备清洁和使用规程，做好维护保养。各种设备必须按规程操作，防止人为损坏。

④ 如设备发生故障，由领班填写报修单，报工程部及时修理，保证壁球室正常运行，满足宾客的康乐需求。

⑤ 如宾客未听劝阻违反《宾客须知》中有关规定，造成设备损坏，由壁球室领班按酒店规定，请宾客赔偿，并报告主管。如壁球室员工未遵守操作规程造成设备损坏，按照酒店规定赔偿。

⑥ 做好各种设施设备的日常维护与保养，确保经营和服务工作正常进行。

（5）壁球室安全管理要求。

① 主管和领班负责壁球室安全管理工作，按照“谁使用、谁负责”原则，具体落实到人。日常安全管理贯彻“预防为主、防治结合”的原则，主管根据安全责任制度和安全操作规程，将安全工作列入日常检查范围，每周检查一次，并与绩效考核挂钩。发现事故及时处理，确保壁球室事故率趋于零。

② 每月开展一次安全教育或培训，督导员工认真贯彻国家和地方安全主管部门和酒店的安全工作方针、政策、法规、条例与有关指示和规定，认真做好防火、防盗、防破坏、防事故发生的预防工作，确保酒店与宾客人身、财产安全。

③ 如发生事故，迅速报告主管。一般事故主管必须立即到场，制止事态发展。如发生严重事故，在制止事态发展的同时，必须保护好现场，并速报康乐部经理，请酒店保安部门处理。

④ 凡发生事故，必须查明事故发生时间、地点、原因、见证人姓名、单位、电话号码和通信地址等。

⑤ 发生事故如造成壁球室设施设备和用品损坏，在查明原因后，由酒店保安部门和地方公安部门通知责任人赔偿。

⑥ 事故处理中始终坚持查清事故原因，查明事故责任，务必使员工受到教育，并落实整改措施。

⑦ 经常加强与酒店保安部门和地方公安部门的联系，随时沟通信息，征得有关部门的支持和配合。

（6）壁球室环境卫生管理。

① 门前环境美观、大方。门前营业时间、价目表、《宾客须知》等标牌设计美观，安装位置合理，中外文对照。

② 壁球室布局合理，通道、更衣室、观众席设计布局合理，方便宾客使用。

③ 壁球室中运动室与观众席分设，环境气氛和谐。灯光照度不低于100LUX，光线柔和，照度均匀。温度在19～20℃，湿度在50%～60%，换气量不少于30$m^3$/人·小时。

④ 严格控制噪声，保持空气清洁，加强通风和消毒，使空气中的细菌含量低于卫生防疫部门规定的数量标准。

⑤ 整个壁球室中运动室和观众席及配套设施环境整洁、美观、舒适。运动室内场地平整光洁，天花板光洁明亮，墙面、地面干净、无灰尘，所有用品用具清洁卫生，观众席整洁、舒适。

⑥ 更衣室、淋浴室、卫生间等各处洁净卫生，无蛛网、灰尘、异味。所有金属件光亮，镜面光洁。

⑦ 接待区域和休息区域等服务设备的手柄经常清洁和消毒，确保宾客身体健康。

## 二、酒店娱乐项目管理

娱乐项目主要是为顾客提供丰富多彩的娱乐服务，创造优雅环境气氛，满足顾客的娱乐需求，在良好环境中体验娱乐项目的乐趣。另外，娱乐项目也是当今社会人们进行人际交往、商务往来的一种必要的补充手段。以下主要介绍：棋牌室和卡拉 OK 歌厅项目。

**（一）棋牌室项目管理**

1. 棋牌室业务管理的工作内容

（1）根据酒店等级规格标志、市场定位和娱乐项目的等级规格，研究客源对象，确定经营方针，制订棋牌室服务收费标准，经康乐部经理审阅、报酒店总经理审批后组织实施。

（2）根据娱乐市场需求，预测棋牌室设施利用率和标准人次，编制棋牌室经营预算和直接费用预算，报财务部审批，纳入酒店预算，形成计划指标后组织实施。

（3）建立健全和完善组织结构和管理系统。提出棋牌室人员编制方案，拟订主管和领班人选，经康乐部经理审核、报人事部经理和酒店总经理审批。同时制定各工作岗位以及各岗位人员的工作程序、服务规范和质量标准，并组织全体员工贯彻实施。

（4）做好棋牌室日常服务的组织工作，督导检查服务员、收款员严格遵守规章制度，按工作程序和质量标准为宾客提供优质服务。

（5）拟订棋牌室用品配备和费用消耗标准，做好物品申购、申领和消耗考核，严格控制成本开支。

（6）以月度计划为基础，检查棋牌室营业指标的完成效果、完成比例和完成进度，分析存在的问题，及时提出改进措施。

（7）督导检查棋牌室设施设备管理，做好日常保养。发现问题及时向工程部报修，确保经营活动的正常开展，满足宾客的娱乐需求。

（8）坚持社会主义精神文明建设，加强全体员工的政治思想、职业道德和专业技术教育与培训，提供健康文明的娱乐服务。

（9）根据酒店业务需要，在康乐部经理领导下，配合酒店公关、销售、前厅、客房、餐厅等部门组织促销活动，做好棋牌室的营销工作，提高棋牌室设备的利用率，增加酒店经济效益。

2. 棋牌室主管业务管理工作内容和方法

（1）全面负责棋牌室的经营和管理工作，制定经营管理与服务管理方案，并组织实施。遵守酒店《员工手册》和康乐部相关管理规定，确保宾客的人身财产安全，确保棋牌室经营活动的正常进行。

（2）每日提前 15 分钟上岗，检查员工出勤情况，并巡视棋牌室，督导全体员工搞好清洁卫生，准备服务用品，做好每日营业前的准备工作。

（3）阅读前一日营业报表、工作记录，检查存在的问题，分析工作情况，查看有无宾客投诉，处理遗留问题。

（4）参加康乐部主管例会，汇报棋牌室工作。听取康乐部经理传达酒店各级领导的工作指令，明确工作任务，共同研究、分析存在的问题及解决措施。

（5）主持召开领班例会，通报前一日营业情况，传达各级领导的指示，分析存在的问题，布置当日工作，提出当班需要注意的重要事项。

（6）经常巡视棋牌室，检查营业和服务情况，督导全体员工按照酒店和康乐部制定的工作程序、服务规范和质量标准为宾客提供优质服务。

（7）根据领班和服务员的工作汇报，以及客人的反映情况，了解营业期间发生的问题、宾客的投诉，处理有关工作问题，确保一般问题不过夜，保证营业活动顺利开展。

（8）巡视、检查服务台、了解宾客登记情况，掌握客流量，分析存在的问题，及时提出改进措施。

（9）编制服务人员定岗、定编、定员方案，负责招聘领班和员工，负责编写员工培训教材，参与对全体员工的培训、考核和工作绩效考评，不断增强员工的服务意识和业务素质。

（10）负责棋牌室各项购买报告的制定，设备维修、养护管理，处理棋牌室发生的安全和设备维修等事项。

（11）制定特殊事件的解决方案和紧急情况处置预案，协调与酒店其他部门之间的关系，当发生特殊事件和突发事件时，能够采取妥善的方法处理。

（12）充分理解和认识酒店整体经营管理和经营思想、严格控制成本，努力控制成本，提高经济效益。通过有效的计划、组织、指挥、协调和控制，完成康乐部下达的各项经营指标和管理目标。

3. 棋牌室领班业务管理的工作内容和方法

（1）负责本班次接待服务工作的日常管理和各岗位人员的工作安排。每天提前 15 分钟上岗，整理仪容仪表，换好工作服，佩戴员工牌，到主管处签到。

（2）阅读交接班记录和工作日志，了解上一次班次的工作完成情况，落实本班次需要进行的工作。检查钥匙，清点物品，做好交接班工作。

（3）召集班组例会，检查当班各岗位人员的签到情况，检查员工的仪容仪表。传达上级领导指示，布置当日工作。

（4）检查棋牌室的照明、空调的温度等设备是否达到营业要求，检查营业前的卫生和服务用品的准备情况。掌握各项设施设备的维护保养工作。

（5）同员工一起做好对客接待服务工作，督导服务台服务员为宾客做好收币和换币工作，督导各岗位员工按照酒店和康乐部制定的各项工作程序、服务规范与质量标准为宾客提供优质服务。

（6）巡视棋牌室，检查服务员日常接待服务情况。妥善处理宾客投诉，对难于解决的重要问题，及时报告主管请示处理办法。

（7）督导服务台服务员做好每日营业记录，编制营业报表。填写工作日志和交接班记录，报主管阅批。与下一班次领班做好工作交接。若为当日最后一个班次，将交接班记录和工作日志摆放在规定位置，做好安全检查，做好下班前的一切结束工作。

（8）参加主管召开的领班例会。汇报工作情况和存在的问题，听取工作指令，明确工作任务与重点注意事项。根据培训计划，参与对员工进行培训，不断提高员工业务素质。

（9）负责每月盘点和日常成本核算，做好消耗用品使用的控制管理。

4. 棋牌室设施设备管理

（1）主管和领班负责棋牌室设施设备管理工作，指定专人负责、定期清洁保养、定期检查达标、定点存放工具。

（2）每日营业前，领班或指定专人检查设备状况，做好调试，确保安全有效。每日营业结束指定专人检查，按时关闭设备。

（3）棋牌室员工必须严格遵守设备清洁和使用操作规程，做好维护保养。各种设备必须按规程操作，防止人为损坏。如设备发生故障，由领班填写报修单，报工程部及时维修，保证棋牌室正常营业，满足宾客的康乐需求。

（4）做好各场所卫生清洁和消毒工作，满足宾客卫生方面的需求。

（5）严格控制室内噪声，保持空气清洁，加强通风和消毒，使空气中的细菌含量低于卫生防疫部门规定的数量标准。

（6）做好各类设施设备的日常保养和维修工作。

（7）如宾客未听劝阻违反《宾客须知》中有关规定，造成设备损坏，由领班按照酒店规定，请宾客赔偿，并报告主管。

（8）棋牌室员工未遵守操作规程造成设备损坏，按照酒店规定赔偿。

5. 棋牌室安全管理

（1）主管和领班负责棋牌室安全管理工作。棋牌室安全管理贯彻“预防为主、防治结合”的原则，主管根据本项目的安全管理目标、安全责任制度和安全操作程序，将安全工作列入检查范围，每周检查一次，并与绩效考核挂钩。发生事故及时处理，确保棋牌室安全运营，事故率趋于零。

（2）每月开展一次安全教育或培训，督导员工认真贯彻国家和地方安全主管部门和酒店的安全工作方针、政策、法规、条例与有关指示和规定，认真落实好防火、防盗、防事故发生等预防工作，确保酒店与宾客人身、财产安全。

（3）接待宾客过程中，必须保证绝对安全，防止事故发生，要向宾客说明设施设备使用规则，并帮助宾客掌握使用和操作方法，对年长和年幼者要给予特殊照顾。

（4）重视设施设备安全，建立一套严格的防护、检查、维护、保养措施。如发生事故，迅速报告主管。一般事故主管必须立即到场，制止事态发展。

（5）如发生严重事故，在制止事态发展的同时，必须保护好现场，并速报康乐部经理，请公安部门和酒店保安部门处理。

（6）凡发生事故，必须查明基本情况，包括事故的种类、发生时间、地点和原因及见证人的姓名、单位、电话号码和通信地址等。

（7）发生事故若造成棋牌室设施设备损坏和用品损坏，在查明原因后，由酒店保安部门通知责任人负责赔偿。

（8）事故处理中始终坚持查清事故原因，查明事故责任，务必使员工受到教育，并落实整改措施。

（9）加强与酒店保安部门和地方公安部门的联系，随时沟通信息，取得有关部门的支持和配合。

**（二）卡拉 OK 歌厅项目管理**

1. 工作内容

（1）根据酒店市场定位和娱乐项目的等级规格，研究客源对象，确定歌厅经营方针，制订卡拉 OK 歌厅和包间的服务收费标准，经康乐部经理审阅、报酒店总经理审批后组织实施。

（2）根据娱乐市场需要，预测卡拉 OK 歌厅和包间设施利用率及标准人次，编制卡拉 OK 歌厅和包间经营预算和直接费用预算，报财务部审批，纳入酒店预算，形成计划指标后组织实施。

（3）为宾客提供优质娱乐服务，尽量将娱乐内容设置得丰富多彩，以满足不同宾客的多样化需求。但要注意娱乐服务必须体现精神文明并在法律法规允许范围内，注重设立新颖、有创意、适当超前的项目和内容。

（4）提出卡拉OK歌厅和卡拉OK包间人员编制方案，拟订主管和领班人选，经康乐部经理审核、报人事部经理和酒店总经理审批。根据卡拉OK歌厅和卡拉OK包间的特点，制定各工作岗位和各岗位人员的工作程序、服务规范和服务质量标准，并组织全体员工贯彻实施。

（5）拟订卡拉OK歌厅和包间用品配备及费用消耗标准，做好物品申购、申领和消耗考核，严格控制成本开支。

（6）以月度计划为基础，检查卡拉OK歌厅和卡拉OK包间营业指标的完成效果、完成比例和完成进度，分析存在的问题，及时提出改进措施。

（7）督导检查卡拉OK歌厅和包间设施设备管理，做好日常管理和保养。发现问题及时向工程部报修，确保经营活动的正常开展，满足宾客娱乐需求。

（8）坚持社会主义精神文明建设，加强全体员工的政治思想、职业道德和专业技术的教育与培训，开展健康文明的娱乐服务工作，确保为宾客提供优质服务。

（9）根据酒店业务需要，在康乐部经理的领导下，配合酒店公关、销售、前厅、客房、餐厅等部门组织促销活动，做好卡拉OK歌厅的营销工作，提高卡拉OK歌厅和卡拉OK包间设备利用率，增加酒店经济效益。

2. 主管的工作内容和方法

（1）全面负责卡拉OK歌厅和卡拉OK包房的经营和管理工作，认真遵守酒店《员工手册》和康乐部相关管理规定，确保宾客的人身财产的安全，确保卡拉OK歌厅和卡拉OK包间经营活动的正常进行。

（2）制定卡拉OK歌厅经营活动计划与管理方案，并组织实施，确定卡拉OK歌厅和卡拉OK包间的服务项目和需要配套的设施设备标准。确保各项经营指标的完成。

（3）督导全体员工按照酒店和康乐部制定的工作程序、服务规范和服务质量标准为宾客提供优质服务。在日常工作检查中随时纠正违纪行为，保证经营水平和服务水平的不断改进和提高。

（4）负责制订特殊事件的解决方案和紧急情况处置预案，当发生特殊事件和突发事件时，能够采取妥善方法处理。

（5）编制服务人员定岗、定编、定员方案，负责招聘领班和员工，编写员工培训教材，参与全体员工培训、考核和工作绩效考评，不断增强员工的服务意识，提高员工业务素质。

（6）负责卡拉OK歌厅和卡拉OK包间各项设施设备的养护和使用管理，确保所有设施设备的清洁、安全和正常运转，防止各种事故发生。

（7）负责卡拉OK歌厅和卡拉OK包间各项经营和服务所必要的各类物品的申购、补充，严格控制成本，努力降低消耗，提高酒店经济效益。

（8）主持召开工作例会，传达各级领导的指示，布置安排工作。协调好卡拉OK歌厅、卡拉OK包间与酒店各部门以及卡拉OK歌厅内部各工作岗位之间的关系。

（9）听取宾客和员工的意见和建议，认真、妥善地处理宾客投诉。

（10）及时向康乐部经理汇报工作，加强沟通，不断改善经营环境，通过有效的计划、组织、指挥、协调和控制，完成康乐部下达的各项经营指标，完成管理任务。

3. 领班的工作内容和方法

（1）协助卡拉 OK 歌厅主管负责大厅的日常管理工作，在主管休息时行使主管职责。每天提前 15 分钟到岗，整理仪容仪表，换好工作服，佩戴员工牌，到主管处签到。

（2）负责编制各岗位人员工作安排表，督促检查员工按照工作程序、服务规范、服务质量标准提供优质服务。

（3）召开班前会，考核员工出勤，检查员工仪容仪表，布置当日工作，对各级领导安排的重要事项做好细致安排，并督促落实。

（4）组织员工做好营业场所清洁整理，对各种设施设备的运行情况、安全措施和卫生清洁程度进行全面检查，负责各种用品的领取、使用、保管，发现短缺及时补充，保证营业供应。

（5）做好巡视检查，认真、妥善处理宾客在消费、娱乐活动中提出的投诉。重要投诉报主管解决。

（6）对宾客的非正常行为进行礼貌劝阻，当宾客之间发生纠纷时要妥善处理，确保整个卡拉 OK 歌厅的经营活动正常开展。

（7）督促、指导服务人员向宾客推销酒水和各种饮料、小食品，提高营业收入。

（8）营业活动结束后对营业区域进行设备、安全、卫生、公共物品检查记录，做好营业结束后的一切工作，为下次营业做好准备。

（9）汇总营业情况，编制营业报表，编写工作日志，对营业收益情况进行分析，制定工作改进措施。

4. 设施设备管理

（1）主管和领班负责歌厅设施设备日常使用和维护保养，并做到指定专人负责、定期清洁保养、定期检查达标、定点存放工具。

（2）每日营业前，领班或指定专人检查设备状况，做好调试，确保安全有效。每日营业结束前指定专人检查，按时关闭设备。

（3）卡拉 OK 歌厅员工必须严格遵守设备清洁和使用操作规程，分别各种设施设备的日常保养和维护，确保各种设施和设备的正常运行和使用。

（4）如卡拉 OK 歌厅设备发生故障，由领班填写报修单，报工程部及时维修，保证卡拉 OK 歌厅正常运营，满足宾客的娱乐需求。

（5）如宾客未听劝阻违反《宾客须知》中有关规定，造成设备损坏，由领班按照酒店规定，请宾客赔偿，并报告主管。如卡拉 OK 歌厅员工未遵守操作规程造成设备损坏，按照酒店规定赔偿。

（6）卡拉 OK 歌厅各种设施配置合理，设备保养良好，维护定期进行，维修及时，故障排除迅速，各项设备的维修保养达到下列标准：演唱台台面宽敞，麦克风设备齐全、完好，使用方便。音响、超大屏彩色电视机或投影银幕和监控器齐全、完好、有效。聚光灯、旋转灯、各种彩灯设备齐全、完好、有效。场内灯光气氛优雅、无任何障碍。各种音响设备齐全，音量控制完好自如，无故障发生。沙发座椅、圆桌、茶几配备齐全，摆放整齐，疏密得当。各种沙发座椅无损坏和摇动，宾客使用舒适安全。

5. 卡拉 OK 歌厅安全管理

（1）主管和领班负责卡拉 OK 歌厅安全管理工作。歌厅安全管理贯彻“预防为主、防治结合”的原则，卡拉 OK 歌厅主管根据本项目的安全管理目标、安全责任制度和安全操作程序，将安全工作列入检查范围，每周检查一次，并与绩效考核挂钩。发生事故及时处理，确保卡拉 OK 歌厅安全运营，事故率趋于零。

（2）每月开展一次安全教育或培训，督导员工认真贯彻国家和地方安全主管部门和酒店的安全工作方针、政策、法规、条例与有关指示和规定，认真落实好防火、防盗、防事故发生等预防工作，确保酒店与宾客人身、财产安全。

（3）确保服务员的合法权益与安全。在政府和地方相关法规允许的范围内，开展卡拉 OK 娱乐服务活动。

（4）如发生事故，迅速报告主管。一般事故主管必须立即到场，制止事态发展。如发生严重事故，在制止事态发展的同时，必须保护好现场，并速报康乐部经理，请公安部门和酒店保安部门处理。

（5）凡发生事故，必须查明基本情况，包括事故的种类、发生时间、地点和原因及见证人的姓名、单位、电话号码和通信地址等。

（6）发生事故若造成卡拉 OK 歌厅设施设备损坏和用品损坏，在查明原因后，由酒店保安部门通知责任人负责赔偿。

（7）事故处理中始终坚持查清事故原因，查明事故责任，务必使员工受到教育，并落实整改措施。

（8）加强与酒店保安部门和地方公安部门的联系，随时沟通信息，取得有关部门的支持和配合。

6. 环境卫生管理

（1）门前设霓虹灯装饰，美观大方，营业时间、《宾客须知》、价目表等标牌设计美观，安装位置合理，中外文对照，字迹清晰。

（2）卡拉 OK 歌厅、包间室内装饰各具特色，色彩、气氛宜人、协调、美观，具有艺术性、时代感，灯光柔和、可调节。

（3）室内温度 24℃左右，相对湿度 50%~60%，通风良好、空气新鲜。加强通风和消毒，使空气中的细菌含量低于卫生防疫部门规定的数量标准。

（4）各包间及包间外通道、天花板、墙面及装饰物美观、洁净，无灰尘、无污迹。

（5）各包间桌椅、沙发、彩色电视机、计算机点歌系统和 DVD 自动点歌系统、点歌册、饮料酒水单洁净、整齐。

（6）各家具、设施设备每天随时做好清洁消毒，保证宾客健康娱乐消费需求。

（7）特别要注意严格控制卡拉 OK 歌厅使用过程中产生的噪音，不能影响酒店其他部门的正常运营。

## 三、酒店保健休闲项目管理

保健休闲项目主要是让顾客在优美舒适的环境中，通过亲身体验和感受保健休闲类项目，使顾客达到放松身心、消除疲劳、恢复体力、美容养颜、陶冶情操的目的。酒店康乐部设置的保健休闲项目一般有桑拿浴、美容美发、SPA 水疗等项目，本节主要介绍桑拿浴、美容美发项目的管理内容和方法。

**（一）桑拿浴项目管理**

1. 桑拿浴中心经理的工作内容

（1）根据酒店市场定位和康乐项目的等级规格，研究客源对象，研究经营方针，制订桑拿浴中心服务收费标准，经康乐部经理审阅、报酒店总经理审批后组织实施。

（2）根据康乐市场需求，预测桑拿浴中心设施的利用率和标准人次，编制桑拿浴中心经营预算和直接费用预算，报财务部审批，并纳入整个酒店的预算，形成计划指标后组织实施。

（3）满足宾客保健休闲的需要。根据宾客不同的个体特点，提供有针对性的服务，向宾客介绍服务项目，供宾客选择。

（4）根据桑拿浴中心管理特点，制定各工作岗位和各岗位人员的工作程序、服务规范和服务质量标准，并组织全体员工贯彻实施。

（5）健全完善组织结构和管理系统。提出桑拿浴中心编制方案，拟订主管和领班人选，经康乐部经理审核、报人事部经理和酒店总经理审批。

（6）拟订桑拿浴中心用品配备和消耗标准，做好物品申购、申领和消耗考核，严格控制成本。

（7）以月度计划为基础，检查桑拿浴中心营业指标的完成效果、完成比例和完成进度，分析存在的问题，及时提出改进措施。

（8）督导检查桑拿浴中心设施设备管理，做好日常管理和保养。发现问题及时向工程部报修，确保经营活动的正常开展，满足宾客康乐需求。

（9）坚持社会主义精神文明建设，加强全体员工的政治思想、职业道德和专业技术的教育与培训，开展健康文明的康乐服务工作，确保提供优质服务。

（10）根据酒店业务需要，在康乐部经理领导下，配合酒店公关、销售、前厅、客房、餐饮等部门组织促销活动，做好桑拿浴中心的营销工作，提高桑拿浴中心设备的利用率，增加酒店经济效益。

2. 桑拿浴中心主管的工作内容和方法

（1）向康乐部经理负责，在康乐部经理领导下，全面负责酒店桑拿浴中心接待区、更衣室区、桑拿浴区、干身区、搓澡区、休息区的日常经营管理工作，认真贯彻落实酒店各级领导的指示和下达的任务。

（2）严于职守，以身作则，加强业务管理的知识和技巧的学习，全面熟悉桑拿浴中心各岗位的工作程序和服务规范。认真做好各项工作的督导检查，落实岗位责任制，努力提高工作效率和服务质量。

（3）做好各服务区域的安全、卫生、经营等工作。特别要注意确保宾客在桑拿浴中心保健消费时的安全保障，确保各种服务设施符合安全使用标准，消除事故隐患。

（4）负责日常培训教材的健全和完善，对新员工做好岗前培训，对在岗员工进行岗位培训。不断提高员工的专业技术知识和操作技能水平。定期安排专业技术训练和考核，负责制定培训计划并组织实施。

（5）查看工作日志、营业报表和各项质量管理记录，加强巡视检查，加强重点部位的检查与管理，发现问题及时处理。

（6）受理宾客投诉，根据酒店制定的处理投诉要求，在适当的范围内妥善解决宾客投诉中的问题。

（7）负责员工的工作绩效考评和综合考核，严格考勤制度，奖优罚劣、赏罚分明，调动员工的工作积极性。

（8）按期制定物品采购计划，为桑拿浴中心完成工作任务及时提供必要的资源保证。

（9）充分理解和深刻认识酒店经营思想和工作方针并认真贯彻执行，通过有效的计划、组织、指挥、协调和控制，完成康乐部下达的各项经营指标和管理目标。

3. 桑拿浴中心领班的工作内容和方法

（1）配合主管负责桑拿浴中心接待区、更衣室区、桑拿浴区、干身区、搓澡区、休闲区的日常管理工作。每天检查、考核员工出勤、仪容仪表、工作效率和劳动纪律的情况。

（2）根据营业情况和人员情况，合理安排各岗位工作，负责各工作区域营业用品和服务用品的领用。

（3）加强各岗位巡视检查，督导各工作区域服务人员遵照酒店康乐部制定的工作程序、服务规范和质量标准为宾客提供优质服务。

（4）检查各浴房、各按摩浴池和视听室等各种设施设备的运行和使用情况，发现问题及时处理并报修，保证桑拿浴中心的正常运行，满足宾客的康乐需求。

（5）加强对全体员工的安全教育和检查，严格执行酒店和行业安全管理规程，确保各种安全提示标志完好、准确、有效，保证宾客在桑拿浴中心的人身和财产安全。

（6）加强卫生检查。每班次要求检查三次浴房、按摩浴池的水质、水温、室温、毛巾等服务用品的卫生和清洁消毒效果。定期对更衣室地面、更衣柜和座椅等设施设备的消毒效果进行检查。

（7）填写营业日志，编制营业报表，对营业情况进行分析，向主管汇报日常工作，实现优良经济效益。

（8）组织员工研究业务，经常召开员工专项业务会议，做好员工日常业务培训，不断提高员工的素质。鼓励员工创新精神，运用激励机制充分调动员工的工作积极性。

（9）加强附属设施设备的检查，经常对更衣室环境、更衣柜、长凳、座椅、搓澡凳、卫生间设备、淋浴室设备、整妆镜等设备设施的卫生和消毒效果进行检查，保证卫生和安全。

4. 桑拿浴中心设施设备管理

（1）主管和领班负责桑拿浴中心设施设备日常使用和维护保养，具体落实到人，做到指定专人负责、定期清洁保养、定期检查达标、定点存放工具。非使用人员不得动用，并由此形成管理规范。

（2）桑拿浴中心设备种类很多，每日营业前，领班或指定专人检查设备状况，做好调试，确保安全有效。每日营业结束前指定专人检查，按时关闭设备。

（3）桑拿浴中心员工必须严格遵守设备清洁和使用操作规程，做好各种设施设备的维护保养。确保各种设施设备正常运行和使用。

（4）桑拿浴中心设备如发生故障，由领班填写报修单，报工程部及时维修，保证桑拿浴中心正常运营，满足宾客的康乐需求。

（5）如宾客未听劝阻违反《宾客须知》中有关规定，造成设备损坏，由桑拿浴中心领班按照酒店规定请宾客赔偿，并报告主管。如中心所属员工未遵守操作规程造成设备损坏，按照酒店规定赔偿。

（6）各功能区域的设施设备配备和日常管理，达到以下标准：

① 接待区的服务台、收款台、存鞋处、沙发、茶几等齐全、完好、整洁。

② 更衣室区分设男部和女部，分别有独立的小更衣间、更衣柜和换衣凳等设施设备。

③ 男部和女部的桑拿浴区分别设置有桑拿浴房、蒸汽浴房、光波浴房、再生浴房、淋浴间、热水按摩池、温水按摩池、冰水按摩池、药浴池、卫生间等服务设施，及其配套小圆桌和塑料扶手椅等配套齐全、整洁卫生。

④ 搓澡区的长凳和坐凳牢固、舒适、卫生。

⑤ 休闲区休闲大厅的电视、音响、坐躺两用式沙发、茶几、脚蹬等配套、齐全有效。

5. 桑拿浴中心安全管理

（1）由主管和领班负责桑拿浴中心安全管理工作。安全管理贯彻“预防为主、防治结合”的原则，桑拿浴中心主管根据本项目的安全管理目标、安全责任制度和安全操作程序，将安全工作列入日常检查范围，每周检查一次，并与绩效考核挂钩。发现事故及时处理，确保桑拿浴中心安全，事故率趋于零。

（2）每月开展一次安全教育或培训，督导员工认真贯彻国家和地方安全主管部门和酒店的安全工作方针、政策、法规、条例与有关指示和规定，认真做好防火、防盗、防破坏、防事故等预防工作，确保酒店与宾客人身、财产安全。

（3）重视设施设备的安全管理，建立一套严格的防护、检查、维修、保养等措施。接待过程中要向宾客说明安全使用设备的规则，对不适宜蒸洗桑拿浴的宾客要耐心劝阻、及时制止，防止危险事故发生。

（4）加强巡视和观察，对不遵守相关规定而自行进入桑拿浴室的宾客要立即制止，防止宾客人身事故的发生。

（5）对年长或年幼者要给予特殊照顾，提示行走小心，防止跌倒跌伤。一旦发生事故要迅速采取有效救治措施。

（6）桑拿浴中心《宾客须知》中要明确提示，凡是患高血压、心脏病、脑出血或身体不适者慎用桑拿浴设备，以免发生危险。

（7）如发生事故，迅速报告主管。一般事故主管必须立即到场，制止事态发展。如发生严重事故，在制止事态发展的同时，必须保护好现场，并速报康乐部经理，请公安部门和酒店保安部门处理。

（8）凡发生事故，必须查明基本情况，包括事故的种类、发生时间、发生地点、原因及见证人的姓名、单位、电话号码和通信地址等。发生事故若造成桑拿浴中心设施设备损坏和用品损坏，在查明原因后，由酒店保安部门通知相关责任人负责赔偿。

（9）事故处理中始终坚持查清事故原因，查明事故责任，务必使员工受到教育，并落实整改措施。

（10）加强与酒店保安部门和地方公安部门的联系，随时沟通信息，取得有关部门的支持和配合。

6. 桑拿浴中心环境卫生管理

（1）桑拿浴中心要求环境美观、舒适、大方、优雅。门前营业时间、价目表、《宾客须知》等标牌设计美观，中外文对照，字迹清楚。

（2）桑拿浴房、按摩池、更衣室、干身室、服务台、存鞋处、淋浴间、卫生间、休闲大厅、休闲酒吧等配套设施整体布局协调，空气新鲜、无异味、通风良好。

（3）休闲区坐凳、躺椅整齐美观，大型盆栽、盆景舒适、干净，墙面、地面、天花板整洁，无污迹、积水、废弃物。

（4）更衣室、淋浴间、卫生间等各处每日保证进行三次以上清洁，确保洁净，更衣间、淋浴间分割小环境舒适，温度适宜。各处无蜘蛛网、灰尘、异味。桑拿浴区坐凳每天用开水浇烫、消毒、刷洗干净。

（5）所有木板、金属件、镜面洁净、光亮，无污迹和炭化物。毛巾、浴巾等棉织用品保证一客一换。

（6）按摩池池水清澈透明，无污物和毛发，定期消毒，水中氯值在 $1.0\pm0.02$ 之间，pH 为 $7.5\pm0.2$，细菌总数低于 1 000 个/毫升。

（7）各区域室内保持空气清洁，加强通风和消毒，使空气中的细菌含量低于卫生防疫部门规定的数量标准。

（8）各区域室内的温度、湿度要适宜，采光照明符合标准。

**（二）美容美发项目管理**

1. 美容美发室经理的工作内容

（1）根据酒店市场定位和美容美发项目的等级规格，研究客源对象，确定经营方针，制定美容美发室服务收费标准，经康乐部经理审阅、报酒店总经理审批后组织实施。

（2）根据美容美发行业需求，预测美容美发室设施的利用率和标准人次，编制美容美发室经营预算和直接费用预算，报财务部审批，纳入整个酒店预算，形成计划指标后组织实施。

（3）根据美容美发室管理特点，制定各工作岗位和各岗位人员的工作程序、服务规范和服务质量标准，并组织全体员工贯彻实施。

（4）美容美发室的空间摆设、物品陈列、装潢风格大方得体，创造舒适、清爽的服务环境，为宾客提供舒适的服务环境。

（5）提出美容美发室人员编制方案，拟订主管和领班人选，经康乐部经理审核、报人事部经理和酒店总经理审批。

（6）拟订美容美发室用品配备和费用消耗标准，做好物品申购、申领和消耗考核，严格控制成本开支。

（7）以月度计划为基础，检查美容美发室营业指标的完成效果、完成比例和完成进度，分析存在的问题，及时提出改进措施。

（8）为宾客提供有效的服务组合。根据宾客的发质、肤质、体质，运用专业知识设计出适合宾客特质的服务组合和产品组合，向宾客说明使用时间和达到的功效，建议宾客采纳，用诚信服务取得宾客的信任和认同。

（9）为宾客选择合适的产品。向宾客提供服务所使用的产品信息，主动将美容美发室最新提供的服务项目、新产品及相关知识与信息介绍给宾客，尤其是针对宾客特点提供适合宾客使用的项目与产品，详细向宾客介绍。

（10）督导检查美容美发室设施设备管理，做好日常管理和保养。发现问题及时向工程部报修，确保经营活动的正常开展。

（11）坚持社会主义精神文明建设，加强全体员工的政治思想、职业道德和专业技术的教育与培训，开展健康文明的美容美发服务工作，确保为宾客提供优质服务。

2. 美容美发室主管业务管理的工作内容和方法

（1）负责美容美发室全面经营和管理工作，以优质的管理业绩和较好的经济效益向康乐部经理负责。

（2）协助康乐部经理制定美容美发室领班、各美容美发师的岗位职责规范、工作程序和服务质量标准，编制美容美发室营业班次。

（3）负责美容美发室各项营业指标的制定，并根据主管领导的指示进行组织实施。通过有效的计划、组织、指挥、协调和控制，完成康乐部下达的各项经营指标和管理目标。

（4）安排领班工作任务，编制排班表，督导领班做好当班工作考勤和接待服务工作的管理。

（5）负责美容美发室各项设备、用品的更新、采购计划编制，设备、用品购进后的验收，设备日常运行的检查和养护报修，为完成各项营业指标和优质服务提供资源保障。

（6）每天巡视检查美容美发室营业情况，阅批营业报表，听取领班工作汇报，根据营业情况进行分析并提出改进工作措施，提高营业收入。

（7）编写业务技术培训教材，组织对全体员工进行最新美容美发理念、最新美容美发产品和保健知识与技能的培训，不断创新、改进和完善超前化和规范化服务。

3. 美容美发室领班业务管理的工作内容和方法

（1）提前15分钟到岗，换好工作服，佩戴员工牌，整理仪容仪表，到美容美发室主管处签到。与上一班次领班做好工作交接，查看交接班记录，处理遗留问题。

（2）协助美容美发室主管做好本班次的管理与服务工作，编写工作日志。组织召开班前会，传达各级领导最新工作部署。对各岗位美容美发师进行考勤记录，提出具体工作要求。

（3）督导各岗位美容美发师按照专业程序和工作规范为宾客提供美容或美发服务，确保达到宾客满意的服务效果。

（4）负责本班次营业用品和服务物品的申领。毛巾、面巾、围布等各种客用品的领取、分发使用和换洗补充，确保服务用品的充足供应。

（5）检查设施设备的使用状况，做好各种设施设备的日常维护与保养，发现故障及时报修。

（6）每天汇总当天美容美发室营业情况，审阅营业报表，分析存在的问题，提出解决问题的建议，报主管阅批。

（7）组织对本班次员工进行最新美容美发理念、最新美容美发产品和保健知识与技能的培训，指导各岗位美容美发师为宾客提供优质规范化的服务。

4. 美容美发室设施设备管理

（1）美容美发设施设备要先进、齐全，符合时代潮流趋势，方便服务与管理。

（2）接待区、美容区、美发区、员工休息区和后勤区明确、面积配比合理。

（3）各种设施设备、器械、使用工具，物品安装、摆放在适合位置，方便使用。

（4）美容美发区域地面铺设较高档次地砖，与酒店星级和品位适应。室内设置消毒柜。

（5）座椅、陈设、美容美发器械和用品质量较好。

5. 美容美发室环境卫生管理

（1）门外有标志标牌，营业时间、《宾客须知》、服务项目及价目表等安装于醒目位置，中外文对照。

（2）室内装饰装修色调协调，接待区摆设合适的常绿植物。

（3）室内照明充足，光线柔和，自然采光不低于 80LUX，灯光照度不低于 60LUX。

（4）室内温度保持在 24℃左右，湿度保持在 50%～60%，有通风装置。

（5）墙面、地面、天花板、接待区光洁明亮，无尘土、污迹。

（6）发屑随时清理，器械工具随时消毒。镜面光洁无尘。

（7）宾客使用的围巾、美发用品保证一客一换，布巾、用品要求每天消毒。

## 关键术语

康体项目（sports project）

娱乐项目（entertainment project）

保健休闲项目（health and leisure project）

康乐部（recreation and entertainment department）

保龄球（bowling）

棋牌室（chess room）

桑拿浴（sauna）

## 复习思考题

1. 酒店康乐部康乐项目有哪些？
2. 酒店康乐部的服务事项有哪些？
3. 酒店康体项目有哪些？项目管理需要注意哪些问题？
4. 酒店娱乐项目有哪些？项目管理需要注意哪些问题？
5. 酒店保健休闲项目有哪些？项目管理需要注意哪些问题？

## 即测即评

## 扩展阅读

### 康乐活动的起源与发展

人类对康乐活动的需求，可以追溯到久远的过去。自从人类产生以来，就有了康乐需求和康乐活动，只不过在不同时期人们的康乐需求和康乐活动的表现不同而已。因此，康乐活动是伴随着人类生产和生活的发展而产生的。这一点可以从许多历史遗迹和古籍中得到印证。例如，广西花山地区和云南仓源地区的岩画中就有许多舞蹈形象；汉代的陶俑和画像砖、唐代的壁画中有许多关于康乐活动的画面；据说，现今仍在中国一些地区流行的民间娱乐形式——傩戏，就起源于春秋时期，算起来，至少已有2700年的历史。同样，国外的康乐活动出现得也很早，因为据考证，保龄球和地掷球的历史可以追溯到距今7 000多年前的埃及。但是，人们把康乐活动作为一种专门的学问进行较系统的研究和开发，则是近些年才开始的。

随着社会的进步，经济、科学、文化、交通、旅游等方面都有了长足的发展，康乐活动发展的消费大市场已经是客观事实。在欧美的一些国家和日本等经济发达国家，康乐行业已经发展得相当成熟，康乐场所也逐渐形成为文化交流之地，并出现了“康乐文化”。在有些城市或地区，康乐行业已经成为当地经济发展的支柱产业，形成了康乐经济。

中国的康乐行业是随着20世纪80年代改革开放的脚步而出现的，尽管出现的时间较短，但发展速度相当快。这表现在：康乐设施与场所的数量大幅增加；康乐项目的经营规模不断扩大；康乐设施与项目的形式日益丰富；康乐活动的参与人数越来越多。

康乐活动所包括的内容很多。但不久前，人们还把“康乐”的含义局限在字面上的理解，认为康乐的内容包括康体活动和娱乐活动。现在看来，这种认识是不够全面和准确的，因为当代康乐活动的内容包括康体类活动、保健类活动、娱乐类活动、休闲类活动。其中康体类活动包括球类活动（如保龄球、台球）和其他类康体活动（如健身房、游泳池）；保健类活动包括桑拿浴、按摩、美容美发等；娱乐类包括卡拉OK、夜总会等；休闲活动包括过山车、摩天轮、游艇等。

康乐活动的特点是多方面的，它具有参与性（例如歌厅）、趣味性（例如电子游艺机）、灵活性（例如棋牌室）、适应性（适应各类人，例如摩天轮）、新颖性（例如虚拟现实电子游艺机、喷泉氧吧）、运动性（例如各类运动项目）、观赏性（如夜总会）、刺激性（例如蹦极、过山车等）。

综上所述，我们可以将“康乐”的基本含义确定为：能使人提高兴致、增进身心健康的快乐消遣活动。

节选自刘哲．康乐服务与管理．2版．北京：旅游教育出版社，2003.

# 第八章 酒店市场营销

本章导读

本章主要从酒店市场、酒店营销、酒店的收益管理三节内容来阐释酒店市场营销的问题。第一节以酒店顾客消费决策为出发点，分析酒店所处的宏观与微观市场环境，介绍了酒店在进行目标市场定位时会采取的策略；第二节在探讨酒店产品与服务设计的基础上，主要介绍了酒店价格、营销渠道、促销管理的可行性措施；第三节概述酒店的收益管理的理念与策略，对酒店需求预测、超额预订、容量管理的内容进行了基本梳理。

酒店的市场营销是酒店建设经营过程中始终需要正视的重要性问题，是酒店管理者力图将产品与服务转化为可观性收益所要首先解决的问题。需要以调研顾客消费决策、酒店自身所处市场环境的相关资料为前提，从酒店营销策略的组合中为酒店经营提出策略性建议，从酒店收益管理中指出酒店在进行市场营销时需要注意的潜在事项。

## 第一节 酒 店 市 场

目前在市场上的酒店具有形式、档次的差异，因此它们会相应地选择最合适的经营模式以获取利益最大化、盈利持久化。但是酒店不可能面面俱到，需要针对不同需求的消费者进行市场调研，了解顾客的消费偏好、把握市场动态、找准目标市场，并不断关注市场变化，在恰当的时机对市场定位进行调整，实现精准定位，进而使用相应的策略。酒店市场需要注意以下三方面。

### 一、酒店顾客消费决策

#### （一）消费者市场

市场是社会生产发展和社会分工的产物。人们对市场的认识随着生产力的发展和社会分工的扩大而不断深化、充实和完善。市场最初的含义是指商品交易的场所，这是对市场最古老的定义。随着商品生产和商品交换的发展，市场的含义也随之发生变化。经济学一般认为市场是指所有卖者和买者实现商品过渡的交换关系的总和。之后市场营销学是从卖者的角度来认识和理解市场的含义，主要研究采取何种有效的措施来满足消费者需求。在这个意义上，菲利普·科特勒(Philip Kotler)把市场定义为“市场是某种产品的所有实际的和潜在的购买者的集合”。

从以上定义可以看出，市场概念处于动态组合的过程，但都强调要突出消费者的需求，重点关注“人”这一市场构成要素。这是因为消费者市场是指个人或家庭为满足生活需求而购买商品的市场，它作为整个经济活动为之服务的最终市场，构成市场体系的基础，对供给产品价值的实现起到决定性作用。因此研究消费者市场是分析市场趋势、开展有效营销活动的关键之处。

一般而言，消费者市场呈现出下列特点：

（1）消费者市场人数众多、范围广泛，呈现出多而分散的特点。

（2）消费者市场购买次数频繁且少量购买。这往往是由于消费者受到购买力、消费人数、储存空间、商品保质期等多因素的影响。

（3）消费者市场具有多样化的需求特征。消费者在年龄、性别、职业、收入、教育程度、民族、宗教等方面的差异性导致他们在选择商品时会对规格、质量、外观、服务等产生不同偏好。

（4）消费者市场大部分属于非专家购买，通常缺乏商品知识，特别是对于技术性较强或操作复杂的新产品时非常容易受到广告宣传、产品包装以及各种推销活动的影响，从而产生情绪性消费。这点也说明了消费者市场具有可诱导性。

（5）消费者市场呈现出周期性的特点。一方面由于季节性差异而产生的时令服装、时令食品以及一些节假日商品；另一方面由于产品的更新换代而需要重新购买，如数码产品、家用电器等。

（6）消费者市场在购买产品时存在替代性与互补性的特点。

以上这些消费者市场呈现出的特点也普遍存在于酒店消费者市场中，并且随着科学技术的进步，酒店消费者市场也呈现出其他特点。

2017 年高端酒店市场消费者仍以 26~35 岁人群所占比例最高。据有关数据显示，35 岁以下消费者合计占比接近 80%，可以看出，“80 后”、“90 后”正在成为消费市场的主力军，整个市场传达出年轻化的信号。同时这部分人群中女性消费者的比例有所提高，对于酒店经营者而言，要重点关注女性的感性消费行为，通过情感营销提高盈利。在职业分布上，大学生消费比例接近 10%，同样是不容忽视的力量。此外，就数据而言，高端酒店的消费者大多为已婚，对高端酒店经营者而言，在实际运营中更需要考虑到家庭及亲子方面的消费需求。

**（二）酒店顾客消费决策分析**

酒店消费者是酒店产品和服务的最终受众，是酒店设计营销活动的根本目标，对于酒店的生存和发展具有关键性作用。无论是以自身为单位的个人消费者，还是以团体为单位的组织(机构)消费者，其消费需求都复杂多变、水平不一，他们会产生不同的消费动机和购买行为，在决策过程中也会发展出固定的消费习惯与特点，从而相应地会选择不同类型、档次的酒店。酒店经营者需要时刻具备创新意识，及时调整营销策略，赢取更大的消费者市场份额，取得竞争优势。

酒店消费者类型和层次因划分标准不同而具有差异性。目前最具有普适性的划分标准是以消费者的目的为依据，分为旅游、探亲、购物、结婚、学习、开会、商务等的消费者。其中旅游型消费者因外出而产生的异地住宿需求使其成为酒店消费者的主要人群，又可以细分为观光型旅游消费者、周末短途旅游消费者、医疗保健型旅游消费者、娱乐消遣型旅游消费者。

酒店顾客的消费行为不是无缘无故产生的，而是按照一定的消费者行为模式而呈现出有机可循的现象(见图 8-1)。研究酒店顾客行为并对其中隐藏的规律作出合理性解释，有助于准确把握消费者需求，从而更好地开展营销活动。通常以行为心理学的创始人沃森的“刺激—反应”理论来解释消费者的复杂购买行为及其作出的决策，这项理论所提出的行为模式包含刺激、顾客“黑箱”、反应三个连续过程。刺激是由产品、价格、渠道、促销等酒店使用各种营销手段形成的可控因素与经济、政治、文化、技术等存在于整个市场中的不可控因素，即营销刺激与其他刺激构成。正是通过这些因素的不同组合投入刺激顾客“黑箱”。刺激与反应都是看得见、摸得着的具体现象，而期间还要经历一个隐藏于顾客内心的主观心理过程，这种看不见、摸不着的神秘性过程就被称为顾客“黑箱”。顾客“黑箱”这一作业过程包括主要酒店顾客的心理活动和酒店顾客的购买决策过程。顾客反应是消费者在经历先前各种客观环境与主观心理的复杂因素所做出的一定反应，最终将想法转变为现实行为，与消费者的购买决策密切相关。这一环节需要酒店经营者利用“6O”研究法进行市场分析，了解购买对象(object)即市场需要什么(what)、购买组织(organization)即由谁购买(who)、购买目的(objectives)即为何购买(why)、购买方式(operations)即如何购买(how)、购买时机(occasions)即何时购买(when)、购买地点(outlets)即何地购买(where)，真正对这些问题作出正确的分析，把握这种产出反应的规律性，才能制定出有效的营销策略。

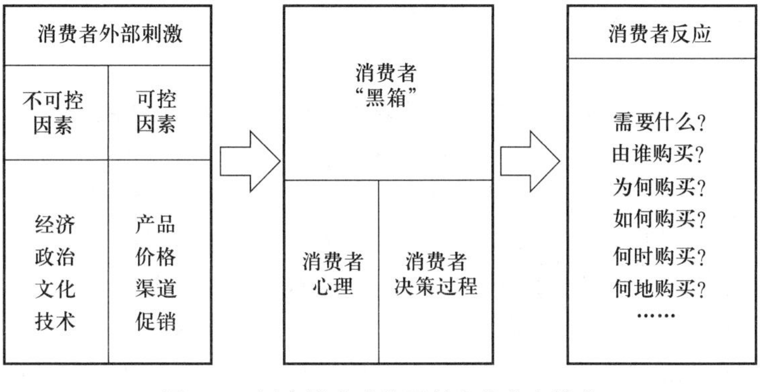


图 8-1　酒店消费者购买行为的基本模式

虽然酒店顾客的购买决策会受到各种因素的影响而产生差异化，但典型的购买决策过程通常包括认识需求、收集信息、评价方案、购买决定和购后行为 5 个方面。

(1) 认识需求。顾客的认识需求可能是内部本身的生理需求，也可能是因广告宣传等外部刺激而产生的，总的来说是顾客购买决策过程的起点，也是营销人员可以最大限度发挥引导作用的关键之处。

（2）收集信息。认识需求促使顾客产生潜在的购买动机，顾客便会从个人、商业、公共、经验四个来源收集相关信息。其中个人信息来源主要起到验证性作用，能够提高顾客购买信心。最重要的是商业信心，因为它不仅对顾客具有针对性、全面性，而且对酒店来说是可控的。

（3）评价方案。顾客根据前期收集到的信息进行整理，从了解产品属性、建立属性等级、确定品牌信念、形成“理想产品”等几个方面进行分析和比较，制定出自己的评价方案，从而在众多选择中做出最后评价，对某些酒店产生偏好态度和购买意图。

（4）购买决定。真正促使顾客将意图转变为能够付诸实践的行为决策还受到他人态度与意外情况两个因素的影响。这是因为顾客的购买意图在一些情况下会随着他人的态度而改变强度，并且因意外情况如失业、物价上涨等不确定因素的影响，顾客的购买意图会有所改变甚至放弃。

（5）购后行为。当产品被顾客真正购买后，这一决策过程并没有结束。因为酒店顾客通常会重复性购买，酒店需要重视维护顾客的忠诚度，一方面使顾客在酒店的实际体验值至少高于期望值，另一方面可以通过各种售后服务、保持联系等来提高顾客的满意度。

## 二、酒店市场环境

酒店营销策略的制定与酒店所处的市场环境息息相关。由于市场环境始终处于发展着的、动态的过程，因此营销策略不可能一成不变，如果脱离了具体的市场环境所呈现出的特征，策略也将变得毫无意义。酒店市场环境具有差异性、客观性、动态性、相关性、不可控性、可影响性等特点，包括复杂、广泛的内容，既有政治、经济、社会文化、技术、自然、人口等多方面的宏观环境因素，也有酒店、供应商、代理商、顾客、竞争者、社会公众等微观环境因素。微观市场环境的因素能够直接制约酒店的营销活动，而宏观市场环境的因素则要以微观市场环境为媒介来间接影响营销活动。

### （一）酒店宏观市场环境

1. 政治环境

政治环境指酒店市场所处的外部政治形势和状况，它就像一只有形的手，为营销策略的制定规定总体方向。通常分为国际政治环境和国内政治环境两个部分。

国内政治环境主要指党和政府的各种方针、路线和政策，积极关注国家的政策走向，了解不同阶段的方针变化，因为这些变化会对酒店的市场营销活动产生直接或间接的重大影响。而国际政治环境是指酒店对外营销活动所处的形势，首先需要考察欲进入市场所在地区或国家的政治状况，如是发达、发展中国家还是第三世界国家，是资本主义制度还是社会主义制度以及其所属的政党体制与各自立场，从而能够更好地了解所在地区或国家制定的贸易政策、条例规章等是否契合自身未来发展愿景，预测能否较好地适应这一目标市场。其次需要关注东道主地区或国家的政治冲突，一个国家的政局稳定性会给酒店的经营活动带来重大影响，它不仅会影响酒店的营销心理与资本投资状况，还会影响顾客的购买行为。这是因为安全需求是消费者所注重的基本需求，在顾客作出外出决策时起到重要作用。最为典型的是“9·11”事件，由于政局的动荡使得美国的境外旅游人数骤然减少，严重打击了其旅游业的发展。可以看出很少有人愿意在枪林弹雨、硝烟弥漫的战争国家去旅游，同样那里流离失所的人们也不会有外出旅游的需求，因此和平、友好、稳定的政治环境才能够带来稳定的客源，它是保证酒店营销活动顺利开展的基础。

2. 经济环境

经济环境包括直接影响酒店营销活动的社会购买力、消费者支出模式和消费结构因素以及间接影响酒店营销活动的经济发展状况。

社会购买力是一系列经济因素的函数，主要受到消费者个人收入水平的影响。消费者个人收入水平随着国民经济的发展而产生变化，因而其社会购买力也会有所上升或下降。但需要注意两个方面，一是社会购买力能否顺利实现与通货膨胀密切相关，因为通货膨胀意味着纸币贬值，物价上涨，货币的购买力下降，这使得酒店的产品生产、资金周转的成本提高，也会打击消费者的购买意愿、减少需求，因此需要注意货币收入和实际收入的区别。二是购买力并不等于收入，因为消费者的收入并不会全部用来消费，个人实际的消费能力会受到个人可支配收入、个人可任意支配收入、家庭收入等经济指标的影响。综合考虑这些因素，才能了解消费者的实际购买力。

消费者支出模式会随着消费者收入的变化而变化，进而会影响一个国家或地区的消费结构。通常使用恩格尔系数来反映这种变化，主要以食物支出占总消费的比重大小来判断生活水平的高低。目前随着经济发展水平的提高，消费者用于旅游等休闲娱乐的支出将会增加，酒店需要关注这些变化来把握机遇。

经济发展状况必然会制约酒店的市场营销活动。所处的经济发展阶段不同，相对应的居民收入水平也会有高低差异，从而对酒店产品和服务产生不同的需求。美国学者罗斯托将世界各国的经济发展类型归纳为经济成长阶段理论：传统经济社会经济起飞前的准备阶段、经济起飞阶段、迈向经济成熟阶段、大量消费阶段。通常认为发展中国家处于前三个阶段，发达国家处于后两个阶段。同时需要考虑不同地区与行业的发展状况，由于历史、政策等原因使得某一地区或行业的经济发展水平不可能完全相同，因此酒店要根据发展格局的特点制定差异化的营销策略。

3. 社会文化环境

目前营销学中所说社会文化因素是指在一种社会形态下已经形成的信息、价值、观念、宗教信仰、道德规范、审美观念以及世代相传的风俗习惯等被社会所公认的各种行为规范。处于特定社会文化环境中的消费者会形成相似的价值观，这种相似性会体现在他们的购买行为中。因此酒店应该分析、研究和了解社会文化环境，制定不同的营销策略来应对不同的文化环境。

（1）教育状况。教育状况一般会在酒店选择目标市场、提供产品和服务、开展市场调研与设计经销方式四个方面产生影响。在提供产品和服务方面，由于接受不同教育水平的国家或地区的消费者会对酒店气氛、装潢、设施等有不同的要求，而且受教育程度高的顾客希望酒店典雅高贵，甚至要求额外的附加功能。

（2）宗教信仰。宗教信仰作为一种特殊的社会意识形态，影响着其教徒的购买决策。不同的宗教如基督教、伊斯兰教、佛教、印度教等的教义教规会明确限制对某一产品的购买。伊斯兰教禁止教徒吃猪肉，印度教禁止教徒吃牛肉，佛家规定忌荤而吃素。因此酒店必须要了解各宗教组织的消费偏好，特别是相关禁忌，避免产生矛盾和冲突。

（3）价值观念。价值观念是人们在不同文化背景下形成的对各种事情的看法，是个体认识世界的方式。相同文化背景下的消费者价值观念往往相似，文化背景不同也会使人们的价值观念产生很大的差异性。因此酒店需要在分析目标市场的传统文化的基础上制定营销策略。

（4）风俗习惯。风俗习惯是在历史发展过程中流传下来被人们共同遵守的一种行为模式或规范，主要体现在礼节、衣食住行、生活习惯、民族传统等多方面。“百里不同风，千里不同俗”，多样性使得各国家、地区之间的风俗习惯因地而异。例如，中国人欢度春节，西方人庆祝圣诞节，但是近年来平安夜、圣诞节也逐渐受到了国人的重视，风俗习惯随着历史变迁而发生改变，“移风易俗”正是这一含义。当然酒店在营销过程中不仅要熟悉顾客的风俗习惯，也要了解他们的禁忌、避讳、传统伦理等内容。

（5）审美观念。人类是典型的视觉动物，对于好坏、美丑、善恶在自身的成长过程中形成了一套审美标准。这种审美观念尤其体现在消费过程中。由于顾客审美习惯、审美意识等方面的不同，使得他们最终会对特定产品表现出购买意愿并作出购买决策。酒店装潢、色彩、产品样式、气味、人员服装等都会影响其美化效果，酒店需要关注其目标市场人群的审美观念，提供适宜的产品和服务。

4. 技术环境

科学技术的迅猛发展改变了酒店的生产和经营环境，为酒店营销带来了更为现代化、智能化的营销管理手段。先进的新技术主要体现在酒店的服务项目、预订等方面。新技术促使酒店提供除了传统住宿、餐饮之外的附加服务，例如人们可以用语音功能设备来控制房间内的灯光、温度、窗帘等，甚至引进机器人为顾客送东西到房间等，减少客户等待时间，提高服务效率。互联网能够给顾客带来线上预订、手机支付、手机开锁等便捷服务，同时虚拟现实技术和交互技术的结合应用使得顾客能够通过手机、电脑、VR 头盔等设备访问酒店，足不出户就能感受酒店的客房、餐厅、健身中心等场所的具体情况。

5. 自然环境

自然环境主要指自然与物质资源环境。自然资源环境是制约酒店营销、经营的重要因素，具有舒适气候、浪漫沙滩、广阔草原或巍峨山峰等良好自然资源环境的地区将对消费者具有更大的吸引力，例如冬暖夏凉的地中海地区为当地酒店业发展提供了得天独厚的自然环境。物质资源环境主要指酒店日常运营所要消耗的森林资源、矿产资源、土地资源、水力资源等，酒店营销人员要形成社会意识，制定绿色营销策略，以酒店自身行动做到节约能源、保护环境。

6. 人口环境

众多人口组成了酒店营销活动的潜在消费市场，他们是决定酒店能否成功经营的重要因素。酒店营销人员需要调查分析目标市场的社会人口学特征，它包括年龄、性别、职业、家庭状况、收入、受教育程度、人口流动性等方面，这些内容会直接影响到酒店的市场格局与经营管理策略。

**（二）酒店微观市场环境**

酒店微观市场环境主要包括酒店、供应商、代理商、顾客、竞争者、社会公众等影响因素。其中供应商—酒店—代理商—顾客构成酒店营销的基础，酒店将自身作为媒介为供应商和代理商联系起来，并通过代理商的中间人作用将产品和服务最终销售给顾客。同时还要考虑竞争对手、社会公众这两个因素对酒店营销策略的影响。

1. 酒店

酒店自身内部情况对其是否能够成功实现营销目标具有非常重要的影响。当酒店的营销团队具有良好的营销能力、组织能力、服务能力、资金能力时将为其提高知名度、建立良好口碑、筹集稳定资金等形成明显竞争优势，可在市场营销活动中迅速抓住时机、获取商机。

2. 供应商

供应商是指为酒店提供经营所需原材料的企业或个人，是影响酒店能否提供高质高效产品和服务的重要环节。例如床单、浴巾、毛巾等棉织品，果蔬、调料、餐具等厨房用品，还有牙刷、洗发水、拖鞋等客房消耗品的供应商等。酒店在选择供应商时应该坚持全面调查，了解其供应物品的价格、质量、品类、供货商的信誉等各种因素，综合考虑、货比三家之后从众多供应商中选择出最适宜自身经营策略的，以保证未来稳定的供货渠道以及更低的运营成本。

3. 代理商

代理商是连接酒店与消费者的中介渠道，一般包括中间商、营销服务机构和金融中介机构。中间商通常以旅行社、航空公司、OTA 等为代表，以线上线下相结合的形式协助酒店将产品推销给顾客，为酒店创造客源。营销服务机构主要包括专门从事市场调研的公司、广告公司、传媒机构和营销咨询公司，帮助酒店在市场定位、产品营销等方面做出最恰当的决策。金融中介机构以银行、信贷公司、保险公司等机构为代表，为酒店和顾客的资金交易提供一定的帮助或风险承担作用。当然由于可供选择的代理商范围非常广泛，酒店在确定代理商时需要考察他们的信誉、质量、价格等多方面内容，最后做出谨慎的选择。

4. 顾客

顾客是酒店营销活动所针对的目标市场人群，他们是潜在的具有一定购买力的消费者，是最能体现酒店营销策略是否有效实施了的因素。按照出行目的划分的度假、商务、会议、体育等旅游者的要求不同，所产生的消费方式也会有差异性。因此酒店需要根据自身经营特点来确定所提供的产品和服务更为适合哪种类型的顾客，达到适销对路的效果。

5. 竞争对手

酒店行业的经营者面临巨大的竞争压力，因为顾客在做出最终的购买决策的过程中经历了优中选优的谨慎选择，其提供的各项产品和服务需要通过顾客的全面考验才能实现成功经营。酒店如果想在众多竞争者中脱颖而出，不仅需要在顾客作出正式选择之前利用广告、媒体等多种宣传方式扩大知名度，提高自身吸引力，还需要在顾客结束消费之后通过与顾客保持联系、提供售后等人性化服务营造关怀氛围、提高客户忠诚度与自身竞争力。

6. 社会公众

社会公众是指对本组织完成目标的能力具有潜在或实际兴趣或影响力的一切群体和个人。酒店的公众一般包括内部公众、一般公众、地方公众、政府公众、媒介、金融公众等团体。其中内部公众主要是指酒店的领导层、全体雇员等，代表了除自身外的酒店形象，因此他们的态度与行为会影响到酒店之外的顾客和公众对酒店的评价。

## 三、酒店目标市场定位

### （一）酒店目标市场定位的概念与作用

酒店目标市场是经过市场细分之后更加具有针对性的消费群体，酒店今后制定的营销策略与活动都将以这部分人群为主要对象，通过开展特定的营销活动在酒店竞争者中凸显自身优势，获取更大市场份额或者至少可以更好地维护自己的一部分亚市场。

由于目标市场是酒店最终确定进入的一个或几个细分市场，因此通过市场定位能够将自身与其他竞争者区别开来，使细分市场中的潜在顾客能够感受到这种差异性，这对酒店的营销活动具有非常重要的意义。首先，市场定位有利于建立饭店及其产品和服务的市场特色，是参与现代市场竞争的有力武器。目标市场的人群有限而酒店数量众多，呈现出明显的供不应求的买方市场现象，因此酒店需要在各方面树立鲜明的市场形象，从而赢得更多顾客的青睐，建立持久有效的客户忠诚度。其次，市场定位决策是饭店制定市场营销组合策略的基础。一般来说，当酒店提供的是优质低价的产品时，就决定了其产品质量要高、定价要低，同时广告宣传时也要突出质优价廉的内容。可以看出，酒店的市场营销组合会受到酒店的目标市场定位的制约。

### （二）酒店目标市场定位的内容

1. 形象定位

酒店以自身特色为基础，通过外观、内部装潢、宣传广告等形成自身鲜明的市场形象。这些直观的视觉形象能够给顾客的感官和心理形成一定程度的感染力和冲击力，给消费者留下持久印象。

2. 产品定位

酒店需要考虑将为目标市场提供的产品是何种类型的。可以通过产品实体表现出产品的特色之处，并详细介绍某项产品能够为目标市场的顾客带来的各种利益，同时酒店营销人员要注重强调自身产品与竞争对手所提供的产品之间的差异，以便顾客能够更好地在广泛选择中识别出真正能够满足自己需求的产品。

3. 价格定位

价格是影响消费者是否会决定购买的关键性因素。在实践中，酒店价格会根据具体情况而产生变化。特别是在淡季时酒店可以适当降低价格，用低价吸引团队宾客，提高销量；同时在旺季合理提高价格，避免出现供不应求的情况。酒店根据市场经济的发展规律合理调整价格，才能稳定自身经营。

4. 服务标准定位

酒店的客房、前厅、餐厅、商务中心等场所提供的服务都需要以特定的规范和标准进行。而这种具体质量标准的制定则是建立在所要服务的目标市场人群的特征基础之上。

5. 销售渠道定位

酒店通过选择直接销售渠道或间接销售渠道将产品和服务传递给顾客。一般来说，直接销售渠道是酒店直接销售给顾客产品，但是由于非专业化会消耗过多时间、资金，因此间接销售渠道逐渐成为一种主流的选择。

### （三）酒店目标市场定位的策略

选择酒店目标市场定位策略之前需要坚持不同的定位原则，避免策略与自己所处的市场环境、竞争环境有所不同，影响后续经营活动的顺利开展。通常酒店营销人员需要坚持根据产品和服务的特点定位、根据产品用途和顾客可得利益定位、根据产品价格定位、根据顾客类型定位等原则。

酒店目标市场定位策略涉及产品与服务的不同组合，体现市场中各竞争对手之间的关系。一般来说酒店营销人员主要采取的定位策略包括以下几种。

1. 避强定位策略

通常会认为与大酒店背道而驰就能成功。对于刚刚进入市场的酒店而言，它们会避免与占有绝对优势的竞争对手直接对抗，而是通过避强定位的策略将自身定位于某一市场空隙中，发掘市场潜在商机，在特殊市场中寻求发展，满足目前还未被注意到的潜在市场需求。

2. 迎头定位策略

迎头定位策略与避强定位策略相反，酒店会通过与已经在市场中占据支配地位的竞争者对着干的方式迅速形成品牌形象，快速提高知名度。但是由于这种定位策略存在高风险问题，需要酒店拥有强大的经济实力作为支撑或后盾，避免产生无法承受的后果。采取这种定位策略比较成功的典型例子有可口可乐与百事可乐，在他们的营销理念中存在着竞争“未必要打倒敌人”，有时候平分秋色已经是难得的成功。

3. 重新定位策略

并不是所有的酒店在进行了一次定位后就可以一劳永逸，随着市场发展产生的变化，酒店会发现原有定位存在的不适宜性，进而通过重新定位改变初次定位的形象等部分内容，甚至彻底改头换面来摆脱自身的经营困境，寻求重新提高市场效益的有效途径。当然有的重新定位并不是为了改变经营颓势，而是为了应对新的目标市场所采取的策略。

# 第二节 酒 店 营 销

酒店营销需注意以下几方面。

## 一、酒店产品与服务

### （一）酒店产品

1. 概述

酒店产品是指能够满足顾客住宿、餐饮、娱乐等需求而通过酒店的各种设施设备和环境等条件生产出来向顾客提供的物质产品和服务产品的总和。梅德里克（S. Medlik）认为酒店产品通常是由酒店的地理位置、设备与设施、服务、形象、价格五个部分构成，每一部分都有其重要意义，能够在不同层面给顾客带来不同的感受和利益。

同时根据产品的五层次论，酒店产品由内到外再到逐层递进，包括核心产品、基础产品、期望产品、附加产品、潜在产品。

（1）核心产品。核心产品是酒店产品最基本的部分、是最基层的核心利益，即向顾客所提供产品的基本效用和利益，也是顾客真正想要购买的利益和服务。需要注意的是由于目标市场顾客具有不同的特征，因此他们所偏好的产品核心利益也会有差异性。例如，对价格敏感的中转型宾客可能只期望能够优惠、干净地过一夜，而部分具有良好经济实力的宾客则希望享受到更加高档、体面的舒适生活。

（2）基础产品。基础产品指酒店产品的核心利益必须依附于一定的实体，这种产品实体被称为一般产品，即产品的基本形式主要包括产品的构造外形等。

（3）期望产品。期望产品指顾客对购买的产品期望得到的与产品密切相关的一整套属性和条件，例如顾客会对价格高低、服务优劣等提出不同期望。

（4）附加产品。附加产品是指顾客从购买的产品中得到的附加服务和利益，例如酒店的康体设施、商务中心等免费设施与免费接送、免费洗衣、免费叫早等服务。

（5）潜在产品。潜在产品预示了现有的该项酒店产品最终可能的所有增加和改变，能够指出它未来可能的演变趋势。例如酒店的某间客房为了顺应未来顾客可能的浏览国际互联网的需求，在建设时便提前预留出能够连接国际互联网的线路和接口。

以洗衣服务为例来理解酒店产品的五层次。核心产品是洗衣，这是顾客想要干净衣服的需求；基础产品是核心利益的外在实体表现形式，在这里具体是指洗衣机；期望产品是洗衣时能够得到的甩干、定时等服务；附加产品是指能够提供的免费维修等；智能化是为了满足顾客需求未来能够增加的潜在产品。

2. 开发

由于产品从投入到最终退出市场会经历一个明显的生命周期，即投入期、成长期、成熟期、衰退期。这四个阶段性特征表明产品具有有限的生命，但是也要注意产品的生命周期并不等于产品的使用寿命，它严格意义上是指某种产品品种的生命周期。因此酒店经营人员除了应用产品生命周期理论应对各阶段的挑战，在各阶段采取不同的营销策略，还应该居安思危、未雨绸缪，进行酒店产品的设计与开发，在类型、新颖性等各方面增加供给。

酒店产品开发一般是指向市场中的顾客提供之前没有的产品。通常这种产品可以理解为“新”产品，但是并不是指全新，而是指只要对产品的部分或者全部有所创新和改变，都可以被认为是一种新产品。因此酒店的新产品一般从开发过程来看包括全新产品、改进型新产品、模仿型新产品、降档性新产品以及重新定位型新产品 5 种类型。

酒店产品设计的流程主要包括创新构思、评估筛选、概念形成和测试、商业分析、营销战略、产品开发、产品试销、正式上市 8 个程序(见图 8-2)。

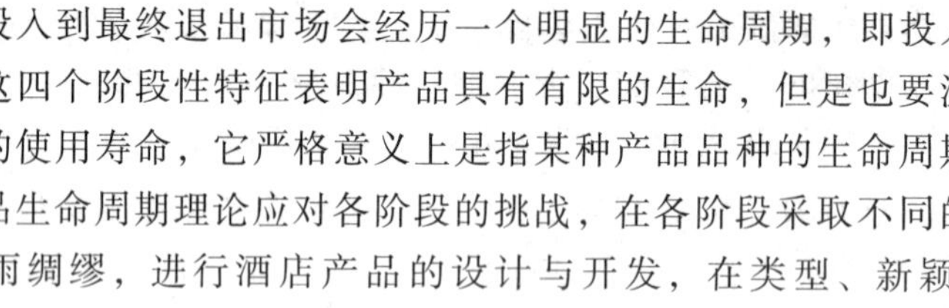


图 8-2 酒店产品开发流程

（1）创新构思。通过对酒店的内部人员、顾客、中间商、竞争对手、专业咨询公司、研发人员等进行调研，从这些内部和外部信息来源中了解到产品目前存在的不足之处，以便更加有针对性地提出改进建议或者形成具有创新性的构思。

（2）评估筛选。酒店需要从收集到构思中按照一系列评价标准找出最具有价值性的部分构思。通过权衡构思所具有的技术、经济与政策等方面的可行性程度以及其可能产生的效益与成本之后，尽早过滤、舍弃不满足条件的构思，将有限的资源应用于最有成功希望的构思中。

（3）概念形成和测试。酒店从顾客的角度对产品进行性能、外形、优点、价格等方面的描述，使顾客能够对产品特征形成基本认知。以顾客为受测者，将设计出的多个产品概念进行测试，从而选择出最有成功潜力的产品概念，为酒店进一步深入研究指明方向。

（4）商业分析。对酒店产品的市场发展潜力做出预测，以此来判断它所具有的渗透力、销售量、利润等内容。

（5）营销战略。通过找出产品的市场定位、制定营销计划、描述预期的长期利润目标以及未来不同阶段的营销战略组合等，形成该项产品一个初步的营销战略。

（6）产品开发。应用相关技术在尽量短的时间内向市场推出产品，并邀请部分潜在顾客进行产品的功能测试。

（7）产品试销。这个环节是产品在上市正式销售之前所经历的最后一次测试，从目标市场的顾客那里得到对产品更为客观的评价，使酒店能够更加全面地了解产品的市场前景，并获得该项产品是否适合上市的决策依据。

（8）正式上市。当酒店经过试销之后仍然决定上市，就需要从何时、何地、向谁、以何种方式推出该项产品，使其获得应有的商业价值。

### （二）酒店服务质量管理

酒店的服务质量是酒店的基石，事关酒店在市场上所反映出来的品牌形象特征。良好的服务质量相当于酒店的无形资产，有利于使已消费或未消费的顾客感受到酒店的高标准服务，从而形成口碑效应，为酒店的经营带来持久性的收益。

由于酒店服务的主体是各部门的工作人员，所以对其提出了一系列规范要求。首先，热情、敬业、勤奋、礼貌是所有服务人员应该具备的基本条件。面对宾客时要注意不能表露出自身的负面情绪，要为宾客营造友好温馨、宾至如归的氛围，尤其是前厅部工作人员作为酒店更为直接接触宾客的一环，要力求给宾客留下良好的第一印象。其次，要无差别服务，对待来自不同民族、国家等的宾客要始终主动、积极地提供标准化服务，尊重每位宾客的宗教信仰、风俗习惯等，维护他们的尊严。最后，还要注意在宾客入住期间提供全方位服务与超值服务，使宾客因感受到应得服务之外的附加服务而惊喜，达到锦上添花的效果。

## 二、酒店的价格管理

### （一）酒店定价方法

1. 成本导向定价法

成本导向定价是指以酒店产品的全部成本为基础，再加上预期的目标利润来确定最终价格的定价方法，是大部分酒店会首先使用的方法。具体的成本导向定价方法中常用的有以下两种。

（1）成本加成定价法。这种定价方法是将一定比例的预期目标利润与单位产品的总成本相结合所得到的最终价格，其计算公式为：

单位产品价格＝单位产品总成本×(1+目标利润率)

成本加成定价法简便易行，适合应用于单位成本相对稳定的产品，但是它的出发点是生产导向型观念，忽略了市场需求弹性等易变化的不确定性因素，因此缺乏灵活性，无法较好地适应市场竞争。

（2）收支平衡定价法。这种定价方法又被称为“盈亏平衡定价法”，将总成本和总收入保持平衡即收支相抵作为定价原则。酒店经营人员需要在了解预测销量、固定成本和变动成本等数据的基础上，根据以下计算公式确定出价格。

$$P=\frac{FC}{Q}+VC$$

式中：$P$——盈亏平衡点价格；

$Q$——预期销售量；

$FC$——固定总成本；

$VC$——单位变动成本。

**【例题】** 酒店平均每日的房价是 130 元，变动成本是 60 元，固定成本是 10 000 元/月。请问该酒店每月客房出租数要达到多少才能够保本？

每月出租客房数＝10 000/(130−60)＝142.86(间)≈143(间)

因此这家酒店每月至少要出租 143 间房才可以不亏损。

2. 竞争导向定价法

这种定价方法中酒店经营人员会重点关注竞争对手的情况，通过研究竞争对手的价格、服务等因素，根据自身的竞争实力、成本状况等来定价。竞争导向定价法由于以竞争对手价格为基准点，因此只有当竞争对手价格对市场需求或成本等因素变化进行调整时，才会做出反应，相应地调整本酒店的产品价格。

（1）随行就市定价法。在这种定价方法下，酒店在确定目前“行市”的基础上，根据市场的平均价格水平来确定价格，从而能够有效地避免竞争，尤其是价格竞争可能带来的利润损失。酒店经营人员不用全面了解顾客对价格差的反应，从而为营销等活动的展开节省了人力、时间。

（2）差别定价法。随行就市定价法是一种保守性的定价方法，而差别定价法则采用了一种逆向思维，将价格作为竞争“利器”来提高收益，具有明显的进攻性。产品差别定价法是酒店通过营销努力使顾客对自身产品形成不同的感知，来选择降低或提高价格的方法来作为产品的最终价格。

3. 顾客导向定价法

顾客导向定价法又称“市场导向定价法”，兼顾市场竞争与需求状况进行定价，符合现代营销理念。

（1）理解价值定价法。理解价值即顾客对酒店产品的感知价值，是消费者对产品的一种主观价值评价。需要经营人员运用有效的营销手段提高顾客对酒店产品的认知价值评价，影响产品在不同顾客心目中的价格标准。这种有利的价值观念能够帮助酒店在合理的价格限度内确定最终价格。如果酒店对顾客的理解价值估计过高而制定出高价格，则销量目标可能难以完成，相反如果估计过低，其较低的定价水平则有可能使酒店利益受损。

（2）需求差异定价法。这种定价方法是根据需求的不同特征制定出差异价格，能够实现顾客的不同满足感，最大限度地为酒店谋取最佳的经济效益。通常酒店根据顾客类型、销售地点、销售时间、销售环节等产生的需求差异而进行定价。

**（二）酒店定价策略**

1. 新产品定价策略

（1）撇脂定价法。这种方法是在新产品上市之初，通过制定远高于成本的价格从而在短期内获取丰厚利润，以便尽快收回投资。撇脂定价就像是从牛奶中撇取奶油、取其精华一样，期望获取新产品中的效益精华，提高收益。

（2）渗透定价法。这是与撇脂定价法相反的一种低价定价策略。在新产品上市之初通过较低的价格吸引大量消费者，薄利多销，在短期内迅速提高市场占有率。酒店以低价优势逐步渗透、迅速打开市场，通过增加销量获取较大利润，并且较高的市场占有率也能避免其他潜在竞争者入市，进一步巩固自身对该市场的控制。

（3）满意定价法。当撇脂定价法因较高的价格引起顾客不满，渗透定价法因较低的价格使顾客对产品质量产生疑问时，酒店通常会采取满意定价法。这种方法不以价格为主要调节手段，淡化价格在营销策略中的作用，这样既可以避免撇脂定价的高价而带来的市场风险和价格竞争，也能避免渗透定价投资回收期较长的不足，总体而言对酒店与消费者都有好处。

2. 心理定价策略

（1）整数定价法。顾客往往习惯从价格高低来判断酒店产品的质量。整数定价法一般使用偶数和以“0”结尾的数字，例如将产品价格定为 1 000 元，而不是 998 元，这样既可以满足顾客的炫耀性心理，也可以省去找零钱的麻烦，方便顾客和酒店双方的结算，同时产品的高价效应能在顾客心中形成产品高档、优质的形象。需要注意的是高价并不是绝对的高，而是通过整数价格使顾客形成高价印象。

（2）尾数定价法。这种方法利用顾客追求价廉的心理设置非整数的奇数价格，例如将产品价格定为 19.9 元而不是 20 元。这样可以使顾客认为价格是酒店经过精密计算而得出的结果，从而产生较高的信任感、便宜感，更愿意购买。同时不同的定价策略要因地区而异，例如美国消费者偏好奇数价格，而日本消费者更喜欢偶数价格，有些地区的顾客则对以 9 为尾数的价格所体现出的好兆头更感兴趣。

（3）声望定价法。价格通常能更为直观地反映出产品的质量、档次，因此部分具有特殊需求的顾客希望购买高价的名优产品来体现自身的声望、身份、财富、地位等自我形象。这种定价方法不仅弥补了酒店提供优质产品的成本消耗，而且能够满足不同层次顾客的消费需求，目前在酒店业中得到了广泛应用。

（4）招徕定价法。招徕定价是将酒店的部分产品价格定得非常低引发顾客的好奇心，从而招徕顾客带动产品销售的一种定价方法。通过低价吸引顾客前来购买这些产品的同时，提高购买其他正常价格产品的可能性，提高收益。在使用招徕定价时还要注意将该策略下的产品与低劣、过时产品明显得区别开来，否则不仅无法吸引顾客，还有可能降低自身声誉，破坏市场形象。

3. 折扣定价策略

（1）数量折扣。数量折扣是根据顾客对产品的购买数量为基础而赋予不同的价格折扣优惠，从而鼓励顾客进行更多消费，形成产品的多销、快销目标。一般来说数量折扣包括累计数量折扣和非累计数量折扣即一次性数量折扣两种形式。前者是指顾客能够在规定期限内达到一定的消费数量或金额之后获取折扣，这样能够鼓励顾客经常在本酒店消费。后者则是促进顾客一次购买时即达到规定数量而获取折扣优惠。

（2）现金折扣。现金折扣的使用条件是顾客能够在规定时间内付款，因此需要酒店经营人员考虑折扣比例、折扣时间限制、付清全部款项的期限，酒店使用这种折扣定价方法往往是为了鼓励顾客尽快付款、改善资金周转情况，减少财务风险。

（3）季节折扣。酒店产品的消费具有明显的季节性特征，因此需要注意在淡季给予顾客折扣，例如，周末大降价等推销活动来吸引顾客消费，提高客房入住率，使酒店全年的销售业绩能够保持在相对稳定的状态，有效调节供求矛盾。

（4）实物折扣。酒店通过对客房入住者以实物形式提供优惠而形成的一种折扣方法。例如对成功入住的宾客提供免费早餐甚至还提供免费果盘等，或者对来自其他国家或民族的宾客赠送精美的中国折扇或传统的景泰蓝筷子等物品。不仅能够给顾客留下深刻的良好印象，认为酒店服务到位、产品实惠，还会以较低的成本损失而换取今后更多的利益回收。

4. 产品组合定价策略

产品组合定价策略是将两种或两种以上的产品联系起来进行定价。

对于具有互补性关系的一些产品，酒店可以采用低价产品产生的损失通过高价产品的利润来弥补，这样企业收入不减，消费者也会产生这样组合购买更为划算的心理。具体操作而言，可以将购买频率低、价格更为敏感的产品降低价格，而将购买频率高、价格不那么敏感的产品定价稍高一些，例如剃须刀的刀架定价稍低而刀片定价稍高就是这个道理。

对于具有连带关系的产品，酒店可以将主要商品价格抬高给宾客优质感，而附属商品价格降低营造优惠感，例如菜单中的菜价高而酒水价格会低一些。

## 三、酒店营销渠道管理

酒店营销渠道的选择会受到多种因素的影响，既有市场特性、产品特性、经济收益等因素的影响，也需要考虑酒店本身的因素。因此酒店在选择最终的营销渠道类型或不同组合时需要坚持畅通高效、稳定可靠、协调平衡、覆盖适度、发挥优势的原则，制定出合理的营销渠道组合方案。之后酒店还需要通过以下几个方面来对选择的渠道进行管理，保持渠道运转有效性。

### （一）选择渠道成员

酒店需要以严格的标准筛选渠道成员，根据酒店自身的特点、经营范围、服务水平、市场定位等因素选取适宜的供应商、中间商等成员，确保他们的参与能够促进酒店营销顺利展开。

### （二）评估中间商

对中间商进行评估时主要从以下几个方面来进行：

（1）考核中间商的销量情况，密切关注其增减趋势，维护双方业务。

（2）关注中间商的销售利润与发展趋势，这是由于中间商的积极性与获利状况具有很强的联系性。

（3）考核并检查产品在中间商处的优劣势情况，如果是劣势，则要分析这种现象是中间商的态度造成的，还是酒店提供的产品本身存在的问题造成的，以便及时采取措施解决问题。

（4）严格检查中间商的信誉情况以及对顾客的服务质量，并关注中间商的合作忠诚度，避免经营中的合作中断情况。

**（三）激励渠道成员**

酒店需要通过多种激励手段来增强渠道成员的积极性和合作精神，从而形成更为畅通良好的纽带关系。酒店首先需要尊重渠道成员的利益，维护其尊严，这是双方开展合作的前提。同时酒店的激励方式也要具有针对性，根据成员自身的规模、销售计划、引客能力、付款情况等来区别对待，比全部采取同一种激励方式更能取得良好的效果，增加渠道成员收入。具体的激励方式有减收或免收预订金、领队优惠、邀请渠道成员旅游、联合推销、免费培训等多元化手段。

**（四）调整营销渠道**

市场是复杂变化着的，因此需要酒店经营人员根据每个渠道成员的表现情况进行营销渠道的调整。

（1）增减营销渠道成员。对中间商进行考核后剔除销售态度消极、经营效率低下的渠道成员，转而重新物色合适的中间商，邀请他们加入营销渠道，建立稳定的合作关系。

（2）增减某一销售渠道。当酒店发展某一营销渠道的经营效率一直不够理想时，可以考虑撤销这种渠道，也可以增加新的渠道来提高营销效率。

（3）调整整个营销渠道。由于酒店仅部分调整营销渠道的做法难以适应变化巨大的市场或酒店自身的经营目标，因此需要全面调整整个营销系统。

## 四、酒店促销管理

**（一）酒店广告促销**

1. 广告目标决策

酒店广告目标是在市场定位的基础上对特定顾客所要完成的宣传任务。一般而言主要分为通知型、劝导型和提醒型。通知型广告主要会应用于酒店新产品入市的开拓阶段，使顾客对于产品品牌形成初步印象。劝导型广告是当自身产品与竞争对手产品出现竞争的阶段，说服宾客能够最终选择自己。提醒型广告是在产品进入旺销状态的成熟期，通过提醒不断使顾客保持对本产品的记忆与重复购买。

2. 广告预算决策

通常所采取的酒店广告预算方法有以下四种：

（1）倾力投掷法。酒店的广告预算是能支付多少就定多少的方法，这比较适合财力雄厚的酒店，能够帮助其获得大力宣传、迅速提升知名度的效果，但是这些费用支出中也不可避免地会出现资源浪费的情况。

（2）销售百分比法。这种预算方法是按照销售额的一定百分比来计算。这样可以使广告费与销售额产生直接联系，将广告费用支出与酒店盈亏息息相关。需要注意因为销售额的选取类型不同(如上年销售额、本年度目标销售额等)，可能会得出不同的销售百分比。

(3) 竞争对等法。以竞争对手的广告支出为参考标准，主要是选取本行业有代表性的竞争对手的费用支出数据，而且酒店本身具有充足的实力能够采取这种投资预算。

(4) 目标任务法。酒店制定广告预算是在考虑所要实现目标的基础上，从目标确定、工作安排及成本估算等方面来确定需要支出的广告费用。

3. 广告信息决策

只有当广告信息充分吸引到顾客时，酒店前期的预算支出才能获得其应有的效果。一个好的酒店广告画面需要从顾客、专家、员工等渠道获取广告创意，经过筛选得出最有价值的创意，利用适当的风格、文字、技术等紧扣主题，形成具有感染力和说服力的广告效果，激发顾客的购买欲望。

4. 广告媒体决策

这个环节中酒店需要考虑广告的覆盖范围、媒体类型、媒体的利用时间等内容。其中广告的覆盖面是指目标市场人群中能接触到该广告的相对范围，关系到顾客能够触及这项广告宣传信息的频率。媒体类型主要包括有报纸、杂志、画册、电话簿等印刷品广告，电视、电影、电台广播以及微博、微信、短视频等自媒体在内的电子媒体广告，广告牌、车厢、广告商亭、气球广告等户外广告，明信片、挂历、通知函等邮寄广告。同时媒体的利用时间需要考虑到酒店顾客消费的季节性特征来投放，从而获取更好的宣传效果。

### (二) 酒店人员促销

1. 试探促销

当初次接触顾客时，营销人员需要根据自己收集的信息对其进行试探性推销。这需要推销人员事先预测到可能发生的对话情况，根据顾客的反应来有针对性地做出应答，比较适合在联系新客户的时候使用。

2. 公关促销

酒店营销人员通过礼节性拜访与自己的固有客户保持联系，一方面能够从他们那里了解到其对酒店现有产品的意见和期望，另一方面也能够起到提醒的作用，增强双方之间的感情沟通，促进进一步业务合作。

3. 预约促销

酒店推销人员提前与顾客约定好地点、时间，对某项方案进行协商，通常需要在比较正式的场合进行，酒店必须做好充分准备，力求建立合作关系。

4. 呈现促销

呈现促销通过多次主动上门拜访，创造沟通机会，努力向顾客展现酒店的新产品或新项目。这里的拜访对象既有老客户也有新客户，但都需要销售人员发挥自己的推销技巧，实现成功销售。

5. 店内促销

店内促销主要发生在当顾客亲自来到酒店时而展开的实地推销。对于部分散客可以由促销人员引领其看房参观，在这个过程中尽力介绍酒店促成销售。对于具有更大需求的潜在客户可以通过宴请招待提升好感与信任度，增强推销的成功率。

### （三）酒店促销推广

酒店销售促进相对于广告、人员促销来说更加具有针对性，能够进一步刺激顾客的购买欲望。同时销售促进是能够辅助人员、广告促销的补充性措施。一般采取的酒店销售促进的方法有以下几个方面。

1. 价格优惠

大部分顾客对酒店产品的价格具有较高的敏感性，因此在淡季时可以推出优惠价格项目来吸引顾客。

2. 奖券和抽奖

奖券可以附在杂志广告中或邮寄给顾客，同时抽奖可以通过幸运抽奖的方式以实物奖励或免费用餐、旅行等吸引顾客。

3. 提供酒店产品样品

采取让顾客品尝、试住等方式使其体验到酒店的优质，吸引其下次消费，比较适用于中间代理商和大宗宴会的经办者，是非常有效的办法。

4. 退款和折让

对未得到满意服务的顾客给予全部退款和折让，让顾客能够在未来对酒店产品质量充满信心，被酒店真诚的态度所感动。

5. 优先照顾

酒店主动对特殊类型顾客如贵宾、高级会员等，提供一系列的特殊周到服务，如优先排房、特别礼品等，让他们感受到自己是更加被重视的。

6. 红利

酒店可通过销售分红刺激中间商的销售积极性。

7. 鼓励重复购买

激励经常入住本酒店的顾客给予各种优惠和奖励，例如对于入住 6 次以上的宾客提供优先安排房间等特殊服务，来提高顾客的忠诚度。

8. 酒店俱乐部

酒店俱乐部有健身俱乐部、高级管理人员俱乐部、中国名酒俱乐部等多种形式，这是稳定客源的有效途径。

9. 特殊活动

酒店不定期举办营销活动，例如音乐节、美食节、读书日等活动增加酒店宣传点，吸引顾客在酒店进行消费。

10. 赠送礼品

对在酒店消费的顾客、与酒店具有合作关系的中间商赠送带有酒店标志的精美物品，如筷子、折扇、公文包等，也可以是简单的矿泉水、儿童玩具等，使顾客对酒店留下深刻印象。

### （四）酒店公共关系

1. 建立营销目标

公共关系策略中建立营销目标可以从以下几个方面着手。

（1）树立知晓度，通过媒体提升人们对酒店产品、服务的注意力与吸引力。

（2）树立可信性，通过增加社会议论性报道传播出产品信息，进一步提升可信性。

（3）降低促销成本。公共关系这种软性的促销方式比邮寄、广告等的成本低，而且更加深入人心。

2. 选择公共信息关系信息和载体

当公共关系目标确定之后就可以确认该产品是否具有有趣的经历，如果新闻性的信息数量不够的话，就需要公关工作人员制造具有价值的新闻，例如新闻发布会、学术会议、名家讲坛等，由于这些活动都具有可报道的价值，因而会受到各种群体的广泛关注。

3. 实施营销性公关计划

在实施具体性的公关计划时如果新闻具有很强的吸引力，则能够轻而易举地获取广泛的关注，但是现实情况是大多数新闻都没有很好的爆点。因此酒店营销人员需要注意保持与社交媒体编辑的良好合作关系，以便在宣传时能够引起他们的注意。

4. 评估公共关系的效果

当公共关系这种促销方式在其他促销工具之前使用，能够较为方便地衡量其应用效果。常用的衡量方法包括展露度，知名度、理解度和态度方面的变化，销售额和利润贡献。

（1）展露度。这种方法是关注公共关系出现在媒体上的次数，但由于触及信息的人数可能是重复的，因此它无法指明到底有多少人听到或看到了这个信息。

（2）知名度、理解度和态度方面的变化。通过调查顾客在公共关系实施前后对产品的知名度、理解度、态度方面的变化，衡量出实施效果。

（3）销售额和利润贡献。这种方法在数据可以得到的情况下，可以被认为是一种最令人满意的衡量方法。

## 第三节 酒店收益管理

### 一、酒店收益管理概述

#### （一）酒店收益管理的理念

收益管理指酒店在最合适的时间以最合理的价格将最合适的产品和服务销售给最合适的宾客，从而获取最佳收益。通过合理的收益管理，酒店能够在现有供求关系的基础上，利用先进技术和科学方法对目标市场潜在顾客的需求作出合理预测，达到物尽其用、最大限度扩大酒店收入的目标。一般而言，运用收益管理的情况需要满足以下几个方面的必要性条件。

（1）酒店提供的是无法储存的非耐久性产品，因此需要制定合理的市场营销策略尽快将产品售出，避免贬值甚至闲置浪费。

（2）酒店自身的生产能力稳定，拥有相对固定的库存量，从而通过收益管理实现有效的规模化收益效果。

（3）酒店目标市场的潜在消费者对产品和服务体现出季节性的需求特征，他们的需求随时间的更替而发生变化，使得酒店需要进行收益管理来平衡这种季节性因素可能导致的收益差异。

(4) 酒店产品本身需要具有合理的成本结构，便于制定合理的价格体系以获取最佳的收益。

(5) 酒店拥有可细分化的市场结构，针对不同类型、层次的市场实施特定的收益管理目标的策略。

通常以RevPAR(revenue per available room)即平均每间可供出租客房收入，作为衡量酒店收益管理的指标，它同时兼顾了出租率与房间价格两大因素，是目前一种较为客观的收益评估手段，被多数酒店使用。从公式可以看出，酒店经营者可以直接有效地操纵价格，以合理的价格决策为酒店提高经营收入创造条件。

RevPAR =实际客房营收/可供房间数

=实际平均房价×客房出租率

除了调整价格之外，酒店还可以应用其他具有灵活性的管理方法，综合这些收益管理的理念，常见的收益管理方法有房价限制、差别定价、时滞控制、超额预订、升级销售等。

#### (二) 酒店收益管理的策略

在酒店所制定的收益管理策略中，经营者经常利用的工具主要体现在接待量、价格与折扣、住宿期、接待能力存量等工具中，通过这些工具的单一优势或组合优势等为酒店带来更高收益。

1. 针对高需求期的策略

(1) 停止或限制打折。

(2) 采取严厉的信用政策。

(3) 减少团队房的配额，增加会员房和散客房的数量，并对高级套房等房间实施全价销售管理方案。

(4) 合理使用最短住宿期限制。

2. 针对低需求期的策略

(1) 创造产品的消费热点，引起潜在顾客的购买需求。

(2) 实施价格折扣策略，针对特定时间、市场或产品制定价格优惠促销，在短期内一般只要能产生边际利润就被认为是合理的。

(3) 提供包价产品，将客房与酒店其他产品统一定价，通过一揽子报价来增加酒店的营业收入。

(4) 取消住宿期限制，暂时取消规定的抵离店的时间限制，同时以更为宽松的信用政策吸引宾客预订。

### 二、酒店需求预测

#### (一) 酒店需求预测的价值

酒店需求预测是收益管理的重要组成部分。通过以往的经营数据、市场无限制性的需求、历史业务规律等因素以及先进的预测技术，从而对酒店的客源需求进行分析、判断和估计，实现合理有效的预测效果。

做好酒店需求预测对提升酒店收益具有至关重要的作用。成功的需求预测能够帮助酒店管理人员更好地把握机遇。通常越提前订房，顾客会获得越多折扣，酒店的客房出租率也会得到越多保证。但如果酒店能够预判出未来市场的大量需求，就可以预留出部分房间在临近入住日期时以高价出售，获得更有价值的收入。成功的需求预测还可以帮助酒店降低成本、增加利润。“省到就是赚到”的消费理念通常也适用于酒店的经营管理。当酒店对未来入住率、入住时间等预测性数据进行分析和整理，据此来调整安排酒店前厅部、客房部、后勤部等各部门的人力分配，将业务落实到人，避免出现劳动力浪费的情况。同时也可以根据预测出的数据及时增添雇佣人员，防止劳动力不足、服务质量下降的情况。

**（二）酒店需求预测的方法**

1. 数据收集

酒店收集的数据应主要包括历史经营数据、细分市场数据、竞争对手数据以及其他会影响酒店供求情况的重大事件。

（1）历史经营数据指上一年度各月的客房预订数、入住率、客房价格以及不同类型顾客表现出的客房类型和价格偏好等内容，一般这些数据会呈现出周期性的变化规律，便于经营者判断出酒店所处的市场发展趋势，做出合理预测。

（2）细分市场数据指酒店对细分市场调研后所收集到的潜在顾客类型、需求偏好等信息。

（3）竞争对手数据指竞争对手的房间定价、数量，以及其提供的服务、使用的销售渠道等可能影响到自身营销业绩的问题。

（4）影响酒店供求情况的重大事件主要包括每年的各种节假日，学校寒暑假，酒店所在地区的大型会议、展览、比赛、文娱表演，恶劣天气，自然灾害以及其他突发性事件等。这些重大事件会影响市场的颤动方向，对酒店的预订需求造成突然性增加或减少。因此酒店管理人员应该及时收集相关信息，以便迅速调整策略。

2. 分析预测

（1）定量预测法。

① 因果分析法。因果分析法是指在分析实际统计数据的基础上，找出影响市场变化的因素及其相互关系，即某个变量的值是其他几个变量中和作用的结果。因果分析法通常采用回归分析法建立的数学模型来预测未来的发展趋势。酒店通过因果分析不仅可以预测未来的客房需求数，也可以对其他部门的收入作出合理预测。例如酒店的餐饮收入与客房住宿率、每间客房入住人数呈现正比例关系。

② 时间序列预测法。时间序列预测法是根据历史统计资料的时间序列及事物变化情况具备一定周期性及稳定性的特点，预测事物发展的趋势。例如，如果一家酒店业务量在过去三年中呈现出季节性的变化特点，3 月份的客房出租率比全年平均出租率低 15%，那么按照时间序列预测法可以分析出这种情况在明年 3 月份也将出现，所以可以把明年 3 月份的出租率预算定得比全年平均出租率低 15%。

（2）定性预测法。定性预测法主要是根据人员的主观判断，依靠所收集的信息、经验和自身的综合判断能力，来确定合理的产品、价格、细分市场等的定位和组合内容，帮助预测市场未来的需求情况和发展趋势。通常定性预测法简单易行，多应用于通过市场调查难以获取全面数据的情况中的问题。

## 三、酒店超额预订

### （一）酒店超额预订数的确定

超额预订是酒店实行收益管理的一种有效方法。它是指在酒店订房已满的情况下，适当增加可允许订房的数量来应对少数宾客因临时取消预订而出现的客房闲置情况。

因为多种不可控因素的影响，酒店宾客预订不到的现象难以避免。据相关数据统计，一般订房不到者约占5%，而临时取消者比例为8%～10%，因此酒店通常会设置5%～10%的超额预订率，来提高酒店客房使用率，实现满房的经营目标。

酒店设置的超额预订数需要控制在合理的“度”上，以免出现因过度超额使得到店宾客无法入住，或者因超额不足使得空房出现。所以酒店经营者需要在具体分析自身客房实际情况的基础上，制定出合理的超额预订的“度”。超额预订数的设置通常会受到预订取消率、预订未到率、提前退房率等多种因素的影响。

假设，$X$＝超额预订房数；$A$＝酒店客房数；$C$＝续住房数；$r_1$＝预订取消率；$r_2$＝预订而未到率；$D$＝预期离店房数；$f_1$＝提前离店率；$f_2$＝延期住店率，则：

$$X=C\times f_1-D\times f_2+(A-C+X)\cdot r_1+(A-C+X)\cdot r_2$$

$$X=\frac{C\times f_1-D\times f_2+(A-C)(r_1+r_2)}{1-(r_1+r_2)}$$

设超额预订率为$R$，则：

$$R=\frac{X}{A-C}\times 100\%=\frac{C\times f_1-D\times f_2+(A-C)(r_1+r_2)}{(A-C)\left[1-(r_1+r_2)\right]}\times 100\%$$

**【例题】** 设某酒店拥有可供出租的客房600间，未来11月3日续住房数为200间，预期离店客房数为100间。根据以往酒店预订统计数据分析，该酒店预订取消率通常为8%，预订未到率为5%，提前离店率为4%，延期住店率为6%。请就以上分析11月3日该酒店：

（1）应接受多少超额预订房？

（2）超额预订率多少为最佳？

（3）总共应该接受多少预订房？

**解：**（1）该酒店应该接受的超额预订房数为：

$$X=\frac{C\times f_1-D\times f_2+(A-C)(r_1+r_2)}{1-(r_1+r_2)}$$

$$=\frac{200\times 4\%-100\times 6\%+(600-200)(8\%+5\%)}{1-(8\%+5\%)}=62(\text{间})$$

（2）该酒店的超额预订率为：

$$R=\frac{X}{A-C}\times 100\%=\frac{62}{600-200}\times 100\%=15.5\%$$

（3）该酒店总共应该接受的客房预订数为：

$$A-C+X=600-200+62=462(\text{间})$$

**（二）酒店超额预订的处理**

（1）如果因超额预订而不能使宾客入住，按照国际惯例，酒店方面应该做到：

① 诚恳地向宾客道歉，请求宾客谅解。

② 立即与另一家相同等级的酒店联系，请求援助。同时，派车将宾客免费送往这家酒店。

③ 如属连住，则店内一有空房，在宾客愿意的情况下，再把宾客接回来，并对其表示欢迎(可由大堂副理出面迎接,或在客房内摆放花束等)。

④ 对提供了援助的酒店表示感谢。

（2）如宾客属于保证类预订，则除了采取以上措施以外，还应视具体情况，为宾客提供以下帮助：

① 支付其在其他酒店住宿期间的第一夜房费，或宾客搬回酒店后可享受一天免费房的待遇。

② 免费为宾客提供一次长途电话费或传真费，以便宾客能够将临时改变地址的情况通知有关方面。

③ 次日排房时，首先考虑此类宾客的用房安排。大堂副理应在大堂迎候宾客，并陪同宾客办理入住手续。

通过以上标准化的处理程序可以总结出酒店还需要从长远的角度做到：一是与附近同类酒店建立良好的合作伙伴关系；二是及时性也是成功安置宾客的关键，并且在处理全程中应始终保持礼貌和谦恭。

## 四、酒店容量管理

酒店容量管理是酒店经营者在市场需求预测的基础上，预留一定数量的客房，在特定时间、以特定价格将客房销售出去的一种管理手段。通常来说顾客越提前预订客房，会越要求更多的折扣。而且如果酒店客房提前越长的时间被订满，则丧失愿意支付高房租顾客的可能性也会越大。因此酒店为了实现合理的收益管理目标，会利用一套完善的需求预测系统，做好容量管理，并根据实际情况及时调整配额。

酒店容量管理方法一般是通过能力分配技术确定相应的价格等级，为具有不同价格支付意愿的顾客分配合适的产品数量，即酒店需要决定哪些客房以折扣价出售，哪些客房留给到店消费时间较晚的高价顾客，其目的是实现客房产品在各个价格等级中的有效配置，最大限度地满足每个细分市场中顾客的消费需求，从而既能保证折扣顾客的使用量，同时也减少高价顾客的流失。

例如，酒店通常有休闲度假宾客和商务宾客这两个细分市场，而度假宾客受到休假时间的限制，计划性比较强，对房价很敏感，通常订房较早，以便能得到最大的折扣。而商务宾客多数对房价不敏感，通常订房较晚或充当 Walk-in 宾客，可以支付高价。如果接受折扣宾客的预订量过大，可能会挤占了高价宾客的用房，损失部分收入；但如果保留的客房量过大，在高价宾客没有住满的情况下，也会造成客房资源的虚耗。因此，只有在合理确定保留房数量，最大限度减少高价宾客流失或客房虚耗的情况下，才能达到有限的容量管理、实现收入最大化。

酒店容量管理涉及如何将酒店的现有客房资源合理分配，以满足顾客的住宿需求的问题，即供给与需求之间的平衡问题。因此经营者可以通过改变需求战略、控制供给战略两个方面的措施来调节容量问题。

**（一）改变需求战略**

1. 价格调整策略

根据目标市场呈现出的季节性或其他周期性特征，调整价格使客房预订数有所提升或减少。

2. 增加淡季需求

相比较旺季供不应求的情况，酒店经营者往往会更加担心供过于求的现象出现，因此需要着重关注顾客的淡季需求动态，通过合理的营销策略吸引顾客。

3. 增加免费服务

目前大部分同档次酒店提供的产品具有相似性，要想在这些竞争者中脱颖而出，酒店需要以特色化、人性化、智能化服务以无偿的形式赠送给宾客，例如免费早餐、免费接送等，吸引顾客做出最终的购买决策。

**（二）控制供给战略**

1. 提高顾客参与度

通过开发出更多可供顾客使用、体验的产品增加参与性，提高酒店供给能力。

2. 交叉培训

安排酒店各部门管理人员对本部门员工与其他部门员工进行交流，学习不同技能，提高综合业务能力。例如前台人员需要学会客房的相关工作，以便在一些特殊情况也能够为顾客服务。

3. 雇佣临时员工

酒店属于典型的低门槛性服务行业，因此可以在旺季人手不充足的情况下，谨慎雇佣符合条件的临时员工来缓解酒店的烦琐事项。

## 关键术语

市场（market）
价格管理（price management）
消费者市场（consumer market）
收益管理（revenue management）
容量管理（capacity management）
购买决策（purchase decision）
需求预测（demand forecasting）
营销渠道（marketing channel）
超额预订（over-booking）
RevPAR（revenue per available room）

## 复习思考题

1. 如何通过“刺激—反应”理论来理解酒店消费者的购买行为？
2. 如何分析酒店开展营销活动所处市场环境的主要内容？
3. 酒店在进行价格管理时可能采取哪些价格策略？其包括的具体措施有什么？
4. 你认为应该如何保持酒店营销渠道运转的有效性？

5. 如何看待酒店收益管理的问题？
6. 通过什么方式可以有效应对酒店的超额预订？

## 即测即评

## 扩展阅读

### 移动互联网时代酒店营销策略

1. 加强资金及技术支持

在当前酒店营销活动开展过程中，为能够对移动互联网的优势进行充分利用，酒店应当注意加强投入力度，主要就是在资金及技术方面加大投入力度。具体而言，作为酒店营销管理工作人员，应当确保在移动终端设备中酒店网站能够实现正常查看，并且需要网站的加载速度得到保证，以便于消费者更好地浏览网站。同时，应当在微信、微博等相关新媒体营销平台的建设方面加大投入力度，以更好地利用这些营销平台开展相关营销活动。同时，还应当在技术方面加强支持，确保在酒店内可顺利连接无线网，以增加消费者心理附加值，更好地吸引消费，使营销活动得到更理想的效果。

2. 通过酒店官网推广

酒店网站属于比较有效的一种推广方式，其优点就是投资比较低，但回报比较高，对于酒店形象提升比较有利，可使酒店品牌知名度得以提高。酒店官网属于性价比较高的一种营销渠道，能够使酒店服务信息时效性得到最大程度的保证，但是需要酒店对这种营销方式加强重视，需要配备专业技术人员维护网站，并且要定期实行更新。酒店官网不但可用来展示酒店形象，并且对于部分 OTA 预定份额也可向官网转移，但要制定具有较强针对性的相关在线营销方案。比如，在官网上预订成功的积分奖励，可进行礼品兑换、升级房型以及免费早餐等。同时，可将相关宣传单页放置于前台，以更好吸引顾客通过官网预订，从而使官网营销价值能够得以充分发挥，使酒店品牌质量得以有效提升，这对于酒店发展具有十分重要的作用及意义。

3. 利用微信营销

随着微信用户不断增加，在营销推广方面微信平台所占据的优势也越来越明显。对于微信营销而言，其优势主要包括以下几个方面：其一，利用微信营销可对潜在客户进行开发。由于微信中具有查看附近的人的功能，也就能够使酒店营销人员实行客户挖掘，而微信摇一摇功能中的区域定位也能够对酒店所处区域之内的客户群体定期更新。其二，利用二维码扫描功能。通过对二维码进行扫描，消费者与酒店之间也就能够直接开展互动交流与沟通。消费者利用“扫一扫”功能，可对酒店微信公众号进行关注，而酒店也可在一些公共区域内设置二维码，以便于更好进行扩散。通过对这一平台进行利用，可免费进行广告营销，更好推送酒店信息。其三，可利用微信中的朋友圈与公众平台功能。对于微信所具备的朋友圈功能，促使微信成为能够实现分享的一种交流平台，可创建产品推广链条。而对于微信公众平台，其特点就是在用户关注订阅之后，酒店可即时发布信息，以更好地进行推广，从而得到更理想的营销效果。

节选自郭小兰．移动互联网时代酒店营销策略．现代营销(下旬刊)，2018(9).

# 第九章　酒店财务管理

## 本章导读

本章主要阐述了酒店财务管理的环境、酒店投融资决策与成本费用管理。共分为三节：第一节详细介绍了酒店财务管理的宏观环境和微观环境，以及酒店财务的内部管理制度和外部管理制度，并以经济学、会计学和旅游学为视角介绍了酒店金融资产的类型及其具体特征；第二节以酒店融资和投资为主线，引出了酒店资本成本与价值等相关概念，并对酒店的资金筹集与项目投资进行了系统的论述；第三节在引入现金流概念的基础上，明确了酒店盈利具体的衡量指标和模式，并阐述了酒店成本费用管理的基本方法。

## 第一节　酒店财务环境、资产与制度

### 一、酒店财务环境

现代酒店作为提供休息、餐饮和休闲娱乐的综合性、服务密集型企业，以利益最大化和成本最小化为导向，从初创到最终的运行过程，涉及资本筹资、资产投资和经营中营运资金以及利润分配等复杂的资金体系运转，这一体系就是酒店财务，是酒店资金获得和有效使用的整体运行过程。在这一过程中，酒店所处时代背景以及酒店内部的经营运作即构成了酒店财务环境。依据系统论，环境被定义为系统界限之外对系统本身所产生的一切影响因素，如果把酒店财务管理看作一个完整的系统，在这个系统之外的能对酒店财务管理产生影响的一切因素的集合就被称为酒店财务环境。酒店财务环境是孕育酒店财务管理活动的土壤，环境的不断变化要求财务活动不断适时调整，进而提高酒店的管理效率和经营效率，实现经营目标。酒店财务环境可分为宏观环境和微观环境，主观环境主要包括政治、经济、社会文化、技术等大环境。微观环境则反映酒店自身状况。

**（一）宏观环境**

1. 经济环境

酒店作为市场经济的主体，其命运与所处国家的经济管理体制及经济发展水平密切相关。就经济体制而言，主要分为计划经济体制和市场经济体制，酒店财务活动要依据不同经济体制的不同运行方式，适时调整财务管理的目标、方法以及财务主体。计划经济体制下，酒店业务以国家计划为导向，依据计划要求具体实施经营活动及财务管理活动；市场经济体制下，酒店拥有更多的自主性和能动性，以市场为导向，依据自身经营状况以及消费市场的变化制定相关财务管理计划。就经济发展水平而言，可从供给和需求两个角度具体分析。经济繁荣时期，酒店可以获得更多的发展机遇，通过更大范围及更大数额的筹资扩大生产，延长经营体系。同时，伴随着居民生活水平的提高所释放的市场需求量上涨，为酒店带来显著收益，财务体系运作呈积极态势。

2. 政治环境

政治环境是国家在一定历史条件下特定的经济属性，以经济为基础并服务于经济发展，主要从两方面影响酒店的财务活动。首先，国家作为单独个体在国际舞台中所扮演的角色和地位，以及国家内部的政治稳定性，与国内外消费者对于酒店的需求量直接相关，酒店发展的财务管理随着需求量的增加更趋近于酒店的经营目标。其次，身处政治环境中的政府官员，相关判断与决策执行都具有主观性或利己性，结合当下反腐倡廉的政治要求，应进一步明确政府管理的权限和管理程序，规范政府行为，防止因政府官员的个人决策失误对酒店发展产生影响。

3. 法律环境

法律手段为最公正权威的执行手段，是当下法治社会最常用的调节经济管理的措施。酒店所经营和运行的一切活动，包括资金筹集与投资以及利润分配时都需要接受法律的监督，在法律允许的范围内实施。一方面，完善的法律体系，要求对酒店的设立、运营、破产进行规范处理，酒店内部的工作人员也要遵循法律依据进行服务和管理活动。另一方面，法律制度的执行与实施，也为酒店从事合法经营活动提供保护，当酒店与外部发生经济联系与资金往来时，都需要遵守相关的法律规范。具体来说，企业组织法规以及中国的税收政策是目前与酒店财务活动相关性最大的法律规范。前者从酒店的企业性质方面限制了酒店的财务管理，后者是影响酒店经营决策的重要外部因素。

**（二）微观环境**

1. 酒店组织结构

酒店为了有效地开展经营活动，达到经营目标，必须依据所处环境及其变化建立明确的内部权责体系和分工体系，也就是酒店组织结构。组织结构是组织功能发挥的载体，合理的组织结构可以保障组织运行的效率和秩序。在互联网和大数据时代背景下，知识经济占主导，人力资源作为酒店必需的要素，成本不断上涨，经历过“减员增效”之后，实现组织结构扁平化是减少固定劳动成本，应对薪资上涨的有效途径。内部良好的、相对动态的酒店组织结构对于更优质的服务质量、更有效的内部管理以及更低廉的经营成本有着直接的推动作用。因此，新的竞争背景要求酒店必须具备高度弹性的服务体系，并不断优化组织结构。

2. 酒店管理水平

管理作为一种潜在生产力，其水平、效率与生产效益和经济效益密切相关。一般来说，酒店管理水平与财务管理活动呈线性正相关，随着管理水平的提高，财务管理活动相对处于优势环境。此处所讨论的酒店管理水平，主要包括酒店内部管理的专业程度、相关部门之间的协调程度以及互联网时代背景下，管理途径及管理方式的智能化。财务管理作为整个酒店经营管理的核心部分，其职能的实施涉及酒店各个部门的配合，如果酒店的基础管理工作较差，管理的专业化程度较低，各职能部门之间缺乏沟通和理解，则会阻碍财务管理决策的实施。此外，对于财务活动的开展，结合现代电子科技的发展，可以采纳并应用智能化管理系统，提高管理效率。因此，酒店在制定财务决策之前，要充分结合自身实际，考虑自身基础管理水平及专业化程度，提高财务管理的落实效率。

3. 酒店企业文化

企业文化作为软实力，在以人性化为导向的市场环境下，扮演着重要角色。企业文化根植于企业持续发展过程中，能够体现企业的初衷，从而形成企业凝聚力，驱动企业提升内生价值。具体来说，企业文化是一套作用于企业内部的心理感知、价值观建立以及行为方式的意识感知体系，体现在企业经营的各个环节。优秀的企业文化具有强烈的感召力和驱动力，能够潜移默化地约束和规范每一位员工的行为，让员工发自内心地意识到自己该做什么、应该怎么做，在尽心尽职地做好自己的岗位职责的同时，对于职责外的工作也会有所倾向。因此，优秀的酒店经营理念对于开展财务管理活动具有积极作用。

## 二、酒店资产

酒店资产可以划分为有形资产和无形资产。有形资产指以实物形式存在的、可以触摸到的资产，如客房、机器设备等；无形资产是指自身代表价值但没有具体实物形态的资产，如专利、商标等。按照资产形式划分，金融资产属于无形资产，结合酒店运营的特殊形式，酒店的金融资产主要包括现金流、应收账款、股票投资和债券投资四个方面。

### （一）现金流

1. 现金的概念

现金是指可以立即投入流通，用于购买商品、货物、劳务或者用于偿还债务的交换媒介。对于酒店而言，现金是其流动性最强的资产，并且是唯一能够直接转化为其他任何资产形态的流动性资产，也是酒店现实购买力的唯一资产代表。通过对酒店现金拥有量的分析，可以有效判断出酒店的偿债能力与支付能力。

现金是标准支付手段，正常的酒店经营活动必须保留一定数量的现金储备。现金按照存放的地点和用途的不同，可分为：库存现金、各种形式的银行存款，以及银行本票和银行汇票等其他货币资金。为了保证货币资产的流动性，增加盈利能力，酒店必须对自身的现金情况进行科学、系统的管理。主要可从两个方面入手：编制现金预算，保证现金收入与现金支出在时间上和数量上的协调；同时，做好现金的日常管理工作，从而提高现金管理质量。

2. 现金的特点

（1）流动性强。现金是酒店流动性最强的一项资产，随时可以用于购买所需物资或支付有关费用。另外，现金也是最容易导致非法挪用和侵吞等犯罪行为的资产。因此，无论是酒店的投资者、债权人，还是管理层，都非常关心、重视现金的管理。

（2）普遍适用。现金是酒店生存发展的基础，酒店运营的过程实质上也是资金的运转过程，酒店的任何生产经营业务都必须通过资金的运转来实现，表现出现金作为一种媒介的普遍适用性。

（3）符合规定。中国相关制度对于企业使用现金的具体范围作出制度规定，这里的现金主要指库存现金。因此，酒店在使用库存现金时要遵守国家规章制度，及时纠正或拒绝不符合规定的现金使用行为。

### （二）应收账款

1. 应收账款的概念

广义的应收账款包括应收账款、应收票据、预付账款、其他应收账款等。酒店在日常经营过程中，为提高酒店竞争力，提升顾客体验满意度，不仅提供客房和餐饮等基本服务，还提供交通、健身、购物等休闲服务，允许顾客在酒店住宿期间“透支消费”。销售与收款的时间差催生了酒店的应收账款和应收票据。另一方面，酒店作为原材料的购买者，有时会预支供货商一段时期的采购资金，这种情况下就出现了预付账款。无论是哪种形式的应收账款，其本质都是酒店的一项短期债权。

2. 应收账款的影响

应收账款作为酒店的一种短期债权，并不是权益享受的时间越久越好，或资金规模越多越好。因此酒店应权衡应收账款的利弊，确定合适的应收账款大小，即赊销有度，而赊销额度的大小是由酒店的信用政策决定的。

应收账款的设置主要是为了扩大销售、减少存货。酒店通过采用各种促销方式，吸引不愿及时付款或当时资金不足的顾客，扩大销售，提高市场竞争率，加速资金的运转效率，进而增加了酒店经营过程中的存货消耗。

另一方面，应收账款的存在无偿占用了酒店的周转资金，产生相应的成本，主要包括三种成本类型。从应收账款产生到最终的回收，期间产生的相关管理费用，包括对顾客信用情况的调查与跟踪、信息收集、记录与监督等在内的各种费用总和称为管理成本。由于顾客对应收账款的占有，而使酒店损失了将这笔资金投入其他方面所获取的收益，产生了机会成本。应收账款还存在无法收回的可能性，造成酒店的坏账损失成本。

### （三）股票投资

随着经济全球化及证券市场开放化的发展，多元化的投资渠道为酒店提供了良好的投资环境和众多的投资方向。酒店通过经营获取利润，资本积累到一定程度会产生闲置资金，为了更大地发挥闲置资金的效用，需要将其投入酒店认为有利可图的产业或行业，此时会引发酒店的投资入股行为。

1. 股票的概念

股票是股份有限公司为了筹集自有资金而向股东发放的有效凭证，本质上是一种有价证券，本身没有价值，是权益的象征，可以通过买卖获取收益，因此具有价格属性。股东是股票的持有人，代表对该公司的所有权，并根据持股比例获得股息和红利，拥有公司财产的要求权。股票的价格不是固定的，是一个动态的变化过程，一旦发行上市，与原来的面值分离，就会受到整体经济环境以及投资者心理等各方面因素的影响。

酒店一般情况下被认为是休闲行业，纳入旅游系统，因此，当酒店发展到一定规模，拥有雄厚实力之后，为完善产业链，会对其上下游产业进行投资，如航空公司、旅行社等。对于股票投资来说，其价值大小的评判标准是预期报酬率，包括预期股利收益率和预期资本利得收益率两部分。当股票的预期报酬率高于酒店投资人要求的最低报酬率时，投资行为才是有意义的。

2. 股票价值的评估

酒店投资人手中持有一定比例的股票，可结合当下的经济发展状况以及被投资企业的发展动向，预测其未来的发展态势，通过计算其股票价值，在与市价进行比较后，根据比较结果决定对股票的最终处置。市盈率是衡量股价的一个常用指标，是股票市价和每股盈余之比，代表酒店投资人愿意用盈利的多少倍货币购买股票。

$$市盈率=\frac{每股市价}{每股盈余}(倍)$$

其中：普通股每股市价通常采用年度平均价格，每股盈余指每普通股股票的税后净收益，可根据注册会计师审核后的盈利预测计算出来。

通过对市盈率的评估，可以有效评价股价高低以及股票的风险程度。市盈率越高，投资者会认为发行股票的公司越有良好的盈利能力和市场前景，投资风险越小，对股票的期望就越高。但市盈率并不是越大越好，一般来说，超过 40 倍的市盈率是不正常的，可能存在股价下跌的危险。

**（四）债券投资**

1. 债券的概念

债券是发行者为筹集资金，向债权人发行的有价证券，并承诺按照约定时间和利率支付利息，在到期日偿还本金，代表着债券持有人与发行人之间的债券和债务关系。酒店进行债券投资，主要是为了调节现金余额，在保证资金流动性的前提下，获得稳定收益。债券按照发行主体不同，可分为政府债券、金融债券和企业债券；按照利率是否固定，可划分为固定利率债券和浮动利率债券。酒店的债券投资一般是浮动利率的金融债券或企业债券。

2. 债权投资收益的衡量

债券投资的收益可以通过对债券价值和债券到期收益率的计算来衡量。

（1）债券的价值。债券的价值是债券的内在价值，是指持有债券带来的未来现金流入的现值，是在持有期间内，每期利息的现值和债券本金的现值之和。当债券价值大于购买价格，投资行为有意义。

$$债券价值=\frac{债券面值}{(1+i)^n}+\sum_{t=1}^{n}\frac{债券年利息}{(1+i)^t}$$

式中：$i$——折现率；

$n$——债券的期限；

$t$——实际支付利息的时间。

（2）债券的到期收益率。

债券的到期收益率指购进债券后，一直持有该债券至到期日可获取的收益率，按照复利计算，是未来现金流入现值等于债券买入价格的贴现率，也是投资者的实际报酬率。一般情况下，用到期收益率来衡量债券的收益水平。

购进价格=按照面值和票面利率计算的每年利息的现值+债券面值的现值

=每年利率×年金现值系数+债券面值×复利现值系数

### 三、酒店财务管理制度

在激烈的市场竞争下，酒店为了加强财务管理，提高内部资金运营效率，提升整体经营效率，会根据相关法规制度体系并结合酒店自身发展实际，制定酒店财务管理制度。财务管理制度是对酒店财务工作的标准规范和约束，既包括内部各层级、各部门之间的财务活动，也包括酒店作为独立个体与外部发生的财务联系。

#### （一）酒店对外财务管理制度

酒店建立完善的对外财务管理制度，一方面有利于健全酒店整体的管理体系，另一方面有利于提高酒店在对外财务联系等工作方面的效率，提升合作方对酒店的满意度，为再次合作带来潜在机会。《企业财务通则》是财务规范体系中的基本法规，是中国各类企业进行财务活动必须遵循的基本原则和规范，是制定行业财务制度和企业内部财务制度的根据，在财务法规制度体系中起着主导作用。为确保财务制度的科学性和系统性，各行业财务制度和企业内部财务制度都是结合行业与企业的特殊性，以《企业财务通则》确定的共同原则与规范为基础而制定的。

酒店对外财务管理制度涉及不同方面的不同制度。主要有如下几种：资本金制度，包括资本金筹集制度与资本金管理制度；固定资产折旧制度，用于明确固定资产划分标准、计价方式、计提折旧的范围、年限、方法等；成本开支范围制度，规定酒店成本的列入范围和计算方式、各项费用的开支范围及支出标准；利润分配制度，明确规定营业收入实现的确认标准、利润的构成、税后利润的分配顺序等。

#### （二）酒店内部财务管理制度

内部财务管理制度的建立，利于协调内部各部门之间的分工协作，提高酒店整体的运营效率，增强酒店的市场竞争力，是财务法规制度体系的重要补充。《企业会计制度》是酒店内部财务制度制定的主要依据，以此为基础，结合酒店自身经营管理的实际情况与具体特点，制定内部财务制度，以规范酒店内部财务行为，处理酒店内部财务关系。

酒店在建立内部财务管理制度时，要建立健全资金分级管理制度、收支分级管理制度、内部结算制度和奖惩制度。在制定相关制度时，要明确财务主体的具体范围和层级；明确财务管理各岗位的职责；明确财务管理的内容与方法；明确财务管理与内部责任单位的相互衔接关系；明确财务预算与财务分析的方法和程序。

## 第二节 酒店资本、融资与投资

伴随着经济全球化进程，金融市场快速发展，资本市场竞争压力加剧，如何在夹缝中求生存是当前各行各业所面临的难题，而解决这一问题的根本途径，就是不断地进行融资与投资活动。酒店作为特殊的市场主体，其本质兼具运营和房地产投资，但与其他类型商业房地产相比，酒店具备资本密集度高、对经济波动敏感性强、劳动力密集度高、经营市场风险高等特点，因此，管理者最终落脚的决策对于酒店未来的生存及发展至关重要。酒店投融资决策分析与评价是高层管理人员从战略角度出发，对酒店投资和财务决策的整体认知和把握，并将投资行为与具体经营环节中的管理结合起来，从而将投资管理落到实处。酒店通过融资与投资等渠道，获得更多的外部经济支柱，有效利用闲置资金，降低酒店经营风险。

## 一、酒店资本成本与价值

### （一）资本成本的含义

资本成本是财务管理中一个非常重要的概念，从实际运用层面来说，依据主体的不同有不同的属性和倾向性，但就其本质来说，是一种失去的权益所构成的机会成本。一方面，对于企业来说，它既是企业融资选择资金来源、确定筹资方式的重要依据，也是企业评价投资项目、决定投资取舍的重要标准。另一方面，对于投资企业而言，资本成本既是企业投资者(包括股东和债权人)对投入企业的资本所要求的基本收益率，同时又是投资实务中放弃另一投资对象的机会成本。例如，投资人对于 A 企业的投资，是基于对比 A 企业的期望报酬率和 B 企业风险投资机会的期望报酬率所做出的选择，如果 A 企业的期望报酬率高于其他投资机会，投资人就会放弃其他投资机会的收益而投资 A 公司。

现阶段，学术界对于资本成本概念的表述较为成熟的是：企业为筹集和使用资金而付出的代价。任何企业筹集和使用资金都要付出一定的代价，这些“代价”具体可以归纳为两部分：资金占用费用和资金筹集费用。资金占用费用是指企业在生产经营和投资过程中因使用资金而支付的费用，如股票的股息、银行借款和债券利息等，由于这部分费用在资金使用期内持续发生，一般认为这是资本成本的主要组成部分。资金筹集费用是指企业在筹集资金的过程中，为获取资金而支付的各项费用总和，如手续费、律师费、广告费等，这里需要注意的是，这些费用虽然是在筹措资金过程中一次性发生，但在计算成本时，切勿将其在筹资总额中一次性扣除，得出所谓的筹资净额。一次性计入的计算方式虽然简单，但却忽略了企业集资的现实性问题。随着企业集资的环境越来越复杂，集资费用也水涨船高，“借壳上市”“借船出海”的企业也越来越多，在这一过程中，产生的资产评估费、发行手续费、公证费等费用相当可观，因此，如果一次性从企业的集资总额中扣除，不尽合理。

### （二）资本成本的价值

资本成本是企业选择融资方式、追加融资方案的重要依据，也是评价投资方案、进行投资决策的重要标准，因此对于资本成本的量化是每次企业关注的重点。依据不同的运用形势，资本成本在比较各种筹资方式时，使用个别资本成本，具体包括：借款成本、债券成本、股票筹资成本(优先股筹资成本、普通股筹资成本)、留存收益成本。

1. 长期借款筹资成本

借款成本由借款费用和借款利息两部分构成。借款费用会直接减少企业所筹集的资金数额，而借款利息在所得税之前支付，可以实现抵税。酒店借款成本的计算公式如下：

$$K_1=\frac{I_t(1-T)}{L\ (1-F_1)} \text{或} K_t=\frac{R_1(1-T)}{1-F_1}$$

式中：$K_1$——长期借款资金成本；

$I_t$——长期借款年利息；

$T$——所得税税率；

$L$——长期借款筹资额（借款本金）；

$F_1$——长期借款筹资费用率；

$R_1$——长期借款利率。

2. 债券筹资成本

债券成本包括债券利息和筹资费用，筹资成本较高，债券利息同样可以起到抵税作用。其计算公式如下：

$$K_b=\frac{I_b(1-T)}{B(1-F_b)}\text{或}K_b=\frac{R_b(1-T)}{1-F_b}$$

式中：$K_b$——债券资金成本；

$I_b$——债券年利息；

$T$——所得税税率；

$B$——债券筹资额；

$F_b$——债券筹资费率；

$R_b$——债券利率。

3. 优先股筹资成本

优先股筹资成本指酒店发行优先股筹集资金所需的成本，需要定期支付股息，并支付筹资费用。股息在税后支付，不能起到抵税作用。其计算公式如下：

$$K_c=\frac{D_c}{P_c(1-F_c)}$$

式中：$K_c$——优先股成本率；

$D_c$——年股息支付额；

$P_c$——优先股股金；

$F_c$——筹资费率。

4. 普通股成本

普通股成本即对普通股筹资成本进行计算，与优先股成本率计算基本相同，但普通股股利每年支付不固定，随酒店经营成果的变动而变动。其计算公式为：

$$K_s=\frac{D_s}{P_s(1-F_s)}+G$$

式中：$G$——每年股利增长率。

采用资本资产定价模型法对普通股筹资成本进行计算，其计算公式为：

$$K_s=R_F+\beta(R_m-R_f)$$

式中：$R_F$——无风险报酬率；

$\beta$——风险系数；

$R_m$——市场投资组合平均报酬率。

5. 留存收益

酒店的留存收益是指应分而未分给股东的利润，是普通股股金的增加额。这部分留存收益相当于股东对酒店的投资。其资金成本与采用评价法计算普通股筹资成本率相似，但没有筹资费用率。其计算公式如下：

$$K_s=\frac{D_c}{P_c}+G$$

## 二、酒店融资

任何企业的发展都以一定的运营资金为基础，酒店企业的生存与发展也离不开融资活动。融资是企业发展的起点，并贯穿企业发展的全过程，酒店企业为维持正常的经营活动，扩大经营规模，提高服务质量和效率，都会产生资金需求，而如何来满足资金需求，就涉及融资活动。酒店资金筹集是酒店根据自身发展需要，通过各种合法途径获取外部资金支持的财务活动。从生命周期理论来看，处于不同时期的酒店所进行的集资活动出于不同的需求。对于新建酒店来说，融资的目的主要用于固定资产的购买、软件体系的完善以及员工薪酬的支付等；而对于已经成熟的酒店集团来说，筹资的目的更多是为了产品的更新换代、货物的储备以及生产规模的扩大等。

### （一）酒店融资的原则

酒店通过融资可以获得外部资金支持，但融资过程会产生费用，并且融资的数额与自身的经营状况和经营规模密切相关，因此，融资规模并不是越大越好，做好酒店融资管理，需要遵循以下原则：

1. 计划原则

酒店融资活动必须以理性的预测为基础。也就是说，在融资之前，酒店需要结合自身经营状况，由财务人员合理制定详细的计划。明确资金的具体需求，包括使用方向、使用规模、使用时长等各个方面，再结合投资人的意向与关注点，分析这笔资金未来的经济收益，明确还款的相关细则，并暂时确定还款的相关事宜。

2. 效益原则

酒店融资活动要注重融资结构和时效，通过对比不同融资方式和途径，结合不同时期资金需求量的弹性，选择或搭配选择成本最低的方式，以尽可能小的成本，获得尽可能大的利益，降低融资风险，提高融资效益。另一方面，合理确定资金的投资方向，让有限的资金发挥尽可能大的效用。

3. 合法原则

企业所从事的各种经营活动都必须在法律允许的范围内进行。金融市场是一个复杂的市场体系，涉及众多法律法规，酒店企业开展融资活动时，要严格遵循国家的法律法规，尤其是在向社会融资时，要严格遵守规定的程序和流程，保证所选择的融资渠道、方式、数额、时间都合规、合法，维护有序的金融市场秩序。

### （二）酒店融资的种类

酒店的融集资金由于来源、获得方式和途径、期限以及具体形态和权益的不同，可以划分为不同种类。

1. 权益融资和债权融资

按照酒店筹集资金的性质划分，分为权益融资和债权融资。

权益融资也称内部融资，所获得的资金称为自有资金，是酒店最基本、最重要的资金来源，同时也是酒店资金实力的代表。权益资金的所有权属于投资者，可由投资者自主安排使用，且不需要归还，风险系数小。

债权融资也称外部投资，资金是由债权人提供的，所有权属于债权人，酒店进行债权筹资会伴随着一定的成本和风险，且须偿还本金和利息。

2. 短期融资和长期融资

按照融资的使用时间划分，分为短期融资和长期融资。合理安排酒店筹资的期限结构，实现酒店资金的最佳配置和融资组合。

短期融资一般指期限在一年以内或一个经营周期之内的融资种类，是酒店为了满足经营过程中出现的临时资金短缺问题而进行的融资，周转速度快，灵活性强。

长期融资一般指期限在一年以上的融资种类，是酒店为了长期发展而进行的筹资活动，融资规模相对较大，是酒店常见的筹资种类。

3. 实物融资、货币融资和无形资产融资

按照融资的形态划分，分为实物融资、货币融资和无形资产融资。这样的划分利于酒店在筹资决策上选择适合酒店使用的资金形态。

实物融资指以实物形态投入酒店的资产，包括固定资产和存货等。

货币融资指以货币形态投入酒店的资产，包括本币和外币等。

无形资产融资指以无形资产形态投入酒店的资产，包括技术、知识等。

### （三）酒店融资的渠道

融资渠道是指筹措资金来源的方向和通道，体现资金的来源与流量，把握每种融资渠道的特点，利于酒店充分开拓和正确利用融资渠道。目前，中国酒店企业的融资渠道主要有以下几种：

1. 金融机构

金融机构的融资来源包括两方面。对于银行信贷资金来说，国内商业银行是酒店融资的主要渠道，为各类酒店提供商业性贷款，追求借款的盈利性；政策性银行为特定酒店提供政策性贷款，以扶持为主要目的。对于非银行金融机构来说，主要包括信托投资公司、证券公司、保险公司等，他们所提供的金融服务既包括信贷资金的投放，也包括物资的融通，还可能包括酒店承销证券等金融服务。

2. 非金融机构

（1）国家财政。国家财政融资包括中央财政和地方财政。国家对酒店的直接投资是国有酒店最主要的资金来源。但酒店业是中国对外开放较早的产业，随着政府职能的转变以及国有企业的深化改革，在“国退民进”的方针指导下，国有资本逐步退出酒店行业，民营资本成为主力。因此，国家财政对于酒店企业的融资规模正在缩减。

（2）企业法人。随着市场竞争的加剧以及经济的横向扩张联合，其他企业包括酒店在内的企业法人，为实现资源的合理利用和有效配置，发挥更大效益，将可支配资产或闲置资金以投资入股、购买债券等方式进入酒店行业，从而形成酒店企业的筹集资金。

（3）外商投资。国外及中国港澳台地区的投资者对于中国酒店的投资称为外商投资，是中国外商投资酒店管理资金的重要来源。酒店的外商筹资除对资金的融资外，很大一部分是对于实物形式和无形资产形式的融资，包括先进的管理技术、优秀的管理人员以及优质的物质材料等。

（4）社会居民。既没有纳入银行等金融机构，也没有纳入非金融机构的社会居民的结余资金，作为社会资本，为了充分实现资金价值，作为理财方式的一种，选择投资酒店是酒店融资的补充渠道。社会居民的融资较为分散且数额较小。

（5）企业自有。酒店的自留资金指酒店内部形成的资金，包括酒店计提的折旧、公积金和未分配利润等。这部分资金是酒店在生产管理中的累计利润而形成的，无须通过一定的方式去筹集。

**（四）酒店融资方式**

融资方式是指酒店筹措资金所采用的具体形式，体现着资金的属性及投资人与被投资者的不同的经济关系（所有权关系或债权关系）。对于各种投资方式的特征把握，利于酒店在筹资过程中合理搭配，优化融资组合。酒店资金的筹集方式主要有两种：一种是所有者主动投资酒店，即吸收融资；另一种是酒店从外部借入的资金，即负债融资。

1. 吸收融资

近几年伴随着资本寒冬以及住宿市场的多元化，各大酒店频频进入发展衰退期，面对这一困境，实行产权和产业多元化是当下酒店发展的关键，吸收直接投资也成为实现这一目标的必要措施。吸收直接投资可以采用多种方式，从出资者的出资形式看，包括吸收现金投资和吸收非现金投资；从筹资渠道来看，主要有国家投资、企业法人投资、发行股票、企业内部公积金转增资本等。

吸收直接投资是中国大多数非股份制酒店筹资的主要方式，不仅可以筹集现金，而且可以筹集实物形态或无形资产形态的资本，所筹集的资本属于主权资本，能有效提高酒店对外负债的实力，利于酒店资产组合和资产结构调整，也为产权交易市场的形成提供了条件。但同时吸收筹资也存在诸如风险成本高，分散酒店经营控股权等影响。

2. 负债融资

负债融资的筹资渠道包括银行借款和发行债券。酒店内的银行借款主要指期限在一年以上的长期借款，通常以酒店的生产经营能力为依托，涉及借款的不同种类、偿还方式、利率选择等问题。融资审批速度快，借款弹性大，相对来说成本较低，安全系数高；同时也存在资金偿还压力大，使用限制多等方面的缺陷。

利用债券形式进行融资是酒店筹资的重要途径。在中国，只有股份有限公司、国有独资公司和两个或两个以上的国有投资主体投资设立的有限责任公司，才有资格发行债券。就单独的酒店来说，销售额与盈利状况相对稳定，有良好社会影响及市场吸引力的可以选择发行债券。与股票融资相比，债券具有节税功能，成本较低、利息固定，能为股东带来杠杆效应，保障股东对公司的控制权。另一方面，债券本息偿还义务的固定性，会增加酒店的负债率和经营风险，因此，需要慎重决策。

## 三、酒店项目投资

酒店作为资金密集型企业，其生存和发展始终离不开资金的支持，那么如何在维持现有经营水平和规模的基础上，实现资源的合理配置，发挥资源的最大效益是作为企业个体必须思考的问题，而解决这一问题的关键点就在于酒店的投资活动，对于投资活动的管理是酒店财务管理的核心。

酒店为扩大市场份额及企业价值，需要将资金投放于一定的人、财、物上，以获得相应的收益，这一活动就构成了酒店的项目投资。酒店的每一项资产都是资金的占用与投资，能否把筹集到的资金合理优质地投放于高收益、快回收、低风险的项目，是影响酒店持续经营甚至生存的关键因素。

**（一）项目投资的分类**

1. 短期投资和长期投资

按照投资回收时间的长短划分，分为短期投资和长期投资。

短期投资又称流动资产投资，是指预计持有时间在一年以内且随时可以变现的投资，灵活性强，收益周期短，常见的有应收账款、存货、短期有价证券等。在酒店经营过程中，如果出现现金流入量远大于现金流出量的情况，就意味着酒店拥有了一定的闲置资金，闲置资金虽然可以提高偿还能力，但却降低了酒店的盈利能力，因此，对于这笔闲置资金的处置就涉及酒店的投资活动。酒店可将这笔资金用于现有的设备更新、提高服务人员的素质、扩建经营场所或者购买短期有价证券。在中国，短期有价证券投资是基本的短期投资方式之一，随着证券市场的健全和完善，将发展为酒店投资的重要形式。

长期投资又称资本性投资，是指投资期限在一年以上的投资活动，要求投资额至少期满一年才可以收回，变现周期长，灵活性较差，常见的有固定资产投资、无形资产投资、长期有价证券投资等。以债券为例，有的期限长达 10 年，普通股票作为永久的流通凭证没有到期时间。较长的投资周期造成了风险系数高的隐患，因此，在进行长期投资时，不仅要考虑投资的收益率和风险率，还要综合考虑货币贬值等多重影响因素，做出最优的投资决策。

2. 对内投资和对外投资

按照资金投放的范围，可分为对内投资和对外投资。

对内投资是酒店出于维持简单再生产或进行扩大再生产的目的，对酒店内部的资金投入包括流动资产投资和固定资产投资。

对外投资是酒店对于自身经营以外的企业或领域的投资，具体形式除资金外，还可以是无形资产、实物或有价证券等。酒店通过对外投资可以分散经营风险，增加现金流入，并且随着经济一体化的发展，对外投资的重要程度逐渐凸显。

3. 直接投资和间接投资

按照与酒店业务经营的关系划分，分为直接投资和间接投资。

直接投资是酒店将资金投入到与生产经营业务相关的环节中。如更新生产设备、购买原材料、新建酒店等。

间接投资也称证券投资，是酒店将资金投入到生产经营业务以外的领域，并获得一定经济收益的投资方式。如购买国债、企业债券、股票等。

**（二）项目投资的原则**

项目投资是酒店重要的资本支出，酒店要想长久生存和发展，必然会面对众多的项目投资决策，项目投资成效的好坏直接影响酒店的收支盈余、发展速度和获利能力，是酒店具有长远意义的战略性决策。因此，为了保证投资目的顺利实现，投资行为合法正确，在进行项目决策时，要以相关原则为导向，选择有利的投资方案，以最小的投入和最低的风险获得最大的收益。

1. 准确把握市场动向

酒店企业要认真进行市场调查，及时捕捉投资机会，提出投资项目。只有在对市场进行充分调查，及时了解市场供求状况，深入研究投资环境的前提下，才能保证投资决策的正确性和及时性。这是酒店进行项目投资的起点，也是投资决策的关键。

2. 建立科学的决策程序

在市场经济条件下，酒店的投资决策都会面临一定的风险，为减少项目投资的风险系数，保证决策的正确有效，相关工作人员应该认真进行投资项目的可行性分析，做出正确决策。

3. 适当把控投资风险

风险和收益是共存的，要想获得高额的收益，就必须承担较高的风险，收益的增加必然伴随着风险系数的上涨。不论是哪种类型的投资，酒店在进行投资决策时，都要认真分析投资风险和投资收益的关系，尽可能达到风险和收益的均衡。

**（三）项目投资的管理程序**

作为资金密集型行业，资金对于酒店来说是生存发展的基础前提，而项目投资需要把酒店的闲置资金投入到某一项目中，其最终的收益结果对于酒店的经营运转有极大的关联性，因此，酒店的项目投资需要遵循合理的管理程序，运用科学的方法进行可行性分析，以选择尽可能优质的投资方案。具体来说，酒店的投资管理程序包括以下几个步骤：

1. 提出投资项目

酒店的各个管理层都可以结合自身的管理及工作实践提出投资方案。一般来说，高层领导或管理人员提出的投资方案具有战略性质，中层管理人员提出的项目投资具有战术性质。

2. 评价投资项目

对于所提出的投资方案进行评价的过程主要包括四个环节：首先，把提出的项目投资方案进行分类，为分析评价做好准备；其次，计算有关项目的预计收益和风险系数，预测项目投资的现金流量；接着运用各种投资评价指标，把各项投资按照可行性程度进行排序；最后，写出评价报告，请上级批准。

3. 选择投资项目

根据投资方案的评价结果，由酒店高层领导做出最后决策。对于投资项目的决策，一定是在经过各种量化数据指标以及多年来积累的工作经验及科学判断的基础上做出的选择，如果项目投资方案存在不足，可以改进后重新评价。

4. 执行投资项目

决定对某个项目进行投资后，应该积极筹措资金，实施投资决策。在这一过程中，既要做到决策执行过程的实施监督，又要依据双方或内部投资当事人的建议，合理合法地执行决策，以确保投资方案的顺利进行。

5. 投资项目的再评价

投资项目的执行并不是结束，再评价是对决策正确性的检验。酒店的高层管理人员及相关工作人员要实施关注决策实施过程中出现的问题及动向，并及时做出调整。

# 第三节 酒店成本费用管理

酒店成本费用管理体现在以下几方面。

## 一、酒店预算与现金流管理

### (一) 酒店预算

1. 预算的概念

企业管理的首要职能是计划，即通过文字描述方式，展现企业在未来经营活动中所要完成的目标任务及具体措施，是一定时期内，经营目标和决策的具体化。预算是计划的量化，是把有关经济活动的计划用数量和表格形式反映出来，并以此作为评估未来行动和评价其结果的依据。对酒店而言，预算是用来帮助酒店管理人员规划和控制各项经济活动的重要工具，也是提高酒店管理水平和经济效益的主要工具。对于预算的概念，要注意预算不是预测，预测是主观判断，而预算是以预测的结果为依据提出有针对性的方案。

酒店预算管理是利用预算对酒店内部各层级、各部门的财务和非财务资源进行分配、考核、控制，对酒店的各种资源进行合理利用和有效配置的过程。酒店预算规定了酒店在一定时期内所要达到的目标，并制定达到各目标所要采取的详细方法和措施，确保酒店内部各部门明确自身的工作任务以及奋斗目标。

2. 预算的种类

(1) 长期预算和短期预算。按照预算指标所覆盖的时间长短划分，分为长期预算和短期预算。

长期预算是对企业未来一年以上经营任务及目标的预算活动，一般期限范围是 1~5 年。长期预算通常与酒店未来一段时期的战略性活动相关，是酒店企业制定战略性计划过程的关键内容，涉及的都是像市场定位、产品定位方面的战略性问题，一般包括研发预算、筹资预算、经营扩张所需要的资本投资预算等。

短期预算是时间期限在一年以内的预算，可以是季度预算、月预算、周预算、日预算。短期预算要求管理人员对酒店企业近期的有关要素加以预期，并注意各个要素之间的衔接，并将预算的计划目标落实到各个具体的责任主体，做好沟通协调工作。

(2) 业务预算、资本预算、财务预算。各种预算是一个有机联系的整体，一般将业务预算、资本预算和财务预算组成的预算体系，称为全面预算体系。三种预算方式的划分依据是涵盖内容的范围不同。

业务预算也称经营预算，是以酒店的日常经营及相关活动为对象进行编制的预算。不仅包括客房、餐饮等营业部门的预算，销售、会计、人事等财务和管理部门的预算，同时还包含折旧、利息和其他固定费用的预算。这些预算前后衔接密切，既有实物属性，也有时间和价值属性。

资本预算也称特种决策预算，是最能直接体现决策结果的预算，是关系酒店企业长远发展的投融资预算，如机器设备的购置、经营场所的扩建等都需要在投资项目可行性论证之后编制预算，反映投资时间、规模、收益及资金筹措方式等信息。为了保证项目建设的合理性和财务可行性，资本预算项目需要对相关指标进行测算，以保证投融资活动的正常开展。

财务预算是预算体系中的最后环节，可以从价值属性的角度整体反映出经营期资本预算与业务预算的结果，因此，财务预算在预算管理体系中有着不可替代的地位，主要包括现金预算、损益预算、资产负债预算等。

3. 预算的编制

（1）制定预算总目标。一般情况下，由高层决策者基于对整体环境的分析和判断，提出酒店总体财政目标，并下达到财务预算小组，由财务部将总体目标及方针具体化为预算控制指标，并确定酒店未来的总体目标和具体内容。召开酒店预算会议，预测组将预测方案传达到各个部门，征求各部门意见，最后由财务部将建议整合后的预算方案交由上级决策。

（2）编制部门预算。部门预算是整个预算过程的基础，酒店各部门在总体预算方针指导下，结合自身职能和预算小组的指导，根据实际情况编制部门预算，最后递交预算主管部门。

（3）编制总预算。财务部在对各个部门预算方案审核的基础上，综合调整和权衡后汇总出酒店整体的财务预算方案，并交由上级审批。

（4）落实预算及结果反馈。酒店最高管理机构经过充分讨论、修改补充，按照相关规定对预算进行审核批准后，正式下达给各部门执行，各部门再将预算指标进行分解，落实到班组和个人，实现目标管理。同时还有对预算方案的执行实现控制，随时与预算进行对照，综合分析差异，找出原因，并严格执行预定的奖惩机制。

4. 预算编制的模式

（1）自上而下模式。自上而下编制模式是指由酒店的高层管理人员进行具体的预算编制并向下级传达的模式，在此过程中，分部不参与编制过程，只是预算执行的主体。这种编制模式下，高层领导人员作为编制主体，很有可能因为对企业具体经营过程中的细节问题把握不到位，而造成预算偏离实际。且员工参与决策程度低，进而不能很好地激发员工工作和执行的积极性，可能会造成下级对管理层的抵触情绪，影响预算执行的效率。这种编制模式一般适用于规模较小、经营单一的集权型管理模式的酒店。

（2）自下而上模式。自下而上模式与自上而下模式相反，是一种由基层主导的编制模式，由基层提出成本费用指标、收入利润完成指标，逐级汇总形成整个企业收入、利润总目标。这种模式下，基层作为编制主体不能很好地顾全整体企业的经营发展，甚至会为了减少自身的工作量或执行任务而“偷工减料”。另一方面，逐层回报的过程中，由于部门之间缺乏沟通协调而造成传达模糊等状况，导致最终的预算与酒店的整体发展目标出现偏离。因此，这种编制模式一般适用于具有独立法人地位的控股子公司。

（3）参与模式。参与模式是自上而下和自下而上相结合的编制模式。酒店最高管理层根据酒店的战略目标提出预算目标，然后自下而上编制部门预算并层层汇总，形成总预算。接着自上而下进行协调和调整，最后形成年度预算。参与模式的关键在于上下级之间的沟通，上下达成共识，预算符合酒店发展目标，是当下常见的较为科学的编制模式。

### （二）酒店现金流管理

1. 现金流管理的目标

（1）保护资金安全。现金是酒店所有资产中流动性最强、最容易引发非法挪用的资产形式，现金流对于酒店的日常经营起着无可替代的作用，是维持酒店正常运营的关键。因此，酒店很有必要建立一套完善的管理制度对内部现金流进行管控，从组织机构设置、人员考核、业务分工等各个方面入手确保现金流的安全性。

（2）提高资金使用效率。现金是酒店用途最广的资产。酒店经营的各个环节都要直接或间接地使用到大量的现金。为了规范现金支出，使现金支出发挥最大的效用，必须对每笔现金支出，结合其他业务进行严格的审批。现金的内控制度可以使这一审批手续规范化、制度化，防止有人利用制度上的缺陷对现金有侵占和挪用行为。

（3）便于资金调度。酒店是资本密集型产业，会频繁地发生大量的现金支出业务，这就要求其必须留存一定数量的现金，以满足各部门的需要。酒店对现金的需要不但包括某些特定用途的需要，如按照贷款协议的规定，在银行定期存款账户中保留一定数额的资金，还必须随时应付各种临时的需要。通过对资金的管理，有利于对所有的现金进行宏观上的合理调度，如用尚未到期的应付工资或利息支付临时采购款。这不但满足了临时需要，还有助于提高现金的使用效率。

2. 现金流管理的措施

酒店对于现金流的控制主要从现金收入和现金支出两方面着手。就现金收入环节来说，财务人员应及时清点现金收据并送存银行，认真登记账目、对账并抽查。就现金支出方面来说，酒店财务人员要严格把控、认真审核与资金流出相关的付款活动。从制度体系来说，一套良好的现金流管理体系需要注意如下方面：

（1）岗位分工制度。为防止和杜绝现金管理上舞弊的可能性，加强资金流转的管控，一般情况下，酒店企业不允许由同一部门或个人执行采购与付款业务的全过程，而会根据具体情况对办理采购与付款业务的人员进行岗位轮换，这就涉及岗位责任制度。因此，酒店企业会建立采购业务与付款业务相分离的岗位分工制度，明确相关部门和岗位的职责与权限，确保办理采购与付款业务等不相容岗位相互分离、制约和监督，更好地实现对现金流的管控。

（2）授权审批制度。有关现金业务的授权审批制度是加强酒店内部财务系统控制，有效统一酒店内部人、财、物与责、权、利的制度规范。明确审批人员的职权范围、权限和责任，明确授权审批的方式、程序和控制措施，确保相关审批人员在审批制度的授权范围内推进审批工作。重要的现金支付业务应当采取集体决策和审批，建立责任追究制度。

（3）会计记录与凭证控制。酒店取得的现金收入必须及时入账，不得私设“小金库”，不得账外设账，坚决禁止收款不入账的违法行为。对于现金的收入和支出，应在发生之初就立即入账，不得拖延。银行存款要及时对账，支票的签发要认真审核再做决策，空白支票不得签名盖章。款项支付后，付款的原始凭证应及时盖章标记，以免重复付款。

（4）监督检查。酒店应该建立对现金业务的监督检查制度，明确监督检查机构和检查人员的职责权限，定期或不定期地对现金安全进行检查，包括与现金业务相关岗位工作人员的设置情况、授权审批制度的执行情况、支付款项印章的保管情况、有价证券和票据的保管情况等。此外，还要注意对于现金收入与支出业务的分离处理，以及相关工作人员的轮岗安排。

3. 现金流预算的编制方法

现金预算是对酒店未来一定期间内现金流量及现金余额进行的安排，它是在酒店编制的营业收入预算、材料采购预算、资本预算、费用预算等基础上进行的。

（1）现金收支法。现金收支法是以酒店现金流入量和流出量的数据指标为预测对象而确定现金余额的方法。在这种方法下的预算编制，与现金收支的实际情况形成清晰对比，便于检查和分析现金预算的执行情况。但不能揭示出酒店生产经营财务成果与现金流量之间的重要关系。具体步骤是以酒店各个部门的收入数据为来源，预算酒店整体的现金流入量，通过对酒店支付业务的数据统计，预算酒店整体的现金流出量，最后对现金不足或多余的部分采取有针对性的解决措施。

（2）调整净收益法。调整净收益法是酒店在预计损益表和资产负债表的基础上，结合有关资料数据，对酒店净收益进行调整，确定酒店在预算期内产生的现金流量的编制方法。该种编制方法可以有效揭示出酒店生产经营过程中的财务成果对现金流量的影响，利于引起管理部门对于现实收益的重视(现金流入产生的收益)。但在该种编制方法中，现金余额的增加额并不能直观反映出生产过程中营业现金的收支情况。其步骤首先要确定以现金收付实现制为基础的税后净收益，再确定预算期内现金余额的增加额，最后通过加减计算出现金余额并对其进行财务安排。

## 二、酒店经营保本与盈利

酒店作为企业，其最终的目的就是获利，在现有经营状态下，如何在经营保本的基础上实现盈利，是每一个酒店企业所关注的焦点。酒店盈利能力通常指酒店企业在一定时期内赚取利润的潜能，是酒店获取足够资金进行正常生产经营以及偿还到期债务的关键因素，充足而稳定的利润收入是酒店企业实力与能力的外化特征。通过对酒店盈利的来源、结构及其稳定性等方面的深入分析，可以判断酒店当前经营过程中存在的问题并及时采取措施。

酒店盈利的实现，对于不同主体意义不同。对于酒店自身来说，盈利能力是决定酒店能否持续经营的关键，盈利规模是酒店经营实力的表征，盈利规模越大，酒店的市场价值越高、市场竞争力越强；同时，酒店盈利大小也是衡量内部管理体系及管理者业绩的重要指标。对于投资人来说，他们的投资收益是酒店企业利润分配的结果，与酒店的盈利能力直接相关，酒店盈利能力越好，投资人所获得的投资回报就越多，酒店价值越高，投资人的投资行为就越有意义，并且增加了投资人潜在的未来收益。对于债权人来说，也同样关注酒店的盈利能力，因为酒店盈利的多少直接决定债权人本息的偿还情况，是债权收回的最后保证。对于政府部门来说，税收是其主要收入来源，而酒店的盈利与其缴纳的税款直接相关。

### （一）酒店盈利的影响因素

1. 市场环境

酒店业是投资回报周期长且风险系数高的行业，一定时期内，如果酒店所处的背景环境利于酒店的发展，即旅游业发展水平高，社会政治环境稳定、经济繁荣、政策和人口红利驱动，意味着酒店产品与服务价格定位高、客源丰富且稳定，有较大的市场发展潜力，同时会引起资本市场的看好，这种情况下，酒店的盈利能力必然会提升。因此，酒店管理既要“低头拉车”，又要“抬头看路”，时刻关注所处环境和市场的动向，提高应变能力，尽可能规避和减少外部风险与环境对酒店经营的影响。

2. 主营业务收入

主营业务收入是酒店利润形成的前提和基础，包括客房、餐饮和康乐项目等各项业务之和，是酒店营销能力的综合反映，也是酒店发展的根本保证。主营业务收入的实现程度及其潜力大小对酒店盈利能力的影响是相对的，它既可以与过去比较，也可以与未来的最大极限比较，还可以与酒店同行比较。

3. 成本费用

酒店成本费用和利润是相辅相成的，是方向相反的等量变化关系，即在收入一定的条件下，成本费用的增加会减少相同数量的酒店利润。所以，成本费用是影响酒店盈利能力的重要因素。但由于酒店商品具有超前消费的特殊性，所以成本费用的消耗有一个相对的比例和限制，并不是越少越好，只有在保证产品质量和顾客体验质量的前提下降低成本，才能提高酒店利润，因此酒店应完善成本控制管理，提高单位收入的盈利能力和水平。

4. 酒店财务状况

酒店盈利能力与酒店的财务状况相互制约且相互促进。酒店的资金结构、借款的偿还能力以及资金周转速度都与酒店的盈利能力密切相关。此外，采用不同会计政策和会计方法，会得出不同的财务成果，进而对盈利能力指标的计算产生影响。

**（二）酒店盈利能力的衡量指标**

分析酒店盈利能力时，一般只关注或涉及酒店正常经营所带来的营业收入，非正常的营业状况，类似证券买卖项目、重大事故或法律更改等特别项目，是不予考虑的。尽管这些活动也能为酒店带来收益或损失，但只是特殊情况下的个别结果，不能证明是酒店的盈利能力。衡量酒店盈利的指标主要有销售利润率和资产收益率等。

1. 销售利润率

（1）销售毛利率。销售毛利率是指毛利额与销售收入净额的比率，反映了每一元销售收入所实现的毛利润额。毛利是酒店初始的或最基本的利润，毛利的多少决定着酒店经营的命运。销售毛利率是酒店盈利的基础，没有足够的毛利率酒店就不会有盈利。计算公式如下：

$$\text{销售毛利率}=\frac{\text{毛利}}{\text{销售收入净额}}\times 100\%$$

其中：毛利=销售收入净额-销售成本

（2）销售净利率。销售净利率是指酒店净利润与销售收入净额的比率，反映了每一元销售收入净额所实现的净利润额，销售净利润率代表着酒店经营业务的能力，比率越高，说明酒店经营业务的能力越强，酒店的效益越好。计算公式如下：

$$\text{销售净利率}=\frac{\text{净利润}}{\text{销售收入净额}}\times 100\%$$

从公式中可以看出，净利率与销售净利润成正比，而销售收入净额与销售净利率成反比。因此，酒店在增加销售收入的同时，必须采取措施，如节约成本、降低间接费用等，从而提高净利润，使销售净利率保持不变或有所提升。

2. 资产收益率

（1）净资产收益率。净资产收益率，也称净值报酬率或权益报酬率，是酒店盈利能力的核心指标。其代表净利润与平均净资产的比率，反映了自有资金的收益水平和酒店资本运营的综合效益，是国内外企业广泛使用的指标，通用性强，适用范围广，不受行业限制。一般认为，净资产收益率越高，酒店自有资金获取收益的能力越强，资本运营效益越好，对酒店投资者、债权人的保障程度越高。为了正确评价酒店盈利能力的大小，可以将该指标与酒店前期水平、预算水平、同行业平均水平相比较，分析差异，挖掘提高利润水平的潜力，提高酒店的经济效益。其计算公式如下：

$$\text{净资产收益率}=\frac{\text{净利润}}{\text{平均净资产}}$$

其中：

$$\text{平均净资产}=\frac{\text{年初所有者权益}+\text{年末所有者权益}}{2}$$

（2）资产净利率。资产净利率是指酒店净利润与平均资产总额的比率，反映了酒店资产利用的综合效果。其计算公式如下：

$$\text{资产净利率}=\frac{\text{净利润}}{\text{平均资产总额}}$$

式中：

$$\text{平均资产总额}=\frac{\text{期初资产总额}+\text{期末资产总额}}{2}$$

一般认为，资产净利率越高，表明酒店资产利用效果越好，说明酒店盈利能力越强；反之，则说明酒店盈利能力越弱。

## 三、酒店成本费用控制

酒店成本是衡量酒店能否持续经营的补偿尺度，基于对成本的计算，可以明确酒店在一段时期或从事某项经营活动所耗费的资金，通过与收入指标的对比，确定酒店是否盈利，能否保持当前经营水平。酒店成本是内部经营管理体系的显性量化，是检验酒店员工工作质量的重要指标，同时作为衡量产品内在价值的标准，成本也是酒店产品确定价格的重要依据。因此，酒店对于成本费用的管理至关重要。

### （一）酒店成本费用的内容

酒店是劳动密集型的服务产业，其主要职能是提供住宿和餐饮，但随着市场经济的发展，现代酒店所经营的服务范围不断延伸扩大，各类服务项目成本量化的难度以及整体成本构成的复杂度造成了酒店成本管理费用的特殊性和多样性。酒店成本指酒店的经营成本，主要包括营业成本和期间费用两个部分。

1. 营业成本

酒店在提供服务的过程中会涉及各种类型和方式的费用消耗，一般将直接支出的费用归纳为营业成本，即酒店在实际经营过程中发生的各项直接支出部分，成本的构成类型和规模与酒店的经营范围和项目直接相关，酒店经营的项目范围越广，成本构成的种类就越复杂。此外，酒店是提供特殊商品的服务企业，每个商品所附加的服务都是综合性的，不能单独计提。就住宿商品来说，每个房间所包含的人工费用无法进行量化，对于各项服务花费了多少人工费以及每位服务员工应该承担多少工资没有一个合理的标准和分摊依据。因此，酒店成本的费用计算不同于一般制造业，主要表现为酒店的人工费用，包括酒店员工的工资支出以及按工资比例计提的福利费，一般不计入营业成本，而计入营业费用。

2. 期间费用

酒店的期间费用指酒店在经营过程中，为了赚取某一会计期间的收入而发生的，与这一会计期间的经营管理有关的费用。期间费用应从酒店企业的营业收入中得到补偿，直接计入当期损益，主要包括营业费用、管理费用和财务费用三大部分。营业费用是指酒店各部门在经营过程中发生的各项费用，如宣传费、运输费、差旅费等；管理费用指酒店行政部门为组织和管理经营活动而发生的费用，以及涉及酒店若干部门的、难以区分或不必区分的，由酒店统一负担的费用，如工会经费、劳动保险费等；财务费用指酒店在筹资活动中发生的费用，包括酒店经营期间发生的利息、净支出、汇兑净损失、金融机构手续费、加息及筹资发生的其他费用。关于财务费用要注意两个问题，首先是财务费用，是指酒店经营期间因筹集资金而发生的费用。酒店在筹建期间、清算期间若发生一些筹资费用，则应直接计入筹建期间的开办费用或清算损益，不计入财务费用。其次是利息净支出，是指酒店在经营期间的借款利息支出扣除利息收入后的净支出。

### （二）酒店成本费用控制的原则

1. 合法合规

成本费用是计算利润的基础，利润是计算纳税金的基础，而税收是国家财政收入的主要来源之一，对于不合规的成本计入，不仅会造成酒店经营状况的衡量偏差，宏观来说，还会影响国家的税收收入。因此，国家对酒店发生的各项支出作出了明确的规定，哪些该计入成本，哪些不该计入成本都有具体的标准，酒店要在国家规定的成本开支范围内计算相关成本，保证成本费用客观真实，不得随意扩大开支范围。

2. 保证质量

商品价格由价值决定，而价值取决于商品本身所包含的各种属性。就酒店商品来说，以服务型商品为主导，各类商品都凝聚囊括了酒店员工的服务价值，服务价值越高，商品价值就越高。在控制成本费用的情境下，有些酒店企业会通过降低商品附加的服务价值而实现成本控制的目标，这样做不仅违背了“顾客主导”的经营理念，而且会取得适得其反的效果。因此，酒店在进行成本费用控制的同时，也要关注服务质量的提升，要协调把控好二者的关系，不断扩大市场份额，提高酒店整体竞争力。

3. 健全责任制

酒店费用的损耗，除了维持正常运营之外，有很大一部分与酒店工作人员相关，涉及各个部门、各个班组以及每一个员工个体。酒店作为一个大体量的劳动密集型组织，其成本的节约是每位员工的意识和行为的表现。因此，酒店应该建立健全成本管理责任制度，让每一位员工作为责任主体都参与其中，将成本费用的计划指标分解落实到有关部门、班组和个人，并与岗位责任制结合起来，利用权责结合模式调动员工的积极性和主动性，实现成本费用的全员控制。

### （三）酒店成本控制的基本方法

酒店成本费用开支的大小，直接关系到酒店能否盈利及盈利的大小，同时酒店费用开支的范围广泛，费用明细项目繁杂。因此，酒店应加强对成本费用的管理，运用合理的控制方法，建立完善的费用计划、核算制度，将酒店费用开支控制在合理范围内。

1. 定额控制法

定额控制法指按照酒店管理部门制定的费用开支标准，总结酒店长久以来的费用开支规律，确定费用发生部门的费用消耗定额，确保部门消费开支在合理范围。如对于员工差旅费可以依据员工岗位层次确定出行标准。

2. 比率控制法

比率控制法指选取某一指标为依据，按照该指标的一定比率控制费用的发生。如酒店员工的福利费用和医疗保险费等都是按照职工工资的一定比率所提取的。

3. 预算控制法

预算成本是按照标准成本计算的一定业务量下的成本开支额，预算控制以分项目、分阶段的预算指标实现成本费用控制。这种控制方法以当前会计期对下一会计期内发生的费用进行合理预计，报告期结束后，将实际发生额与预算额分析比较，找出差异，采取相应改进措施，保证成本费用预算目标的实现。

4. 主要消耗指标控制法

酒店有些消耗指标，尤其是对费用起决定作用的项目，酒店需要严格管理、重点控制。在酒店销售变动不大的情况下，可以采用绝对数控制，但大多数情况下采用相对数控制，如费用支出占营业收入的百分比。

5. 制度控制法

酒店进行成本费用控制应该遵循国家规定的成本开支范围及费用开支标准等相关规定。制度控制法是利用国家及酒店内部各项成本费用管理制度来控制成本费用开支。对于酒店来说，有效控制成本费用，必须建立健全各项成本费用控制制度，划分相应的组织机构。

6. 标准成本控制法

通过精确的调查、分析和技术测定而制定的，用来评价实际成本、衡量工作效率的一种预计成本方法叫作标准成本控制法。在综合考虑过去及未来的实际成本范围的基础上，将数据结果与标准成本进行对比分析，对差异进行处理，找出差异形成原因并采取相应措施。该种方法基本上排除了可避免的浪费，是控制成本开支、评价实际成本高低的重要依据，如餐饮部制作饮食制品应消耗的原材料定额。

## 关键术语

酒店(hotel)
管理(management)
财务管理(financial management)
财务环境(financial environment)
现金流(cash flow)
项目投资(project investment)
债券投资(bond investment)
融资(financing)
股票投资(stock investment)
资本成本(capital cost)

价值(value)　　预算(budget)

成本(cost)　　盈利(profit)

## 复习思考题

1. 酒店财务管理环境包括哪些方面的内容?
2. 酒店金融资产的种类及其各自的特征是什么?
3. 结合酒店财务运营，谈谈你对资本成本与价值的理解?
4. 酒店资金筹集的渠道与方式有哪些?
5. 酒店盈利能力的衡量指标有哪些?

## 即测即评

## 扩展阅读

### 第六届中国(上海)国际酒店投资与特许经营展览会

上海2018年11月24日电—11月23日，为期三天的第六届中国(上海)国际酒店投资与特许经营展览会(简称HFE)顺利闭幕，锦江酒店旗下优选服务品牌“白玉兰酒店”在展会现场受到热捧，众多投资人在现场经过与其他品牌的对比后，最终选择了由锦江之星公司管理的白玉兰酒店，现场达成签约协议52个，目前白玉兰酒店的规模数已达152家，遍布全国数十个城市。

白玉兰新住宿场景成全场C位。以“熊本熊、Coffee Box、汪裕泰、爱奇艺VR”等围绕“娱乐、休闲、社交”功能的网红品牌与白玉兰酒店一起营造出一个全新的住宿场景成为现场吸睛爆点，众多投资人驻足观看，并向工作人员咨询。

白玉兰将即将亮相的“熊本熊”主题房的IP“火车司机熊本熊”带来现场，其高达1.9米的体态、呆萌无比的样子，顿时成为全场热点。网红“小橙杯”，也成为现场的另一大爆款，Coffee Box已经进驻数十家已开业的白玉兰门店，将快乐咖啡时刻与白玉兰“城市会客厅”进行了无缝联结。将网红品牌与白玉兰品牌联动起来，锦江之星公司给品牌注入“赋能跨界”的全新概念，并解决了投资人关于“坪效提升”和“整合跨界资源能力”的困惑。许多投资人表示在现场经过与其他参展品牌的对比和评估后，白玉兰品牌是他们正确的选择，也相信锦江之星公司能带领他们在优选服务酒店的市场上收获灿烂的未来。

全球领先的国际酒店管理公司之一——洲际酒店集团亮相第六届中国(上海)国际酒店投资与特许经营展，为中国业主打造的特许经营支持模型，以及旗下假日酒店品牌新一代设计概念的发布成为展会的亮点。

2016 年 5 月，洲际酒店集团旗下中端精选服务类酒店品牌智选假日酒店率先在华开放特许经营权，并迅速获得了市场认可。两年多时间，洲际酒店集团已签约超过 100 个智选假日酒店特许经营项目，签约速度超过平均每周一家。

中国旅游研究数据显示，发达国家的中端酒店占总比 50%以上，而在中国则远未达到此规模，在人均收入持续增长、中产人数不断上升的大环境下，中端酒店在中国市场的空间巨大。

作为最早一批进入中国的外资酒店品牌，洲际酒店集团近年来也在逐渐发力中端酒店市场。以旗下的智选假日酒店为例，2017 年新签约的智选假日酒店中 70%是特许经营模式。截至 2018 年第三季度，智选假日酒店在大中华区已有 124 家开业酒店，其中约两成采用的是特许经营模式，而在建的 166 家智选假日酒店中，有六成采用特许经营模式。全周期覆盖是洲际酒店集团特许经营支持模型的另一大特点。从投资意向开始，到酒店的设计与建造，一直到开业后的运营管理，洲际酒店集团对业主强有力的专业支持将贯穿始终。

曙光酒店集团携旗下三大酒店品牌亮相展会，向来自全国各地的商业投资者及酒店投资人等分享了曙光酒店的品牌理念，众多到场的投资人对曙光的产品表现出了浓厚的兴趣！

曙光酒店集团旗下的酒店品牌以先进的管理模式，对加盟客户提供全方位的服务支持，从开店前对当地市场的分析考察、店面选址、人员培训到开店后的带店管理、市场营销等环节，都做到专业化管理，让曙光酒店品牌的发展更稳妥、运营更高效，足见曙光酒店集团对广大投资者以及消费者的重视。在展会上吸引了大批参观者驻足考察，洽谈签约。

如今，曙光酒店集团正在以增长的速度逐步发展，目前各品牌已开业及筹建酒店累计 20 余家。稳健的品牌效应，专业严谨的运营管理和良好的投资回报率，促使曙光一路披荆斩棘。在不久的将来，曙光的身影将会出现在越来越多的城市和地区。到目前为止，曙光服务人数已超过上千万人次，而这一数据也正在随着曙光酒店集团的扩张不断上升，树立起曙光更强大的品牌，让更多的消费者在旅途中享受到曙光带来的自在惬意的体验！

节选自迈点——商业空间产经研究资讯媒体 . HFE 系列报道，2018-11-26.

# 第十章　酒店人力资源管理

**本章导读**

本章主要阐述了酒店人力资源的规划与需求、酒店员工的绩效考核与职业发展问题，共分为三节：第一节在介绍酒店人力资源规划的作用与现状的基础上，提出了加强人力资源规划的措施，并从酒店员工招募与员工培训的视角来探讨酒店人力资源的需求；第二节从薪酬管理角度出发，论述了酒店员工激励机制，在此基础上介绍了员工绩效考核的目的、误区及要求；第三节主要阐述了酒店员工职业规划及其重要性，并依据社会环境和企业环境分析了酒店员工的未来发展机会。

酒店要维持其正常运营与发展，首先离不开的就是人力资源。人力资源几乎贯穿酒店管理的各个方面，因为酒店任何活动的开展都是以人为主体和由人来完成的。一家酒店要是忽视人力资源管理的重要性，使得员工缺乏动力和士气开展日常工作，就不可能跻身一流酒店行列。因此，可以说，酒店人力资源管理是酒店经营成败的关键要素之一。

## 第一节　酒店人力资源规划与需求

酒店人力资源包含以下几方面。

### 一、酒店人力资源规划

现代酒店人力资源部门最重要的职能之一就是进行酒店人力资源规划。酒店人力资源规划，就是酒店的经营管理者根据酒店的整体经营状况，结合酒店人力资源供需以及发展情况而制定的人力资源工作目标与计划，是酒店人力资源开发与管理过程的初始环节。搞好酒店人力资源规划对于酒店人力资源管理至关重要。

#### （一）酒店人力资源规划的作用

1. 确保酒店生存发展过程中的人力资源

酒店是一个人员流动较高的行业，据中国旅游协会人才培训开发中心对全国二至三星级的酒店进行的一项调查显示，旅游酒店人员流动率达到了23.95%，部分酒店人才流失率竟高达45%以上。从酒店人力资源供给的角度看，如果酒店不能事先对内部的人力资源状况进行系统分析，采取有效措施，充分挖掘现有员工的潜力，或从外部招聘高素质人才，酒店势必会面临人力资源短缺的状况。所以，长远的人力资源规划显得非常重要，通过对酒店人力资源进行动态的统筹规划，预测人力资源的供求差异，提前制定平衡人力资源需求与供给的调整措施，能够在很大程度上确保酒店在合适的时间内取得酒店发展所需要的合适的人才。

2. 降低酒店的人力资源成本

人力资源成本中最大的支出部分是工资支出。随着酒店规模的不断发展壮大，酒店人力资源的数量往往是越来越多，另外很多员工随着组织的发展不断成长，工资也不断提高，这些都造成了酒店经营成本的不断增加。通过人力资源规划，能够科学地预测酒店员工在数量以及结构方面未来可能出现的变化，并能不断改善酒店的人力资源结构，减少不必要的人力资源的成本支出。比如现在很多酒店在旺季的时候经常会录用旅游院校的在校生，因为这种人力资源的措施一方面比较灵活，在旺季结束后，学生可以结束实习返回校园，既给酒店解了燃眉之急，又不给酒店造成过重的人力负担；另一方面旅游院校的学生在校期间已经初步掌握了酒店管理的专业知识和基本的操作技能，在他们实习的半年或一年时间里，他们基本能够承担正式员工的工作，而酒店支付的仅仅是实习学生的生活费用，这样，酒店的人力成本能够大大降低。

3. 调动酒店员工的积极性和创造性

酒店员工，尤其是一线员工，工作时间较长，工作量比较大且工作内容单一，如果酒店对人才没有合理的指导和长远的规划，往往会使员工觉得劳累而没有奔头，从而产生跳槽的念头。酒店合理的人力资源规划有助于员工了解各个层次人力资源的未来需求，使员工明确酒店和自己的目标，进而为自己设计有利于个人发展的道路，充分调动员工的积极性和激发员工的工作热情。

### （二）酒店人力资源规划现状

1. 缺乏专业的人力资源规划人才

许多酒店的人力资源管理者往往在餐饮或客房管理方面有独到之处，但具体到人力资源管理工作，常常显得眼界不高，缺乏对整个酒店人才战略性谋划。

2. 酒店战略目标不明显

酒店的人力资源规划是根据酒店的战略发展目标来制定的，因此，想制定配套的人力资源需求计划、培训发展计划和薪酬福利等计划必须先有比较明晰的酒店发展战略目标。而一般酒店缺乏较明确的发展战略，只是走一步看一步，更谈不上明确的人力资源发展规划。

3. 缺乏差别性人力资源规划

酒店的从业人员往往文化差异较大，拿培训来讲，不同的员工，由于经历和接受知识的能力不同，对培训知识的理解和消化也不同。而很多酒店的人力资源规划中可能有培训和开发的内容，但往往很难照顾到具体人群的需求，大多是整齐划一的培训教师和培训内容，由于培训规划不得当，加之激励机制不配套，因此造成员工培训花钱不少，收效甚微。

**（三）加强人力资源规划的措施**

1. 建立并完善酒店人才库

根据酒店的发展战略，酒店人力资源管理部应建立自己的人才库。通过职位分析，对企业各岗位需要的以及在岗的员工进行详细剖析，这包括受教育情况、工作经历、家庭背景、接受培训或继续教育情况、技能证书、职业专长、兴趣等，以计算机数据的形式存入特定的人力资源需求系统中。酒店的人力资源需求系统中还应专门开辟一部分内容，专门保留那些曾经到酒店求职，各方面条件优秀，但由于没有合适的工作岗位而没有被聘任的人才的数据资料。这样，一旦酒店有适合此类人才的岗位需求，通过人才库系统，人力资源部门能够在最短的时间内争取到最合适的人。

2. 储备生力军

通过院校安排酒店管理专业的学生在酒店实习，酒店可以根据实习学生的专业知识掌握、工作态度、学习态度、处理各种问题的能力等多个方面对实习生做出综合评价，把那些符合酒店企业文化，契合酒店经营管理需要的学生纳入酒店的人力资源需求系统中，为后续酒店的发展储备力量。

3. 职业生涯指导

酒店应为每一个员工设计其职业发展规划，尤其对那些应届的大学毕业生，酒店应该设计一套明确的职业发展规划方案，使他们能够看到未来发展的方向和目标。如果职业发展规划既满足了酒店员工的物质需要而且满足了他们的精神需要，并能获得一系列的锻炼和培训机会的话，员工的主动性就会被很好地激发出来。

## 二、酒店员工招募

**（一）人才规划**

人才规划必须以市场需求为导向，对未来酒店人才队伍的数量、质量、结构、类别等做出正确的预测，从而使人才需求满足组织进一步发展的需要。酒店人力资源管理工作必须注重人事相宜，权衡每项工作对个人的知识、能力与价值观的要求。

1. 酒店人才理念

酒店能否正常运营并取得预期效果，关键在于酒店是否拥有数量充足、质量匹配的人才。根据《国家中长期人才发展规划纲要（2010—2020年）》，人才是指具有一定的专业知识或专门技能，进行创造性劳动并对社会做出贡献的人，是人力资源中能力和素质较高的劳动者。要实现人力资源的有效组合，酒店必须确立适应就是人才的理念，即只要胜任本职工作的人，都是企业的人才，都应得到相应的重用和尊重，从而调动大多数员工的积极性。酒店人才的适应性，主要体现在以下三个层面：

（1）适应行业的要求。适应酒店行业要求的人，即酒店职业人。酒店行业对人才有特殊的要求，如强烈的职业意识、积极的职业心态、良好的职业习惯与特殊的职业技能等。酒店服务质量在很大程度上取决于员工的服务态度，因此，酒店员工最重要的素质说起来很简单，即“发自内心的热爱”。对职业的认同感是酒店人才最根本的要求。

（2）适应企业的要求。适应特定企业要求的人，即企业人。不同企业有不同的企业文化和管理风格，对人才也有不同的要求。在某企业如鱼得水、春风得意的人，也许换了一家企业就难以发挥同样的作用。究其原因在于在新的工作环境里，要面对不同的老板、不同的经营管理层、不同的员工队伍，除非自己能够适应新变化，否则会有强烈的失落感，这又会影响其工作的积极性。

（3）适应岗位的要求。适应特定岗位的职业要求的人，即岗位人。岗位是组织的细胞，是责任、权力、名称、素质和利益的结合体。对从事不同岗位的员工的素质要求主要通过酒店的任职资格来表达，其列出了完成某项工作的人必须具备的素质和条件。这里的关键是要找到关键要素和核心能力，即决定是否胜任该岗位工作的关键素质。目前，中国的一些酒店之所以留不住人才，一个很重要的原因在于招进来的人并不适合自己的企业，要么是文化冲突，无法生存而被迫离去；要么品貌、学历、能力等过剩，心有不甘而另攀高枝。

2. 人力资源规划

人力资源规划是指企业科学地预测和分析人力资源的供给和需求状况，制定必要的人力资源政策和措施以确保获得各种所需的人力资源的管理过程。科学的人力资源规划，能使酒店对未来的人力资源供求关系做出较为准确的预测，有利于有效地利用人力资源，确保酒店发展过程中对人力资源的需求。

（1）人力资源规划步骤。人力资源规划的制定取决于企业目标、工作分析与绩效考评情况，一般可划分为以下八个步骤：

① 确立目标。人力资源规划主要根据企业目标来制定。因此，人力资源规划试图达到的目标与企业目标、人力资源管理的具体内容紧密联系。

② 收集信息。根据已确立的人力资源规划目标，从企业内外部收集各种有关信息。内部信息包括酒店发展战略、员工流动趋势、劳动力成本趋势等；外部信息包括宏观经济发展趋势、酒店行业发展前景、主要竞争者动向、劳动力市场趋势、政府政策法规等。

③ 人力资源需求预测。根据收集的各种信息，预测酒店下一步发展对人力资源的需求。

④ 人力资源供应预测。根据收集的各种信息，预测酒店所需人力资源的供应情况。

⑤ 人力资源余缺预测。对劳动力的供给与需求都预测完毕以后，人力资源规划者就可以通过两方面数据的比较，确定在不同的工作类别中可能出现的劳动力富余或短缺的状况，并以此决定采取哪些有效措施来解决潜在的人力资源供需矛盾。

⑥ 制定人力资源规划。在科学预测的基础上，制定适合酒店发展的人力资源规划，确定计划的时间段、目标、具体内容等。

⑦ 实施人力资源规划。在实施前要做好充分的准备工作，在实施时要尽力按照计划执行，同时要注意对规划实施状况进行必要的检查。

⑧ 收集反馈信息。通过及时、客观的反馈信息，可以知道原来规划中哪些是可操作的，哪些是有待完善的，哪些是无法实施的，并据此对原来的规划进行必要的调整。

（2）人力资源需求预测。人力资源需求预测是指估算酒店未来需要的员工数量、质量与结构。它是酒店编制人力资源规划的前提，其直接依据是酒店发展战略与年度预算。进行人力资源需求预测主要有以下三种方法：

① 主观估计法。主观估计法是指酒店管理人员根据经验和直觉来预测和确定未来所需人力资源数量和类型的一种方法。具体步骤：首先由酒店各级管理人员根据部门职责、

发展规划与未来某段时间增减的业务量，提出本部门各类人力资源的需求量，然后通过酒店人力资源部门进行估算与平衡，最后由酒店最高管理层进行决策。

② 转换比率法。转换比率法是指将酒店业务量转换为人力资源需求的方法。这是一种适合短期需求预测的方法，而且不考虑员工劳动生产率提高的影响。以酒店客房部整房服务员为例。首先，用客房总数量与客房出租率求得全年计划产量，即全年清扫客房数；然后，结合直接劳动的标准时间，求出酒店客房部全年所需的总工时；最后，将总工时除以每人每年的实际工作时间，即可得出所需整房服务员数量。

③ 计量经济法。计量经济法是指将酒店员工需求量和影响员工需求量的主要因素之间的关系用数学模型的形式表达出来，依据数学模型及主要因素，来预测酒店员工需求。

（3）人力资源供应预测。人力资源需求预测的是组织内部对于人力资源的需求，而供应预测则要分析组织内部和组织外部的供应状况。

① 内部供应预测。人力资源内部供应预测需要考虑酒店内部的相关因素，如员工年龄分布、人员调动、离职、退休、跳槽、解雇等情况。

A. 技能清单调查法。技能清单调查法是指核查与追踪员工的工作经验、教育程度、专业技能等与工作相关的信息。技能清单的设计应有针对性，并根据员工情况的变化而及时更新，从而为人事决策提供可靠依据。技能清单一般分为两类，即普通员工技能清单与管理人员技能清单。普通员工技能清单包括每个员工的岗位胜任度、技术等级和发展潜力等信息。管理人员技能清单集中反映管理者的管理技能及管理绩效，其内容包括管理经验、管理幅度、下属职责、管理对象特征、管理培训经历、当前管理绩效等。管理人员技能清单为管理者的流动决策提供可靠信息。因此，技能清单有助于酒店掌握现有人力资源状况，估算现有员工工作调动的可能性大小，决定哪些员工可以补充酒店当前及未来的关键岗位空缺，使酒店能够更加合理、有效地开发人力资源。

B. 员工流动分析法。员工流动分析法是指通过掌握酒店不同岗位的员工流动趋势，从而预测酒店内部人力资源可能的供应量。员工内部流动趋势能够表明在不同的时间里，处于各种不同工作类型中的雇员所占的比例或数量，发现酒店内部存在的员工晋升路线，明确现有岗位的员工来自何处。该方法在描述酒店的劳动力供应趋势方面是十分有用的。若酒店的各种条件比较稳定，这种方法还可以用来预测未来的劳动力供应状况。

C. 管理者继任图法。管理者继任图法可用于分析与设计管理人员的供应状态。该方法可以一目了然地掌握酒店管理人员的供给情况，并可以进一步了解不同层次与部门的管理人员的继承和供应问题，该方法的基本思路是：针对酒店各层次、各部门管理职位的空缺，制定相应的管理人员继任计划；根据每个管理职位的要求，确定几位继任候选者；根据候选者的实际表现及作为继任候选者的晋升潜力，列出候选者晋升次序；假设在候选者晋升高一级职位的条件下，进一步明确候选者原来岗位的继任人选，依此类推，直至所有空缺的岗位都找到符合要求的继任者为止。

② 外部供应预测。外部预测是根据酒店的发展要求，预测劳动力市场上酒店所需劳动力的供应情况。当酒店无法从内部获得足够的人力资源供应时，就需要通过外部的劳动力市场来解决人员的补缺问题。影响人力资源外部供应的因素主要包括以下方面：

A. 本地区人口总量与人力资源储备。这决定了该地区可提供的人力资源总量。当地人口数量越大，人力资源储备量越大，则人力资源供应就越充裕。

B. 本地区人力资源基本构成。这决定了在年龄、性别、教育、专业、技能、经验等层次与类别上，可提供的人力资源的数量与质量。

C. 本地区经济发展水平。这决定了对外地劳动力的吸引力。当地经济越发达，经济发展趋势越好，对外地劳动力的吸引力就越大，当地劳动力供应就越充裕。

D. 本地区教育水平。一个地区的教育模式、教育层次与教育质量，特别是政府与有关组织对培训和再教育的投入，将直接影响人力资源供应的质量。

E. 本地区薪酬水平外部竞争力。当地劳动力市场工资水平、酒店业薪酬水平、与其他地区相比较的相对价格、物价指数等都会影响劳动力的供应。

F. 本地区劳动者的就业倾向。一个地区的社会文化会显著影响劳动者的就业倾向，因此，当地劳动者的择业心态、就业模式、工作价值观等都会影响酒店行业人力资源的供应。

G. 区域地理位置对外地人口的吸引力。一般而言，交通便捷、气候宜人、宜商宜居、生态资源丰富的地区对外地劳动力的吸引力较大。

H. 本地区失业率的高低。高失业率意味着外部劳动力供应较充裕，获得人力资源较为容易；低失业率意味着外部劳动力供应较紧张，获得人力资源较为困难。

I. 科学技术的发展。科学技术的进步与应用情况，将对各行业人力资源的供求状况产生很大的影响。高科技在酒店中的应用与推广预示着高技能、高智慧、富于创造性的人力资源将非常紧缺。

J. 政府的政策法规。各地政府为了促进本区域的经济发展，为了增加本地劳动力的就业机会，为了保障劳动者的合法权益，都会颁布有关的政策法规，这必将影响外部劳动力的供给。

### （二）工作分析

全面深入的工作分析，可以使酒店充分掌握各项工作的具体内容，以及对工作人员的素质要求，这就为员工招聘工作提供了科学依据。工作分析是指对某特定工作的性质与特征做必须具备的资格条件分析，其内容包括工作描述与任职资格两部分。

1. 工作描述

工作描述是指有关工作性质与特征的说明，包括工作名称、工作内容、工作环境、社会环境、聘用条件等。工作描述无统一的标准，规范的工作描述一般包括以下方面：

（1）工作名称。工作名称应具有明确性，以有利于对各种工作进行识别、登记、分类以及确定组织内外的工作关系。在对工作名称进行设计时，要避免名称的互相模仿、千篇一律与缺乏可操作性。除了体现工作特点和职权范围外，名称的设计还可以作为一种激励手段来使用，让员工觉得在酒店的发展前途是一片光明的。例如，前台营业部门的领班可称为服务经理，总台领班可改为接待服务经理，餐厅领班可改为餐厅服务经理，客房领班可改为楼面服务经理。这样既符合其工作性质和职权范围（其最基本的职责是酒店服务质量的控制），又使酒店前台的基层管理者有了一个好听的名称和良好的职业发展通路。

（2）工作内容。这是对工作活动与工作程序的描述，是工作描述的主体部分，包括工作任务、工作职责、工作流程、工作关系，以及完成工作所需的原材料与机器设备等。

（3）工作环境。这是对工作条件与物理环境的描述，包括工作场合的温度、光照度、湿度、通风设备、噪声与安全条件等。

（4）社会环境。在工作描述中，重视社会环境的说明是一个新趋势。社会环境包括工作群体中的人数、完成工作所要求的人际交往数量与质量、各部门之间的关系、社会习俗，以及工作场合内部与临近的文化和生活设施等。

（5）聘用条件。要想吸引与留住优秀人才，必须要有相应的聘用条件作为保障。在设计与工作内容相匹配的聘用条件时，要根据工作要求的不同，设计不同的聘用标准。聘用条件包括工作时间、薪酬结构、薪酬支付方法、工作季节性、晋升机会、进修机会以及该工作在组织中的地位等。

2. 任职资格

任职资格又称工作说明书或职务要求，是对承担某项工作的人员所需具备的基本素质和条件的说明。一般来说，酒店员工所应具备的素质要求主要包括以下方面。

（1）一般要求。这是对从事某项工作的员工的一般性要求，包括年龄、性别、学历与工作经验等。

（2）生理要求。这是指某项工作对员工身体素质方面的要求，包括外貌形象、健康状况、体力、运动灵活性、感官灵敏度等。

（3）心理要求。这是指酒店员工在承担某项工作时所应具备的知识、技巧与能力等特征，包括观察力、判断力、决策力、集中能力、记忆能力、学习能力、理解能力、创造性、计算能力、语言表达能力、解决问题能力、兴趣、态度、事业心等。以下从知识要求与能力要求两方面进行说明。

① 知识要求。日益成熟的消费者已不满足于酒店提供的标准化服务，他们在寻求个人关注与高效定制。因此，具有良好的文化素养与广博的文化知识，是一个人从事酒店工作的基础。首先，酒店员工只有具备一定的文化基础知识，才能更好地理解酒店的战略意图与文化理念，从而增强自身的归属感；其次，酒店员工还必须掌握一定的专业基础知识，以更好地为顾客提供专业服务；再次，酒店员工必须掌握一定的服务知识，如人际沟通、社会礼仪、公共关系等，以更好地识别顾客的需求，更好地满足顾客的需要，为顾客创造更多或更适合的价值。

② 能力要求。任何一项为企业与顾客创造价值的计划能否获得成功，是由员工的态度与行为决定的。他们代表着酒店产品、服务或形象的好坏，可以为酒店赢得顾客的忠诚，也可以使顾客掉头就走。因此，酒店员工必须拥有认知与满足顾客需求的能力与愿望。何塞与布兰查德提出的应变领导模式理论按成熟度划分员工的素质。成熟度是指员工对承担工作责任的能力和愿望的大小。它取决于两个因素，即任务成熟度（能力）和心理成熟度（愿望）。任务成熟度是相对于员工的能力而言的，若员工具有完成工作所需的能力和经验，那么他的任务成熟度是高的；反之则低。若员工具有强烈地为企业与顾客创造价值的动机或愿望，而无须过多的外部激励，就认为他具有较高的心理成熟度；反之则低。因此，只有同时具备能力与愿望的人，才能表现出真正的行动力。

称职、热情、用心的员工队伍是酒店经营获得成功的关键要素，因此，酒店需要精心选拔合适的员工，招聘具有出众服务意识与独立处理问题能力的大学毕业生。对于想从事酒店工作的学生来说，非常有必要利用大学的时间为自己的未来职业生涯掌握必备的能力。除了要具有积极的工作态度外，员工还必须具有完成本职工作的综合能力与专业水平，如学习力、应变力、沟通力、创新力等，从而实现想做事、能做事、做成事。

## 三、酒店员工培训

酒店员工培训是指酒店为了使员工在现在和未来工作岗位上的表现达到组织的要求，使员工具备应有的工作知识、态度与技能，增进员工积极工作的动机与行为，提升员工的工作绩效，而有计划、有组织地对全体员工开展的教育训练活动。培训是使人力资源增值的首要途径，是一种面向未来的人力资源投资活动。酒店员工职业发展道路的畅通，离不开有效的职业培训体系，离不开对员工培训特征与原则的准确把握。员工培训是一项具有双赢性的管理活动，有利于同时实现组织层面和员工自身的发展目标。加强员工培训的管理，明确员工培训的内容，遵循合理的培训程序，掌握员工培训的方法，提高员工培训的效果，使员工更好地适应岗位要求，掌握从经验中学习的要领，拥有更强的工作动力和更清晰的职业方向，这是酒店人力资源管理的重要环节。

### （一）酒店员工培训的特征与原则

酒店员工素质的提高主要取决于有效的培训举措，而培训举措的科学制定与顺利实施则取决于员工培训特征与原则的准确把握。

1. 员工培训的功能

对于个人而言，有效的培训具有更新观念、开阔眼界、增加知识、改善态度、提高技能、改变动机、改进行为等功能；对于组织而言，则具有提高效率、提升质量、增加收入、降低成本、增强合力、美化形象等功能。以下将从员工个人层面与酒店组织层面对员工培训可能发挥的功能进行分析。

（1）个人层面。酒店培训同员工的个人发展紧密相关，在丰富员工知识、提高员工素质的同时，能够为员工个人的成长和发展创造机会，使员工更加积极与自信地应对未来的工作挑战。

① 更新观念。员工培训的重要作用之一是更新员工的观念与开阔员工的视野。酒店是创造快乐的企业，员工是创造快乐的使者。如果员工不能把握时代脉搏，不能融入社会发展的大潮中，就难以为顾客提供快乐的服务。顾客到酒店消费，与其说是来住宿、吃饭、娱乐，还不如说是来寻求一种享受的经历。顾客是否满意，主要源于其对酒店服务的主观印象和感觉。随着社会经济的发展，人们对酒店的需求由简单的生理需求逐渐发展到高层次的文化享受和心理满足。因此，酒店的氛围和品位就显得十分重要。为了使员工能满足市场环境变化对其工作的要求，就必须通过有效的培训，让他们改变过时的观念，使他们能站在更高的平台上，看得更远，做得更好。

② 增加知识。随着科技的发展与社会的进步，新知识、新技术、新工艺日新月异，员工原有的知识将会变得陈旧、老化或过时。在这种背景下，对于酒店员工来说，只有不断地吸收知识、补充知识、更新知识，熟悉新理念、新产品、新市场，才能更好地适应工作岗位的要求。通过系统的培训，员工可以在短时间内掌握工作与生活所需的新知识。

③ 提高技能。酒店员工必须具备完成本职工作所需的服务技能。服务技能不是先天具有的，员工需要通过系统的教育和训练，尤其是实践锻炼，才会拥有所需的服务技能。只有通过不断的培训、工作，再培训、再工作的过程，员工才会真正掌握某些关键的服务技能，才会在工作中表现出娴熟的服务技巧。

④ 改善态度。员工态度培训的重要意义在于将酒店的理念体系、职业精神融入员工的思想当中，使员工具有积极工作的热情。员工的工作态度、对客态度、学习态度等都是保证酒店有效运转的必要条件。从某种意义上来说，态度决定一切，没有好的态度，就没有忠诚、敬业、服从、奉献、自主自发。服务态度的培训日益受到众多酒店的重视，以力求从根本上改变员工内心的想法。中国部分酒店的培训重心是使员工树立一种“中国情”的服务意识，引导员工能发自内心地为客人提供最优质的服务。

⑤ 改变动机。在员工培训中，工作动机的改变是十分关键的一步。员工的工作动机取决于两个方面，即员工内在需要与外在诱因。知识、技能、态度的培训最主要的作用是强化外部刺激，提供外在诱因，而能否产生预期效果，则在于培训是否充分考虑了员工的自身需要。因此，在选择培训项目时，酒店必须对员工内在需要进行充分调研，这样才能有的放矢，才能激发员工正确且强烈的工作动机。只有满足员工发自内心的追求，才能真正激发他们的工作动机。所以，为了培养员工积极向上的工作动机，酒店应该注意考查员工的实际能力与潜力，结合员工内心没有得到满足的渴求，设计有针对性的培训内容与培训方式。

⑥ 改进行为。受到良好培训的员工会觉得自己得到了酒店的重视和支持，他们往往能更好地理解本职工作的要求，会表现出更积极的工作行为，或者知道如何更有效地改进自己的行为。员工的绩效是由员工的行为引起的，而员工的行为又是员工的动机引起的。为了促进员工产生有效的行为，酒店应把发展目标与员工个人目标有机地结合起来。如增强酒店发展的“可预见性”，当员工可以预见到自己的未来时，就能体验到“实现酒店当前的目标”是在为“自己的将来打基础”，就会感到所从事的工作不是临时的、权宜的、单一的，而是与人生目标相联系的。把这种关联性转化到员工的个体行为中，就会有利于员工形成事业心和责任感，建立起对酒店的信念，并把这种信念贯彻到行动中。

酒店通过自身的业务经营活动，不仅反映酒店的经营特色，而且通过员工的行为，反映出酒店在经营活动中的战略目标、群体意识、价值观念和行为规范。如何将酒店经营特色、个性文化内涵用员工的言行表现出来，也是酒店文化建设的一项重要工作。例如，现在许多酒店都在制定员工言行规范，这当然是一件好事，但是在注重规范的同时，是否注意到了在个性张扬的时代，千篇一律的规范，顾客愿意接受吗？因此，酒店要通过有计划的培训，努力使每个员工都认识到，酒店文化是宝贵的资产，它是个人酒店成长必不可少的精神财富，最终使员工以积极的态度去从事酒店的工作，用勤劳、敬业、创新的思路去指导自己的行为，使酒店文化有效地落实到员工的行为中。

（2）组织层面。员工培训对酒店的成功经营有非常重要的影响，受到良好培训的员工，工作积极性更高，能够帮助酒店提升服务质量与赢得顾客忠诚。

① 提高效率。培训是酒店提高劳动生产率的重要途径。实践证明，经过有效培训的服务员能端正工作态度，掌握服务知识，提高专业技能，适应不断提升的工作要求。提高酒店效率不是单个员工的事情，而是全体员工的事情。通过系统培训，可以使全体员工达成共识，使他们协调行动、保持干劲与提升效率。

② 提升质量。培训可以促进服务质量的提高。培训可以使员工掌握良好的技能及丰富的行业知识，使员工工作起来得心应手。顾客对服务质量不满的原因有很多，但主要原因是员工的服务不到位。酒店服务质量的高低主要取决于员工素质的高低，高素质的员工

是赢得顾客忠诚的保证。由于服务过程的多变性，酒店必须使员工具有较高的应变能力。此外，尽管酒店有明确的服务质量规范，但服务质量规范与实际服务提供之间常常存在差距，其主要缘由一般是员工不可能完全达到质量规范的要求，因此，必须强化对员工的培训，尤其是对新员工的培训。

③ 降低成本。酒店要有效满足消费者的住宿、餐饮与康乐需求，必须投入相当大的资金，同时为适应消费者的需求变化，还需要足够的设备维护保养和更新改造资金。此外，酒店服务的特点是人对人、面对面的，要保证酒店业务的正常运行，并保持必要的品质，就必须有足够的人力资源作为保证，这就使得酒店的劳动力成本较高。为了提高设备与设施的利用率，降低劳动力成本，就必须依托持续有效的培训。受过良好培训的员工，工作效率高，专业化水平高，责任心强，会正确地操作、维护与保养酒店设施与设备，从而预防事故的发生或减少事故的发生，这必然会大大降低相关运作成本。

④ 增加效益。工作效率的提高、服务质量的提升、运作成本的降低最终必将转化为效益的增加。有效的员工培训不但可以提升酒店的短期效益，更可以提升酒店的长期效益。通过对员工进行持续、系统的培训，使酒店人力资源整体水平不断提升，其效果必将在酒店效益指标上反映出来。随着员工素质的整体提高，酒店能降低人力、物力、财力消耗，提供更为优质的产品与服务，创造更为卓越的顾客价值与企业价值。

⑤ 增强合力。有效的培训可以使员工达成共识、形成合力。为了促使员工增强合力，在员工培训过程中，酒店需要解决的重点问题包括：如何促使员工个人与酒店价值观保持一致？如何解决内部冲突和矛盾？如何打造轻松愉快的工作氛围？如何构建友好温馨的人际环境？个人行为与团体行为的协调一致性，是酒店形成合力的基本保证。在酒店实际工作中，当个人利益与集体利益发生冲突的时候，为了顾全大局，要求员工能做到舍弃“小我”。尤其在对客服务的过程中，要求员工淡化“有理争十足，无理辩七分”的思想，而要把客户满意作为一面镜子来规范自己的行为，树立一种以服务为导向的服务意识，使用心为客人服务成为每个员工铭记于心的大事。只有在酒店理念的统一指导下，个人与团体的行为达到相互协调，酒店的战略执行力才会得以有效的体现。

⑥ 美化形象。培训可以使员工改善自身的形象，使员工的仪容仪表贴上特定酒店的“标签”，这会强烈地影响顾客对员工与酒店的评价，从而影响顾客的满意度与忠诚度。一流的员工队伍所体现出来的整体形象，所表达的自信与可信的礼节、知识与技能，必然大大美化酒店在顾客心目中的形象，赢得顾客与公众的青睐，赢得优秀人才的加盟。

2. 员工培训的特征

为了有效发挥员工培训的功能，必须明确员工培训的基本特征。酒店员工培训，作为一种成人的职业教育与训练活动，不同于一般意义上的学校普通教育。一般而言，酒店员工培训具有以下基本特征。

（1）成人性。酒店员工培训的对象是有具体工作岗位的成人。学习与培训活动必须服务于工作要求。与普通教育对象相比，作为成人的酒店员工无论从生活习性还是心理特征上，都有着较大的不同：一是年龄较大，机械记忆力衰退；二是学习目的明确，期望理论学习紧密联系实际；三是有工作压力，若他们没有意识到培训与工作的关系，就会把培训不当成一回事；四是成人必须承担很多的责任，在培训中容易受到各种因素的干扰，容易分散精力。因此，在培训中必须强化逻辑性、结合实践与注重实用。

(2) 针对性。酒店员工培训的主要目的是要使受训员工能适应酒店经营业务发展的要求。酒店是一种综合性服务企业，客房、餐饮、商场、工程、财务等部门所需的专业知识和业务技能不尽相同，其培训要求也不同。为了增强各部门员工对工作的适应能力，要求培训部门在计划安排、课程设置、训练方法的选择等方面，必须从酒店实际需要出发。

(3) 速成性。酒店接待工作的季节性特点导致了员工培训的速成性。当然，酒店行业的员工高流动率与高劳动力成本也在一定程度上造成了培训的速成性特点。许多酒店本着效率原则，在既定时间内增加培训内容，或在较短时间内达到所期望的培训目标，或充分利用工作间隔期、经营淡季开展职业培训。

(4) 实用性。酒店培训工作的实用性较强。员工参加培训的目的是为了获得知识，提高技能，学到先进的工作方法。因此，学以致用是酒店员工培训的出发点，培训过程与培训内容要与实际工作相互渗透、有机结合，使员工通过培训，确实能将其所获得的知识转化为现实生产力，使其工作更加出色。如果培训内容不适合，不能解决实际问题，甚至是学而无用，将无法激起员工的学习兴趣，培训工作也就失去了意义。

(5) 多样性。由于酒店各部门的工作内容不同，员工工作岗位的层次不同，这就使得酒店培训工作具有了多样性的特点。酒店培训的多样性体现在培训的多层次、多形式和多渠道三个方面。培训的多层次体现在对不同层次的员工设置不同的培训课程，安排不同的学习内容。培训的多形式是由多样化的培训内容决定的。培训的多渠道是指酒店需要充分融合内部培训资源与外部培训资源。只有快速响应灵活多变的培训需求，有效整合多样化的培训举措，酒店培训工作才能收到良好的效果。

(6) 艰巨性。酒店是全天候营业的企业，24 小时为客人提供服务，员工必须轮班工作。在酒店正常运营的条件下，实施在职培训是较为困难的，也是十分艰巨的。这主要表现为培训活动的时间安排与出勤时间的不一致性，有时还会受到经营业务的冲击而使培训工作不能按计划进行。因此，酒店培训部门在制定培训计划时，要充分估计到实施过程中的各种变化，尽量做到培训时间紧凑与内容精练。

3. 员工培训的原则

基于对员工培训内涵、培训功能、培训特征的认识，酒店必须进一步明确员工培训的原则，以更好地指导员工培训工作的组织与实施。

(1) 因材施教原则。《论语》所表述的孔子学说，简洁精练，内涵深刻，其中的“有教无类，因材施教”思想对企业开展培训工作具有深远的指导意义。“有教无类”提倡所有的人都应接受教育、培养、训练，因此，酒店应该对不同层面的员工都开展系统培训。酒店员工在知识、能力上存在差异，这就要求在培训上要体现因人而异。如对于有能力、有信心但缺乏干劲的员工，培训的重点是如何改变其工作态度；而对于积极肯干但无能力或无信心的员工，培训的重点是如何提升员工工作能力或增强员工自信心。

(2) 激发动机原则。积极的工作动机才能产生积极的工作行为，因此，在培训中必须结合员工的内在需要，合理安排培训项目，使员工拥有努力工作的动机，拥有主动工作的激情。员工必须要有激情，才能全身心地投入到工作中去。激情是超乎认知的一种心态要素，是一种强烈情绪的体现和爆发。一旦人的心态从认知上升为激情，就会产生巨大的心理动力。没有激情就没有奇迹！激情是产生强大执行力的催生剂。富有激情的员工能为酒店带来意想不到的价值，富有激情的团队与文化是酒店最有力的竞争武器之一，也是竞争对手最难抄袭、最难克隆的。

对于日复一日、单调无味的常规工作，员工的热情往往会渐渐消失，酒店必须通过持续的培训以不断激发员工积极工作的动机。当员工失去可以感染客户的激情时，工作气氛就会变得沉闷，业绩就会下降，人心就开始动摇，那样的员工就谈不上为客户提供优质的服务了。所以酒店要想在竞争中求得生存和发展，就必须做到“攘外必先安内”，点燃、保持员工的工作激情，而员工的激情就会感染并点燃客户的购买激情，以此为酒店到达成功彼岸奠定坚实的基础。工作激情与我们常讲的敬业有些重合之处，但其区别也是明显的。敬业主要强调一种责任，与激情相比，其源头更多地来自外在因素。敬业是一种职业规范，具有很大的被动性，而激情是发自内心的内在驱动力。仅仅是把工作当作谋生手段的人，是一个缺乏工作激情的人。激发工作动机的目的就在于激发员工的内在驱动力。

（3）正面强化原则。为了使员工重视培训工作，必须建立相应的奖惩机制。强化考核是保证员工培训量的重要举措，也是检验培训效果的必要手段。在考核培训结果的基础上，如何奖惩是非常重要的一个环节。为了使员工自觉主动地加入培训当中，应该倡导正面强化原则。

### （二）酒店员工培训体系与程序

1. 员工培训体系

建立科学合理的员工培训使酒店培训切实有效，必须积极引导酒店建立职业培训体系。一般来说，职业培训体系的重点内容包括培训组织体系、制度体系。

（1）培训组织体系。员工培训工作应有专门的机构与人员来保证员工培训的管理与运作。酒店培训组织体系构建的要点是“高层有人抓，中层有人管，基层有人做”，它是将酒店培训有效落实的组织保障。

① 培训工作有人抓。培训工作“有人抓”表明的是高层领导重视，并从权力机制上保证酒店培训能得到有效支撑。在部门林立的酒店中，“有人抓”显得格外重要，否则就会因“上层无人协调”而使培训工作流于形式。酒店培训应由总经理牵头，将重视人才的理念贯穿到酒店管理的各个方面，将酒店的培训计划和酒店的战略目标结合在一起，开展提高性、持续性、系统性的培训活动，以切实提升或改善员工的知识、技能和态度，进而提高员工对酒店的贡献度，改善酒店的业绩。

高层领导重视培训工作，首先要在内心树立“人才是第一资源，培训是首要增值途径”等理念，走出业内存在的培训误区；其次要将理念落实到实际工作中，如要经常结合酒店的发展趋势和员工的需要，对培训计划的制定、培训方式和方法的选择给予指导，监督培训项目的实施，力求培训、监督齐头上，并重视培训效果评估，促进培训效果的转移。“巧妇难为无米之炊”，高层领导要重视酒店培训预算，不能因酒店的经营管理困难，就拿培训开刀，要舍得合理花费精力，投入必要的人力、物力、财力。

② 培训工作有人管。只有高层领导对培训高谈阔论，郑重声明它的重要性，而没有管理培训的具体人选，那么培训工作也还是“空中楼阁”。酒店培训“有人管”具体是指，酒店的相关部门（人力资源部或培训部）负责确定培训需求和目的、决定培训标准、选择培训师与培训教材、计划培训项目、实施培训项目以及协助高层领导确定培训预算，酒店的职能部门协助人力资源部实施培训项目。

③ 培训工作有人做。培训工作需要“有人抓”“有人管”，但培训工作真正落到实处

还是要有做实事的人。各项培训工作能否深入，能否真正达成预期目的，关键在于是否在每项培训工作上都有合适人选，是否能将各项事情落到实处。若没有真正做实事的人，或者在某些环节上，具体操作的人缺乏应有能力，都会导致整个培训组织工作的不到位，甚至让更多的人认同“培训无用论”的观点。一般来说，酒店层面应有培训师，部门层面应有兼职培训师和培训员，班组层面应有操作示范员。

为了使员工综合素质达到酒店发展的要求，为了促进员工培训工作的有效组织，就应该充分发挥各个层级的管理者在员工培训过程中的作用。培训是管理者的重要职责，管理者就是培训者，各级管理者应从认识上、行为上、制度上保证培训工作的有效开展，并积极参与培训设计的主要环节，以从根本上解决管理与培训脱节、实践与培训脱节等现象。

（2）培训制度体系。“无规矩不成方圆”，要保证酒店职业培训体系的有效实施，就必须完善培训制度体系。

① 全员培训制度。优质服务需要全体酒店员工，尤其是一线员工的尽心尽力，但有的员工可能因为缺乏积极性或待遇低而不愿努力工作，有的员工可能因为能力欠缺或信心不足而无法做好本职工作，有的员工可能因为业务流程不畅或缺乏必要知识而无法顺利完成任务。因此有必要对全体员工按不同形式、要求与考核方法实施有针对性的培训，将员工培训与上岗、转岗及晋升有效结合起来。通过实行全员培训制度，促进员工努力学习，提高工作技能，改进工作态度，使所有员工有信心、有意愿、有能力为顾客提供卓越的服务。

② 培训等级制度。培训等级制度是指酒店根据员工的不同等级而给予不同层次、不同侧重点的培训。处在不同等级的员工，其享受的培训待遇存在非常大的差别，甚至让某些人产生“不公平感”，但鉴于所承担责任的不同，在培训待遇上适当拉开不同层次员工的距离是非常有必要的。根据酒店设置的管理层次，酒店员工的培训制度相应地分为以下四个层次。

一是操作层员工的培训。操作层员工是酒店员工的主体，主要是酒店的服务员和技术工人，工作在第一线，其服务态度、工作技能将直接影响服务质量和酒店的对外形象。操作层员工培训的重点是提高他们的专业知识、服务技能、服务意识及态度，重点解决动手能力。

二是基层管理者的培训。酒店基层管理人员，如主管、领班等是酒店第一线的管理者。他们的工作重点是在第一线从事具体的管理工作，执行中高层管理者的指示和决策。对于基层管理者，酒店可采用课堂讲授、案例分析、角色扮演等传统培训方式，加强其对管理术语、酒店内部管理体制、消费心理学、组织、指挥、协调、控制等知识的一般了解，促使其掌握改进工作质量、提高工作效率、开发创造力、有效鼓励下属、改善人际关系的技巧。

三是中层管理者的培训。酒店中层管理人员主要是指酒店各部门的经理。他们的工作重点是根据酒店的方针、计划，负责编制本部门的工作计划并具体负责实施方案。因此，他们除了要精通本部门的经营管理工作外，还需要了解相关部门的工作情况和基本业务知识。针对酒店中层管理人员，应采用理论与实践相结合的培训方式，使其掌握本职位所需的职业理论知识和相关知识，掌握本部门的运行与计划、组织、指挥、协调和控制能力，尤其是沟通和督导技巧，掌握酒店其他部门的一般工作常识，以及本部门员工的发展和培训方法。

四是高层管理者的培训。酒店高层管理人员主要是指总经理、副总经理和部门总监等酒店的决策者和经营管理者。酒店可采用专家进店培训或外派进修等方式，重点培训他们的计划和决策能力、创新精神、全球视野、知人善任能力、协调控制能力，以及向高层普及财务运算能力。

2. 员工培训程序

酒店员工培训工作是一项系统工程，其基本程序包括四个步骤：确定培训需求、制定培训计划、实施培训方案与评估培训效果。有效的培训流程可以使员工培训工作做到步步有章可循，有助于保障培训的质量。

（1）确定培训需求。确定培训需求既是酒店培训工作的开始，又是衡量培训工作效果的主要依据。有效的酒店培训，必须针对培训的实际需要对症下药。首先，酒店培训需求主要取决于员工工作表现的不足程度，即取决于员工的实际表现与酒店对员工的工作要求之间的差距。这种差距的存在，决定了酒店有必要对员工进行有关培训。其次，由于酒店经营环境的变化，导致员工缺乏相应的技能而产生培训需求。再次，由于酒店工作的需要而产生培训的需要。最后，由于酒店员工的流动而产生培训需求。除上述情况外，酒店的培训需求有时还来自主管部门对酒店的培训要求。

酒店在分析和判断培训需求时，主要有以下方法可供选择。

① 任务分析。任务分析是指对工作做详细的研究后确定必需的任职资格，以明确员工达到理想工作绩效所必需的知识与技能，以便实施适当的培训计划。任务分析适用于明确新员工的培训需求。任务分析以工作分析为基础，若酒店已有现成的工作分析文档，可直接使用相关文件作为培训需求分析的主要依据。

② 绩效分析。绩效分析是指对在岗员工的工作绩效进行深入的分析，其目的在于找出实际的工作绩效与要求的工作绩效之间的差距，以便通过有效培训提高员工绩效。酒店培训部门可从工作态度、工作行为、工作成果三个方面，结合员工工作岗位的知识与能力要求，全方位地对员工的工作表现进行系统评估，以找出员工在工作表现上的欠缺之处，并据此确定培训需求与选择培训项目。

③ 会议分析。为了体现酒店管理层对培训工作的重视，可把员工培训需求列为酒店定期会议的常规议题，并由员工代表参加培训工作需求的讨论。通过收集有关员工培训的要求与意见，确定酒店员工培训的需求。也可由酒店培训部门准备些问题，根据培训的需要，组织安排一批员工代表通过座谈的方式，来提出培训中出现的问题，往往会获得更佳的效果。

④ 资料分析。资料分析是指利用酒店现有的关于组织发展、工作分析、人事档案等的培训需求。通过对酒店的发展纲要、人力资源数据库、员工工作日志等资料的审阅，把各种有必要进行解决的问题进行归类，确定各个层次员工的培训需求。这要求资料分析人员不仅要熟悉培训需求。而且必须具备很高的分析能力，能从文件中发现员工的培训方向。

⑤ 现场观察。酒店培训部门的工作人员深入酒店业务第一线，对日常经营问题及服务操作情况进行一段时间的现场考察，以寻找不足之处，发现需要解决的问题，从而确定培训需求。需要观察的行为包括动作熟练度、动作的准确性、工作产量、工作质量、设备

操作水平等。在观察过程中，观察者应作详细的记录。这种方法比较适用于酒店操作层员工的培训需求分析。

⑥ 问卷调查。问卷调查是指运用专门设计的问卷向酒店员工或有关人员调查培训需求。一般由酒店培训部门准备一份征询意见的问卷，根据一定的标准，选定员工代表，并分发问卷由他们作答。问卷设计的常见内容包括培训内容、培训课程、培训方法、培训要求与建议等。培训部门根据对调查问卷的统计分析，从而发现有待解决的问题与确定培训需求。

（2）制定培训计划。无论对个人还是组织，做事有计划都是成功的重要条件，酒店培训工作也不例外，酒店培训的顺利开展离不开培训计划体系的指导。制定酒店培训计划，是培训管理过程的重要环节，是实施培训的开端。有效的酒店培训计划体系必须达到以下“三有”的要求。

① 培训工作有计划。为了制定可操作性的培训计划，酒店培训工作人员需要明确培训计划制定的依据与准则，并结合酒店实际情况，制定培训总体规划及分步实施举措。

② 培训计划的依据。酒店培训计划制定的依据主要包括三个方面：

一是酒店主管部的要求。为了加强酒店行业的规范化管理，酒店主管部门制定了许多行业标准和要求，这些标准及要求可以作为培训计划制定的依据。

二是酒店持续发展的要求。酒店要实现持续发展，从经营战略、文化理念、规章制度到队伍素质等方面都需要通过有效培训落实到所有员工身上，因此，员工培训计划是酒店发展计划的重要构成部分。

三是酒店员工发展的要求。酒店员工为做好本职工作，获得更好的发展机会，也期望酒店能有计划地开展培训工作。因此，酒店需要根据员工的职业生涯发展规划，为员工制定相应的培训计划。

③ 培训计划的原则。培训计划的制定是针对培训目标和各项培训活动的安排过程，必须遵循一定的原则。培训计划制定的原则包括以下方面。

一是系统性。系统性是指在制定培训计划时要求使用系统思考的方法。一般来说，系统性要求包括标准性、可靠性与全面性等具体要求。

二是标准性。标准性的培训设计必须基于正式的规则，培训设计过程的所有决定都必须遵循这些规则。培训设计过程的主要决定包括：培训什么？何时培训？谁是培训对象？采用什么培训方法？运用什么评估标准？需要达到什么效果？对既定规则的坚持是达成标准性的关键。如果培训计划制定主要依靠个人的经验或能力，那么培训计划就会受到个人主观因素的影响。

三是可靠性。培训计划的制定需要可靠的资料作为基本依据。为了制定有效的培训计划，必须收集相关的数据与信息，选择合适的评估标准。为此，必须努力保证主要数据、信息与标准的可靠性。

四是全面性。酒店培训包括具有连续性与关联性的多项培训任务，任何一项任务的成败都可能影响培训的最终效果。酒店培训工作者忽视其中的培训任务，忽视培训任务之间的时序关系与因果关系，都可能导致员工培训的不到位。因此，在培训计划制定的过程中，应全面考虑可能出现的培训问题与需要完成的培训任务。

五是针对性。针对性是指在制定培训计划时必须适应不同的培训需求、工作任务与培训对象。首先，要符合不同的培训目的、培训类型与培训内容的要求；其次，要符合特定工作岗位与工作任务的要求；最后，要权衡考虑不同培训对象的素质差异、兴趣爱好与个性化需要。

六是有效性。有效性是指培训计划要体现与酒店经营管理实践的紧密联系，要体现对员工工作效率与工作效益的积极影响，要经受员工工作实践的检验，要获得非常有价值的实践效果。

④ 培训计划的层次。培训工作须成体系，能围绕培训总体计划，结合员工需求、工作分析与绩效评估，对员工知识、能力、态度与潜能开发中存在的问题，深入展开、层层推进，并提出具体、可操作的培训举措。

一是培训总体计划。酒店培训总体计划是指根据酒店的发展战略、人力资源战略与员工开发战略，对酒店一定期限内的培训进行系统规划，并提出具体实施方案。在每个年度，都必须对酒店培训总体计划进行修正调整，调整后自然以年度培训计划来看待。修正依据包括年度培训策略检讨与工作总结、年度人力资源新要求、培训工作实践基础等。

二是年度培训计划。酒店年度培训计划一般根据培训总体计划的需求，由酒店主管培训的高层领导牵头、人力资源部(培训部)主导、其他所有部门参与制定。年度培训计划的具体内容包括项目运作计划、资源管理计划、年度预算、机制建设等，并由此保证培训目标的实现。它回答的是酒店培训做什么、怎么做、需要多少资源、会得到什么收益等基本问题。

年度培训计划由人力资源部(培训部)担负主要责任。其中，项目运作计划中的项目组合必须根据年度需求调查来进行调整。它的制定过程非常关键，必须考虑组织及员工两方面的要求，既要满足酒店的投资效益需求，又要满足酒店内部员工的职业生涯发展需求；既要考虑酒店资源条件与员工素质基础，又要考虑人才培养的超前性及培训效果的不确定性。

三是项目计划。项目计划是指根据酒店年度培训计划，在全面、客观地分析培训需求的基础上，对培训目标、培训时间、培训地点、培训教师、培训对象、培训方式和培训内容等方面的系统设计，同时，也回答资金预算、操作流程、注意事项等基本问题。这将在本节“培训项目有方案”部分具体阐述。

四是教学计划。教学计划是指为了保证培训项目计划的顺利实施，酒店对相关培训课程开发的过程进行管理，包括调研、定位、大纲讨论、讲义编写、教材制作、辅导材料编制、试卷设计等。此项计划一般由执行经理与责任讲师共同完成，培训部门提供专业支持。在单体酒店培训中，教材以引进为主，很少编制自己的教材。但对于知名酒店集团来说，就有必要以集团为单位，制定教材编制计划与打造培训师资团队。

(3) 实施培训方案。酒店培训由一个个具体的培训项目构成。培训项目有方案是指每次培训都要有相应的项目培训计划与实施方案，具体包含以下内容。

一是确定培训目标。在培训需求分析的基础上，结合酒店各岗位的任职资格，以及不同员工的职业生涯发展轨迹对能力素质的要求，确定相应的培训目标。以员工职业生涯发展过程为例，一般包括上岗培训、在岗培训、转岗培训和晋升培训。在每个阶段，酒店都应着眼于员工长远的发展，明确员工的培训目标。上岗培训的主要目标是让员工融入酒店环境，明确岗位职、责、权等，以保证员工适应工作的基本要求；在岗培训的目标是解决问题、提高绩效；转岗培训主要是适应工作变化，明确新职务所需要的各项知识和技能；晋升培训的重心则是提升工作能力，以胜任更高层次岗位的要求。培训目标的描述要尽量做到具体、可操作。

二是确定培训对象。由于培训资源的有限性和员工知识结构与能力结构的差异，酒店的任何培训都应围绕特定对象展开。确定培训对象要从酒店、员工双方需求出发，合理选择，使双方经过培训后收到实际的效果。例如，为了储备管理人才与提高拟晋升员工的胜任力，杭州最佳西方梅苑宾馆设立了适合各层管理人员的培训体系：采用定期培训班的方式，设立一定的入选条件，符合条件的员工可自愿报名，各部门也可推荐员工参加，培训名单须通过总经理办公会的审核；培训的主要内容是管理基础知识，包括管理手册、质量手册、安全手册等内容，培训后通过考核的发放相关证书，持有合格证书方可获得晋升资格；培训形式是集中报课，或送出去单独参加培训。送出去的培训包括送至同行酒店进行在岗培训和送至专门的培训机构进行培训。

三是确定培训内容。培训内容与培训对象是相辅相成的，有什么样的培训对象，就应该有什么样的培训内容；有什么样的培训内容，就应该选择什么样的培训对象。选择合适的培训内容，是提高和保证培训效果的重要因素。

四是确定培训方法。培训方法将直接影响受训者对培训内容的接受程度，酒店必须选择与培训项目相匹配的培训方法。明确培训方法，如是外派培训还是内部培训，是课堂讲授还是专题研讨，这样也有利于受训者做好充分准备。

五是确定培训讲师。酒店需要根据培训内容、培训对象与培训方法等确定培训讲师的选择标准，并与之约定培训事宜。为防止培训讲师特别是外聘培训讲师因突发事件而不能参加，可根据标准选择其他培训讲师以备用。提前确定培训讲师，有利于其准备培训内容，从而取得较好的培训效果。

培训师资主要有以下几类。其一是卓越型培训师。既有丰富的理论知识，又有丰富的实践经验，既能掌握各种培训技能，又有个人魅力。其二是专业型培训师。有理论功底和实践经验，也掌握培训技能，但缺乏个人魅力。其三是技巧型培训师。富有个人魅力，也掌握培训技巧，但理论与实践功底不够。其四是肤浅型培训师。掌握有培训技能，但缺乏个人魅力和功底。酒店要根据培训层次和要求选择合适的培训师资。

六是确定考核方式。制定具体培训项目的考核方式，为保证与验证培训效果，应根据酒店培训考核制度制定奖惩措施。决定采取哪些考核的指标、各种指标的权重以及相应的奖惩。

七是确定培训时间。培训时间的确定必须结合酒店的运营情况与学员的情况。为了使培训安排更具可行性，可以就培训时间进行一次问卷调查。培训时间一般适合安排在酒店经营的淡季，最重要的环节是确定培训的时间段，即何时开始与何时结束。

八是确定培训地点。培训地点会影响培训效果。因此，培训地点应保持干净整齐、宽敞明亮、安静舒适。酒店一般可以将会议室作为培训地点，并根据培训内容来布置培训场所。

九是确定经费预算。经费预算是指估计培训项目实施所需费用的总和。通过估算每项培训活动所需器材与设备的成本，教材教具费用、培训讲师费用、外出活动费用等，可以得出该培训项目的总费用。

十是确定控制措施。酒店需要采用签到、随机点名、流动检查等控制方式，保证培训计划的执行进度与实施效果。培训过程实际上是酒店培养员工良好的思想、意志、作风、习惯的过程，所以必须高标准、严要求，切忌组织松散、流于形式，要努力做到不达要求不放行、考核不合格不上岗。

除上述内容外，还应确定培训项目的具体负责人、培训教材、培训设备、后勤保障等相关内容。

（4）评估培训效果

培训效果可从以下五方面进行评估。

① 认知成果。可用来衡量受训者对培训项目中强调的原理、事实、技术、程序或过程的熟悉程度。认知成果用于衡量受训者从培训中学到了什么，一般应用笔试来评估认知成果。

② 技能成果。用来评估技术或运动技能，以及行为方式的水平，它包括技能的获得与学习及技能在工作中的应用两个方面。

③ 情感成果。包括态度和动机在内的成果。

④ 绩效成果。用来决策公司为培训计划所支付的费用。

⑤ 投资回报率。指培训的货币收益和培训成本的比较。培训成本包括直接和间接成本，收益指公司从培训计划中获得的价值。

## 第二节　酒店员工薪酬与绩效考核

### 一、酒店员工薪酬管理

薪酬管理是酒店吸引人才、留住人才与发挥人才价值的关键手段。当前，酒店行业的员工流动出现优秀人才向其他行业转移的趋势。这一方面说明酒店员工的素质比较高，引起其他行业的关注；另一方面也表明在一定程度上酒店行业的薪酬水平不具备相对竞争优势。因此，酒店经营管理者必须在理解薪酬的构成与功能的基础上，明确薪酬管理的原则。

**（一）薪酬的构成**

不同的利益相关者对薪酬有不同的理解。从员工角度看，薪酬是自己的劳动所得，是交换的结果，而且员工总是期望自己的付出能得到最大的补偿；从企业角度看，薪酬意味着成本，企业家关心投入员上身上的成本是否发挥了最大的效用；从社会角度看，全体社会成员的薪酬水平决定社会整体的消费水平。与“薪酬”相对应的英文单词是“compensation”，其释义是“补偿、报酬”。薪酬管理专家米尔利维奇(Mikovich)将薪酬定义为：雇员作为雇佣关系中的一方所得到的各种货币收入，以及各种具体的服务和福利之和。薪酬有狭义与广义之分。狭义的薪酬是指员工因为企业所做的贡献而得到的货币形式或非货币形式的补偿，如工资、奖金、津贴、福利待遇等；广义的薪酬是指员工因为企业工作而获得的所有其认为有价值的东西。薪酬反映员工与组织之间公平的交易关系或交换关系。

组织是劳务的买方，员工是劳务的卖方，薪酬就是员工劳务的价格表现。

根据薪酬对于员工产生的内部或外部性影响，将薪酬划分为内在薪酬(inrinsic compensation)和外在薪酬(extrinsic compensation)。内在薪酬是指由于员工努力工作而得到晋升、表扬或受到重视等，从而产生的工作满足感、荣誉感、成就感或责任感。内在薪酬具体包括员工参与决策的权力、较大的工作责任、较多的职权、较大的工作自由度、较有兴趣的工作、个人的成长机会、同事的认可及工作任务的多元化等。外在薪酬是指员工因工作关系而获得的各种形式的收入，包括货币薪酬与非货币薪酬两类。其中，货币薪酬包括基本工资、加班及假日津贴、奖金、股权等；非货币性薪酬包括保健计划、保险、带薪休假、舒适的办公室、专用的停车位等。

根据员工获得的薪酬是否可以用金钱来衡量，将薪酬划分为非经济性薪酬和经济性薪酬。

1. 非经济性薪酬

非经济性薪酬是指员工对企业及对工作本身所形成的心理感受，通常不能用金钱来衡量。非经济性薪酬主要由工作本身、工作环境和组织特征三个因素产生。

工作本身的特征包括工作的趣味性、挑战性，在工作中所取得的成就感，在工作中获得发挥个人才干的平台，在工作中获得成长和发展的机会等；工作环境是指同事之间友好和睦的组织的文化氛围与组织的发展前景等；组织特征是指组织在产业中的地位、组织文化氛围与组织发展前景等。

酒店非经济性薪酬主要包括职务回报和精神回报两方面。令人压抑、窒息或危及身心健康的工作是纯付出，必须有丰足的物质报酬：令人兴奋、快乐或充分发挥个人特长的工作是一种享受，本身也是回报。一些成功的企业家认为“工作的报酬就是工作本身”，这深刻地道出了有效的职务回报可以产生极大的激励效果。人的最高层次需要就是自我实现需要，通过职业培训、工作扩展与职务轮换，可以帮助员工提升工作能力，拓展职业生活，获得职务晋升，取得工作成就，实现个人价值。

精神回报能够增强员工的归属感与凝聚力。员工一般不会直接表达对精神回报的不满，而往往会强调物质回报的不足。一般而言，精神回报主要有以下四种方式，即荣誉奖励、表扬认可、经验推广、先进命名。从人的需求来讲，人人都有争取肯定、荣誉的需要。酒店应及时对有突出贡献的员工赋予各种荣誉称号，如“微笑天使”“服务之星”“节能大王”“技术能手”“创新明星”等。对于绩效优异者，酒店可用“荣誉员工”的名义，邀请员工及其家人免费入住酒店的豪华客房，让员工享受自己与同事创造的劳动成果。这不仅是一种奖励，而且让他们转换成客人的角色，对其从事的工作也会感受更深。此外，对于团队的荣誉奖励也必不可少，如先进班组，以鼓励酒店内部的团队精神。在荣誉评定上，酒店切忌满天撒网、过滥过虚、流于形式，而要严格按照绩效考评结果进行评定，使荣誉名副其实，以达到最佳的精神回报效果。

2. 经济性薪酬

经济性薪酬是指员工因工作关系所获得的、可以直接或间接用金钱衡量的报酬。经济性薪酬又可以分为间接薪酬与直接薪酬。间接薪酬主要包括福利与股权两部分，间接薪酬一般采用非现金、延期支付的形式。直接薪酬主要包括工资、奖金、津贴，一般以现金支付。

### （二）薪酬的功能

酒店属于劳动密集型行业，员工薪酬是酒店成本的重要部分。薪酬水平代表了员工在酒店中受重视程度。根据薪酬的多少，员工可以推测其在酒店的价值与地位，所以薪酬体系是影响员工工作态度和行为的重要方面。

1. 薪酬对员工的作用

薪酬对于酒店员工的作用主要体现在保障、激励和凝聚功能等方面。

（1）保障作用。薪酬的保障作用是通过工资体系来体现的。劳动是员工脑力和体力的支出。酒店只有给予足够的补偿，才能不断促使其产生努力工作的动力。员工的劳动收入要用于购买各种必要的生活资料以维持劳动力的正常再生产。随着酒店技术结构和产品服务的不断变化，员工必须不断更新知识结构，以增加对酒店技术、产品和服务结构变化的适应性。所以，酒店员工的工资收入理所应当地也包括支付部分学习、培训、进修等方面的费用。此外，酒店员工一定的生活享乐支出也包括在其工资收入之内，同样属于维持劳动力再生产的范围。总之，员工所获的薪酬数额至少能够保证员工及其家庭生活的基本需要，否则会影响员工的基本生活，影响社会劳动力的生产和再生产。薪酬的保障作用有助于员工获得工作的安全感，发挥工作积极性。

（2）激励作用。经济性薪酬对于员工的激励作用不容忽视，满足了员工的需要，体现了员工的价值。在所有的激励因素中，金钱的激励作用位于前列。同样，在酒店人才竞争十分激烈的今天，薪酬因素是导致人才流失的重要方面，完善的薪酬体系（如效益工资、奖励制度等）可以吸引优秀的员工，降低员工的流失率，促使员工努力工作，促使员工更具有互助性、合作性（如团体奖）。薪酬不仅使员工获得基本的生活保障，而且获得自身价值的体现以及生活的乐趣，所以如何长期激励员工应该成为薪酬管理的主要目标。

（3）凝聚作用。有效的薪酬体系可以增强酒店的凝聚力与吸引力，增强员工对酒店的归属感与忠诚度，留住员工、用好员工。福利是酒店关心员工、表现社会责任感的重要方面。股权对员工具有长期激励作用与凝聚功能。通过提供各种福利与保险待遇，可以使员工对酒店有一种信任感和归属感，形成良好的组织气氛。员工有时会把福利折算成收入，用以比较酒店是否具有物质吸引力。福利对酒店是一笔较大的支出，有时占工资总额的30%以上。对于“一刀切”的传统福利体系，员工并不是很领情，因此应采取菜单式的福利体系，即根据员工的特点和具体需求，列出一些福利项目，并规定一定的福利总值，让员工自由选择、各取所需。这往往能产生更好的激励与凝聚员工的效果。

2. 薪酬对酒店的作用

薪酬是能够为酒店和投资者带来预期收益的成本支出。酒店或投资者从事生产经营活动，必须雇用员工，薪酬就是用来购买劳动力所支付的特定成本。薪酬的投入可以为投资者带来大于成本的预期收益，这是酒店雇佣员工、对劳动力要素进行投资的原因所在。因此，薪酬投入对于酒店具有保值增值、营造良好组织氛围、构建竞争优势、使个人目标与组织目标达成一致的作用。

3. 薪酬对社会的作用

薪酬对社会具有劳动力资源的再配置作用。薪酬作为劳动力价格信号，可调节劳动力的供求和流向。当某一地区、部门、职业及工种的劳动力供不应求时，薪酬水平就会上升，从而促使劳动力从其他地区、部门、职业及工种向紧缺的领域流动，使流入领域的劳动供给增加，逐步趋向供求平衡。因此，薪酬调节能实现劳动力资源的优化配置。另外，薪酬也调节着人们对职业和工种的评价，调节着人们择业的愿望和倾向。

### （三）薪酬管理的原则

酒店的薪酬管理必须具有系统性，以成为一个有机的整体。一般来说，酒店薪酬的设计与管理需要遵循以下原则。

1. 竞争原则

竞争原则是指酒店的薪酬政策对人才要有吸引力。酒店薪酬政策的吸引力，一方面源于薪酬的绝对值，另一方面源于薪酬结构及分配办法。所以，酒店的薪酬设计与管理，必须遵循市场经济的供求规律，重视市场调查，根据人才市场的供求状况及同行业的薪酬水平，合理确定本酒店的薪酬标准和分配办法，以增强市场的适应性与竞争力，以吸引与留住优秀人才。

2. 公平原则

员工对薪酬的满意度，不仅取决于薪酬的绝对值，还取决于薪酬的相对值。在薪酬管理上，酒店一是要保证外部公平性。这主要是指酒店必须确保员工的薪酬达到同一地区的同类酒店类似职务的薪酬水平。如果酒店不能保证这种公平，就难以吸引和留住足够数量的优秀员工。二是要保证内部公平性。从酒店内部来说，员工对薪酬的满意度主要取决于其付出和得到与其他同类员工之间的比较，也包括不同岗位之间的比较，如总台服务与客房服务岗位之间工资等级的差异。为了体现公平合理与多劳多得的要求，酒店的薪酬政策必须兼顾以下方面：要有统一规范的薪酬分配依据；要给员工创造公平竞争的条件；要建立科学的工作评价制度，在工作岗位的复杂性、难易度、责任要求、知识和能力要求等方面进行最优化评估的基础上，建立相应的工资等级，要构建公正的绩效考评制度，在绩效考评的基础上，确定相应的薪酬分配体系；要增强薪酬分配的民主性与透明性，避免暗箱操作。

3. 激励原则

激励原则是指酒店的薪酬政策与制度应对员工的工作行为产生积极的引导和推动作用。员工必然要追求满意的收入和待遇。薪酬管理必须能充分调动员工的工作积极性，提高劳动生产率，促进组织长期发展。为此，酒店的薪酬管理要有利于增强员工的责任心和团队合作精神；要有利于激励员工刻苦钻研技术，不断提高业务水平；要有利于激发员工提高工作质量，提高组织经济效益。

4. 经济原则

经济原则是指薪酬制度的设计和管理作为一种投资决策，必须注意投入的可行性和效益性。作为一个独立的经济实体，酒店必然要追求经济效益目标。因此，酒店要注意控制薪酬总额，要关注薪酬支出在营业收入中的比重这一指标，保证人力成本的增长与营业收入的增长相匹配。

5. 合法原则

合法原则是指酒店薪酬政策与制度必须符合《中华人民共和国劳动法》《中华人民共和国劳动合同法》以及其他与之相关的行政法规的要求。酒店必须保障所有员工的合法权益，按照法律、法规的规定，支付薪酬总额、福利费用与工会费用，落实最低工资规定、必需福利项目、法定休假日制度与妇女特殊权益。

6. 沟通原则

酒店应提高薪酬管理的透明度，及时、准确地为员工提供绩效考评结果与薪酬分配信息，耐心、合理、充分地解释薪酬管理依据。除了介绍本酒店的薪酬管理制度，管理人员还要尽可能介绍类似酒店的薪酬管理制度。酒店要与员工进行薪酬设计方案的沟通，让员工明白酒店如何回报他们的工作绩效，并且向他们传达这样一个信息：高薪酬的员工必然存在过人之处，低薪酬的员工则存在不足之处。每个员工只要努力工作，取得卓越绩效，相应的回报自然会接踵而来。

**（四）酒店薪酬设计与管理**

薪酬设计与管理的主要内容包括薪酬水平、薪酬结构、薪酬制度、薪酬支付与薪酬调整等。薪酬水平在影响酒店劳动力成本的同时，也会对酒店吸纳、保留、激励员工产生重大影响。薪酬结构在一定程度上反映了酒店的组织设计与业务流程，反映了员工的相对价值。薪酬制度的科学性显著影响酒店的经营效益。薪酬的支付和调整要与酒店和员工的绩效相匹配。

1. 薪酬水平

薪酬水平是指酒店各岗位、各部门及整个组织的平均薪酬水平。薪酬水平通常反映了酒店薪酬策略的外部竞争性。酒店薪酬水平的高低，反映了这家酒店在劳动力市场上获取劳动力能力的大小。为了对薪酬水平做出科学的决策，酒店必须进行详尽的市场调查。

（1）薪酬调查。酒店在进行薪酬水平决策之前，需要先对行业的平均薪酬水平有充分的了解。根据对手的薪酬水平的系统调查，建立具有外部竞争性的薪酬水平。薪酬调查是指企业对竞争酒店薪酬调查的主要目的包括：了解竞争对手的薪酬状况，调整自身的薪酬水平；推断竞争对手的劳动力成本；构建或评价薪酬结构；剖析竞争对手的人力资源问题等。在掌握竞争对手薪酬水平和薪酬结构的情况下，酒店就可以制定出对自身有利的薪酬政策。

一是调查对象。在进行薪酬调查之前，酒店首先要明确调查对象，即应该调查哪些酒店或者具有参考价值的其他企业以及当中的哪些职位。薪酬调查的对象应包括酒店在劳动力市场和产品市场上的关键竞争对手。竞争对手主要包括提供类似产品和服务的其他酒店。薪酬调查通常是针对一组职位样本展开的。因此，在选择被调查的职位时，要确保这些职位在职责层次、职能领域以及所处的产品与服务市场等方面都具有一定的代表性，同时又要保证这些职位在不同的企业中，其工作内容是相近的。针对某一具体的职位，酒店需要调查相关企业的基本薪酬及其结构、奖金分配方案、津贴以及福利政策等方面的内容。因为薪酬信息的排他性，所以薪酬调查通常会比较困难。一般而言，管理者和决策者的薪酬信息容易获得，而对技术要求更高一些的职位，要获得有价值的信息存在一定的难度。

二是调查方式。薪酬调查的方式有很多，如电话调查、问卷调查、人员访谈等形式。酒店必须结合实际情况，考虑究竟是自己进行调查还是委托中介机构进行调查。无论采用何种方式，调查人员必须先设计一套系统的、有效的调查提纲，以便能收集到真实可靠的信息。此外，要选择合适的地点、合适的时机、合适的对象进行调查，以提高调查的效果。

三是统计分析。酒店薪酬调查的目的是为知悉市场的平均薪酬水平，并且做出合理的薪酬水平决策。在获得相关调查数据之后，调查人员需要依靠数理统计方法对数据进行加工，使之成为有参考价值的信息。在进行统计分析时，调查人员可根据实际情况与调查目的，选择相应的方法，如集中趋势分析、频度分析、离散分析以及回归分析等。其中，集中趋势分析包括简单平均法、加权平均法与中位数法。简单平均法是将调查中获得的几家企业的薪酬相加，除以参与调查的企业的数目即可获得某个职位的平均薪酬水平。但是这种方法没有考虑不同企业在相同职位员工人数上的差异。加权平均法是根据企业在某个职位上员工人数的多少赋予不同的权重，各自企业的薪酬水平乘以权重之后求和即可得加权总和，再除以参与调查的企业的总数计算出平均薪酬水平。通常这种分析方法得到的结果最接近市场的真实水平。中位数法则要求将获得的数据进行降幂或升幂排列，处于数列中间的那个值表示市场的平均薪酬水平。

四是调查报告。在完成薪酬调查的统计分析之后，调查人员需要结合酒店的要求，撰写薪酬调查报告。在实践中，酒店基层员工的低薪酬现象普遍存在，相当部分的酒店业主倾向于减少人力资本投资，使得酒店工作对高素质人才的吸引力在逐步下降，旅游与酒店管理专业毕业生改行的现象也比较严重，其中的一种解释是酒店基层工作的低技术含量与强可替代性。但这种解释具有很大的片面性，因为酒店业是以高接触劳务服务为主要产品、高度依赖于顾客主观体验的服务性产业，基层员工在长期的“一对一”服务过程中累积的服务经验、操作技能与顾客导向理念等隐性知识，对酒店服务品质提升与顾客忠诚度培养具有直接、深远的影响。因此，酒店经营者在发现业界普遍的薪酬现象后，必须系统剖析其中的深层原因并采取有效的薪酬管理举措，而不能简单地随行就市。酒店薪酬调查报告要有针对性，要紧扣薪酬调查的目的和主题，为酒店制定科学、合理与具有竞争力的薪酬水平提供充分的依据。

（2）薪酬水平决策。薪酬水平决策对于酒店的经营和发展具有深远影响。具体而言，可从以下方面探讨薪酬水平决策对于酒店的影响。

① 控制人力成本。员工的薪酬成本在酒店的总成本中占有很大比例。薪酬水平的高低直接影响酒店的人力成本，但劳动力成本上升，也会有利于吸引人才，使酒店在劳动力市场拥有更高的竞争力。在薪酬水平决策中，对“度”的把握非常重要。招募到合适的员工，但没有给予适当的报酬，会导致员工离职率上升。

② 激发员工动力。如果劳动者的收入水平不高，会对其工作积极性产生显著影响。经济收入没有达到一定程度，薪酬水平就会影响劳动者的满意度，而员工满意度又会导致酒店薪酬水平过低，就难以激励员工高效工作，从而会直接影响员工对于酒店的忠诚度。大多数员工努力工作的主要动力是为了获得高报酬或维持高报酬，如果酒店的薪酬水平设计合理，薪酬制度能保证高绩效员工获得高报酬，则必然会激励员工提高工作效率。

③ 树立酒店形象。薪酬水平决策反映了酒店在特定劳动力市场上的定位，同时也说明了酒店对于薪酬政策以及人力资源管理的态度。较高的薪酬水平往往说明了酒店具有良好的资金实力，以及把员工放在较为重要的位置。如果一家酒店有支付较高薪酬的能力，其薪酬水平更具外部竞争力，就会在劳动力市场树立良好的形象，增强员工的归属感与自豪感，而且员工也会把这种感觉传递到酒店服务过程中，从而提升酒店服务质量与整体形象。

2. 薪酬水平决策的影响因素

酒店选择何种薪酬水平受到酒店的规模、投资回报率、薪酬成本在总成本中的比例、竞争者的多少与强弱、相关法律与法规、酒店所在地的物价指数、人力资源市场的供求状况等因素的影响。酒店要明确何种薪酬策略对自己最有效，就必须了解对薪酬水平决策产生影响的众多因素。以下将重点阐述产品市场竞争态势、劳动力市场竞争状况、酒店组织特征等方面对酒店薪酬水平决策的影响。

（1）产品市场竞争态势。在激烈的市场竞争中，酒店要想获得理想的经营效益，不仅必须保证产品与服务能获得顾客的青睐，而且需要确保产品及服务的销量与价格能够补偿酒店为此而支出的成本。尽管酒店可以通过提高服务质量等途径与其他酒店展开竞争，但价格竞争依旧占据了非常重要的地位。成本是影响价格的一个重要因素。酒店的劳动力成本上升势必会影响产品与服务的生产成本，成本的上升又促使酒店提价以获得盈利。如果相互竞争的酒店所提供的产品与服务富有价格弹性，价格的变化就会对销售量产生显著影响。因此，劳动力成本对酒店在竞争中获取成功产生了很大的影响。一味追求员工的高薪酬只会造成酒店总成本不断提升，由此引发产品和服务的价格上升，而使酒店失去顾客。

（2）劳动力市场竞争状况。在劳动力市场中，企业必须与那些与本企业类似的其他企业进行竞争，并付出代价。酒店经理需要明确在劳动力市场上的竞争不仅包括酒店与其他酒店的竞争，还包括酒店与隶属其他行业、对员工需求一致的其他企业的竞争。劳动力价格由劳动力市场的供求关系决定，当劳动力市场的供给不变时，企业就必须制定政策以吸引足够的、高质量的人员。薪酬策略便是其中有效率、较直接的措施。较高的薪酬水平可增加酒店对外部人才的吸引力。在劳动力供给不足时，高薪酬策略显得更为重要。酒店在劳动力市场竞争中占领了先机，掌握了战略性的人力资源，就有了获得成功的筹码。因此，劳动力市场竞争状况对酒店的劳动力成本以及薪酬水平设定了一个下限。

（3）酒店组织特征。酒店组织特征会对薪酬水平决策产生重要影响：

① 酒店经营状况。酒店经营的好坏直接对酒店的收入、利润等产生影响，酒店经营越成功，其薪酬支付能力就越强，员工的薪酬水平就越稳定，同时又有能力适当提高薪酬水平以吸引优秀人才与激励员工提高工作绩效。

② 酒店规模。一般而言，在其他因素不变的情况下，规模较大的酒店能支付较高的薪酬。首先，规模较大的酒店因员工流失造成的负面影响更大。尤其处于较高职位的人员，他们的流失会带走与酒店相关的重要资料及客户资源，因此，酒店规模越大往往会支付越高的薪酬，以降低经营风险。其次，对于规模较大的酒店，对员工的监督更难，监督成本更高，酒店也会选择稍高的薪酬水平以确保员工的工作质量。最后，规模较大的酒店倾向于与员工建立长期、稳定的雇佣关系，这就需要酒店制定较高的薪酬水平以留住员工。

③ 酒店文化。酒店文化对于薪酬水平的确定也会产生影响。如果酒店将员工看作组织的战略资源，谋求与员工建立长期的合作伙伴关系，就会制定较高的薪酬水平；若酒店只把员工看作一种生产要素，视员工为“成本”而不是“战略资源”，则不会制定高薪酬水平。

3. 薪酬水平策略的确定

合适的薪酬水平有利于酒店兼顾员工价值、企业价值、股东价值和社会价值。酒店薪酬水平策略大致可分为领先型、跟随型、滞后型、混合型四种。

（1）领先型薪酬策略是指酒店的薪酬水平高于市场的平均薪酬水平。选择这种薪酬水平的企业往往具有规模大、投资回报率高、薪酬成本在总成本中所占比例小、竞争者少等特征。企业投资回报率高，则无须担心经营过程中的资金周转问题。市场上提供相近产品和服务的竞争者较少，企业的产品和服务具有较小的需求价格弹性，薪酬成本上升引起的产品和服务价格上升对销售量的影响就不会很大。较高的薪酬水平除了可以激励员工以外，还可以弥补员工对工作环境、工作内容等方面的不满。例如，酒店前台工作人员的工作内容往往单调乏味，如果能给以较高的薪酬，他们在工作中就会减少抱怨并提高主动性。

（2）跟随型薪酬策略是指酒店的薪酬水平与市场平均薪酬水平相接近。这种薪酬策略的风险较小。因为与市场平均薪酬水平相接近，酒店不必担心因成本上升而引起的客房入住率降低、顾客流失等问题。酒店实施跟随型薪酬策略，员工的流动率一般不会增加，只是在吸引人才方面缺乏一定的竞争力。但这种策略具有一定的时滞性，只有在较多员工流失的情况出现后，酒店才会发现市场平均薪酬水平的变化。

（3）滞后型薪酬策略是指酒店的薪酬水平低于市场平均薪酬水平。滞后型薪酬策略虽然可以降低企业的成本支出，但却不利于吸引高质量的员工，同时企业内部员工的流失率也较高。实行这种薪酬策略的酒店可以分为两种类型：一种是没有能力支付较高薪酬的酒店。这类酒店往往规模小、产品和服务同质化严重、边际利润低。因为边际利润低，酒店的薪酬支付能力就会受到很大的限制。另外一种是有支付高薪酬的能力却没有支付意愿的酒店。虽然酒店不提供高薪酬，但却可以为员工提供良好的工作环境和工作氛围，为员工提供宝贵的培训机会等，或者酒店保证员工在未来能够获得可观的报酬。这同样可以减少员工的流动。总之，有支付高薪酬能力的酒店有“取长补短”的能力，可以利用除薪酬以外的其他因素来招募和激励员工。

（4）混合型薪酬策略是指酒店依据职位的不同或员工的不同制定不同的薪酬水平。实行这种策略，酒店可以依据不同职位对酒店贡献的不同将职位划分为核心职位和普通职位。在核心职位上工作的员工对酒店贡献大、价值高，因而实行领先型薪酬策略。对于在普通职位上工作的员工，则实行跟随型薪酬策略。

酒店之间的竞争相当激烈，要实行领先型薪酬策略必然要求酒店有高盈利能力，有强有力的财务支持。但从现实来看，大部分酒店并不具备实施领先型薪酬策略的意愿与能力。此外，由于酒店组织的特殊性，如组织结构层级多、岗位种类纷繁复杂、基层服务人员队伍庞大等，混合型薪酬策略更适合于大多数酒店。对于客房部、餐饮部的基层员工，可以实行跟随型薪酬策略。但对于酒店经营管理产生重大影响的职位，如营销经理、客房经理、高级主厨等，则可以实施领先型薪酬战略。

## 二、酒店员工绩效考评

绩效考评是指在一个绩效期结束时，酒店运用系统合理的考评标准与方法，对每个员工的工作态度、工作行为与工作结果进行客观、公正的评价的过程。酒店要建立有效的绩效考评体系，就必须明确考评的目的与要求，合理确定考评主体与考评周期，选择科学的考评标准与方法。

通过建立科学合理的绩效考评体系，对员工工作进行系统化的核查，分析酒店整体服务状况与经营状况，了解酒店的人才储备与使用状况，以决定如何加强人才培养和激发人才潜能，以进一步发挥人才的效率与效益。通过系统的绩效考评，酒店必须让员工明白，他们出色的工作会得到酒店的赏识和奖励。以下将从绩效考评目的与常见误区两个方面具体介绍绩效考评。

### （一）绩效考评的目的

1. 战略目的

绩效目标的设定犹如方向的确定，目标设置不合理，对员工的引导效果必然犹如南辕北辙。绩效考评应当为实现战略目标服务，必须与酒店战略要求相一致，应该使员工的注意力集中在能实现战略目标的关键因素上。所设定的绩效目标及指标能引导员工展现组织所期望的行为和结果，最终可以比较顺利地实现组织目标。因此，绩效考评的标准、目标与指标应该具有一定的弹性，以便于战略性调整。

2. 管理目的

绩效考评结果能够反映员工、部门与组织整体的绩效水平，成为酒店人事决策的基本依据。在考评过程中，主管人员必须力求以客观的态度来评价员工的能力。通过建立科学的考评制度，酒店人力资源管理部可以积累可靠的人事管理资料，为公平而合理地制定员工的晋级、调职、加薪、惩戒或辞退等一系列人事决策提供确切的事实依据。例如，在考评过程中，发现某个员工有某种才能，可以成为提拔或调动该员工的重要依据。若员工能力不够，绩效考评结果很差，则可能会被降职、解雇或使其从事更为简单的工作。同时，绩效考评可以检查管理人员的工作成效，以便找出工作中的薄弱环节，从而加强管理以达到部门的目标与要求；绩效考评还可以促使管理层更妥善地安排员工的工作，量才用人，从而改善部门的管理状况，使各项业务得以顺利开展。

合理的绩效考评体系对员工具有内在激励的功能，可以激发员工为达成此绩效目标而努力工作。绩效考评有利于员工认清自我，从而起到有效激励员工的作用。在此基础上，员工可以自觉地提升工作能力和工作绩效，以得到更高的报酬水平和更好的发展机会。绩效考评可以使员工客观而清楚地认识与了解自己的工作表现。绝大多数员工都愿意了解自己目前的工作成绩，也想知道自己如何才能工作得更好。员工因本人的良好表现而受到承认或奖励时，会感到振奋，从而激发员工的潜力，促使员工对本职工作产生更为浓厚的兴趣，有利于增进员工工作的积极性。

3. 开发目的

绩效考评的重要目的之一就是能为员工的职业发展提供有效指导。根据员工完成绩效目标的情况，可以识别员工的优势与弱点，为员工的培训与开发提供方向。绩效考评为酒店相关部门公开培训需求、制定培训计划提供了依据。员工绩效考评是平时工作表现的总结，也是酒店培训工作成效的反映。员工绩效考评能够发现员工需要提升的能力，尤其对于管理人员，可以发现他们在人际冲突管理、计划监督、预算能力等方面的欠缺，从而为培训与开发方案的设计和实施奠定基础。

### （二）绩效考评误区

由于人的认知局限性、信息不对称性与信息整理的复杂性等因素，大家往往采用直观判断或者一些简单的方法来对周边的人事物做出判断和评价。在绩效考评过程中，往往也会受到这些因素的影响，从而产生各种各样的绩效考评误区，影响绩效考评的公正性与准确性。以下将介绍实践中常见的绩效考评误区。

1. 晕轮效应

晕轮效应(halo effect)最早由美国著名心理学家爱德华·桑代克(Edward Thorndike)于20世纪20年代提出。爱德华·桑代克认为，人们对人的认知和判断往往只从局部出发，得出整体印象，即常常以片面的评价代替整体的评价。一个人如果被认定是好人，他就会被一种积极肯定的光环所笼罩，并被赋予一切好品质；如果一个人被认定是坏人，他就会被一种消极否定的光环所笼罩，并被认为具有各种坏品质。在绩效考评中，晕轮效应意味着考评者对员工的某绩效要素评价较高，就会导致其对该员工的其他绩效要素也评价较高；反之，如果对员工的某绩效要素评价较差，则会忽略全方位评价的原则，导致其对该员工的其他绩效要素也评价较差。因此，考评者应坚持要避免陷入晕轮效应的误区，不要一叶障目，不见泰山。

2. 首因效应

首因效应又称第一印象效应，是指人与人在第一次交往中会给对方留下深刻印象，并对其以后的认知产生长期影响的心理现象。因此，考评者对于员工的第一印象会给考评工作带来较大的影响，使考评结果难以正确反映员工的真实表现。在人际交往中，这种先入为主的偏差经常发生，但人总是在不断变化发展的，所以需要以历史、全面的观点去评价一个人。

3. 近因效应

近因效应是指人们最近获得的信息对总体印象的形成产生主要影响的心理现象。考评者在考核员工某段时间内的工作绩效时，常常只看重员工近期的工作表现，而忽视考核时间范围内相对较远时期的工作表现。这样自然就会造成绩效考评误差。例如，某员工在每年的前几个月工作表现不尽如人意，等到最后几个月才开始较为积极地投入工作，在年度考评中却能够得到较好的评价。

4. 投射效应

投射效应是指人们具有把自己的特性投射到他人身上的倾向，并从自身角度出发对评价他人进行认知的倾向。“以小人之心，度君子之腹”就是一种有代表性的投射效应。当他人的行为与自己不一样时，许多人习惯于用自己的标准去评价。这种效应更容易在认知者与被认知者具有某些相似重要特征(如专业、资历、性格、家庭背景等)的情况下发生。如果考评者推己及人，就会对与自己相似的员工做出较高的评价。因此，在绩效考评过程中，考评者要客观辩证地评价员工。

5. 偏见误差

当根据某人所在的团体知觉为基础判断某人时，这种行为会受到刻板印象的影响。进而这种刻板印象就会带来个人偏见。刻板印象是指对某人或某一类人产生的一种较为固定、类化的看法。偏见误差是指考评者由于受到某种偏见的影响而对员工做出不符合实际情况的评价。考评者可能因为对于员工的专业、年龄、性别、种族、资历、性格、气质或人际关系等存在某种偏见，而影响考评结果的公正性。

6. 从众心理

从众心理是指个人受到外界人群行为的影响，而在自己的知觉、判断、认识、行为上表现出符合公众舆论或与多数人保持一致的倾向。一般来说，成员的行为通常具有跟从群体的倾向。当某个成员发现自己的行为和意见与群体不一致时，或与群体中大多数人有分歧时，会感受到一种压力，这促使他趋向于与群体保持一致。

### 三、绩效考评要求

为了确保绩效考评体系发挥激励与约束员工的作用，应注意以下要求。

**（一）重目标**

作为绩效管理系统的关键子系统，绩效考评体系的首要任务就是将全体员工的行为和努力引导到组织目标的实现。因此，绩效考评要紧紧围绕期初制定的绩效目标。绩效考评体系是根据酒店的战略目标和近期目标制定的，绩效考评过程也是对员工的不断指导、监督、鞭策与激励的过程。总而言之，绩效考评要能够有效引导员工的行为，使每个员工的方向与酒店的发展方向保持一致。

**（二）重过程**

结果固然重要，但过程同样重要。改进和提升组织与员工的绩效水平是绩效管理的重要目的。所以，酒店管理者必须引导员工关注工作过程，重视过程中对员工的指导。绩效考评不仅仅指绩效期末的评价，还包括在绩效期间进行绩效观察、沟通与收集有关资料的过程。首先，绩效评价往往以一系列表格或报告来反映，但这些都不是空穴来风、无根浮萍，而是通过绩效期内不断的沟通与观察得到的各种信息的汇总。其次，管理者不应被表格与报告显示的结果蒙蔽眼睛，最重要的应该是如何分析、整合、运用有效的绩效信息，或是追本溯源，探究绩效优劣背后的原因。若管理者只停留在区分不同员工的绩效水平，就难怪员工只注重自己的绩效等级与薪酬待遇之间的关系了。最后，管理者要注重现场管理，但要避免将走动式管理搞成简单的突击检查，而应该是针对员工工作中遇到的问题与困难，提出建议与指导，帮助员工改进工作方法，提升工作能力，提高工作绩效。

**（三）重公平**

在绩效考评中，酒店要做到结果、过程、信息以及交往的公平性，即全方位的公平性。结果公平性，指员工对自己所得到的考评结果是否公平的评价。过程公平性，指员工对酒店绩效考评的程序与方法是否公平的评价。一般来说，员工主要依据考评制度的公开性、管理人员与员工的双向沟通程度、员工参与考评制度设计的程度，以及内部申诉程序等来评估酒店考评过程的公平性。信息公平性，指管理者在提供考评信息、解释考评管理决策过程与结果时，员工感知到的公平性。交往公平性，指员工对管理者在绩效考评过程中对待员工的态度和方式是否公平的评价。交往公平性评价的维度主要包括：①沟通。管理人员是否有效地向员工解释绩效考评政策以及做出相应考评结果的依据。②真诚。管理人员是否真心实意地坚持公平的绩效考评程序。③尊重。管理人员在绩效考评工作中，是否礼貌地对待员工，有无伤害员工的尊严和自尊心。因此，为了保证绩效考评的公平性，酒店要坚持以事实为依据，坚持客观的评价标准，努力减少或避免考评者主观意愿的影响，以真实地反映员工的绩效水平。

**（四）重建设**

酒店要努力体现“以评促建”的原则，以绩效考评促进酒店的制度建设、文化建设与团队建设，以绩效考评促进酒店的改革、创新与发展，以绩效考评促进组织绩效、部门绩效与个人绩效的提升。由于酒店规章制度多、要求严、标准高，尽管员工尽了最大的努力，有时还是难免会出现失误。所以，管理者应站在员工的角度，建设性地批评与指导员工，而不应高高在上地责备员工。在绩效考评和绩效改进的过程中，管理者应先扪心自问：是不是工作任务安排的方式有问题？是不是没有及时提供适当的帮助？应该给员工怎样的意见和建议，让他们真正有所裨益？如何促进酒店管理工作规范化？如何促进酒店团队建设？总之，酒店应通过绩效考评工作，健全酒店管理体系及各项规章制度，完善酒店绩效管理体系，建立全过程、全方位的绩效考评体系，创新绩效考评方式，有效加强和改进绩效考评工作，有效促进组织绩效与员工绩效的系统改进。

**（五）重“软件”**

绩效管理制度主要包括两方面内容：其一是各种制度、规程、标准与表格的制定，能够用有形的文件表现出来，即有形的一面；其二是绩效管理的思路与原则、考评人员对绩效管理的认识、考评技巧等，即无形的一面。前者可称为绩效管理的“硬件”，后者则可称为绩效管理的“软件”。很多酒店都制定了很完备的绩效管理制度，但在执行时则常常难以得到预期的效果。其缘由是“新瓶装旧酒”，新的考评方法、评价思想没有扎根到考评者的脑子里。所以，酒店在对“硬件”进行“精兵简政”的同时，还应非常重视“软件”的建设。酒店必须重视考评者的培训与开发工作，因为考评者能否正确认识绩效考评的目的和流程，对于最终效果有很大的影响。

**（六）重沟通**

管理者与员工之间的双向沟通应贯穿于绩效考评过程的始终。考评初期，双方应通过互动沟通确认绩效目标和考评方法；考评期间，双方应建立并保持畅通的沟通渠道，及时交流意见；考评结束后，双方要正式面谈，就考评过程、成绩、问题以及改进措施进行有效沟通。任何考评制度都不可能完美无缺，因此，员工对考评制度有意见也是很正常的。酒店要听取员工的反映，根据员工反馈进行及时修正。绩效考评过程为酒店管理层与员工提供了一次有效的直接沟通机会。酒店应促进人力资源部与各级主管对员工实际情况的深入了解，减少不必要的误会，营造融洽的工作氛围。

## 第三节　酒店员工的职业规划与发展机会

### 一、酒店员工的职业规划

员工职业规划管理是企业人力资源战略的重要组成部分，也是企业人力资源规划管理的重要工作内容。它的实质是“以人为本，员工第一”和“人力资本”理念在企业人力资源管理中的具体运用与落实。它是企业发展战略在人力资源管理上的体现。花旗银行员工职业发展的“十字路口”及其相对应的选择考核制度和培训、培养计划的制定与落实，都是企业职业规划管理的方法运用，对酒店企业也有启发作用。为此，本节研究介绍酒店企业员工职业规划管理的有关原理、方法和技术，希望引起酒店业界广大中高层管理人员，特别是总经理和人事管理部门的广泛重视。

### （一）酒店员工职业规划管理的重要作用

员工职业规划是从企业战略发展需要出发，对员工职业发展的奋斗目标、阶段划分及其时间、步骤和主要措施所作出的谋划或计划。它的本质是以员工现实工作岗位为起点，对其职业工作的进步、提高、晋升发展所做出的具体安排，使员工看到前途和希望，产生动力，提高士气；充分挖掘员工潜能，广泛调动员工主动性、积极性和首创精神，为酒店企业的战略发展和业务经营提供人力资源保障。因此，酒店企业的员工职业规划管理具有十分重要的作用。

1. 是为企业战略目标实现提供人力资源保障的重要措施

战略目标和业务发展总是以人力资源为保障的。企业制定了战略目标、战略方案和业务发展方案，同时也应制定相应的人力资源战略规划，为企业战略目标的实现提供人力资源保障。而员工职业规划就是这种人力资源战略规划的重要组成部分。企业推行员工职业规划管理，在员工现实工作的基础上，将企业的战略目标、业务发展和员工的工作进步、职业引导、职业和职务晋升与发展结合起来，形成以职业规划为中心的奋斗目标，就能够将企业的战略目标与业务发展同员工的个人奋斗目标结合起来，使员工看到前途和希望，产生动力和士气，吸引、留住和培养出适应企业战略目标和业务发展需要的各类人才。反之，如果没有员工职业规划管理，就容易造成员工的个人职业目标和企业的战略目标缺乏紧密的联系，雇佣思想严重、员工流动频繁，优秀而有发展潜力的员工招不进来或留不住。酒店企业管理只能在低水平上循环，从而使企业战略目标的实现和业务发展失去重要的人力资源，特别是优秀员工的支撑。所以，员工职业规划管理是为酒店企业战略目标实现和业务发展提供人力资源保障的重要措施。

2. 是企业做好人才队伍开发、激发员工潜力的有效手段

随着知识经济时代的到来，知识、技能和员工潜力发挥已成为企业发展能否成功的关键，而掌握、创造、运用知识及技能来创造优质产品和优良服务的恰恰是企业的广大员工。传统的企业产品和服务是“集成资源”的运用，未来的企业产品和服务是“集成知识”的运用。因此，企业应该更加注重员工知识、技能和潜能的全面开发与提高。酒店企业做好员工职业规划管理，使员工对自己的职业发展目标、奋斗方向、实现步骤作出计划安排，就可以激发员工的潜力，使他们更加自觉地学习职业发展所需要的知识、技能，企业又可以根据员工的实际进步与表现及能力，适时地将他们提升到企业管理所需要的新的岗位，从而发挥更大的作用。所以，员工职业规划管理是酒店企业做好人才队伍开发，激发员工潜力，不断提高员工知识、技术水平的有效手段，也是酒店企业管理不断发展与进步的客观要求。

3. 是企业吸引、留住和培养优秀人才，增强发展后劲的主要途径

在市场经济和市场竞争条件下，凡是能够不断发展、获得成功的企业都是能够吸引、留住和不断培养出优秀人才的企业。如果没有推行员工职业规划管理，员工只能看到眼前的工作，每天忙于自己的岗位事务，只关心眼前利益，而对自己的职业进步与发展没有奋斗目标和奋斗方向，那么就算部分员工有了自己的职业目标和奋斗方向，也很难得到企业认可，因而缺乏实现职业目标的条件与发展平台。由此，必然造成大批员工特别是优秀员工的流失，这就是现阶段中国酒店企业员工流动率居高不下的重要原因之一。反之，企业

采用员工职业规划的管理方法，为员工的职业发展、技术与能力提高、职位晋升做出规划，创造出员工事业发展的条件和平台，有利于留住和培养优秀人才。因为员工职业规划的实现是一个动态过程，对于那些有发展潜力的优秀人才，职业规划使他们看到了前途和希望，又有对他们进行培养和提高的具体措施，他们就不会随意流动。所以，做好员工职业规划管理是酒店吸引、留住和培养优秀人才，增强发展后劲的重要途径，也是酒店企业不断发展的希望所在。

**（二）酒店员工职业规划管理的类型和阶段划分**

1. 员工职业规划的类型

美国麻省理工学院著名学者埃德加·施恩对员工职业生涯规划类型提出了著名的“职业锚”理论。“职业锚”就是对社会职业类型的锚定，即将职业类型比喻成不同的航船，然后用“锚”比喻成职业航船的类型。埃德加·施恩认为，职业规划实际上是一个持续不断的探索过程，在这一过程中，每个人都根据自己的天资、能力、动机、需要、态度和价值观慢慢形成较为明晰的自我职业概念，形成一个占主导地位的职业锚。职业锚是自我意向的一个习得过程。个人进入早期工作情境后，在实际工作中积累了经验并产生了职业兴趣。这些经验和兴趣又与自己的动机、需要、价值观、才干相吻合，由此形成了一种自我满足和补偿的长期稳定的职业定位。这就是某一职业类型的锚定。

在实际工作中，新员工要逐步明确个人需要与价值观，明确自己的专长及其发展重点，并针对符合个人需要的个人特质和价值观来审视自己的职业，自觉地改善、增强和发展自身的才干，从而达到自我满足和补偿。经过这种整合，新员工就可以找到自己长期稳定的职业定位。

施恩认为，职业锚有五大类型：技术职业能力型的职业锚、管理能力型的职业锚、安全型职业锚、自主型职业锚和创造型职业锚。这些类型是从社会全局和人们的职业角度，特别是员工个人职业的角度来考虑的。具体运用到各个行业、各种类型的企业中，其员工职业规划的类型会各不相同。结合酒店企业的实际情况和员工职业规划的需要，我们可以将员工的职业规划分为四种类型。

（1）服务职业型。这种类型的职业规划以服务工作为终生职业，将实习服务生—初级服务员—中级服务员—高级服务员—服务技师作为职业规划的发展链条，从低到高，逐步发展，形成职业规划的不同发展阶段。等级不同，其专业知识水平、服务技能、专业技术的高低要求也不同，但是，职业性质始终锚定在服务工作的职业范围内。职业等级不同，其工资待遇、报酬高低也不同。选择这种类型的职业规划作为职业发展链条的员工，不求当官，但求将服务工作做得越来越好，服务工作的专业知识和服务技能也越来越高，自己的社会地位和工资待遇也逐步提高。对酒店企业来说，通过服务职业型员工的职业规划管理，中高级和技师型服务人员越多，服务人员的结构越合理，企业的服务质量就会越高，服务质量就会越稳定，因而企业的客源就会越多，经济效益就能不断提高。这就是酒店企业做好员工服务职业型规划的双重目的所在。

（2）烹饪职业型。这种类型的职业规划以烹饪工作作为终生职业，将实习（徒工）—初级厨师—中级厨师—高级（即一级）厨师—特级烹饪技师作为职业规划的发展链条，从低到高，逐步发展，形成职业规划的不同发展阶段。等级不同，其烹饪和食品专业知识、烹饪技术水平、实际烹饪能力的要求也不同。但是，职业性质始终界定在厨师烹饪的职业范围内。职业发展的等级越高，其工资待遇越高，职业地位和社会地位也越高。对酒店企业来说，做好这种类型的职业规划，使厨师人员看到前途和希望，从而吸引、留住和培养出有真才实学的中高级和特一、特二级厨师越多，厨师队伍的结构越合理，则企业的菜点品种越丰富，品种质量越高，前来用餐和举办宴会的客人就越多，因而越能吸引、留住和培养更多的忠诚客人和忠诚客户，企业的经济效益必然越来越好。这就是酒店企业做好员工烹饪职业型规划管理的实质所在。

（3）管理职业型。这种类型的职业规划将企业管理工作作为终生职业。由于酒店管理工作的范围十分广泛，其职业范围也要始终界定在管理岗位上。根据管理工作的范围不同，将领班干事—主管级部—经理级部—总经理—集团副总—集团总经理作为职业规划的发展链条，从低到高，逐步发展。但这种类型的职业规划有三种情况需要认真分析：一是以企业发展的管理岗位需要为原则。二是从员工现实岗位出发，以具有发展潜力、有某等级的管理岗位所需要的专业素质和能力要求为中心。三是要坚持管理职业和技术职业结合，既重视专业技术，又重视管理能力的复合型人才，如行政总厨、客房部经理、餐厅部经理、财务部会计主管和经理等管理岗位，大多都是复合型人才。所以，这种类型的员工职业规划要以管理职业为主，以技术能力和技术职业为辅。

酒店管理职业型的员工职业规划不可能针对所有员工，企业的管理岗位是很少的，等级越高，职位越少。所以只能选择那些有潜力、有培养前途的人，并且要以员工的现实岗位为基础，由低到高，人数递减。这样，从企业全局来看，也能使有潜力的员工看到前途和希望。随着企业战略目标的推进和业务的发展，一旦出现了新的管理岗位和管理岗位的员工流失，酒店企业就有了管理工作发展的后备力量，有利于从企业内部选拔任用人才。这对酒店企业的发展也是十分重要的。

（4）职能保障型。这种类型的员工职业规划以为企业提供职能保障为目标。主要适用于酒店职能和后勤保障部门的一般员工，如采购人员、库管人员、一般财务人员、安全部门和设备维修的一般人员等。这类人员大多缺乏职业等级的发展机会，他们本身因各方面原因没有更高的职业要求。如果职业岗位有发展又会归入管理职业型，其主要任务就是为企业一线部门提供服务，因此其职业规划的重点主要放在做好本职工作，并使职业工作的技术水平有所提高。随着时间的延长、工龄的增加，其工资待遇也应逐步有所提高，使他们既有工作的安全感、稳定感，又能提高自己的职业技术水平，从而更好地为企业一线部门提供服务。

2. 员工职业规划的阶段划分

企业员工职业规划和职业生涯规划是有区别的，前者是从企业管理和业务发展的需要出发，对员工在本企业工作的一个阶段所进行的职业规划，后者是从社会就业和岗位职业发展的角度对人们的终生职业来研究其职业规划的。现代企业管理都是注重功利，以追求经济效益为主要目的的。对于不在本企业工作或已离开企业的员工，企业不可能对他们进行职业规划管理。所以，结合酒店企业人力资源管理的实际需要，除大型企业和集团企业开办职业学校，为进入本企业或集团工作的员工进行职业准备外，绝大多数酒店企业的员工职业规划可大致分为以下三个阶段：

（1）职业规划起步认知阶段。指员工进入酒店企业，开始在固定岗位工作。对自己在企业中的职业岗位和类型形成认识的初始阶段。这一阶段在员工职业规划中的特点和任务是：第一，员工在本企业中刚刚从事某一岗位的工作。其工作岗位可以分别划归到前面所讲到的服务职业型、烹饪职业型、管理职业型、职能保障型等职业规划的任一类型中。第二，员工的职业岗位是多种多样的。职业岗位的等级各不相同，从总经理到部门经理，直到清洁工、学徒工，企业有多少个岗位。员工就有多少个岗位。但对每一位员工来说，他们所在的工作岗位都是自身在本企业中进行职业规划的起步岗位。第三，从职业规划的角度来看，每位员工都可以根据自己的资历、学历、天资、能力、态度和价值观，对自己的职业岗位形成职业认知，作为在本企业进行职业规划得到职业发展的起点。所以，我们把它称为职业规划起步认知阶段。因此，这一阶段的任务是引导员工学习掌握本岗位所必须具备的知识、技能、规章制度、劳动纪律、人际关系的处理方法，使员工对本人的现实职业岗位的工作有一个清醒的认识，从而首先做好本职工作。

（2）职业规划方案制订阶段。指企业和员工配合，在企业开展员工职业规划管理的前提下，从本人在企业中开始起步的工作岗位出发，制订员工职业规划方案，使员工产生职业奋斗目标的阶段。这一阶段在员工职业规划管理中的特点和任务是：第一，每一位员工开始起步的工作岗位是不相同的，职业规划的类型和发展目标也是不完全相同的。服务职业型、烹饪职业型、管理职业型、职能保障型四种类型齐全，起点各不相同。第二，员工职业规划的发展目标要从本人的职业岗位起步，根据本人的具体情况，包括天资、能力、动机、需求和实际表现、有无发展潜力及潜力大小等来制订职业规划的发展目标。因而，每位员工的具体职业发展也是各不相同的。有的员工甚至还不具备制订职业规划方案的条件，可以暂时不予考虑。第三，这一阶段的任务是从企业战略和业务发展对人力资源管理的要求出发，与员工协商，制订出具体的、切实可行的职业规划发展方案。注意，方案要具体，目标要明确，要有时间观念和阶段划分，而具体目标又不宜过高、过大、时间太长，否则，大家都想当总经理，但总经理只有一位。第四，要将员工职业规划目标和考核措施结合起来，将发展需求和实现可能结合起来。否则，制订了发展目标，到时都不能兑现或实现，等于说空话，不如干脆不开展这项工作，而有了目标考核措施，员工自己努力不够，不能达到目标，那是另一个问题。只要公平合理，员工是会心服口服的。

（3）职业发展培养实施阶段。指员工职业规划方案制订后，企业创造条件，开展职业目标教育、培训，帮助员工提高而逐步实现职业发展目标的过程。这一阶段在员工职业规划管理中的特点和任务是：第一，企业要为员工职业规划目标的发展在工作、学习、设施、环境、生活等方面创造条件，使员工产生动力、士气、信心。第二，要针对不同的职业发展目标，开展各种类型、各种形式的员工培训活动，如服务职业型和烹饪职业型的等级培训、管理职业型的分层培训和需要晋升时的竞争上岗与晋升培训等。第三，要将开展的学习培训和员工职业发展的个别指导结合起来，发现好苗子，突出重点。第四，员工职业规划目标的实现，要采用竞争上岗、按标准考核的办法。做到公平、公正，使员工看到希望和前途。只有这样，才能调动员工积极性，防止员工职业规划管理流于形式。

## 二、酒店员工的发展机会

职业发展机会评估是员工职业规划的前提和基础。离开了职业发展机会，职业规划方案就成了无源之水、无本之木，也是根本不可能实现的。只有将机会和目标结合起来，才有可能制订出切实可行的职业规划方案。酒店员工职业发展机会评估就是要根据职业环境、企业经营战略和业务发展需要来了解员工职业发展的机会是什么、有多少、可能性如何。酒店员工职业发展机会评估的内容主要包括以下两个方面：

### （一）社会环境机会分析

社会环境是影响员工职业发展的重要因素，通过社会环境机会分析，可以帮助员工选择职业发展方向、职业类型、职业发展的机会期与机会点等。在酒店职业规划方案制订中，其社会环境机会分析的内容主要包括四个方面：

第一是国家经济发展政策对职业发展的影响。随着中国“四化”建设的深入、现代化发展目标的实现和人民生活水平的广泛提高，国家产业政策在重视关系国计民生重大产业的同时，也大力发展旅游和酒店服务业。中国酒店业已经进入高速发展阶段，酒店业规模庞大，就业人数已达200万~300万人，而且还在向规模化、集团化方向发展。这就为员工的职业发展提供了广阔的天地，员工职业规划要看到这种大好发展机会。

第二是酒店行业的人才需求状况。随着国家和地区酒店企业的快速发展，对行业的人才需求形成了强大的拉动。酒店人才需求类型多样、工种复杂，除传统的客户餐厅服务员、厨师外，计算机运用、设备维修、销售人员、成本与会计人员、各级管理人员的需求越来越大。人员流动频繁、流动比率较高，这对有志于从事酒店行业职业发展的员工来说是大有作为的。

第三是酒店行业人才供给状况。现阶段和未来一个时期，酒店行业的人才供求矛盾会相当突出。一方面行业发展和人才流动造成了相当大的人才需求缺口，人事管理部门常常为缺岗人员众多而疲于应付。另一方面，又难以招到和留住高素质的人才。这也为有志于从事酒店行业职业发展的人员提供了良好机会。

第四是酒店行业对人才价值观念的要求。酒店行业以提供住宿、餐饮和商品、康乐服务为主，员工的价值取向必须要有较强的事业心、责任感、吃苦耐劳精神、良好的职业道德和人际关系。培养和树立良好的价值观念和价值取向，有利于员工制订职业规划和职业发展方案时与行业要求的价值观念保持一致。当然，在进行社会环境机会分析中，酒店企业人事管理部门要向员工提供各种相关信息，协助员工做好分析，以树立正确的职业观念为目标，为员工制订职业规划方案提供社会职业发展机会评估的具体指导和帮助。

### （二）企业环境机会分析

企业环境机会分析主要是指本企业的机会环境，它比社会环境机会分析更重要、更直接，对员工制订职业规划方案更现实、更有吸引力。其分析内容主要包括三个方面：

第一是企业战略规划和业务发展给人才需求提供的机会。即在帮助员工制订职业发展规划的过程中，向员工介绍企业的战略规划、未来业务发展计划和由此带来的人才需求缺口。包括未来一段时期需要的职业类型、职业等级、岗职人数、素质要求、工资待遇、发展前景等，让员工看到职业规划的发展希望。

第二是企业员工流动给人才需求提供的机会。即向员工介绍过去和未来一段时期员工流动的状况、发展趋势、经常发生的职业岗位缺口，包括岗职人数、职位、员工发展机遇等。

第三是员工职业发展从低到高的机会。根据企业人事部门的培养计划、考核年限、考核标准和方法、工资待遇的变动等，使员工看到自己从本职岗位出发的发展机会和希望。

## 关键术语

人力资源(human resource)
工作分析(job analysis)
薪酬管理(salary management)
非经济型薪酬(indirect economic salary)
职业规划(career planning)
员工招募(employee recruitment)
员工培训(staff training)
经济型薪酬(direct economic salary)
绩效考评(performance appraisal)
发展机会(development opportunity)

## 复习思考题

1. 酒店为何要进行人力资源规划？
2. 中国酒店人力资源规划面临哪些问题？如何解决？
3. 酒店人力资源规划的步骤是什么？
4. 酒店员工应具备哪些素质要求？
5. 你认为员工培训是否重要？为什么？
6. 如何有效地进行薪酬设计与管理？
7. 绩效考评有哪些误区？如何避免？
8. 酒店员工职业生涯规划的重要性体现在哪些方面？

## 即测即评

## 扩展阅读

### 海景花园塑造高效团队

有人说：“海景是一块生长人才的文化沃土。”许多单位在招聘员工时，只要在海景工作3个月以上的，可以免试录用。人们把这种现象称之为“海景效应”。

培养什么样的人需要设计。海景要求员工第一是会做人，第二是会做事，并按照“品德高尚、意识超前、作风顽强、业务过硬”的品格模式塑造人、锤炼人。每一个管理者既要接受塑造和锤炼，又有责任塑造和锤炼好自己的下属。

海景对员工实行学校式素质化培训，员工的企业文化学习和技能培训都是高强度的，几年来一直坚持不懈，不打折扣。近两年，海景以其成功的魅力吸引了一大批大学生加盟。海景的领导对他们倾注了大量心血，用高强度的企业文化学习和严格的实践锻炼，使他们中的绝大多数成为能独当一面的管理骨干。

海景的老总常对员工说，我们不要求你们在海景干一辈子，但我希望你们人人成为人才！能为社会培养有用之才，是我们企业的荣耀。

1997年，一个部门经理离开海景到另一家饭店去做，并且得到了“升迁”，一年多以后，他又回到海景。几年来，有好几名高级管理人员走了又要求回来，海景以博大的胸怀接纳了他们，并予以重用。

他们为什么要“燕子归巢”？有人说出了心中的秘密：海景是一个团队，一个有凝聚力的集体，环境氛围好。你个人本事再大，离开了团队，做事也很难。

海景非常重视团队塑造，每一个员工对海景都是至关重要的。酒店为员工施展才华搭建舞台，并花费心血把他们培养成出色的具有团队精神的演员，共同唱好一台戏。

海景认为，一个群体不能没有尊重、沟通和协作。海景有一个多层次沟通网络。总经理与部门经理、总经理与员工、部门经理与下属、班组长与员工、职能部门之间都有定期沟通的制度，以增进了解，达成更多的共识。与众不同的是，他们特别擅长“理念沟通”，不是就事论事，而是从价值观、理念和行为准则上追寻共同语言。可以说，海景人统一于也凝结于共同的价值准则。

节选自青岛日报，2001-8-24。

# 第十一章 酒店服务质量管理

## 本章导读

本章主要阐述了酒店运营管理过程中酒店服务质量管理的相关问题，共分为三节：第一节介绍了酒店服务质量管理的概念、内容与衡量标准；第二节介绍酒店服务质量的管理体系，系统介绍了酒店服务质量管理的主要内容与特点，酒店服务质量的组织机构与职能以及酒店服务质量管理的方法；第三节主要介绍了酒店服务质量的评价体系与实施步骤，对酒店服务质量的管理的相关知识进行比较全面的分析与指导。

假日酒店公司创始人凯蒙斯·威尔逊的名言是：优质服务是构成最终胜利的因素。国际酒店业巨子拉马达公司总裁杰里·马尼昂曾说："向客人提供卓越的服务是拉马达公司未来成功的关键所在。"客人入住酒店，购买的不仅是设施，客人来酒店就餐，购买的也不仅是酒菜，更重要的是购买优质周到的服务。因此，酒店的使命就是为客人提供优质服务，满足客人的需求。如何提高酒店服务质量，使酒店在激烈的市场竞争中处于优势，是酒店管理者的共同目标和基本追求。

## 第一节 酒店服务质量

### 一、酒店服务质量概述

为顾客提供稳定的优质服务，满足顾客的各种需求，能够提高酒店的知名度和美誉度，吸引新客源及回头客，最终为酒店带来可观的经济效益，并使之在竞争中立于不败之地。因此，质量意识已成为酒店管理者必须具备的一种观念，而对酒店服务质量含义的正确理解和对其特点、内容的正确把握则是进行酒店质量管理最基本的前提。

#### （一）酒店服务质量相关概念

1. 酒店服务

酒店服务可定义为酒店员工以设备设施为基础，以一定的操作活动为内容，以客人需求为目标，倾注员工感情形成的行为效用的总和。在英文中，“服务”一词(service)通常被解释为七个方面：微笑(smile)、优秀(excellence)、准备好(ready)、看待(viewing)、邀请(invitation)、创造(creating)、眼神(eye)。它使服务概念一目了然，更具体化、更具有操作性。

2. 酒店服务质量

关于酒店服务质量的理解通常有两种。狭义的酒店服务质量，是指酒店劳务服务的质量，纯粹指由服务员的服务劳动所提供的，不包括提供的实物形态的使用价值；广义的酒店服务质量包含组成酒店服务的三要素，即设施设备、实物产品和劳务服务的质量，是一个完整的服务质量的概念。本书所讲的服务质量主要指广义的服务质量，即酒店以其所拥有的设施设备为依托，为顾客所提供的服务在使用价值上适合和满足顾客物质和精神需要的程度。根据酒店服务质量的定义，酒店所提供的服务既要满足顾客生活的基本需要，即物质上的需求，还要满足顾客的心理需要，即精神上的需要。适合是指酒店为顾客提供服务的使用价值能否为顾客所接受和喜爱。满足是指该种使用价值能否为顾客带来身心愉悦和享受，使顾客感觉到自己的愿望和期盼得到了实现。

因此，酒店服务质量的管理实际上是对酒店所提供服务的使用价值的管理，酒店所提供服务的使用价值适合和满足顾客需要的程度高低体现了酒店服务质量的优劣。适合和满足顾客的程度越高，服务质量就越好；反之，服务质量就差。

### （二）酒店服务质量的内容

根据酒店服务质量的定义，酒店质量实际上包括有形产品质量和无形产品质量两个方面。

1. 有形产品质量

有形产品质量主要满足顾客物质上的需求，是指酒店提供的设施设备和实物产品以及服务环境的质量。

（1）设施设备质量。酒店是凭借其设施设备来为顾客提供服务的，所以，酒店的设施设备是酒店得以存在的基础，是酒店劳务服务的依托，反映出一家酒店的接待能力。同时，酒店设施设备质量也是服务质量的基础和重要组成部分，是酒店服务质量高低决定性因素之一。酒店设施设备包括客用设施设备和供应用设施设备。

① 客用设施设备。客用设施设备也称前台设施设备，是指直接供顾客使用的设施设备，如客房设备、康乐设施等，它要求做到设置科学、结构合理，配套齐全、舒适美观，操作简单、使用安全，完好无损、性能良好。其中，客用设施设备舒适程度是影响酒店服务质量的重要方面，舒适程度一方面取决于设施设备的配置，另一方面取决于对设施设备的维修保养。因此，随时保持设施设备完好，保证各种设施设备正常运转，充分发挥设施设备效能，是提高酒店服务质量的重要组成部分。

② 供应用设施设备。供应用设施设备也称后台设施设备，是指酒店经营管理所需的不直接与顾客见面的生产性设施设备，如锅炉设备、制冷供暖设备、厨房设备等，它要求做到安全运行、保证供应。

（2）实物产品质量。实物产品可直接满足酒店顾客的物质消费需要，其质量高低也是影响顾客满意程度的一个重要因素，因此实物产品质量也是酒店服务质量的重要组成部分。酒店的实物产品质量通常包括以下内容。

① 菜点酒水质量。酒店管理者必须认识到饮食在顾客的心目中占有的重要位置以及不同顾客对饮食的不同要求，如有的顾客是为求满足其新奇感而品尝名菜佳肴，而有的顾客只是为了寻求符合口味的食品而喜爱家常小菜。但无论哪种顾客，他们通常都希望酒店饮食产品富有特色和文化内涵，要求原料选用准确、刀工烹制精细、产品风味适口等。另外，酒店还必须保证饮食产品的安全卫生。菜点酒水质量是酒店实物产品质量的重要构成内容之一。

② 客用品质量。客用品也是酒店实物产品的一个组成部分，是指酒店直接供顾客消费的各种生活用品，包括一次性消耗品（如牙具等）和多次性消耗品（如棉织品、餐器具等）。客用品质量应与酒店星级相适应，避免提供劣质客用品，从而给顾客留下恶劣的印象。酒店提供的客用品数量应充裕，能够满足顾客需要，而且要供应及时。另外，酒店客用品的品种还应切实满足顾客的需求，而不仅仅是摆设；配备应适度，以能够满足酒店客源需求为佳。最后，酒店还必须保证所提供客用品的安全与卫生。

③ 商品质量。为满足顾客购物需要，酒店通常设有商场部，而商场部商品质量的优劣也影响酒店服务质量。酒店商品应做到品种齐全、结构适当、陈列美观、价格合理等。最重要的是注重信誉，拒绝假冒伪劣商品，而且酒店所提供的商品应符合顾客的购物偏好。

④ 服务用品质量。服务用品质量是指酒店在服务顾客过程中供服务人员使用的各种用品，如客房部的清洁剂、餐饮部的托盘等。它是提高劳动效率、满足顾客需要的前提，也是提供优质服务的必要条件。服务用品质量要求品种齐全、数量充裕、性能优良、使用方便、安全卫生等。管理者应在这方面加以重视；否则，酒店将难以为顾客提供优质的服务。

（3）服务环境质量。酒店服务环境质量是指酒店的服务气氛给顾客带来视觉上的美感和心理上的满足感，它主要包括独具特色、符合酒店等级的酒店建筑和装修，布局合理且便于到达的酒店服务设施和服务场所，充满情趣并富于特色的装饰风格，以及洁净无尘、温度适宜的酒店环境和仪表仪容端庄大方的酒店员工，所有这些构成了酒店所特有的环境氛围。它在满足顾客物质方面需求的同时，又可满足其精神上的需要。通常对服务环境质量的要求是：整洁、美观、有秩序和安全，在此基础上，对于高星级酒店来说，还应充分体现出一种带有鲜明个性的文化品位。

2. 无形产品质量

无形产品质量是指酒店提供的劳务服务的使用价值的质量，即劳务服务质量。劳务服务的使用价值使用以后，其劳务形态便消失了，仅给顾客留下不同的感受和满足程度，如餐厅服务员有针对性地为食客介绍菜单和饮料，前厅问询员圆满地回答顾客关于酒店内各种服务项目的信息的询问，都会使顾客感到快乐和满意，劳务服务质量也是酒店服务质量的主要内容之一。它主要包括以下几个方面的内容。

（1）礼貌礼节。礼貌礼节是以一定的形式通过信息传输向对方表示尊重、谦虚、欢迎、友好态度的一种方式。礼节偏重于仪式，礼仪偏重于语言行动，它们共同表明了酒店的基本态度和意愿。酒店礼节礼貌主要要求服务人员具有端庄的仪表仪容、文雅的言语、得体的行为举止等。酒店服务员直接面对顾客进行服务的特点使得礼节礼貌在酒店管理中备受重视，因为它直接关系着顾客满意度，是酒店提供优服务的基本点。

（2）职业道德。职业道德是人们在一定的职业活动范围内所遵守的行为规范的总和。酒店服务过程中，许多服务是否到位实际上取决于员工的事业心和责任感，因此遵守职业道德也是酒店服务质量的最基本构成之一，它无可避免地影响着酒店的服务质量。酒店员工应遵循“热情友好、真诚公道、信誉第一、文明礼貌、不卑不亢、一视同仁、团结协作、顾全大局、遵纪守法、廉洁奉公、钻研业务、提高技能”的职业道德，真正做到敬业、乐业和勤业。

（3）服务态度。服务态度是指酒店服务人员在对客服务中所体现出来的主观意向和心理状态。其好坏是由员工的主动性、创造性、积极性、责任感和素质高低决定的，酒店要求服务人员应具有“顾客至上”的服务意识并能够主动、热情、耐心、周到地为客提供服务。酒店员工服务态度的好坏是很多顾客关注的焦点，尤其当出现问题之时，服务态度常常成为解决问题的关键。顾客可以原谅酒店的许多过错，但往往不能忍受酒店服务人员恶劣的服务态度。因此，服务态度是无形产品质量的关键所在，直接影响酒店服务质量。

（4）服务技能。服务技能是酒店提高服务质量的技术保证，是指酒店服务人员在不同场合、不同时间，对不同顾客提供服务时，能适应具体情况而灵活恰当地运用其操作方法和作业技能以取得最佳的服务效果，从而所显现出的技巧和能力。服务技能取决于服务人员的专业知识和操作技术，良好的服务技能要求其掌握丰富的专业知识，具备熟练的操作技术，并能根据具体情况灵活应变地运用，从而达到艺术性地给顾客以美感的服务效果。只有掌握好服务技能，才能使酒店服务达到标准，从而保证酒店服务质量。

（5）服务效率。服务效率是指员工在其服务过程中对时间概念和工作节奏的把握。它应根据顾客的实际需要灵活掌握，要求员工在顾客最需要某项服务之前即时提供。因此，服务效率并非仅指快，而是强调适时服务，酒店服务效率有三类：其一，用工时定额来表示的固定服务效率，如清扫一间客房用 30 分钟、夜床服务用 5 分钟、宴会摆台用 5 分钟等；其二，用时限来表示服务效率，如每位顾客在总台入住登记不超过 3 分钟、办理结账离店手续不超过 3 分钟、租借物品服务要求服务人员 5 分钟内送至顾客房间、接听电话时铃声不超过三声等；其三，指有时间概念，但没有明确的时限规定，是靠顾客的感觉来衡量的服务效率，如餐厅点菜后多长时间上菜、代购物品何时完成等，这些服务效率问题在酒店服务中大量存在。若是顾客等候时间过长，很容易让顾客产生烦躁心理，并会引起不安定感，进而直接影响顾客对酒店的印象和对服务质量的评价。

（6）安全卫生。酒店安全状况是顾客考虑的首要问题。因此，酒店必须保障顾客、员工以及酒店本身的安全。酒店在环境气氛上要营造出一种安全的气氛，给顾客心理上的安全感，但不是戒备森严，否则会令顾客更感到不安。酒店清洁卫生主要包括：酒店各区域的清洁卫生、食品饮料卫生、用品卫生、服务员个人卫生等。酒店清洁卫生直接影响顾客身心健康，是优质服务的基本要求，所以必须要加强管理。

无形产品质量除了上述内容外，还包括员工的劳动纪律、服务的方式方法、服务的规范化和程序化等内容，同样应该被酒店管理者所关注。

## 二、酒店服务质量标准

由于酒店接待的对象是来自不同地区、不同文化背景下的复杂的顾客，他们的需求内容和对服务质量的标准也是多样的。

### （一）服务质量衡量的基本标准

受各种主、客观因素的影响，顾客对酒店服务质量的衡量标准带有明显的随意性、即时性、主观性。国内外大量关于酒店服务质量衡量标准的研究结果表明：顾客感觉中的服务质量是由可靠性、反应性、可信性、移情性、可感知性（有形证据）五类服务属性决定的。

1. 可靠性

可靠性对顾客感觉中的服务质量的影响最大。酒店必须不断提高服务质量，尽力为顾客提供正确、可靠、无差错的服务，才能提高顾客的满意程度。如果酒店不重视服务细节，服务工作经常出现差错，就必然会失去顾客的信任，损害自己的市场声誉。消费者要求100%可靠的服务。美国著名服务营销学家贝里、潘拉索拉曼和隋塞莫尔都认为，可靠性是服务质量的关键和核心属性。提高服务可靠性，减少服务差错，可提高酒店的经营效率。在激烈的市场竞争中，只有那些以100%可靠性为奋斗目标的酒店才能取得市场竞争优势。

2. 反应性

反应性也称为敏感性，是指服务人员愿意帮助客人，并及时地为客人服务。它考查的是服务人员对于客人需求的反应速度。客人的需求包括现实和潜在两个方面。反应性高的服务人员，具有较强的应变能力，他能使客人感受到自己正受到关注和尊重，客人会认为服务人员一直在为自己工作。

3. 可信性

可信性指服务人员的知识、技能和礼节能使客人产生安全感和信任感。增强酒店服务的可信性应至少具备两个方面的要求：一是酒店为客人提供的有形产品与无形服务是安全可靠的；二是酒店员工拥有较丰富的酒店服务、客人需求知识，具备传达信赖和信心的能力。

4. 移情性

移情性指服务人员设身处地为客人着想，关心客人，为客人提供个性化服务。试想一下，当客人在抽烟时，服务人员很敏锐地观察到，并迅速递上烟灰缸；在客人生日的时候，为他送去生日蛋糕；当客人觉得枕头太低，服务人员主动为其增加一个枕头时，客人对酒店的服务质量的评价将会有较大的提升。对客人需求的反应速度快慢是建立在服务人员服务意识与服务技能综合基础上，只有具有较强的服务意识，才能“想客人之所想，急客人之所急”，才能愿意花时间去研究客人的需求并满足他。同时，也只有具备了较高的服务技能，才能快速、及时地完成客人所交代的任务。

5. 可感知性

可感知性也称作有形证据，指顾客能够感受到的服务人员的服装和仪表、服务设施、服务设备、促销资料等有形证据。服务人员端庄的服饰、甜美的微笑、礼貌的用语以及大方的行为举止都是服务质量重要的有形证据。美国企业管理学家施奈德（Benjamin Schneider）和鲍恩（David Bowen）指出：企业气氛是影响顾客购买行为的一个主要因素。企业气氛不仅与员工的行为有关，而且与有形证据有关。酒店的所有有形事物和人物都为无形的服务提供有形证据。服务设施、服务设备和服务人员的仪态仪表，都是服务环境的重要组成部分。

除以上五类属性之外，格鲁努斯认为补救性措施也是一个重要的属性。服务工作出现差错或出现无法预见的问题之后，酒店应尽快采取补救性措施，找出顾客可以接受的解决方法。在这五类属性中，“可靠”显然与技术性质量有关，“可信”则与企业的市场形象有密切关系，“可信”“移情”“有形证据”等属性都或多或少与功能性质量有关。可见功能性属性对顾客感觉中的整体服务质量有极大的影响。

#### （二）服务质量衡量的专项标准

酒店产品的销售过程是有形物质消耗（酒水、饮食、商场商品）和无形劳动（各种服务）相结合的过程。一个具有高服务质量的现代酒店不仅要有现代化的客房、餐厅以及各种服务措施，还要有懂业务、善经营的各级管理人员和服务技术好、水平高的服务员，以及灵活方便的经营服务项目。因此，酒店服务质量评价标准就包括了有形设施标准和无形产品标准。酒店的服务是无形的，不能用数量化标准来衡量。因此，酒店服务质量的衡量标准一般通过下面两个专项来反映。

1. 满足宾客需要的一套服务规程

这一套服务规程是酒店服务所应达到的规格、程序和标准，它使酒店服务工作规范化、系统化、标准化。它的内容包括整套语言、动作和技能、操作要求，它可使本来零散琐碎的服务工作规范化。具体内容有以下三点：

第一，保证设施良好运转的规程。

第二，保证顾客舒适的规程，即制定各种操作规程和岗位责任制。

第三，保证质量服务规程。如服务态度标准化、规范化。

2. 酒店回头客比率

这是一个从实际出发的直接衡量酒店服务质量的重要标志。“回头率”说明酒店客户的忠诚度，只有酒店各方面服务质量得到顾客认可时，顾客才会选择再次入住，因此“回头率”可以反映出酒店服务质量的好坏。

## 第二节 酒店服务质量管理特点、组织与方法

### 一、酒店服务质量管理及其特点

#### （一）酒店服务质量管理的内容

酒店服务质量与各个部门的工作质量以及服务过程中的每一环节的服务质量紧密地联系在一起，因此，优质服务要求酒店内每位服务员树立质量意识，关注客人的需求，并努力提高各自的工作质量，争取给客人带来满足感。酒店服务质量管理体系正是酒店为提高其服务质量而建立的，由质量管理各要素组成的一个管理系统。其主要内容包括：

1. 建立服务质量管理机构

有效的管理机构是提高酒店服务质量的组织保证。酒店应建立以总经理为首的服务质量管理机构和网络，全面负责酒店的服务质量管理工作，即酒店各级管理者在总经理的直

接领导下，根据本部门工作的实际情况，组建以各级管理者为首的服务质量管理小组，全面控制本部门或班组的服务质量，形成遍布酒店的服务质量管理网络。管理网络的形成可以使酒店管理者及时发现问题并予以解决，把酒店质量差错降到最低限度。

2. 进行责权分工

责权分工可以使所有的管理者和员工各司其职，有效地避免推卸责任，并使酒店服务质量管理的每一项规定和措施都能得到不折不扣的执行。所以，在酒店服务质量管理过程中，应明确规定酒店总经理、质量管理部、各业务部门和职能部门、各班组及岗位员工服务质量的应尽责任和权限，做到责权统一。

3. 制定服务质量管理制度

制定和实施酒店服务规程是提高酒店服务质量的关键，也是酒店服务质量管理体系的中心内容。服务质量管理制度的内容主要有：服务质量标准及其实施工作程序、服务质量检查制度、信息管理制度、投诉处理程序以及服务质量考核(奖惩)制度等。酒店服务质量管理制度应详尽具体，但不宜过多，而且应避免重复交叉或自相矛盾而使员工无所适从。

4. 重视质量信息管理

服务质量信息是酒店进行服务质量决策的基础与前提，是计划、组织服务质量管理活动的依据，是质量控制的有效工具，是酒店服务质量管理体系的组成部分。所以，酒店管理者必须高度重视质量信息的收集、加工、传递、反馈和储存。

（1）信息的收集。服务质量信息有着极其广泛的内容，但大致上可分为两类：一类是酒店内部质量信息，如质量文件、原始记录、统计数字、投诉记录等；另一类是酒店外部质量信息，如国内外酒店服务质量标准，国内或国际上同类同级酒店的质量现状和质量管理动态等。酒店应注意收集各种质量信息，并汇总到质量管理部，以便加工和充分利用。

（2）信息的加工和传递。质量管理部应将收集到的各种各样的信息进行汇总、归类，并加以分析，进行加工整理出有利用价值的内容，并迅速传递至相关部门或管理人员，为其进行质量管理提供充分可靠的依据。

（3）信息的反馈。使用质量信息的部门或人员应将质量信息的使用结果反馈给质量管理部，质量管理部应将此结果作为新的质量信息加以整理分析，并重新传递至有关部门，这就是酒店质量信息的反馈过程。

（4）服务质量信息的储存。质量管理部应将所收集和处理过的各种质量信息储存保管起来，这些信息可用来总结服务质量管理经验，分析质量管理成果，又有利于酒店决策对信息的总体把握和进行酒店质量管理决策，从而不断提高酒店服务质量。

5. 处理服务质量投诉

相对于感到不满也不投诉的客人，客人对酒店服务不满而提出投诉是一件好事。曾有统计资料表明：投诉的客人大多数会是酒店的回头客，因为这些客人认为酒店服务有不足，但他们对酒店有信心，相信酒店会改进服务；而绝大多数感到不满而没有投诉的客人往往不会再光临这家酒店。所以，酒店管理者应正确认识和妥善处理投诉，把客人投诉视为发现问题、改善服务质量的机会和动力。处理好客人投诉，可消除客人的不满，其本身也是酒店服务质量管理的重要内容。所以，酒店应制定处理服务质量投诉的原则、方法和措施等。

酒店处理顾客投诉的原则通常有：不争论原则，即便顾客是错的，也抱着宽容的态度，不与顾客争辩；隐藏性原则，即处理投诉时应尽可能减少对其他顾客的影响；及时性原则，即投诉的处理应以第一时间处理为好；补偿性原则，即给予顾客适当的情感补偿和实物补偿的原则。在处理顾客投诉之后，管理者还应及时对所发生的问题进行深入巡查，追根究源，找出问题的关键成因，并采取措施，如修改质量标准、工作程序、进行培训等，以防止同类问题再次出现，最终使酒店服务质量趋于零缺点。

### （二）酒店服务质量管理特点

从酒店服务质量的重要性以及酒店服务质量管理的目的来看，酒店服务质量管理的特点包括以下几点：顾客导向、顾客感知质量导向、长期持续观念、综合管理方法、关注质量和内部开发与强化。

1. 顾客导向

顾客忠诚是成功的服务管理的结果和标志，忠诚的顾客来自酒店的顾客导向方针与策略，顾客的保留率和忠诚度取决于酒店向顾客提供的服务质量的好坏程度。一般来说，优质的服务质量会给顾客带来舒适的入住体验，进而增强再次选择的概率。

2. 顾客感知质量导向

酒店服务质量的好坏是由顾客评价的，质量管理是服务管理的一个重要内在组成部分，在许多方面对其有决定性的影响。因此，酒店服务质量管理应以顾客感知质量为导向，运用感知服务质量模型、差距分析模型、SERVQUAL 模型和其他一些质量管理模型和工具进行服务质量管理，注重提高顾客感知质量。

3. 长期持续观念

酒店服务质量管理强调在酒店的经营中，应与顾客建立长期和谐的伙伴关系、网络和战略联盟等以提高顾客的忠诚度。同时酒店业可以更多地考虑建立从产品和酒店转向将人员、组织和社会过程连接在一起的持续的社会关系，从而达到酒店的持续发展目标。

4. 综合管理方法

酒店服务质量的提高不是依托某一部门，而是需要酒店各部门的协调合作。同样，酒店服务质量管理也不是仅仅依靠对某一个部门的管理来实现，只有将酒店营销、操作服务和人力资源管理整合在一起，才能最终实现优质的对客服务，进而达到酒店的利润目标。

5. 关注质量和内部开发与强化

酒店服务管理关注员工的发展和员工对酒店目标和战略的投入。酒店应在内部员工中注入服务意识和创造顾客导向行为，通过采用积极的、类似于营销的方法，将酒店一系列内部活动以积极的、协调的方式统一起来，增强员工的职业认同感与满意度，以此提高内部资源的开发与利用。

## 二、酒店服务质量管理的组织

### （一）酒店服务质量管理人员组织机构

酒店提供给顾客的主要产品就是入住体验，入住体验与服务质量有着密不可分的联系，因此酒店服务质量的管理应引起酒店管理部门的重视。酒店应设置管理组织机构来规范和加强酒店服务质量的管理。酒店服务质量的全过程性要求酒店服务质量管理的组织不是孤立存在的，它与酒店管理的组织结构在形式上相似，但同时突出酒店服务质量管理的组织职能。图 11-1 是一般酒店服务质量管理组织结构；图 11-2 是酒店服务质量管理人员组织方式。

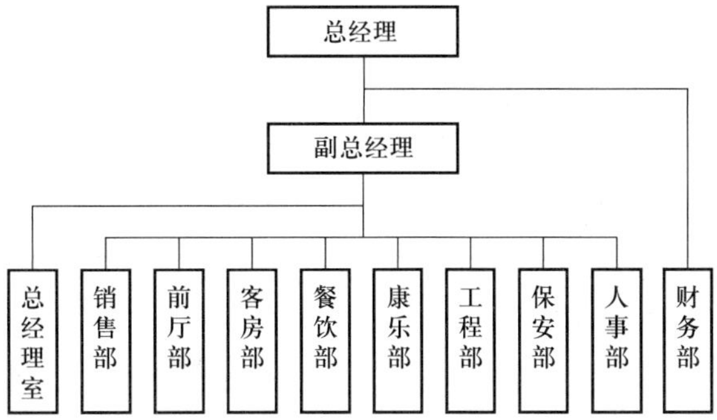


图 11-1　一般酒店服务质量管理组织结构

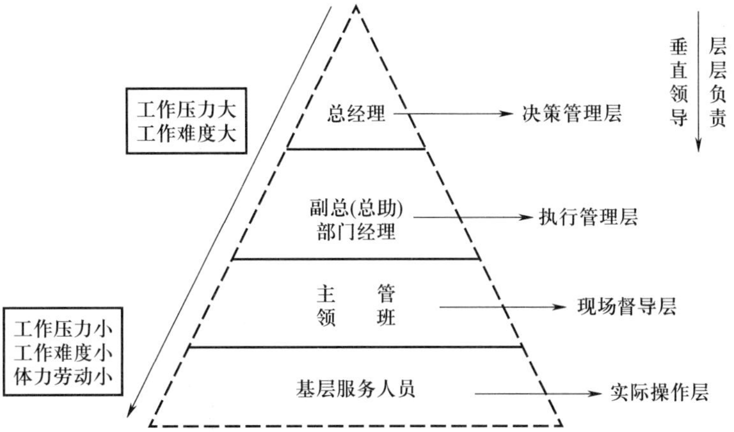


图 11-2　酒店服务质量人员组织方式

**（二）酒店服务质量的组织职能**

酒店服务质量管理的组织职能是指为了有效地达到酒店目标，管理者确定组织结构，进行人、财、物、时间、信息等资源的调配，并划分部门、分配权力和协调酒店各种业务活动的服务质量管理过程。服务质量管理的组织职能是酒店计划职能的延伸，它贯穿于酒店服务质量管理的全过程。其具体内容如下：

（1）确定酒店的服务质量管理体制；

（2）设置合理的酒店服务质量管理机构；

（3）进行编制定员，明确各管理层次及相应的责任和权力并选用合适的人员；

（4）建立信息沟通系统，进行各级、各部门间关系协调；

（5）进行资源调配，使酒店形成接待能力并提供高质量服务；

（6）建立和健全酒店的服务质量管理制度。

酒店服务质量的组织管理是否有成效，其结果将直接影响整个酒店的经营成果。所以，组织职能是实现计划的重要保证，也是实现其他管理职能的基础和前提。

简单地说，酒店管理的组织职能就是管理者对酒店组织的管理，其含义有两重：一是设置组织机构和管理体制，并使之符合酒店的客观运行规律；二是为达到酒店管理目标，合理而有效地调配酒店的人、财、物、信息、时间等资源，形成接待能力，进行业务接待，即接待业务的组织。

**（三）设立服务质量管理委员会**

为切实有效地做好酒店的服务质量管理工作，有条件的酒店还可以成立“服务质量管理委员会”，全面指导酒店的质量管理工作。以强化基础工作，力争预前控制为目标，健全质量管理组织。

1. 质量管理委员会的组成

由以总经理为主任，副总经理为副主任，各部门负责人为委员等成员组成。

2. 质量管理委员会的主要职能

（1）定期召开酒店质量管理分析会，确定酒店的质量目标、质量管理的效果、质量的控制措施。

（2）定期检查质量体系的运行效果。

（3）全面评审和检查酒店服务质量情况，督导各部门服务质量的整改、落实、提高。

（4）根据计划，对酒店各区域进行检查，发现问题及时整改。

（5）指导质量管理小组的行动，下达质检任务，提出质检重点、要求等。

（6）协调质管小组与部门的合作，保障质管小组的质检活动正常进行和深入开展。

（7）审定各部门、各岗位服务质量的好坏，并及时作出相应的行政、经济上的奖惩措施。

## 三、酒店服务质量管理的方法

只有采取有效的服务质量管理方法，才能真正提高酒店服务质量，为顾客提供令其满意的服务，使酒店取得良好的经济效益。目前，酒店中通常采用的服务质量管理方法主要有：

**（一）酒店全面质量管理**

全面质量管理(total quality control,TQC)起源于20世纪60年代的美国，首先在工业企业中应用，后又推广到服务性行业，取得了良好的效果。它是把经营管理、专业技术、数据统计和思想教育结合起来，形成从市场调查产品、设计制造直至使用服务的一个完整的质量体系，使企业质量管理进一步科学化、标准化。中国在1978年引入目标管理的同时也引入了全面质量管理方法，并开始在工业企业中推行，后又将其引入商业、酒店业等服务性行业，现已在各行业得到广泛的应用，并取得了一定成效。

1. 酒店全面质量管理的含义

酒店全面质量管理是指酒店为保证和提高服务质量，组织酒店全体员工共同参与，综合运用现代管理科学，控制影响服务质量的全过程和各因素，全面满足顾客需求的系统管理活动。它要求以系统观念为出发点，通过提供全过程的优质服务，达到提高酒店服务质量的目的。

2. 酒店全面质量管理的特点

酒店全面质量管理的特点可归纳为以下四个方面：

（1）全方位的管理。如前所述，酒店服务质量不仅包括有形产品质量，还包括无形产品质量；既有前台服务质量，又有后台工作质量。所以，酒店服务质量包括酒店工作的各个方面，全面质量管理就是针对酒店服务质量全面性的特点，对所有服务质量的内容进行管理，即全方位的管理，而不是只关注局部的质量管理。

（2）全过程的管理。因为酒店服务质量构成内容的全面性，且酒店服务质量是以服务效果为最终评价的。所以，影响服务质量的因素是全方位的，既有服务前的组织准备，又有服务中的对客服务，还有服务后的善后处理，这三者是一个不可分割的完整过程。酒店服务质量管理正是对此全过程的管理，形成了有别于传统管理的两个观念。一是侧重预防为主，防患于未然，服务质量管理的重点从“事后把关”转变为“事先预防”。事实上，酒店服务出现问题，其事后的弥补是非常困难的。二是要求在酒店内部树立“如果你不直接为顾客服务，那么你就应为那些为顾客服务的人服务”的观念，即强调工作的下一个环节就是员工的顾客，就是员工服务的对象，员工必须负责让其满意，最终使得酒店服务过程中的每一个环节都符合酒店质量管理的要求，即全过程管理。

（3）全员参与的管理。酒店服务基本上是通过员工的手工劳动来完成的，因此，酒店的每位员工及其工作都与服务质量密切相关。并且酒店所提供的优质服务也不仅仅是前台人员努力的结果，同时也需要后台员工的配合才有保障。因此，全面质量管理要求全体员工都参加质量管理工作，并把每位员工的工作有机地结合起来，从而保证酒店的服务质量。

（4）方法多种多样的管理。酒店服务质量的构成丰富，且影响质量的因素复杂，既有人的因素，又有物的因素；既有客观因素，又有社会、心理因素；既有内部因素，又有外部因素。要全面系统地控制这些因素，就必须针对具体情况采取灵活的管理方法，才能使顾客全面满意。因此，全面质量管理要求酒店管理者能够灵活运用各种现代管理方法，提高服务质量。

综上所述，全面质量管理是酒店以顾客需求为依据，以顾客满意为标准，以全过程管理为核心，以全员参与为保证，以科学方法为手段，运用全面质量的思想和观念推行的服务质量管理，它是达到酒店预期的服务质量效果的一种有效的管理方法。

**（二）服务质量分析**

进行酒店服务质量分析，可以帮助酒店管理者找出存在的质量问题及其产生原因，从而找到有针对性的解决问题的措施和方法，以保证同类的质量问题不再出现。酒店在对服务质量进行分析时，常采用圆形图、排列图、因果分析图以及 PDCA 管理循环的方法。

1. 圆形图

圆形图（又称饼分图）是指通过计算服务质量信息中有关数据的构成比例。以图示的方法表示酒店存在的质量问题的一种分析工具。其具体分析步骤如下：

（1）收集质量问题信息。酒店管理者应通过各种原始记录、质量信息报表、质量检查结果、顾客意见调查表、顾客投诉处理记录、质量考核表等方式多方收集酒店现存的质量问题。

（2）信息的汇总、分类和计算。对收集到的质量问题信息进行汇总，并根据不同的内容将其分类，然后计算每类质量问题的构成比例。

（3）画出圆形图。首先画一个大小适宜的圆形，并在圆心周围画一小圆圈（内填分析内容）；然后根据问题种类及其构成比例分割图形，并用直线与小圆圈相连；最后在分割的圆形中填入相应的问题种类及其构成比例。至此，根据圆形图即可了解酒店存在的服务质量问题及其程度。

例如，某酒店客房在上季度共发现服务质量问题60例，其中设施设备问题20例，服务态度问题18例，服务项目问题10例，安全卫生6例，其他问题6例。可以绘制圆形图(如图11-3所示)。

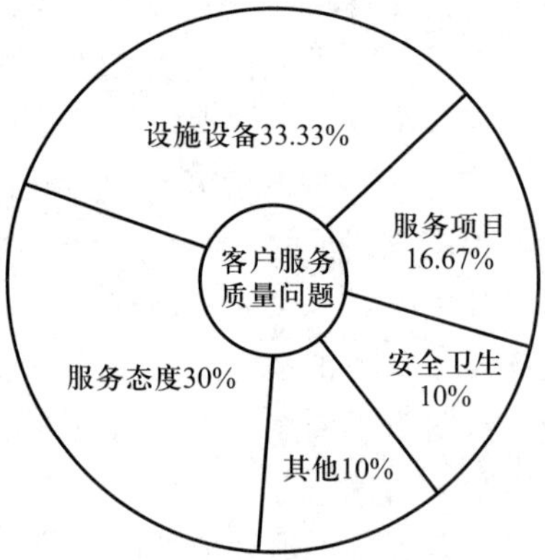


图11-3 圆形图

2. 排列图

排列图主要用于找出影响酒店服务质量的主要因素，可以分成四个步骤进行分析。

(1) 收集服务质量问题信息。通过顾客意见书、投诉处理记录、各种原始记录等方式收集有关服务质量的信息。

(2) 分类、统计，制作服务质量问题统计表。将收集到的服务质量问题进行分类统计、排列，制作统计表(见表11-1)，在表11-1上计算出比率和累计比率。

**表11-1 服务质量问题统计表**

| 质量问题 | 问题数量(个) | 比率(%) | 累计比率(%) |
|---|---|---|---|
| 菜肴质量 | 120 | 60% | 60% |
| 服务态度 | 30 | 15% | 75% |
| 外语水平 | 25 | 12.5% | 87.5% |
| 娱乐设施 | 15 | 7.5% | 95% |
| 其他 | 10 | 5% | 100% |
| 合计 | 200 | 100% | 100% |

(3) 根据统计表绘制排列图。左侧纵坐标表示问题数量，右侧纵坐标表示累计比率(见图11-4)。

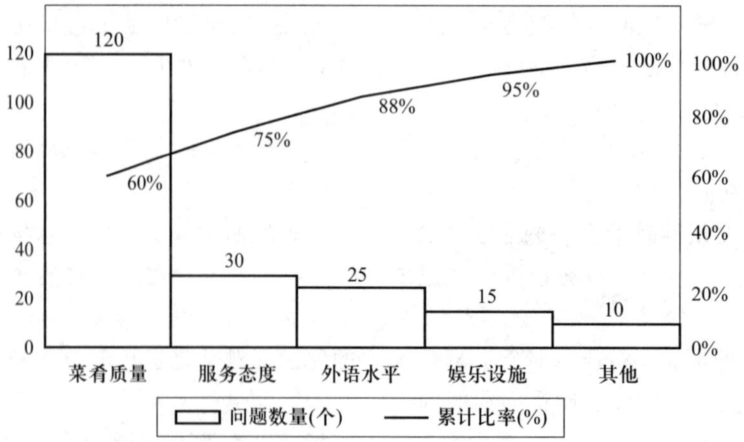


图11-4 排列图

（4）分析找出主要质量问题。排列图上累计比率在0~70%的因素为A类因素，即主要因素；在70%~90%的因素为B类因素，即次要因素；在90%~100%的因素为C类因素，即一般因素。找出主要因素就可以抓住主要矛盾。

3. 因果分析图

因果分析图又称鱼刺图、树枝图，是分析质量问题产生原因的一种有效工具。在酒店管理过程中，影响服务质量的因素错综复杂，因果分析图对存在的质量问题及其产生原因进行系统的整理分析，并以图示的方法直观地表示两者之间的因果关系，其分析过程如下：

（1）用圆形图或排列图找出现存的质量问题。

（2）讨论分析找出产生问题的各种原因，应从大到小，从粗到细，追根究源，直到能采取具体措施为止。

（3）罗列找到的各种原因，按其因果关系找出因果图。

例如，某酒店的客房设施设备存在质量问题，其产生原因可用因果图（图11-5）进行分析。

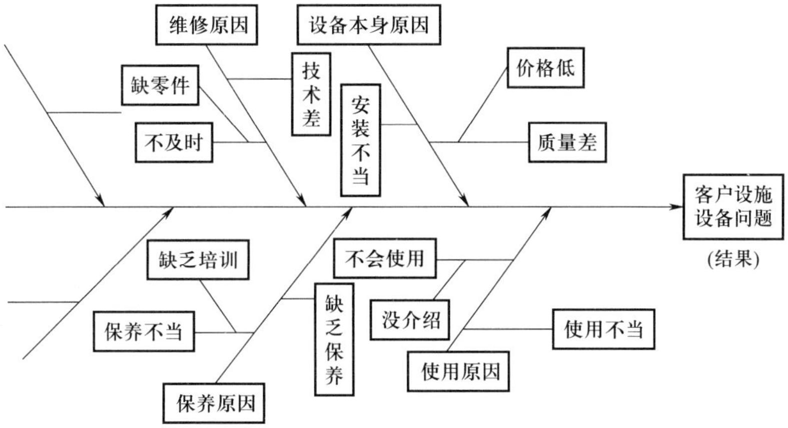


图11-5　因果分析图

4. PDCA管理循环

找出了服务质量问题，分析了产生质量问题的原因，就要寻求解决问题的措施与方法。这就需要运用PDCA管理循环。

PDCA即计划（plan）、实施（do）、检查（check）、处理（action）的英文简称，PDCA管理循环是指按计划、实施、检查、处理这四个阶段进行管理工作，并循环不止地进行下去的一种科学管理方法。PDCA循环转动的过程，就是质量管理活动开展和提高的过程。

PDCA管理循环的工作程序分四个阶段：

（1）计划阶段（P）。计划阶段包括分析服务质量现状，用圆形图找出存在的质量问题；进而用因果分析图分析产生质量问题的原因；然后找出影响质量问题的主要原因；最后，提出解决质量问题的质量管理计划，即应达到的目标及实现目标的措施方法。

（2）实施阶段（D）。即酒店管理者组织有关部门或班组以及员工具体地实施质量管理计划所规定的目标。

（3）检查阶段（C）。酒店管理者应认真、仔细地检查计划的实施效果，并与计划目标进行对比分析，看是否存在质量差异，是正偏差还是负偏差。

（4）处理阶段(A)。即总结成功的管理经验，使之标准化，或编入服务规程或形成管理制度加以推广应用。同时，吸取失败的教训，提出本轮 PDCA 循环而未解的问题，自动转入下一循环的第一步，并开始新一轮的 PDCA 管理循环。

PDCA 管理循环的四个阶段缺一不可。只计划而没有实施，计划就是空文；有计划也有实施，但没有检查，就无法得知检查的结果与计划是否存在差距以及存在多大差距；若计划、实施、检查俱全，但没有处理，则不但已取得的结果不能巩固，失败的教训不能吸取，而且发生的问题还会再次重复，如此，服务质量就难以提高。因此，只有 PDCA 四个阶段都完成且不断地循环下去，才会使酒店服务质量问题越来越少，即酒店服务质量不断提高最终趋于零缺点。

### （三）零缺点质量管理

零缺点(zero defects,ZD)是美国克劳斯比(Philip B. Crosby)于 20 世纪 60 年代提出的一种管理观念，主要用于控制企业的产品质量。他认为，低质量产品需要花费大量的人力、财力、物力，增加企业的经营费用，并导致消费者不满，其成本远远大于保证一次性完成的优质产品的投入。因此，企业必须以零缺点的要求来控制产品质量，追求完美。酒店服务不可弥补性的特点，使得开展零缺点质量管理成为酒店服务质量管理的一种重要的管理方法，零缺点质量管理应做好以下几个方面内容。

1. 建立酒店服务质量检查制度

酒店服务质量具有显现的短暂性特点，且酒店服务工作大多由员工手工劳动完成。因此，酒店服务质量管理必须坚持预防为主的原则，通过全面检查的方式，确保各岗位员工在进行正式服务前就已做好充分的准备，防患于未然。为此，酒店应建立服务质量检查制度，如有的酒店根据其自身特点，建立了自查、互查、专查、抽查和暗查五级质量检查制度，督促员工执行质量标准，预防问题的出现。

2. DIRFT

DIRFT 意即每个人都第一次就把事情做对(即“Do It Right the First Time”的简称)。酒店服务具有不可弥补性的特点，所以每位员工都应把每次服务做到符合质量标准，这是改善酒店服务质量的基础。为此，酒店管理者应当制定科学合理的服务质量管理标准，并要求标准是零缺点，而非优良、良好之类；执行标准也必须是零缺点，不折不扣，而非差不多之类。

3. 开展零缺点竞赛

通常，缺乏知识和态度不佳是造成酒店服务质量问题的两类主要因素，通过培训可以帮助员工掌握酒店服务所需知识，但态度上的问题则只有通过个人有觉悟才能改进。因此，为帮助员工端正服务态度，有些酒店开展工作中的零缺点竞赛，它能促使员工养成 DIRFT 的工作习惯，并以服务的零缺点为目标，逐渐使每位员工的服务达到完美无缺的程度，最终提高整个酒店的服务质量。

### （四）现场巡视管理

酒店员工手工劳动的特点以及顾客需求的不断变化，使酒店服务质量管理的难度增加。不同的酒店员工或同一员工在同一时间、不同场合的手工劳动或多或少存在差异，顾客自身的差异造成的需求变化也要求员工在短时间内适应并给予满足，但由于员工差异造成的不同处理，使顾客满意程度也存在差异。这就形成了酒店服务质量不稳定和难以控制的特点，酒店管理者通过现场巡视管理，可以检查员工准备工作；监督指导对客服务（或后台供应）质量标准的执行情况；指导和激励下属员工的工作；事先消除质量问题隐患，预防质量问题的发生并及时处理质量问题；最终使酒店服务质量相对稳定。

通常，不同的酒店管理者各有其不同的巡视管理范围。管理者在现场巡视中，应随时倾听顾客的意见和要求，并给予反馈；同时也要注意听取员工的意见和建议。现场巡视过程中如发现员工工作不符合质量要求时，应及时指出并纠正。最后，管理者在巡视中执行服务质量管理标准一定要严格，即要求 DIRFT 和零缺点，追求服务质量的完美。

**（五）优质服务竞赛和质量评比**

酒店还可定期组织和开展优质服务竞赛和质量评比等活动，以使酒店全体员工树立质量意识，提高执行酒店服务质量标准的主动性和积极性，努力形成提高酒店服务质量的氛围。

1. 定期组织，形式多样

酒店应定期组织和开展丰富多样的优质服务竞赛和质量评比等质量管理活动，如零缺点工作周、每月服务明星或微笑大使、各部门的技术比武等，要求做到明确范围和意义、确定参与对象及要求、制定评比标准与方法，能够激发广大员工的参与愿望。

2. 奖优罚劣，措施分明

这类活动的开展有利于酒店提高服务质量、经济效益和管理水平，应制定出具体的奖罚措施。一般应遵循“奖优罚劣、以奖为主”的奖惩原则，如给优胜者发奖金、授予荣誉称号、以 VIP 身份免费入住酒店一天、去国外或外地考察旅游等。

3. 总结分析，不断提高

每次活动结束后，所有质量管理人员都应认真总结与分析，总结经验加以推广应用，提出不足以便改进提高，从而不断改善酒店服务质量。

**（六）服务质量控制**

上述酒店质量管理的目的都是为了有效地控制酒店服务质量，确保质量标准。一般来说，服务质量的控制主要有以下三方面的内容。

1. 事前质量控制

随着全面质量管理和零缺点管理的推广，服务前质量控制日益受到酒店管理者的重视。服务前质量控制要求酒店根据服务质量管理标准，贯彻“预防为主”的方针，做好有形产品和无形产品两大方面的充分准备，以确保在顾客到来之前有备无患。

2. 服务过程质量控制

服务过程质量控制是根据酒店服务质量管理体系的要求，通过各级管理者的现场巡视管理和严格执行服务规程，确保顾客满意程度的提高。

3. 服务后质量控制

服务后质量控制应根据酒店服务质量信息，即服务质量管理的结果，对照酒店服务质量标准，找出质量差异及其产生的原因，提出有效的改进措施，避免过错的再次出现，确保酒店服务质量管理工作的良性循环。

## 第三节 酒店服务质量评价与实施

### 一、酒店服务质量评价模型

酒店开展的服务质量管理活动以及所采取的质量管理方法，其目的都是为提高服务质量和顾客满意度，最终赢得忠诚顾客，但能否达到这一最终效果或达到程度如何，都需要进行科学的效果评价。

**（一）酒店服务质量评价的内容与范围**

服务质量管理效果评价的内容既包括服务质量管理标准的执行程度，即酒店各部门、各环节、各岗位员工的工作是否符合质量管理标准和服务规程的要求；也包括顾客的物质和心理满足程度，即顾客对酒店服务质量的满意率；是否符合酒店星级标准的要求，如员工的素质高低、设施的配套程度、设备的舒适程度、实物产品的适用程度、服务环境的优美程度等。酒店服务质量评价的内容与范围主要包括酒店服务质量的内容、酒店服务的过程、酒店服务结构、酒店服务结果和酒店服务质量的影响五个方面。

1. 酒店服务质量的内容

酒店服务质量的内容是酒店服务质量评价的核心内容，其关键在于考查酒店服务是否遵循了标准程序。例如，房务员在做床时是否按照一套公认的方法进行。对于酒店各项服务而言，其服务质量标准是早已制定好的，并希望每一位服务人员都能遵守这些既定的规则。服务质量标准作为酒店质量管理体系的前提，为酒店服务质量评价提供了依据，并将通过评价来确保其执行。

2. 酒店服务的过程

对酒店服务过程的评价主要考查酒店服务中的各环节顺序是否科学、合理，是否保持服务活动的逻辑顺序和对服务资源的协调利用。

3. 酒店服务结构

主要评价酒店为客人提供服务的酒店组织构成以及酒店服务本身的结构。对酒店服务而言，有形设施只是结构的一部分，人员资格和组织设计也是重要的质量因素。以餐饮部各班组为服务活动单位为例，卫生、清洁、高档的餐具可以提高餐饮服务的质量，更重要的是，在各班组中开展评比与竞争，将激励机制引入其中，使每一位服务人员都产生工作的压力，才有利于保证与提高餐饮的服务质量。

4. 酒店服务结果

酒店服务结果是酒店服务质量评价的重要内容之一。服务结果不仅是客人评价酒店服务质量的重要方面，也是酒店进行服务质量管理的主要内容。评价酒店服务结果包括酒店服务会导致哪些状况的改变、顾客是否满意等涉及酒店服务最终结果的问题。例如，我们已熟悉的餐桌上那些要求顾客评价服务质量的卡片，顾客抱怨是反映质量结果的有效指标之一。

5. 酒店服务质量的影响

酒店服务质量的影响是酒店服务结果的后续，是酒店服务结果的延伸，也是酒店服务质量评价的重要内容。酒店服务质量评价从两个方面考查服务质量的影响：一是酒店服务对客人的影响，这是酒店服务最直接、最重要的影响，如客人的回头率可衡量酒店服务质量的优劣；二是对酒店服务及其对酒店社区公众的影响，如一家提供优质服务的酒店必然在本社区中形成良好的公众形象，积极参与社区活动，能得到社区的认可与好评，并通过社区的宣传与口碑，吸引更多的顾客。

**（二）酒店服务质量评价的准则**

1. 可操作性

服务质量评价的可操作性与服务质量标准的可操作性密不可分。酒店不仅应该定性地规定酒店各工作岗位的人员素质要求和岗位职责，还应将质量管理中的各标准加以定量化和程序化。如规定电话铃响三声必须回答；客房用餐服务必须在接到客人订餐要求后15分钟内送达等。服务标准的直观化和可操作化使服务质量评价有了依据，并可按照标准进行可操作的服务质量评价。

2. 系统性

酒店服务质量评价应是一个完整的系统。既要有作为服务对象的顾客评价，也要有提供服务的服务者本身进行的自我评价，还要有既不是服务对象也不是服务提供者，即不存在“利益”驱动的第三方评价。只有完整、系统的评价体系，才能保证评价结果的正确。

3. 市场导向性

酒店服务质量评价应该随着酒店服务的变化而变化。各酒店在建立服务标准时，应坚持方便客人的宗旨，在实际做法上强调从客人的需要出发，改进不合理的标准和程序。教育员工树立“顾客第一”的市场导向观念，以标准服务客人，由此，服务质量的评价工作也应坚持“顾客第一”的市场导向，不断调整评价依据，并以顾客满意为最终的评价结果。

4. 国际性

作为酒店质量管理的重要组成部分，酒店服务质量评价工作应逐步完善体系，注重与国际先进水平的接轨。如南京金陵酒店，鉴于国际酒店业日趋注重宾客反馈意见的趋势，便不断强化这方面的工作，将征求意见的范围从主要服务领域扩大到酒店各个营业点和服务环节，并完善了问卷的设计，还改进了统计宾客满意率的做法，变计算相对数为统计绝对满意的意见数量，以此作为提高满意程度的自我激励因素。

**（三）酒店服务质量的评价主体**

酒店服务质量的评价主体包括顾客、酒店和第三方三个方面。

1. 顾客

（1）顾客作为评价主体的依据。顾客是酒店服务的接受者。顾客是酒店服务的对象，酒店内的一切，包括各种设施、设备、豪华装潢、典雅氛围以及训练有素的员工，都是为了顾客才设置的。因此，由服务的接受者来评价服务提供者的工作与质量是最直接、最无可厚非的；顾客是酒店服务的购买者，顾客在酒店进行各种消费的同时，为酒店提供了经济效益。从这一角度看，顾客是酒店服务产品的最关键的评判者；顾客是酒店管理决策层的“成员”之一。顾客对酒店服务质量的评价是酒店管理者做决策的重要依据。顾客是酒店发展的推动力。当酒店的服务达到或超过客人的期望时，酒店就会获得客人的良好评价，同时就会形成良好的口碑，有利于在公众面前树立良好的酒店形象，并建立酒店独特的品牌，提高酒店的竞争力，从而推动酒店的发展。

（2）顾客评价的影响因素。酒店服务质量最终是由客人的满意程度来体现的，而酒店与顾客之间的互动关系质量决定了顾客的满意度。影响顾客满意度的因素归纳起来有以下三项：顾客预期的服务质量、顾客经历的服务质量和顾客的感知价值。

① 顾客预期的服务质量。顾客预期的服务质量是指顾客对以往酒店消费的经验，加上各种渠道的宣传（服务品牌、广告、口碑）以及自身的心理偏好所形成的对未来酒店服务的预期。具体而言，顾客预期的服务质量受以下四个方面的影响：酒店的市场营销情况、酒店的品牌形象、其他顾客的口碑宣传、顾客自身的状况。

② 顾客经历的服务质量。顾客经历的服务质量是由其实际经历的消费过程决定的，评价自身所经历的服务质量往往较主观。一般而言，顾客经历的服务质量受酒店服务标准化及个性化程度的影响。

③ 顾客的感知价值。它是指顾客所感受到的价值相对于自己所付出的货币价格的服务质量。将价格概念引入整个框架，使不同价位、不同酒店的服务质量之间具有了可比性。在一定条件下，顾客感知的价值越高则其满意度也越高。酒店有必要深入研究酒店自身的价值链以及顾客的价值链，用服务创新来提升顾客的满意度，同时为培育酒店的核心竞争力奠定基础。

（3）顾客评价的形式。

① 顾客意见调查表。顾客意见调查表是被酒店广泛采用的一种顾客评价的方式。具体做法是将设计好的有关酒店服务质量具体问题的意见征求表格放置于客房内或其他易于被客人取到的营业场所，由客人自行填写并投入酒店设置的意见收集箱内或交至大堂处。此种调查方式的好处在于：评价完全由顾客自愿进行，评价范围广泛，几乎所有的客人皆可参与评价。这种评价方式是在没有任何酒店工作人员在场干预的情况下进行的，因此评价的客观性比较强。

② 电话访问。电话访问可以单独使用，也可以结合销售电话同时使用。电话访问可以根据设计好的问题而进行，也可以没有固定问题，因此自由度与随意性比较大，如酒店总经理或公关部经理给老顾客的拜访电话。

③ 现场访问。又称为突击访问。其做法是抓住与顾客会面的短暂机会，尽可能多地获取顾客对本酒店服务的看法与评价。

④ 小组座谈。小组座谈是指酒店邀请一定数量的有代表性的顾客，采用一种聚会的形式，就有关酒店服务质量方面的问题进行意见征询、探讨与座谈。酒店利用小组座谈的方式开展顾客评价时，一般宜结合其他公关活动同时进行，如酒店贵宾俱乐部会员的定期聚会、节日聚餐等形式。

⑤ 常客拜访。《哈佛商业评论》的调查显示，对于酒店来说，20%的常客可以产生150%的利润；商家向潜在客户推销产品的成功率大约是15%，而向常客推销产品的成功则达50%。可见，常客的购买频率高、购买数量大，因而其顾客价值和对酒店的利润贡献率也最大。因此，酒店管理者也应把常客作为主要目标顾客和服务重点，对常客进行专程拜访以显示酒店对常客的重视与关心。

（4）顾客评价的模型。顾客评价可以是用描述性的语言，也可以通过对顾客满意度的测量来反映顾客评价。当前，已为国内外营销学界所普通认可的测量方法为由美国营销专家柏拉所罗门、塞登尔和贝利提出的 SERVQUAL 模型和克罗宁和泰勒在此基础上提出的 SERVPERF 模型。

① SERVQUAL 模型。美国著名的营销家柏拉所罗门、塞登尔和贝利在顾客评估服务质量问题上提出了“差异理论”（gap theory），他们认为顾客的感知服务质量(perceived service quality)的高低决定了顾客对服务质量的评估，而顾客的感知服务质量取决于服务过程中顾客的感觉(perception)与顾客对服务的期望(exception)之间的差异程度，进而指出感知服务质量是“顾客做出的，与服务是否优质有关的全面的判断和看法”。用模型表示如下：

$$SQ=\sum(P_i-E_i) \tag{11-1}$$

其中：$SQ$——SERVQUAL 模型中顾客感知的总的服务质量；

$P_i$——顾客体验的第 $i$ 个问题的得分；

$E$——顾客期望的第 $i$ 个问题的得分。

式 11-1 表示的是一个顾客感知的总的服务质量，将所得的分数除以问题的总数就得到一个顾客的 SERVQUAL 分数。把调查样本中所有顾客的 SERVQUAL 分数相加再除以顾客的总数就得到平均 SERVQUAL 分数。

在式 11-1 中隐含着一个假定的条件，即提供的服务属性在顾客心目中的重要程度是相同的，不存在哪个属性更重要。但是实际状况却不是这样，不同服务属性在顾客心目中的重要性是不一样的，因此 SERVQUAL 模型中需要顾客填写服务属性的权重，这样得出的结果更符合实际。在式 11-1 基础上可进步得到加权计算公式：

$$SQ=\sum W_i\sum(P_i-E_i) \tag{11-2}$$

其中：$W_i$——每个服务属性的权重。

SERVQUAL 模型是较为科学、实用的质量评估方法，对服务质量的评估进行了系统的处理，得到了很多人的认可。但不可否认，该模型还有许多要发展和完善的地方，如该模型从理论到实际都没表现出预期与结果的差别的基础是什么；关于对期望有不同理解；以差异分数描述服务质量的可行性等。

② SERVPERF 模型。克罗宁和泰勒认为 SERVQUAL 模型在概念化和操作化方面对评估服务质量是有缺陷的。表现在该模型在评估感知服务质量时顾客期望是指顾客应该期望什么，而在评估顾客满意度时顾客期望是指顾客一直期望的是什么，两者之间存在矛盾。因此，两位学者提出了以服务表现(performance)为核心的 SERVPERF 模型，即在评估服务质量时不考虑顾客期望的因子，而用服务表现来评估服务质量。也就是说，顾客只需就服务的体验和服务属性的重要性打分，而不必给服务期望打分。用模型表述为：

$$服务质量=服务表现 \tag{11-3}$$

或

$$服务质量=服务表现\times权重 \tag{11-4}$$

克罗宁和泰勒对银行、洗衣、快餐行业进行调查后认为，SERVPERF 模型比 SERVQUAL 模型更适于评估服务质量，而且不带权重的 SERVPERF 模型比带权重的 SERVPERF 模型评估效果更好。

（5）顾客评价的特点。

① 顾客评价呈多元性。由于顾客消费需求各种各样，顾客的素质也相差悬殊，因此顾客对酒店服务质量的评价必然呈多元性。个别带有偏见，甚至有意挑事的客人，其评价也会欠公平。因此，对任何酒店服务质量的评价都应该是综合的。

② 顾客评价的被动性。客人一般不主动评价，只有在特别满意或特别不满意的情况下，才会主动地表扬、批评或投诉，在大多数情况下，并无外在的表示。对此，酒店除应采取必需的措施诱导与刺激宾客积极参与评价外，还可从投诉率、回头率等角度进行综合分析与评估。

③ 顾客评价的模糊性。顾客对所提供服务的评价通常以主观评定为主。也就是说，大多数客人缺乏检验服务质量的有效工具与手段，难以评测服务效率、产品构成。同时，一般客人也不了解酒店服务的规范、程序和评价的尺度。因此，顾客的评价具有模糊性。

④ 顾客评价兴奋点的差异性。顾客有不同的文化背景、心理特质、个人经历，影响他们满意度的服务要素不尽相同，即具有相同满意度的顾客会关注不同的服务要素。兴奋关注点的差异性使得不同的顾客关注不同的服务要素，也就是说顾客对各类服务要素产生不同的权重。

2. 酒店

（1）酒店作为评价主体的依据。

① 酒店是服务的提供者。由于酒店服务具有生产与消费的同一性，因此酒店服务与其他产品相比有其特殊性。酒店服务的这种特殊性要求酒店应注重服务的事前、事中与事后评价，以保证酒店服务不产生不合格的产品。

② 酒店是服务产品的相关受益者。酒店靠出售酒店产品，即酒店服务来获取经济效益，酒店员工通过自己的工作付出获得相应的工资报酬，从而实现自身价值。因此，酒店通过对自身服务产品的考评，清楚明白地知道所提供产品的品质优劣、市场适应性以及产品的盈利水平，从而做出调整服务产品、开发新的服务产品等一系列管理决策，以获取更大的经济效益。

③ 服务质量评价是酒店质量管理的环节之一。酒店在制定和实施服务质量方针之后，对服务质量进行评价是考核服务质量方针的落实与最终的贯彻情况。通过酒店组织的自我评价，可以在了解服务水平的实际提供情况的基础上，不断修正与完善各服务质量标准，避免出现顾客不满意或不合顾客需要的情况。

（2）酒店评价的组织形式。为了做好酒店的服务质量评价工作，就需要建立相应的评价机构。在具体实施酒店自我服务质量评价的过程中，各个酒店采取了不同的形式：有些酒店成立了专职的部门——服务质量检查部，简称质检部；有些酒店在培训部或总经理办公室内设立相应的检查评价机构；有些酒店采取非常设的服务质量管理委员会来执行服务质量的评价工作。

上述各种组织形式各有优缺点。设专职质检部门的优势在于有机构和人员上的保障，但不足在于机构设置繁杂，有限的人员很难对酒店各个部门都十分了解，故评价的水准会打折扣；设置于培训部之内有利于服务质量评价与培训工作密切结合，从技术和业务的角度来完善酒店的服务质量，但这样的形式缺乏权威性及其他部门的参与；设置于总经理办公室之内将赋予质量评价工作更大的行政权威，加重质量评价工作的分量，但缺乏专业性及其他部门的参与；非常设的服务质量管理委员会，兼具了评价的权威性与专业化，实现了各个部门的参与，但由于没有专职的部门和专业的人员，委员会成员对于自己部门以外的业务不尽熟悉，往往造成自己人评自己部门，对现存的问题不够敏感，深层次问题不易查出，且容易出现各部门护短的情况。

（3）酒店评价的形式。

在实践中，酒店自我评价服务质量的形式大体上可以归纳为以下几种：

① 酒店统一评价。这种评价形式由酒店服务质量管理的最高机构组织定期或不定期实施。由于它是酒店服务质量评价的最高形式，因此具有较高的权威性，容易引起各部门的重视。在这种形式的评价中，要注意对不同部门的重点考核，即使是在一家服务质量管理水平较高的酒店，部门与部门之间的服务质量也会有较大差异；要注意评价的均衡性，酒店服务质量的最终表现是通过酒店一线部门来实现的，但这并不意味着二线部门的工作对服务质量没有影响，恰恰相反，二线部门有时会起着决定性的作用；要重视服务质量评价的严肃性，对于不达标、有问题的当事人和责任人必须依照酒店有关管理条例处理等。此外，对影响酒店服务质量的员工素质及出勤状况的考评也往往由酒店统一开展。

② 部门自评。部门自评是按照酒店服务质量的统一标准，各个部门、各个班组对自己的服务工作进行考核与评价。酒店自我评价应该是多层次的，大致可分成三个层次，第一层是店一级的，第二层是部门一级的，第三层是班组、岗位一级的。酒店统一的考评不可能每日进行，但又必须保证服务质量的稳定性，因此部门和班组的自评就显得尤为重要。尽管是部门自评，但是要按照酒店统一的服务质量标准进行，而不能自立标准、各行其是。此外，酒店的服务质量管理机构也要加强对部门考评结果的监督，随时抽查部门服务质量考评的记录，并与考评记录中的当事人进行核对，以防止可能出现的“糊弄”行为，若存在部门考评结果与酒店考评结果存在较大差异的情况，应引起足够的重视，并找出原因。

③ 酒店外请专家进行考评。酒店内部的各层次考评固然十分重要，但检查人员长久地处于一个固定的环境之中，难免会因身在此山中，而“不识庐山真面目”。因此，外请专家进行考评，不仅能使质量评价表现出较高的专业性，同时这些专家还会带来其他酒店在服务质量管理方面的经验，有利于酒店质量管理的改进。此外，这些“局外人”在协助酒店进行自我服务质量评价时，会帮助酒店发现一些容易被内部考评人员“忽略”掉的问题。

④ 随时随地的“暗评”。随时随地的“暗评”是由酒店中高层管理者来实现的，即将服务质量考评工作融入酒店管理人员每一次的基层考察中。酒店管理者的每一次走动都应作为对酒店服务质量的一次考评；对这一过程中发现的每一个问题都应及时纠正，这就如同酒店的培训绝不仅仅是在教室内完成的一样，而应纳入管理人员对员工的每一个实际操作行为的纠正与训导之中。

⑤ 专项质评。专项质评是指酒店针对特定的服务内容、服务规范进行检查与评估。酒店通常对自己的优势服务项目或在特定的时间内开展专项质评，并以服务承诺或服务保证的方式向顾客显示质评后的服务效果。

（4）酒店评价的特点。

① 评价的全方位性。酒店质量管理是全方位的，因为优质服务的提供不仅仅是酒店前台人员努力的结果，同时也需要后台人员所提供的保障，而酒店评价的多层次、全方位

性正好可以做到这点。

② 评价的全过程性。过程的评价与测量对达到和维持所要求的服务质量是不可缺少的。从酒店或部门角度可以做到对酒店服务工作的全部过程的考评，包括服务前、服务中和服务后的三个阶段。这样的考评，不仅仅是对面对客人所进行的服务，还包括了这之前所做的准备工作和之后的善后工作，更有利于服务质量考评后的总结与完善工作。

③ 评价的片面性。酒店自我评价由于考评人员长期处于一个固定的环境之中，难免会出现“不识庐山真面目”的情况。同时，还会因为走过场、搞形式等原因，使内部考评人员“麻痹”“忽视”掉本酒店服务质量中的一些重要问题。

④ 评价的“完美”性。酒店自我评价中不论是哪一层次的考评，一般都是事先通知的，即了解到的是被考评者在较为充分的准备之后的服务质量状况。同时，也存在各部门、各班组之间的相互包庇现象，所以酒店自我评价反映出的是酒店服务质量临近最高水平的一个基本状态。

3. 第三方

第三方是指除消费者和酒店组织以外的团体和组织。目前中国酒店服务质量评价的第三方主要有国家及各省、市、县的旅游行政部门和行业协会组织。

（1）第三方作为评价主体的依据。

① 独立于利益相关者。第三方既不代表接受服务的顾客利益，也不代表服务提供者的酒店利益，是独立于酒店服务供应方和需求方的评价主体。由于没有利益关系，第三方的评价在客观性方面将胜于其他两方主体的评价，因此评价的结果也就较能让大众信服。

② 实行行业管理。中国对酒店的行业管理主要通过相关的行业标准来评价和控制。已实施的涉及酒店的国家标准有《旅游涉外酒店星级的划分及评定》《旅游酒店服务质量等级标准》等。这些标准由原国家旅游局制定，并由第三方——国家及各省、市、县的旅游行政部门来执行。通过对全国酒店服务质量的考核、评价，不仅规范了全国酒店行业的市场秩序，提高了酒店服务质量水平，而且实行了行业的科学管理带动了整体旅游业的发展。

③ 推行标准化。标准化是指为了在一定的范围内获得最佳秩序，对实际的或潜在的问题制定共同的和重复使用的规则活动。要对整个酒店行业制定、实施统一的活动规则，这一任务无论是酒店的消费者还是单个酒店、集团都无法做到，而必须由第三方来完成。

（2）第三方评价的形式。第三方对酒店服务质量的评价形式主要有：

① 资格认定。

② 等级认定。

③ 质量认证。

④ 行业组织、报刊、社团组织的评比。这是由第三方的代表，如行业组织、社团组织、民意调查所、市场研究公司、报纸杂志等，通过各种不同的形式与方法对酒店服务质量进行评价。

（3）第三方评价的特点。

① 客观性与权威性。第三方既没有酒店所要考虑的成本及要求回报的经济利益，也没有酒店顾客希望得到的与自己付出相对等的享受利益。因此，第三方评价不易受偏好和利益等因素的影响，评价结果较具客观性。此外酒店的资格和等级认定与评定工作是由国家、各省市旅游行政管理部门履行的职能，其评定后的结果将在国际旅游市场上分别代表

整个中国旅游酒店服务质量的形象，所以他们的评价具有权威性。

② 局限性。一般而言，第三方评价只局限于产品或服务的主要功能、基本特征和通用要素，而未能也无法规定出顾客对服务质量的全面、特定、隐含的和日益提高、不断变化的需求。同时，因为必须考虑到整个酒店行业的现有水平，评价标准不可能定得太高，所以评价标准往往是普遍适用、不带有特殊性，从而表现出一定的局限性。

③ 重结果性。以星评为例，"星级评定标准"只是一个对结果进行评价的标准，酒店可以按照该标准对硬件进行改造，使之达到标准要求。但是，如何对软件服务进行控制则会感到力不从心。显然，星评标准反映的是质量要求方面预定的差异，并不表示比较意义上的质量优良程度，它更强调酒店功能用途与费用的相互关系。因此，高星级酒店可能具有不满意的服务质量；反之，低等级的酒店也可能提供满意的服务质量。

④ 滞后性。第三方评价所遵循的标准是统一的尺度和规范，但标准也不是万能的，也需要不断丰富与补充。然而标准的更新却往往是滞后的，因为制定出的标准有一个贯彻执行期和相对稳定期，通常是3~5年修订一次，标准的更新周期与飞速发展的市场需求之间客观上存在着不协调，从而导致酒店所提供的服务与市场需求部分脱节的现象。

**（四）酒店服务质量评价体系的构建**

1. 酒店服务质量评价体系的要素构成

当前，各评价主体对酒店服务质量的评价处于各自独立的状态，虽然评星级时会考虑宾客满意度，但只是把其作为一部分内容。而酒店组织的自我评价更没有得到各方的足够重视。全面、系统的酒店服务质量评价体系（见图11-6）应包括如下要素：

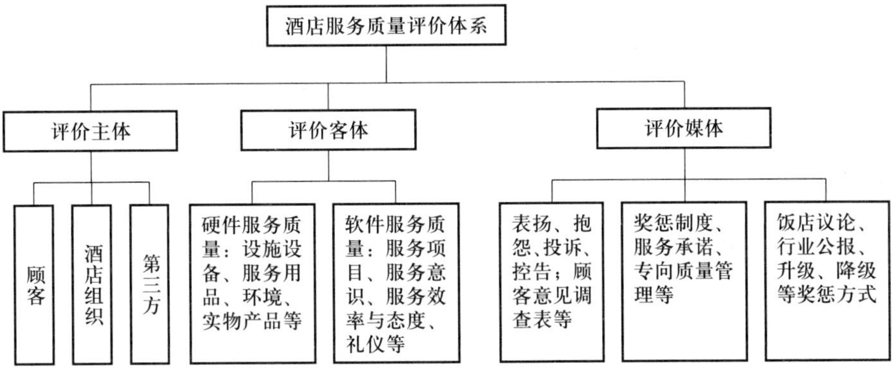


图11-6　酒店服务质量评价体系的要素构成

（1）评价主体。即由谁来进行评价。评价主体应当包括顾客、酒店组织及第三方。要对顾客满意这方面实施持续的评价，并积极寻求顾客评价中正面、反面的意见，以及它们在未来经营中可能的影响。组织通过自我评价经常自以为向顾客提供了良好服务，但顾客可能并不认可，这表明了规范、过程和测评的不足。所以应当将顾客的评价与组织自身评价进行比较，从而评定两种质量评价的相容性，以及为服务质量改进而采取相应措施的必要性。而进行评价的第三方评价可以让更多潜在的消费者对酒店服务质量产生正确的预期并加以信赖。

（2）评价客体。即评价什么内容。评价客体应当包括酒店服务质量的各方面：由设施设备、服务用品、环境、实物产品等构成的硬件服务质量；由服务项目、服务过程中的服务意识与态度、礼仪礼貌、服务方法与技巧、安全与卫生等构成的软件服务质量。对顾客满意的评价应集中在服务规范和服务提供卫生等构成的软件服务质量。对顾客满意的评价应集中在服务规范和服务提供过程等满足顾客需要的范围内。而第三方评价则应较侧重于对硬件服务质量的考查。

（3）评价媒体。即评价的表现形式、各评价主体反映评价结果的渠道。顾客通过表扬、抱怨、投诉甚至控告等来表现其激烈的评价，而通过顾客意见调查表得出的结果可以反映顾客不同的满足程度。酒店组织以奖惩制度、服务承诺、专项质量管理等来反映其评价结果。第三方评价则以酒店议论、行业公报以及包括升级、降级等奖惩方式对评价结果进行公开。

2. 酒店服务质量评价主体的逻辑关系

酒店服务质量的评价主体之间存在着现实的逻辑关系：顾客评价是服务质量评价的最终目的；酒店评价是提高酒店服务质量、进行顾客评价的参考和第三方评价的依据；以第三方为主体的评价则是整个酒店服务质量评价体系的基础(见图 11-7)。

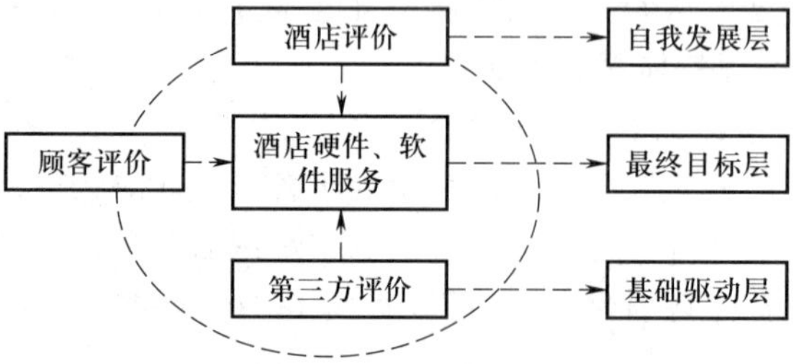


图 11-7 酒店服务质量评价主体的逻辑关系

（1）顾客评价是酒店服务质量评价的最终目的。酒店的任何经营活动和管理手段都是为了满足顾客需要、获取经营目标而建立和开展的。酒店服务质量评价体系也不例外，因为酒店的生存和发展有赖于顾客的厚爱和忠诚。顾客评价是酒店服务质量评价体系的焦点。以顾客为中心，以顾客满意为酒店追求的最终目的，既是酒店业不可动摇、不容辩驳的主题，也是对国际标准和准则的遵循。而且第三方评价的目的也是为顾客最终满意而服务的。

（2）第三方评价是整个酒店服务质量评价体系的基础，属于基础驱动层方面，第三方评价可以规定酒店产品或服务的主要功能、基本特征和通用要素，起到最低门槛作用，作为酒店的进入标准，并为顾客评价提供客观依据。另一方面，第三方评价可以综合酒店行业现有的和顾客评价的特性，制定比较客观且顾客和酒店双方都能接受的标准，从而规范酒店服务，促进整个酒店业的标准化进程。

（3）酒店评价属于自我发展层，是第三方评价的依据和参考。酒店通过对服务过程、服务人员素质的控制等方面达到对自我服务质量的评价，从而向顾客提供稳定、高质量的服务。此外，酒店应在第三方评价的标准上，制定适合于自身发展的服务标准、服务程序和服务规范并加以考核。

（4）酒店服务质量评价体系的核心是酒店服务。酒店服务是酒店服务质量评价各方的客体。而由顾客评价、酒店评价与第三方评价构成的大包围圈即酒店服务质量评价体系的主要框架。

3. 酒店服务质量评价体系的评价指标

酒店服务或服务提供的特性可以是定量的(可测量的)，或者是定性的(可比较的)，这取决于如何评价以及是由酒店、第三方还是由顾客进行评价。许多由顾客作主观评价的定性特性，也是酒店作定量测量的选择对象。酒店的服务标准必须依据可以观察到的、须经顾客评价的特性加以明确规定，而提供服务的过程也必须依据顾客不能经常观察到的但又直接影响服务业绩的特性加以规定。

酒店服务质量评价中的服务质量特性包括：设施、能力、人员的数目和材料的数量；等待时间、提供时间和过程时间；卫生、安全性、可靠性和保安性；应答能力、方便程度、礼貌、舒适、环境美化、胜任程度、可信性、准确性、完整性、技艺水平、信用和有效的沟通联络等。因此，酒店服务质量的评价指标应包括以下内容：

(1) 顾客满意指标，如顾客满意率、平均顾客满意度、顾客投诉率、投诉回复率、二次购买率等。

(2) 服务硬件质量指标，如房间数量、设施设备档次与数量、设备完好率、设备维修率等。

(3) 服务软件质量指标，如服务限时、服务人员高素质率、服务人员外语水平等。

(4) 酒店经济指标。虽然各项经济指标与酒店服务质量评价并没有直接的关系，但却可以从侧面反映出该酒店的服务质量水平。因为只有服务质量优良的酒店才会吸引顾客，在竞争中取得优势，从而赢得较好的经济效益；而服务质量差的酒店必然会失去顾客而没有经济效益。当前的星级评定中并没有对酒店的经济指标定出规定，但这却是必然趋势，只有加入对酒店经济状况的考核，评价才够完整。酒店经济指标可包括利润总额、销售利润率、利润增长率、资产利润率等。

4. 酒店服务质量评价体系的定量评价模型

综上所述，若设酒店服务质量为 $Q$，顾客评价结果为 $C$，酒店评价结果为 $H$，第三方评价结果为 $G$，那么酒店服务质量评价体系的模型可以用下式表示：

$$\text{酒店服务质量 } Q=a\times C+b\times H+c\times G\text{（其中 } a、b、c \text{ 为分数，且 } a+b+c=1\text{）} \quad (11-5)$$

$$\text{顾客评价 } C=\sum \text{各评价因子}\times\text{因子的权重（}\sum\text{因子权重为 1）} \quad (11-6)$$

$$\text{酒店评价 } H=\sum \text{各评价因子}\times\text{因子的权重（}\sum\text{因子权重为 1）} \quad (11-7)$$

$$\text{第三方评价 } G=\sum \text{各评价因子}\times\text{因子的权重（}\sum\text{因子权重为 1）} \quad (11-8)$$

式 11-5~式 11-8 中各方评价的结果是由各因子的具体得分及与其相应的权重相乘而得的。以顾客评价为例，为使说明简单化，假使顾客仅仅对酒店的设施设备打 80 分，对员工态度打 90 分，其中设施设备的权重为 0.4，员工态度的权重为 0.6，那么顾客评价的具体结果可表示为 $C=80\times0.4+90\times0.6=86$。

各方评价因子及其权重的具体确定可以根据实际情况由各方自行确定，从而得出各自评价的具体结果。酒店服务质量评价体系模型中三方评价结果前的系数确定，可以用德尔菲法，即专家意见法来确定。

## 二、酒店服务质量管理的沟通

明确合理的管理方法、完善的管理体制机制是酒店服务质量管理的基础条件，但由于酒店业本身的服务性质和面对不同顾客的复杂性，往往在实际运营中会出现各种各样的问题，这些问题有些是常规或者可预见性的问题，比如顾客遗留物品的保存；有些是非常规即不可预见的问题，比如顾客发生的紧急事件等。而且酒店工作本身是与人打交道，这就意味着不稳定性和复杂性，因此事先设定好的运营流程不是一成不变的，需要在酒店的日常经营中不断总结经验进行完善和扩充，在此过程中，酒店服务质量管理的沟通就很有必要。一般来说，酒店服务质量管理的沟通可以分为内部沟通(即酒店内部员工、部门之间的沟通)和外部沟通(即酒店与主要的服务对象——顾客之间的沟通)。

**(一) 内部沟通**

从信息传达与交流的方向来看，酒店服务质量管理的内部沟通主要为自上而下的管理调控、自下而上的反馈机制以及部门之间的交流协作三种方式。

1. 自上而下的管理调控

酒店服务质量管理的主体是酒店中高层管理人员，在酒店制定了一系列服务质量的标准、规范后，由上级部门向下传达并要求服务人员按要求执行从而保证服务质量。在这个过程中，酒店服务质量管理部门需要对员工进行必要的培训和知识教育，以便在酒店形成统一规范的服务理念与服务标准，给顾客带来良好体验。酒店服务质量的教育内容包括：上岗前的教育，包括酒店员工手册、礼貌礼节、职业道德、语言艺术、宾客习俗等的教育；质量意识教育，包括服务观念、标准观念、全面质量管理观念等的培养；质量标准教育，包括服务规程、设施设备标准、服务环境标准、实物产品标准、劳务服务标准、质量等级标准等的学习；服务技能培训，包括酒店前后台各部门、各服务环节所需的所有技能操作训练；质量方法教育，包括全面质量管理、质量问题分析、零缺点质量管理、服务质量控制以及投诉处理教育，包括服务质量投诉的原因、投诉处理的原则和程序等内容。

同时，酒店管理人员需要对服务人员的工作内容进行检查，当管理人员发现员工在日常工作中出现服务质量的相关问题时，需要及时分析原因，制定有效的对策来引导酒店服务质量的良好发展。此外，酒店管理人员还应定期召开员工大会、开展员工技能学习和知识培训，来规范员工的工作行为。一个酒店服务质量的好坏往往是由基层员工的工作态度决定的，他们与客人接触最多、最广泛，因此酒店服务质量管理机构应当足够重视与员工之间的沟通，从而提高酒店服务质量。

2. 自下而上的反馈机制

酒店基层服务人员为对客服务的主要人员，往往最先发现酒店服务存在的问题。酒店服务人员在对客服务的过程中，发现顾客不满意的地方应及时向上级反馈意见，而不应该视而不见或者刻意隐瞒。酒店管理的多元化和顾客的个性化意味着酒店不太可能关注到每一位客人的细节问题，在这个时候员工的反馈意见往往能够成为酒店适应顾客需求、提升服务质量的机会。有些顾客在不满时会愿意把问题说出来，而有些顾客即使有不满也不会说出来，这时就需要服务人员有足够的耐心和细心去观察顾客、了解顾客。员工反馈机制的主观能动性意味着并不是所有的员工都会向酒店反映自己遇到的问题或者提出建议，所以对于那些反馈上来的问题，酒店管理人员要给予足够的重视。此外为了调动员工的积极性，酒店还可以推进奖励机制来调动员工的积极性，从而推动酒店服务质量的提高。

3. 部门之间的交流协作

从顾客到达酒店到顾客离开酒店，甚至在离店之后还因某些原因与酒店保持联系，在这个过程中，要保证顾客的优质体验，不是某一个部门或某一个员工的努力就可以完成的，需要各个部门之间的良好沟通与协作。各部门之间良好的沟通协作在酒店日常中可以给顾客带来良好的体验。例如，顾客到达酒店办理入住时，前厅部工作人员在为顾客办理入住时发现客人是一位常住客人时，就应该及时调出客人的入住习惯以及个人喜好等，及时与客房部或者餐饮部沟通，在客人到达房间之前为客人准备贴心的点心或者客房用品。当遇到客人的生日或者结婚纪念日时，为客人准备上一份精致的礼物将会给客人带来满意的体验和深刻的回忆，而这些工作往往需要前厅部、客房部、餐饮部等部门工作人员的及时沟通与密切配合。相反，如果顾客需要相关服务时，往往会打电话到前台，而前台并不能提供顾客所需的所有物品，此时及时的电话转接或者对相关部门的提示就很有必要，不能出现顾客需求无人应答的情况，这样会使顾客对酒店的服务产生不满情绪，不利于酒店服务质量管理。在酒店日常运营中，各部门应该明确部门职责，保证部门事务的正常进行，同时及时与其他部门沟通；遇到问题时，不应该独善其身、互相推诿，应当相互帮助以解决问题为目的。说到底，不管是前台部门还是后台部门，各个部门的工作目标是相同的，那就是保证酒店的服务质量，为顾客提供优质的入住体验。

#### （二）外部沟通

外部沟通主要是酒店与顾客之间的沟通。顾客作为酒店服务质量的体验者，对酒店服务质量的评价具有重要的话语权。酒店通过与顾客之间的沟通可以以不同的视角来看待酒店的服务质量和存在的问题，有利于酒店服务质量管理部门制定更加符合顾客需求的服务内容与服务质量体系。酒店与顾客之间关于服务质量管理的沟通主要以顾客评价的方式进行。意见收集方式主要包括顾客意见调查表、电话访问、现场访问、小组座谈、常客拜访等。

## 三、酒店服务质量管理的实施

酒店服务质量管理体系的建立和有效运行需要采取许多实际步骤。它的前提条件是酒店高层管理者对建立质量管理体系有充分的认识，有足够的决心和信心来推动体系的建设。

#### （一）任命质量管理代表

建立质量管理体系，对酒店的质量加以管理，是酒店总经理的责任。但一些规模比较大的酒店，总经理不大可能有足够的时间和精力来协调质量管理体系的建立和监督体系的运行，因此，需要任命一名行政人员来负责这项工作。这个人可以是副总经理，也可以是其他人，通常称为质量代表，也可以称为质量经理。

质量代表需要具备以下基本素质：

（1）具有丰富的酒店管理知识与经验。

（2）熟悉酒店的产品，熟悉酒店的各项政策与各种运作程序。

（3）善于发现问题，有较强的沟通协调能力和独立处理问题的能力。

质量代表是一个重要的岗位。被任命者必须有协调一切活动、监督质量管理体系运行、对体系运行状况和效果进行评审的责任和权力。质量代表对总经理负责，直接向总经理汇报工作，代表总经理行使有关质量管理方面的权力。

### （二）成立服务质量工作小组

酒店的服务质量涉及酒店的各部门、各区域，建立和实施酒店的服务质量管理体系是一项纷繁复杂的工作，因此酒店有必要成立酒店服务质量工作小组。质量代表负责小组的具体工作，小组成员由各部门的领导或授权代表组成。工作小组的主要任务是：

（1）确定酒店的质量目标。

（2）确定各部门、各岗位的质量职责和权限。

（3）研究并确定酒店的质量政策。

（4）研究并确定酒店的质量文件。

（5）研究并确定酒店服务质量的控制措施。

（6）定期检查质量管理体系的运行效果。

酒店服务质量工作小组讨论确定的有关事项和文件，必须经过酒店总经理的批准，才能在全酒店推行。酒店质量管理工作小组应当是酒店的永久性组织。

### （三）制定工作计划

为了对质量管理体系的建设过程进行控制，保证质量管理体系的质量，酒店应当制定质量管理体系建设的工作计划。计划由工作小组拟订，经酒店最高管理者批准以后执行。

制定计划前应对酒店内外的情况进行综合的调查研究，对酒店的经营环境、质量管理现状进行分析，找出薄弱环节，抓住重点问题。工作计划要保证质量管理体系的建设质量，并对工作过程有切实可行的控制措施。工作计划中的工作要求、责任要明确，工作所需的人员、物资应予以保证，对每个阶段的工作结果应认真地进行评审。

### （四）确定质量目标和质量政策

确定酒店质量目标和质量政策的依据有两个方面：一是酒店质量方针所确定的质量等级；二是有关质量文件(如星级标准)的要求。质量目标确定以后，就应当成为酒店质量政策的基础。酒店质量政策应当包括对酒店产品与服务质量的承诺，达不到标准时的纠正措施或赔偿保证，酒店有关部门的责任和义务、纠正权限与奖惩措施等。

### （五）优化酒店管理组织机构

酒店的管理组织机构是酒店质量管理体系的有机组成部分，应当有利于质量管理体系的运作。在质量管理体系的建设过程中，酒店应当根据质量管理体系的运作需要，对酒店管理组织机构进行科学设计和必要调整，以保证酒店的整个管理组织有统一的质量认识和质量目标，同时要保证酒店管理指令和信息渠道的畅通。

确定酒店管理组织机构以后，就可将酒店质量管理的职责进行分解，明确各部门的职责。职责分解时，要遵循职、责、权、利统一的原则，使各部门和有关人员能够充分执行其质量职责。

### （六）制定质量管理体系文件

在建立酒店服务质量管理体系的过程中，应当重视质量管理体系文件的建设，使质量管理体系文件化。酒店质量管理体系文件通常由以下内容构成。

（1）服务质量手册。指阐述酒店的质量方针并描述酒店质量管理体系的文件。

（2）服务规范和服务规程。指说明每一工种、每一岗位的工作要求和每一项服务操作方法的文件。

（3）服务质量规范。指对服务的目标和结果进行描述的文件。

(4) 服务质量检查记录。指对酒店运行过程中发现的各种质量问题及时记录并纳入控制范围的文件。

(5) 服务质量效果记录。指记录酒店质量管理活动状况和所达到的结果的文件。

质量管理体系的文件化是酒店质量管理的一项重要工作，因为只有完善的体系文件才便于按文件的要求执行各项工作，使质量管理工作条理化、规范化、有章可循；同时也只有将质量活动的执行结果记录成文，才能证明已经执行了各项工作，使质量管理活动有据可查。质量管理体系文件还能够及时发现酒店运作过程中存在的问题，及时发现宾客的要求，为质量管理活动提供依据。

**(七) 实施质量管理体系**

酒店质量管理体系文件编制完成以后，应当对酒店的全体人员进行教育和培训，培训的基本内容和重点是酒店的质量管理体系文件，其中包括服务规范、服务规程和质量控制规范。

实施质量管理体系阶段的教育培训应当落实到每个部门和每个实施者的岗位，不同岗位的人员除了一般了解本岗位的质量要求外，还应当了解相关岗位、相关程序的内容和要求。

在质量管理体系实施以后，酒店要加强组织协调，并对质量管理体系的实施情况加以监督。实施过程中，会出现偏离文件要求的情况，对此需要加以分析和控制。对文件本身的问题以及执行过程中的某些矛盾应采取相应的措施，进行协调和改进。

**(八) 质量管理体系评审与审核**

质量管理体系实施以后，对质量管理体系本身是否科学合理和运作，质量管理体系的实施情况是否合乎要求、达到目的，酒店最高管理者需要加以评审和审核。通过评审对质量管理体系的现状和适应性做出正式的评价，作为改进的依据。质量管理体系的评审应当是不定期的，其目的是不断地改进酒店的质量管理。

## 关键术语

服务质量(service quality)
有形产品质量(tangible product quality)
无形产品质量(intangible product quality)
服务质量管理
(service quality management)
全面质量管理(total quality management)
服务质量分析(service quality analysis)
零缺点质量管理
(zero defect quality management)
优质服务(good service)
顾客满意度(customer satisfaction)
投诉处理(complaint handling)
服务质量评价(service quality evaluation)
第三方评价(third party evaluation)
评价体系(evaluation system)
评价指标(evaluating indicator)
评价模型(evaluation model)

## 复习思考题

1. 酒店服务质量包含哪些内容，衡量标准是什么?

2. 酒店全面服务质量管理的特点是什么？
3. 如何进行酒店服务质量控制？
4. 简述酒店服务质量顾客评价的形式与特点。
5. 简述评价主体进行酒店服务质量的优缺点。
6. 如何对酒店服务质量管理进行有效的沟通？
7. 简述酒店服务质量管理的实施过程。

## 即测即评

## 扩展阅读

### 如何通过创新酒店服务质量管理提升顾客满意度？

对于一般消费者而言，最重要的消费需求趋势是追求高质量的服务，也就是所购买商品或服务必须与顾客所花费的价值相等。在这个顾客意识高涨的时代，对于强调“与顾客互动”的酒店从业者而言，管理者选择顾客导向，就应以提供能使顾客满意的服务质量为目标。由于酒店人员提供有形的产品及传递无形商品的附加价值，以提高服务质量满足顾客的需求，尤其是第一线的员工与顾客接触更是直接与频繁，所以在服务传递过程的任一时点，都可能因为员工与顾客在服务质量的期望与实际服务表现上，由于在各自的重视度与满意度上认知的不一致而产生服务质量的缺口，造成顾客对服务品质的不满意以致流失顾客。目前顾客的需求正急速地变化，要掌握顾客的需求已越来越困难，因此如何创新服务管理，提升服务质量并留住顾客，是酒店业经营要正视的重要议题。

服务质量应由使用者认知来决定，因而服务质量是指顾客的需求在服务中具备的程度及顾客对该服务的认知是否达到其理想水平。可以分为四项内容：一是服务人员的行为及态度。与服务人员有关的态度，包括礼貌、自信、提供服务的意愿、是否细心及体贴等，这些特性均可经由后天的人为培训而产生，也可能是其先天的人格特质，管理者可在应征时便筛选出人才。二是时效性。由于服务具有易逝性特点，无法在事先予以储存，因此服务质量好坏取决于服务当时的过程，所以时效性包括等待时间、服务完成所需时间等。三是服务不合格点。这是指考虑实际成效偏离目标值的情况，如酒店中每100名顾客中的抱怨人数的比例大小。四是与设施有关的特性。服务设施良莠也会影响服务质量，如酒店的设备是否现代化。

顾客满意度是指一种消费态度的形成，也就是顾客在购买产品或接受服务后，所做出的整体评价。影响顾客满意的主要因素可归纳为以下四点：一是顾客的期望（customer expectation），是消费者在购买之前预期产品所能提供的利益，反映出消费者预期的产品绩效；二是产品的绩效（product performance），是消费者在购买产品之后绩效的实际知觉，用来与购买前的期望比较；三是失验（disconfirmation），是顾客的期望与产品绩效差异的程度，失验的强度与方向会影响消费者对顾客满意的评价；四是顾客满意（customer satisfaction），是顾客的期望与产品绩效差异的程度一致。

酒店如果能提供良好的服务，将能提高顾客知觉价值及顾客满意度，建立与顾客的良好关系，使顾客愿意持续交易。顾客价值是货币交易与交易过程中获得效用的比较结果；服务质量则是酒店成功吸引顾客及维持顾客再惠顾机会的工具。

具体来说，顾客满意与服务质量的关系如下：顾客满意是服务质量决定因素之一；服务质量是顾客满意形成原因之一，且高度的认知服务质量会导致顾客满意增加；服务质量对顾客满意有正向影响，且服务质量与顾客满意具有显著的正向因果关系；顾客满意是一种以经验为基础的整体态度；顾客满意与服务质量的差异是采用不同的比较标准，顾客满意产生于预测与认知服务的比较中，而服务质量则来自期望与认知的比较中；服务质量与顾客的本质是不同的，服务质量的预期是顾客对企业应该提供服务方式的一种需求（want）或愿望（desire），顾客满意的预期则是顾客对企业即将提供服务方式的一种预测（predicts）。

酒店服务管理工作创新的措施：

1. 转变服务理念

时代在变，消费形态也跟着变，酒店要注意顾客消费习惯与需求，尤其对顾客要有感恩心。服务多元化、互动好，让顾客与酒店成为好朋友。酒店服务顾客要用心、热心、细心、贴心和爱心服务一次到位。酒店应制定有助于员工保持积极工作的动力的清楚升迁、奖励等制度，给第一线服务人员充分的培训和授权，使其有能力处理顾客需求。在培训过程中，管理人员要有差异化的观念，这可以归纳为两个尝试性的观念，即尊重别人就是尊重自己；尽可能地善待现有顾客，让顾客的感觉“多温暖一点”，并“少抱怨一点”。

2. 服务方式创新

为让经营的酒店变得与众不同，酒店必须转型，翻转传统酒店的形象十分必要。除了服务用心，更要创新实现差异化经营来实现物超所值，从而增强竞争力。在当前时代，让酒店不只是睡觉的地方，而是重新赋予顾客住宿新的体验，让客人感觉在不同的角落、不同的高度、不同的房间、不同的窗户，有不同的感受及物超所值。另外，由于旅客来到他乡异地，情况不熟，酒店可以选择和周围有名气的商店结成战略联盟一起做促销，如周边超市只要出示酒店磁卡便能取得优惠折扣。

3. 融信息技术于服务之中

近年来，信息科技的创新给酒店产业提供了一个新的工具，即以 RFID（radio frequency identification）进行顾客交互式服务，建立消费者偏好数据库，以提升服务质量及效率。从消费者的角度来说，消费者通过使用酒店 RFID 技术获得满意的消费体验及服务质量，进而影响其餐旅消费决策及购买行为。另外，近来服务业者更结合 RFID 及云端运算科技的功能，整合网络上的平台，进行客户关系管理，满足消费者便利消费及增值服务的服务需求。RFID 技术在酒店产业的应用主要有四个方向：第一种应用为人数记录及控制，如电子机票及忠诚顾客管理；第二种应用为物品记录及控制，如行李追踪；第三种应用为无接触付款（contactless payment），如酒店的房账记录及付款；第四种应用为 RFID 基础信息（RFID based information），如导游及解说。酒店行业的 RFID 技术带来许多效益，如增加存货控管并减少成本，增加员工与顾客互动方式的弹性，减少服务失误提升顾客服务质量，同时 RFID 技术也能提升营销业绩，增加酒店收益。

目前也有国内酒店从业者开始投入 RFID 应用技术的开发，希望能借助 RFID 技术提升服务质量，并影响消费者旅游消费决策及旅游消费行为。例如，吉安生态旅游度假村于 2015 年率先推出“绿色服务建置计划”的创新服务，并于 2016 年推出全国首座儿童旅馆，利用 RFID 技术整合服务流程，将 RFID 芯片嵌入手环中，将手环与房卡做结合，利用手环即可在酒店做一切的消费活动，大大减少了酒店的人力支出，原须有人收票的地方，房客只需利用手环在机器上做扫描即可完成报到，连开房门也只许轻轻一扫即可开门，手环会自动记录顾客在酒店内的一切消费，在退房时只需将数据调出即可轻松完成退房手续，而计算机也会自动记录顾客的习惯，取代传统人工 KEY IN 的方式，大大提升服务效率。以创新的服务方式，为顾客带来新奇的旅游体验，更让酒店业者透过 RFID 科技提升顾客服务质量及满意度。

总体而言，随着社会经济快速发展，人们的生活水平逐渐提高，对酒店的经营管理也提出了更高的要求。为了提高酒店的管理质量，迎接更多的挑战，酒店必须创新管理手段。酒店创新管理不仅要保障酒店正常的运转，还要从顾客的角度出发，针对需要为顾客制定个性化服务，让顾客在满意的基础上感到惊喜，这是酒店获得市场优势的重要手段。

节选自程文禹．浅析酒店服务管理工作的创新．中国管理信息化，2018(9).

# 第十二章　酒店信息技术管理

## 本章导读

本章主要围绕酒店信息资源管理问题进行了阐述，共分为三部分内容：第一节介绍了酒店信息的概念、分类，酒店信息管理的概念、任务、过程及系统构成；第二节介绍了酒店管理信息系统的概念、特点、发展历程以及酒店管理信息系统的功能设计与开发、运行与维护；第三节介绍了酒店信息技术管理的发展现状及趋势，涉及酒店大数据运用、酒店自助服务技术、酒店服务机器人和酒店智慧客房等内容。

## 第一节　酒店信息资源管理

人、财、物、时间、信息等是现代酒店管理的重要要素和资源。在整个管理过程中，信息是不可缺少的要素，信息的管理是提高管理效能的重要部分。随着酒店规模的不断扩大，服务功能和设施不断增加，信息处理量也迅速增长，质量上对信息的正确性、精确性、时间性和相关性的要求越来越高。这就要求对酒店大量的信息进行收集、总结、分析和反馈处理，以合理、快速地利用有效信息，为酒店的经营管理不断注入新鲜血液，使酒店充满勃勃生机。

### 一、酒店信息资源及其管理

#### （一）酒店信息的概念

酒店信息是指那些能用来沟通酒店各部门之间的联系，反映酒店经营管理活动和酒店行业变化的情况，经过收整、加工、传递和分析处理，被酒店利用的消息、政策、数据、资料、情报和知识的统称。它具体表现为酒店内部管理的各项指令、计划、报表、数据和规章制度，以及描述酒店外部环境变化的数据、消息、政策等。涉及的内容有宾客、销售、财务、人力资源、行业政策、数据等方面。

酒店信息一般具有价值性、客观真实性、时效性、应用性、可贮存性、可开发性、可分享性、可积累性、可压缩再现性等特征。

**（二）酒店信息的分类**

酒店信息的内容丰富，按不同的标准可划分为不同的种类。下面从不同角度对信息进行分类。

1. 按信息产生的环境分类

按信息产生的环境分类，可分为酒店内部信息和酒店外部信息。

酒店内部信息指产生在酒店内部，与酒店的内部管理和业务运转有关的信息。根据酒店的经营管理过程，酒店内部信息又分为前台信息与后台信息。前台信息是以客人入住管理为核心，在前台服务接待过程中获取和产生的信息；后台信息是为了确保为客人提供的各项服务能够正常开展，后台保障过程中的人、财、物等资源投入与耗用信息。

外部信息是产生于酒店组织之外的有关酒店产品质量、市场等方面的信息。外部信息反映着酒店的外部形象，是反映酒店经营情况的晴雨表。对外部信息，酒店可通过宾客反馈、市场调查、信息追踪等手段来获取。

2. 按信息组织程度分类

按信息组织程度分类，可分为确定信息和随机性信息。

确定信息是程序化的组织信息，可以按照制度和规定有计划地通过正常途径获得，如酒店财务信息、员工信息、客人信息等；随机性信息是指酒店经营活动中特殊的、突发性的、不可控制的事件状态和特征的消息和情报，如消费者需求变化、竞争对手动向、不可预计的突发事件信息等。

3. 按信息形式分类

按信息形式分类，可分为定性信息和定量信息。

定性信息是那些用文字、语言描述酒店经营活动状况、特征及其发展规律的信息；定量信息是以数值计量形式来描述有关酒店经营活动中的数量的信息。酒店更要重视定量信息的收集、整理和分析。

4. 按信息时间属性分类

按信息时间属性分类，可分为历史信息和预测信息。

历史信息是描述酒店经营活动中已经发生了的事实或现象的信息；预测信息是根据历史信息，采用一定方法和技术揭示酒店未来经营活动前景的信息。

5. 按信息内容分类

按信息内容分类，可分为指令信息和数据信息。

指令信息是指酒店管理层在组织生产和经营管理时向下属部门及其员工发出的各种经营决策、行政命令、工作计划及工作安排等，其中上层管理层是信源，下属部门及员工是信宿。数据信息则是指所有体现生产、经营管理数据的信息，如各种报表、统计图表、上报数据等。

6. 按信息作用分类

按信息作用分类，可分为决策信息、监控信息、作业信息。

决策信息是指酒店决策层制定的有关酒店长远发展的战略计划、各种重大决策等方面的信息；监控信息主要指维系酒店正常运转有关校正、控制方面的信息，如经营管理有关计划、指标及业绩情况的各种反馈信息(正偏离或负偏离方面的信息);作业信息是指用于或来源于酒店日常业务活动的所有信息,如日接待人次数、客房床位数、出租率、待出售客房数等。

7. 按信息来源分类

按信息来源分类,可分为客源信息、市场信息、行业管理信息。

客源信息是指来自宾客,反映宾客的共性及其个性特征的信息;市场信息是指酒店经营管理环节中有关产品的供求数量、质量、效益、供应商、批发商乃至行业的新动向等信息的总和;行业管理信息是指针对酒店行业来自行业主管部门的有关行业发展政策、方针、法律法规及行业管理制度等方面的信息。

8. 按信息的接收方式分类

按信息的接收方式分类,可分为公开信息、半公开信息和密级信息。

公开信息的内容全部向大众公开;半公开信息的内容有一部分公开,另一部分则对受众有选择和限制;密级信息则不管是内容还是受众对象在接收方式方面都有严格的限制。

### (三) 酒店信息管理的概念

酒店信息管理是指酒店为达到既定目标,有效地运用各种手段和方法,对涉及酒店信息活动的各要素信息进行合理的组织和控制。

酒店信息管理有狭义和广义之分。狭义的酒店信息管理是指对酒店经营活动中的文献、数据、信息或信息技术集合并进行管理。广义的酒店信息管理是指对酒店信息活动中的所有要素的管理。

## 二、酒店信息管理的任务及过程

### (一) 酒店信息管理的任务

信息管理工作的科学化、规范化与制度化,可以使酒店对外部环境和内部状况保持敏感,是酒店获得最大经济效益的基础和参谋。为此,酒店应建立智囊型信息管理机构,如专家组、咨询部、智囊团等,负责酒店信息的收集、整理和分析处理工作,协助领导进行科学决策。酒店信息管理的主要任务如下:

(1) 了解和掌握市场行情,分析和预测市场发展趋势,掌握酒店顾客及潜在顾客的需求和购买倾向。

(2) 为酒店产品的更新换代、提高酒店产品的质量及降低产品成本等活动提供适用信息。

(3) 对酒店的竞争对手做分析比较,了解酒店业的竞争态势和竞争对手的动向、战略、优劣势等,为本酒店的市场竞争提供分析信息。

(4) 了解社会经济的发展状况和价值观、法律制度、财政政策、国际关系等方面的变化,为酒店提供社会、经济、金融、政治等宏观综合信息。

(5) 加强与其他酒店间的信息交流,为本酒店总结管理经验提供有用信息。

(6) 了解酒店的核心能力、资源的特点及优劣势、酒店的经营障碍等,为酒店进行核心能力和资源分析提供信息。

(7) 了解员工的需求、愿望和思想状况,监控员工的业务技能和流动状况,为酒店的内部管理提供信息依据。

### （二）酒店信息管理的过程

酒店信息属于信息资源的一种，从信息的生命周期来看，信息由收集、传输、加工处理、存储、信息维护、使用环节组成，所以，酒店信息管理主要从以下环节入手。

1. 酒店信息收集

酒店信息收集是从系统目标出发，根据客观情况，调查、判断规定的数据，用恰当的方法把需要的信息汇集起来。酒店信息收集过程包括：

（1）信息识别。由于信息的不完全性，想得到关于客观情况的全部信息实际上是不可能的，所以信息识别十分重要。

（2）信息采集。由于目标不同，信息采集的方法也不相同，主要有自下而上法、广泛收集法和随机积累法三种。

（3）信息表达。信息表达有文字表述、数字表达和图像表达三种形式。

2. 酒店信息传输

酒店信息传输指信息在整个系统内的流动，既包括管理信息系统把有用信息送至终端设备，以一定形式提供给管理者，也包括信息在系统内各子系统之间的流转。信息传输是管理信息系统的重要环节，也是衡量管理信息系统效率的重要尺度。

3. 酒店信息加工处理

信息处理不仅包括对已录入的数据进行加工，得出新的信息，而且包括对加工过的信息进行选择、查询、排序、归并，从众多信息中找出最重要的信息。

4. 酒店信息存储

酒店信息存储指将信息保存起来以便需要时使用，可以存储在硬盘、光盘等上。信息存储根据系统目标和要求及支持系统目标的数学方法和各种报表的要求，确定存储何处，使用何种介质及相应的存储方式。建立公用数据库，采用数据库技术集中存放，可以减少信息存储的冗余量，实现数据共享，缩减数据、信息沟通的时间，提高工作效率。目前，很多酒店都建立了数据信息库，如客人退房、入住信息，以此使前厅部以及有关部门及时了解房态分布状况。

5. 酒店信息维护

信息维护是使信息始终处于最新使用状态所作的管理工作，目的是保证信息的准确、及时、安全和保密。

6. 酒店信息使用

信息使用是通过一定的手段，快速、高质量地把加工过的有用信息提供给使用者。信息提供已由过去的定期报告，发展为报表形式、图形图像，直至声音形式。非专业管理人员也可以直接和机器对话。使用信息能提高工作效率，把信息转化为价值。信息使用应加强管理，发挥信息系统的潜力，强调信息维护的重要性。

## 三、酒店信息资源管理的系统构成

### （一）硬件系统配置

由于酒店的规模不同，各个酒店所采用的计算机系统的硬件系统配置也有所不同。硬件指计算机设备，系统软件指系统的运行平台，它们一起构成酒店计算机系统的体系结构。酒店管理系统使用的体系结构一般有三种类型：单机系统、集中式处理结构和分布式处理结构。这三种结构随计算机技术的发展而产生，至今还在不断发展、变化着。

1. 单机系统

单机系统是由一台主机、显示器、键盘、打印机等，再配备一定的软件组成，能完成一些简单的酒店业务。该结构具有使用方便的特点，但信息传递性差，无法实现各部门的数据共享。由于它所能运行的软件和存储能力很有限，只能用在一项或几项工作中，一般都用在总台接待、结账服务中，做酒店的预订、接待的信息处理工作。这种配置比较适合于小型酒店，而计算机类型则要根据酒店自身的能力和要求来选择。该结构目前已很少有酒店使用。

2. 集中式处理结构

集中式处理结构是采用一台或两台小型计算机或超级微机作为主机，使用人员通过各终端与主机联系，进行各类数据处理作业。其数据处理能力强，数据安全，可靠性高。缺点是终端本身没有处理能力，系统处理速度将随终端数量的增加而明显减慢，而且一般终端只有字符界面，用户界面不美观。这种结构在 PC 机及 Windows 流行之前的 20 世纪 70 年代到 80 年代末被广泛使用。图 12-1 是酒店联机集中式处理结构图。

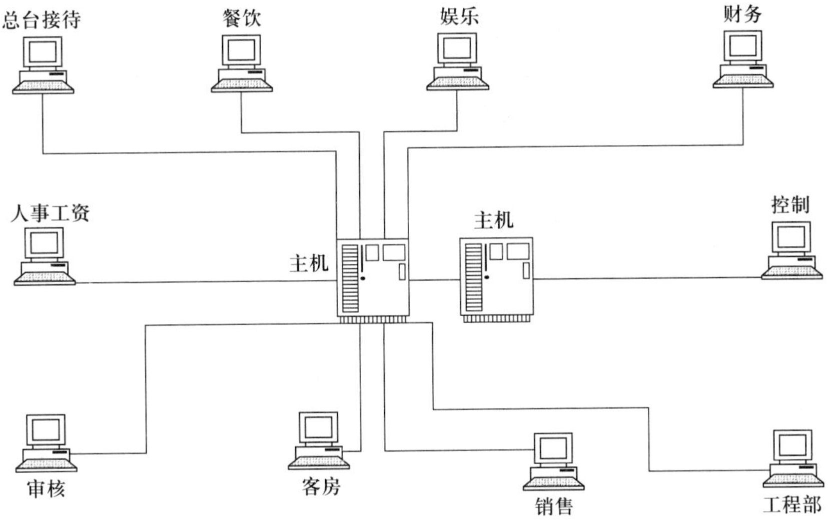


图 12-1 酒店联机集中式处理结构

3. 分布式处理结构

分布式处理结构(见图 12-2)以高档微机或小型机作为网络服务器，通过网络连接各个工作站，而各工作站都是一台独立的微机，本身具有数据处理的能力，需要时可联机入网在服务期内进行数据处理，是目前理想的体系结构。目前流行的 C/S 结构(即客户机/服务器结构)都是分布式结构。C/S 结构中，客户机支持用户的前端处理，而且一般是 Windows 图形界面，服务器用于支持应用的系统环境，包括数据库的管理及查询。它结合了局部网络和集中式多用户系统的优点，由服务器和客户机协同处理，充分发挥系统的各种优越性，是目前酒店中最佳的体系结构。

随着通信技术的发展，Internet 的普及，分布式结构实现了远程数据处理。这种广域

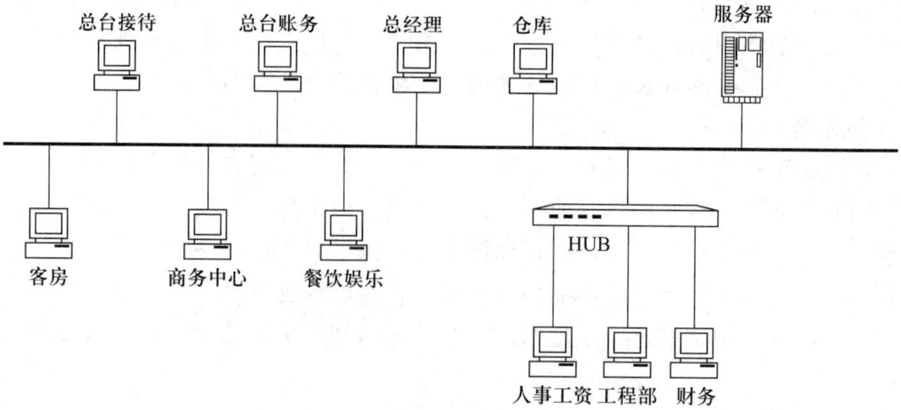


图 12-2 酒店分布式处理结构

网分布结构更适合酒店集团的信息管理。集团总部可以通过 Internet 有效地管理各地的酒店，及时了解酒店之间的经营情况，各酒店之间也可以通过 Internet 实现信息互传。从计算机应用发展趋势看，基于 B/S（浏览器/服务器）结构的广域网方式是今后发展的方向，是建立集团管理所采用的必要手段，也是目前各连锁酒店公司进行信息管理的理想模式。

B/S 模式实质上是 C/S 方式在新的技术条件下的延伸。这种方式下，Web Server 既是浏览服务器，又是应用服务器，可以运行大量的应用程序。前台采用网络浏览器，如微软（Microsoft）公司的 IE 作为用户的标准界面。客户端利用浏览器通过 Web 服务器去访问数据库以获取必需的信息，而 Web 服务器与特定的数据库系统的连接可以通过专门的软件实现。这种体系机构目前已经成了高端酒店管理信息系统产品的主流（见图 12-3）。

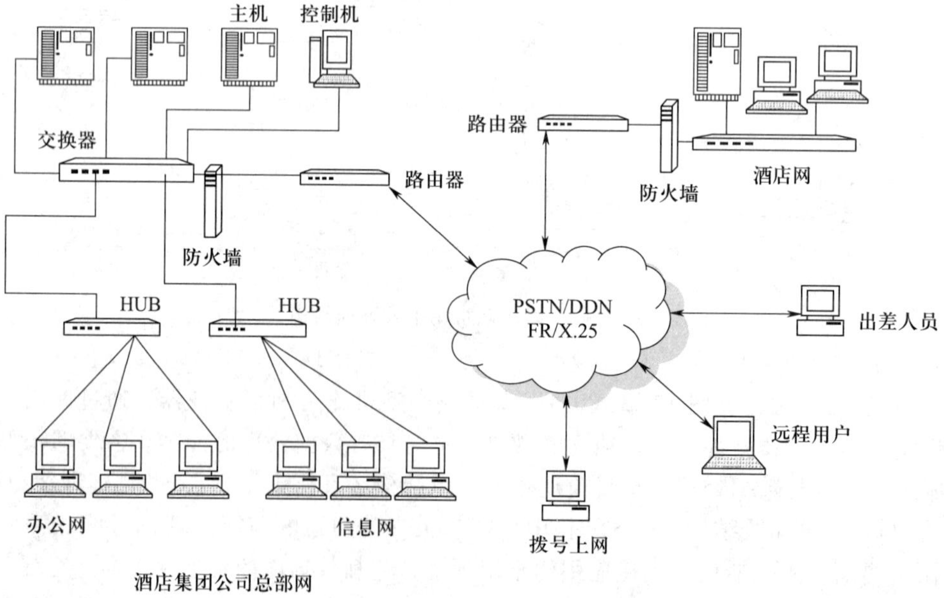


图 12-3 酒店集团计算机硬件系统拓扑图

#### （二）软件系统配置

由于酒店的规模、档次、企业性质、服务对象不完全相同，经济和技术实力差异较大，各酒店采用的酒店计算机系统的软件和平台各不相同。主要表现在操作系统、数据库系统和网络系统三个方面。

1. 操作系统

目前，常用的酒店计算机管理系统大多使用 Windows 或 Windows/NT 操作系统，一些国外酒店管理软件还使用了 UNIX 操作系统。无论是何种酒店计算机管理系统，无论在何种操作系统下运行，它们的主要功能和信息处理的方法是基本相同或者相似的。

2. 数据库系统

早期的酒店管理信息系统的数据库往往是基于 DBASE 和 Visual FoxPro 开发的，现在数据库系统以关系型为主，采用的数据库有 Oracle、Informix、SQL server、Sybase 等。在运用当中强调其良好的系统扩展性和二次开发，基于 SQL 语言的 C/S 体系结构。

3. 网络系统

网络系统软件采用基于 TCP/IP 协议的操作系统，选择上要考虑与 Internet 的连接和结构化布线，并考虑到安全管理和出错控制的需要，一般采用 Client/Server 网络结构。大型酒店管理信息系统一般采用基于 B/S 结构的 Intranet 网络方案，拥有自己的网站和酒店预订系统。

## 第二节 酒店管理信息系统应用

随着全球经济一体化，酒店业客源更加丰富多样化、市场更加广阔的同时，酒店业也面临着日趋激烈的竞争环境和不断攀升的客户期望，迫使酒店业人士不断进一步寻求扩大酒店销售、改进服务质量、降低管理成本和提升客户满意度的新办法来增强酒店的核心竞争力。其中最有效的手段之一就是大规模应用先进的信息化技术，变革传统意义上的酒店业竞争方式和经营管理模式，进而赢得竞争优势。在这方面，国际上领先的酒店一直在不遗余力地探索、实施和推进。

据美国酒店及旅游业财务与科技专业人员协会（HFTP）的调查报告显示，电子及互联网科技成为今后酒店及旅游业获得新竞争优势的重要工具。中国酒店业也积极地直接借鉴、应用国际先进的信息化技术来增强自身的经营管理工作。

### 一、酒店管理信息系统概述

#### （一）酒店管理信息系统的概念和特点

1. 酒店管理信息系统的概念

酒店管理信息系统是随着计算机在酒店业中的应用而逐渐成熟和发展起来的。目前，有关酒店管理信息系统的相关概念和提法很多，比如酒店计算机系统、酒店管理系统、酒店信息管理系统等，所有这些提法都在一定程度上反映了人们对酒店管理信息系统的某种认识。

酒店管理信息系统（hotel management information system，HMIS），是指利用计算机技术和通信技术为酒店经营管理和决策服务的人机相结合的综合系统。该系统能全面反映酒店企业的运营状况，并通过计划和控制等手段帮助酒店企业实现其经营目标。其含义可以从以下几个方面来理解：

（1）HMIS 是酒店企业的信息系统。这是从广义的角度来讲的，强调以计算机技术、网络通信技术、数据库技术为代表的信息技术基础，注重信息的收集、传递、存储、加工、维护和使用，在实际操作上多表现为事务处理或电子数据处理。这是酒店信息系统发展的第一个阶段，也是最初级的阶段。

（2）HMIS 是酒店企业的管理系统。这是从狭义的角度来讲的，强调面向酒店企业中高层管理者，注重计划、控制等管理职能的实现以及对非结构化和半结构化决策问题的支持。这一系统不是单纯地将原手工系统或事务处理系统进行自动化，而应是现代管理思想和管理方法与计算机手段相结合的产物。

（3）HMIS 是一个社会技术系统。酒店管理信息系统是一个社会技术系统：一方面信息技术必须适合酒店企业的需要；另一方面酒店企业也必须通过学习新技术来促进自身的不断创新。在酒店管理信息系统的开发过程中，要正确地界定人和计算机在系统中的地位和作用，充分发挥各自的长处，使系统整体性能达到最优。

2. 酒店管理信息系统的特点

和其他系统一样，HMIS 首先是为经营管理服务的，是酒店经营的辅助管理工具，是酒店经营管理信息化的主要手段。作为一个系统，特别是为酒店经营服务的信息系统，HMIS 应有以下几方面特点：

（1）HMIS 是一个现代酒店管理的辅助系统。酒店管理主要依靠人，计算机仅是数据处理的工具。管理人员依据计算机数据处理的结果信息作出管理决策，以达到有效经营管理的目的。HMIS 是一个以人为主体的人机综合控制系统，经过 HMIS 的快速数据处理，酒店管理人员可以迅速得到所需信息。通过 HMIS 的辅助管理，能使酒店管理更加科学化，日常事务处理更加有序、更加规范、更加准确。

（2）HMIS 是一个开放式的系统。HMIS 是一个具有输入、输出功能的开放系统，可以输入各种票据，登记记录、账单、报表等。同时可以结出各种统计报表、汇总表等，通过输出控制整个酒店的物流和资金流。HMIS 不仅能够对环境进行分析并适应环境，而且能够在一定范围内、一定程度上改造环境，例如通过 HMIS 制定促销计划，可以改善酒店的营销活动。

（3）HMIS 是一个反馈系统。作为一个综合控制系统，HMIS 处理的是酒店的具体业务数据。由于酒店经营处于不断变化的环境中，如果 HMIS 在运行过程中不根据实际情况加以调整和扩充，往往会因脱离实际而失去作用。因此，为了延长 HMIS 的生存周期，必须根据 HMIS 输出的结果信息以及外界的信息随时调整内部处理方式或扩充相应处理功能。这种反馈功能使得输出的结果信息更加精确、更加实用。

（4）HMIS 是一个具有层次性的系统。现代酒店的管理具有很明显的等级制，即各级管理职责分明，分工明确，下级服从上级。HMIS 为了适应这种管理也将软件设计成相应的层次，一般分为三个层次：最低层为作业层，主要是录入和管理一些基础数据，使用 HMIS 的主要目的是为了提高工作效率和服务质量；中间层是管理层，主要功能是管理综合数据，目的是提高管理精确度，使管理上少一些“大概”“差不多”，使得整个酒店的计划、组织、控制及激励更加有效、更加有的放矢；最高层是决策层，使用对象是酒店高层决策者，他们根据HMIS输出的结果信息作出经营管理决策，以提高经营管理效益，这是计算机在酒店应用中的真正价值体现。目前HMIS在决策层的应用越来越得到重视，如酒店的营销策略的制定、成本控制决策、财务计划决策、目标利润制定等主要领域，HMIS逐步过渡到酒店决策支持系统(HDSS)阶段。

### （二）酒店管理信息系统的发展历程

1. 电算化阶段

规模化经营的酒店作为集客房、餐饮、通信、娱乐、商务、文化及其他各种服务与设施为一体化的消费场所，组织庞大、服务项目多、信息量大，要想提高工作效率、降低成本、提高服务质量和管理水平，必须借助计算机来对酒店运行过程中的人流、物流、资金流和信息流进行计算机化地输入、存储、处理和输出。

早期的国外酒店业信息化应用正是为此而设计的，为了替代手工操作为主而引入计算机电算系统，使员工可以利用系统来处理简单、琐碎、重复性的工作。如财务管理可进行收银、总账、出纳管理、银行对账等；客房管理可进行可用房查询、产生客房统计报表等，包括顾客入住酒店后，酒店计算机管理系统可执行入住登记、收银、查询、结账、报表生成等多种功能。这些应用对酒店实现局部科学管理、提高工作效率、改善服务质量等起到了一定的作用。但是在这一阶段的信息化应用并没有从深层次上改变传统酒店业的内部管理流程，还停留于表层，仅仅是替代手工操作或对现有流程的计算机模拟，远未达到彻底改变竞争方式和经营管理模式的要求。

2. 自动化阶段

随着计算机在智能楼宇控制自动化和酒店设施设备管理监控的应用，酒店设备运行管理的自动化逐步走向高层次信息化应用。如暖通系统的监控；给排水系统监控；供配电与照明系统监控；火灾报警与消防联动控制、电梯运行管制；出入口控制及门禁系统等，发展成由中央管理站、各种控制系统直接数字控制器(DDC)及各类传感器、执行机构组成的能够完成多种控制及管理功能的智能化、自动化控制系统。

同时酒店信息化在这一阶段应用的另一方向是酒店办公业务自动化，通过覆盖酒店管理主要业务部门的办公自动化(OA)系统，实现信息方便、快捷、准确地传递和管理。

3. 网络化阶段

以因特网(Internet)和数字化经济为主要特征的信息化冲击，使网络化建设也已成为酒店业整个信息化建设应用中的重要组成部分。于是以宽带高速数据网络为核心的“数字化酒店”(cyber hotel)也应运而生。“数字化酒店”的含义不仅仅是酒店有宽带接入线路，方便客人在酒店区域内高速上网，还包含以下内容：在网上创建公司网站供客户浏览，进行互动式的数据查询和客户自助服务功能，如市场销售、宣传推广、订房管理等；运行突破业务电算化功能的酒店管理信息系统(HMIS)；以因特网为基础，方便员工的移动办公系统和面向社会的电子商务系统。

网络化阶段的应用重点是网络营销和网上实时订房业务。正所谓“网络点击，无限商机”，酒店通过网络宣传企业形象和服务，开展网上预订客房，让客人了解酒店设施，选择所需要的服务，进行远程预订。而酒店与顾客通过网上互动式交流，可为顾客提供更为个性化的服务，这比打价格战要高明得多。客人无论身处何处，上网就可以选择自己中意的酒店。所有这些都是基于高速互联网的接入，这将成为未来酒店的基本设施。从这个阶段开始酒店引入了电子商务概念。

4. 集成化阶段

随着酒店信息化管理系统的深入运用，为充分实现信息共享和持续上进的行业最佳业务规范(best practice)，酒店业信息化步入了酒店流程再造的全新的集成化应用阶段。根据应用水平由低到高，可分为系统集成、应用集成、信息集成、社会集成四个层次。简要来说，系统集成打破了硬件和硬件之间的壁垒，员工可以通过网络分享不同计算机上的文档；应用集成打破了部门与部门之间的壁垒，让营销部门与服务部门可以共享同一个客户的主记录，前台、客房、财务可以共享一个成本数据。

成功的集成系统国际上领先的应用经验是：三分软件七分实施。软件功能主要包括：前台、餐饮和成本控制、宴会与销售、财务、人力资源、工程设备、采购和仓库、客房服务、商业智能分析、远程数据库交换等模块，各个模块之间无缝集成，同时还与多种酒店智能自动化系统(如门锁管理系统等)有接口，包括与在线电子交易系统集成。而七分实施主要是强调应用最佳行业业务规范进行酒店业务流程再造(BPR)，将传统的组织结构向顾客导向的组织结构转变。酒店流程的再造不仅是为使用计算机系统而使用计算机系统，更重要的在于相应地转变和理顺酒店的组织结构，使信息技术结构同酒店的新业务流程及组织的管理目标相互适应协调，形成酒店在信息时代的新竞争优势。如对酒店企业而言，网络订房就是信息技术带来的最简单不过的变革，任何一个现代酒店企业都不得不适应这种变革，再造酒店业务流程。

5. 协同化阶段

进入互联网新经济时代，酒店业信息化的新追求境界是在集成化基础上的协同化应用。酒店通过互联网搭建统一的信息应用平台，将客户、酒店、员工、供应商、合作伙伴等各方联为一个整体以实现纵览全局的跨行业、跨组织、跨地区，实时在线的、端对端数据无缝交换的业务协同运作，其重点在于各方联为一体直接面向顾客提供个性化服务。

综观国外酒店业信息化发展轨迹和趋势，不难看出，随着酒店业竞争的加剧，酒店之间客源的争夺越来越激烈，客房销售的利润空间越来越小，酒店需要使用更有效的信息化手段，拓展经营空间，降低运营成本，提高管理和决策效率。高层次的酒店业信息化不再是仅仅追求计算机辅助管理，而是追求建立在集成化基础上的协同化应用。

## 二、酒店管理信息系统设计与开发

### (一) 酒店管理信息系统的功能设计

酒店管理信息系统的功能设计是以系统业务流程和数据流程分析为依据，通过子系统的规划和模块设计，得出酒店管理的基本功能结构。典型的酒店管理信息系统以前台管理和部分后台管理为主，包括预订管理、接待管理、客房管理、餐饮管理、收银管理、客户管理、财务管理等。部分系统还包括人事管理、娱乐管理和工程设备管理等，这些功能通常也称为子系统，它们反映了信息系统的核心业务处理能力，如图 12-4 所示。从业务管理的角度，每个功能都从五个方面来进行详细设计，即数据录入、数据查询、数据处理、数据输出和代码维护。

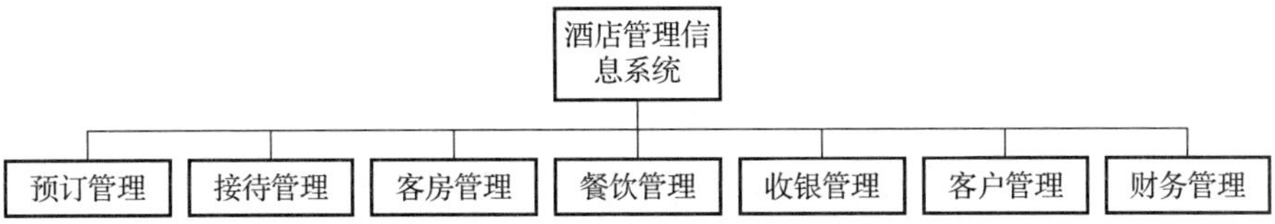


图 12-4　酒店管理信息系统核心功能设计

通常，酒店管理信息系统功能设计都是根据酒店经营现状通过业务流程分析和数据分析的结果来决定的。近年来，酒店经营在互联网思维的影响下，酒店信息系统的功能设计更多地考虑了客户的需求，即除了满足管理需要外，还需要满足服务的需要，用信息系统更多地为客户提供服务，如订房服务、关怀服务、查询服务、积分兑换服务等。因此，在功能设计的方法上，更多地采用平行设计法，多个独立的业务同步进行功能设计，这样既考虑了信息系统的个性化需求，又考虑了酒店发展的需要，满足了信息系统的功能创新和竞争优势。在平行法设计中，为更多地获取客户的服务需求，可通过问卷调查、座谈会、访谈了解客户的服务偏好、住店习惯、网络爱好，从而得到客户对信息系统的功能需求。对于酒店内部，平行法设计也需要通过座谈会了解客房、餐饮、娱乐各方面的功能需求，同时了解这些业务部门的数据交换需求，形成满足现代管理与服务的功能需求。

新一代信息系统的功能需求无法用传统的系统分析和系统设计方法去获取，需要通过业务部门和客户的实际需求，结合基于网络的新技术和新媒体去分析，形成具有市场创新能力的酒店管理信息系统。

**（二）酒店管理信息系统的功能开发**

在确定了子系统的功能需求以后，下一步就要开始进行各系统的功能开发，功能开发建立在需求开发的基础上。需求开发就是在系统分析、系统设计、系统实施的各阶段中，进行有目标的需求分析、需求确认和需求管理，允许各阶段根据需要作一定的需求变更，使系统开发的功能符合酒店的实际需求。功能开发是根据功能需求进行系统性的功能定义、功能设计和功能管理，使开发的功能可用源代码实现，支持业务管理和服务的需要。经过需求开发和功能开发的设计步骤，就形成了酒店管理信息系统的核心功能模块，这些核心功能包括客房预订管理、团体预订管理、前台接待管理、散客接待管理、团队接待管理、客房管理、客户关系管理、前台收银管理、财务管理、考勤人事管理、夜间稽核管理、前台应收账款管理、IC 卡管理、餐饮收银管理等。

1. 客房预订管理

传统的预订管理功能包括预订单录入、客历、合约、会员预订、预订单变更修改、预订确认、应到未到处理、未确认预订单处理、预订方式分类统计、单位及旅行社预订报表、房态预报表、可用房查询等。新的预订管理功能包括网络预订、订单确认、分销管理等功能。预订管理功能可根据客人的基本订房资料自动显示该种房类在客人抵/离店期间房数情况；按客人姓名系统可自动调出客史信息及历次住店统计信息以确定房价优惠；按客人姓名系统可自动检索是否为黑名单客人；如果实时预订，其功能可预订到房类、房号，并根据已订房客人资料进行快速入住登记。预订还可以为客人建立同住关系及关联关系。

2. 团体预订管理

团体预订是客房预订管理中的核心业务，其功能主要包括预订和排房，实现快速、自动的团体订房业务流程。具体功能有建立团队主单、信息录入、成员排房、账务定义、消费设定等。通过团体住单管理团体订房信息及账务，并确定预订团体要求的各类房间及相关信息。系统可手动、自动排房，可选择多种排房方式，系统自动快速按要求进行入住登记及填写客人姓名，并实现散客、团员的互转等。

3. 前台接待管理

接待管理是酒店前厅管理的核心业务环节，包括散客接待和团体接待两种业务。散客接待管理的功能包括散客入住登记、预订客人入住、换房处理、加床处理、折扣调整处理、现住客人查询、历史客人、合约客人、会员查询、房账、客账转账处理等。功能要求还可根据房间状态表直接进行客人入住登记操作，按客人姓名系统可自动调出客历信息及历次住店统计信息以确定房价优惠；按客人姓名系统可自动检索出是否黑名单客人。同时还可以从预计今日抵店的客人列表中，选择客人直接入住，根据客历、合约、会员档案快速登记入住，并根据房态表实现住客换房、续住、离店后重入住等功能。

4. 团体接待管理

团体接待管理比散客接待管理在功能上更复杂些，其功能包括预订团体及团员自动入住、自动分房、团员非同时抵店、团体类型统计、团体账务建立、结账方式等处理。其他功能还包括按顺序列出客房号，动态实时地显示客房状态，可直接在房态表选择显示常见的房间列表，如全部客房、全部清洁房、不同房类房间状态、客房图表，也可直接在房态表上选择房间进行登记，实现最快速的客与房的管理。辅助功能还有修改客人资料、将预订客人转入住、查看设置房间信息操作、客人留言、客人换房、客人续住、散客团员互转等，在房间状态表上操作员可直接看到留言、房间信息、今日到客、今日预离店团体标识等。

5. 客房管理

客房管理是酒店的主业务，其功能包括了房态管理、耗品管理、设备管理和员工管理等。其中房态管理是核心功能，提供实时的房间状态表，要求以不同的颜色实时列出房间的状态，在房间状态表上操作员可直接进行房务管理或查看客人日常住店信息。常规房态应包括脏净房、维修房、自用房、VIP 房、等待房等，并具备增加/修改/删除房务管理的信息。辅助功能包括客房日志、记录和管理客人丢失物品、交接班事项等需求。

6. 客户关系管理

在前台系统中，客户关系管理的基本功能包括完善的客历管理、合约管理、销售管理、积分管理。对于企业客户，如旅行社，还具有协议单位房价政策和优惠方式管理、支付方式管理以及营销信息播送管理等。系统通过全面的合约管理即可保证销售人员管理自己的客户，同时也为酒店保留了客户信息资源，以便优惠政策得以延续和实现自动定价。所有客历、合约中享受的优惠和账户信用等内容可被所有的收银点和前台查询调用。系统还应具备客户在酒店的消费被系统进行统计、分析，制定消费排行榜，从而为酒店的促销政策提供数据。销售人员的销售业绩可被统计分析，自动考核酒店促销人员的工作业绩。

7. 前台收银管理

前台收银是前厅的重要管理工作，也是酒店经营的核心环节。在前台管理中，前台收银管理是一个独立的系统模块，具有完善的前台客账体系，住客、团体、公司、特殊账号等均有独立账户，实时进行账务处理，可具体到一条明细账的结账、挂账或转账等业务操作。系统具有完善的账务处理功能，所有有关账务的操作都留有操作痕迹，对已发生的账务只允许账务更正，从而保证财务账目的完备和完整，防止违纪现象的发生。为方便灵活的消费记账、收入记账，系统具备的丰富、全面的转账功能，令账务的跟踪清晰明了，多种账单输出功能全方位满足客人的结账要求。完善的结账功能支持按房号、账号智能快速结账功能，系统自动检测功能提示相关联账号，按日期、消费类别结账，使得结账在瞬间完成；系统还支持现金、支票、信用卡等多种支付方式结账。为方便团体结账功能，团体结账时，根据团体主单自动调出全部团员，系统自动提示未结账团员，支持团体离店其团员自动离店等功能。另外，完善的客账查询系统，提供跨账号的综合账目查询，可输入多种查询条件，达到查询的各种要求。

8. 财务管理

一般由财政部审批的财务系统通过接口接入酒店信息系统，功能包括科目编码、期初余额、计账凭证、过账科目汇总、过账明细账、总账、出纳管理、银行对账、自动转账、报表设计生成、查询、录入、合并、资产管理等。

9. 考勤人事管理

该模块专适用于酒店的人事工资系统管理，包括人事档案基本情况建立、员工分类档案(在职情况、历史员工、应聘人员)，多种人事报表、员工工资报表、基本情况设定、考勤情况、薪金变动、薪金计算、工资报表等。目前该模块正升级为独立的人力资源开发管理，还包括人事培训管理、员工绩效管理等内容。

10. 夜间稽核管理

酒店经营是24小时连续经营，但需要区分每天的经营业绩，这就要通过稽核来实现。每天夜间的稽核工作结束后就是新的一天的开始。稽核人员从夜里12点开始，保障夜审的快速准确，审核并打印预审报表，房租核数过账、稽核台账，并提供各部门经营管理及收入日报表、整理转移备份数据及特殊情况下的数据恢复。稽核的各类报表传送给总经理以及财务部门，是每月财务报表的基础数据。

11. 前台应收账款管理

酒店经营中会产生很多应收账款，如协作客户、旅行社、常客等，在前台管理中专门提供一个应收账款管理模块，用来管理前台的应收账款。该模块直接与前台系统相联，数据自动按要求转入，支持多种应收账户，其中包括协议公司账号、旅行代理账号、会员账号、内部账号等，账户数据清晰明确，每天提供相应的应收报表。

12. IC卡管理

IC卡管理是现代酒店经营的重要工作，因为现代消费者已习惯于使用各类IC卡支付各种费用。目前有两类IC卡：一类是银行或第三方支付的IC卡，这一类卡的使用都是通过接口的形式，管理比较简单；另一类是酒店自已发放的IC卡，这一类卡需要酒店一系列的管理，如IC卡发行、IC卡充值、IC卡注销处理、IC卡清退、持卡人维护等管理。

13. 餐饮收银管理

餐饮收银管理系统将餐厅楼面、收银、厨房分层次支持连接，从而做到点单、落单、收银一体化管理。功能需求包括支持分类列表选择及快速代码输入；支持查询历史前台挂账，实现客人多处、多次消费，一次性结账处理；支持多种收款方式（现金、支票和各种信用卡）；支持服务费计算、折扣计算、结账及报表、账务查询、报表处理等功能。新一代的餐饮收银管理支持无线点菜、智能终端点菜等功能，如智能手机、平板电脑等设备的餐饮点菜等。

以上功能开发内容大多数是前台信息系统的功能需求，仅介绍了部分后台功能的开发，后台功能的开发也非常重要，如工程设备管理、办公自动化管理、物资采购管理、仓库管理、安全保卫管理、经营收益管理、酒店知识管理、分销渠道管理等。这些后台管理基本上以财务管理为核心，形成后台管理的信息流程。

除此之外，酒店管理信息系统还包括扩展接口功能。酒店可以利用该功能把各种业务系统集成为一个大的系统，更好地为客户提供个性化服务，如远程查询、远程预订、连锁店联网上报等功能，门锁接口、智能卡消费、会员卡管理、多功能触摸屏查询、员工考核等一卡通管理功能，前台控制电话权限、客人电话入账、电话改房态、电话留言灯提示、宾客自动叫醒等。

## 三、酒店管理信息系统的运行与维护

### （一）酒店管理信息系统的运行管理

酒店信息管理系统是服务于酒店经营管理决策的人机系统，它不仅可以提高酒店运行的效率，还可以提高酒店的经营效益。因此，酒店必须对信息系统的运行建立一系列管理制度。

1. 建立信息系统的管理机构

信息系统运行的管理机构包括各类人员的组成、各自的职责、主要任务及其内部组织结构的设置。设立平行于职能部门的独立机构，可采用向总经理负责制；在财务部下设立相对独立的机构，可专门负责信息系统的运行和维护工作；在工程部下设立相对独立的机构，可偏重于硬件管理的运行和维护工作。

酒店管理信息系统管理机构的具体职能应包括：

（1）从战略和长远发展的角度全面规划酒店的信息系统。

（2）制定与酒店基本业务过程和技术水平相适应的信息系统管理制度。

（3）负责对酒店各级、各类员工有关信息系统知识和使用技术的培训。

（4）负责维护信息系统的硬件设备、软件和数据，并保证各类信息真实、准确。

（5）为酒店的经营管理决策提供所有相关信息，并对总经理负责。

2. 制定信息系统运行管理制度

酒店信息系统的运行管理必须建立在一系列的管理制度上，运行管理制度包括系统操作规程、系统安全保密制度、系统修改规程、系统定期维护制度以及系统运行状况记录和日志归档等。操作规程指硬件的操作规程和软件的操作规程；系统安全保密制度指系统中数据和信息的保密要求和分级管理要求；系统修改规程指信息系统程序和功能的变更规定；系统定期维护制度指对硬件和软件中数据维护的定期规定。

除此之外，酒店信息运行管理制度还包括以下几个方面的具体内容：

（1）建立日常管理制度。

（2）定期做好系统数据备份工作。

（3）防止错误或非法信息数据进入系统。

（4）做好操作员的口令维护工作，定期变更口令，记录操作日记。

（5）定期检查基础数据，做好输入数据的管理工作。

（6）记录异常运行情况，及时反馈给技术开发人员，为系统升级、改版提供依据。

**（二）酒店管理信息系统的维护管理**

一般来说，系统刚建成时所编制的程序很少能一字不改地沿用下去。系统工作人员应根据系统运行的外部环境的变更和业务量的改变，及时对酒店管理信息系统进行维护。

1. 酒店管理信息系统维护的内容

酒店管理信息系统维护的内容主要包括如下几个方面：

（1）硬件的维护。硬件的维护是指对主机以及外设的维护和管理，主要包括突发性故障维护和定期预防性维护，前者对于突发性的故障集中人力、集中检修或更换；后者按照一定的设备维护理论，定期对系统设备进行检查和保养，如机器部件的清洗、润滑，易损部件的更换等。

（2）系统应用程序的维护。程序维护是指根据需求变化或硬件环境的变化对程序进行部分或全部的修改。系统业务处理过程是通过应用程序的运行实现的，一旦程序发生问题或业务发生变化，就必然地引起程序的修改和调整。因此，系统维护的主要活动是对程序进行维护。

（3）数据文件的维护。数据文件的维护包括数据备份和存储空间整理。前者要求经常或定期对重要数据进行备份，对重要的数据实时备份；后者要求对系统运行过程中产生的各种临时文件等进行清理，减少存储空间的无谓占用，提高系统运行效率。

（4）代码的维护。随着系统应用范围的扩大、应用环境的变化，系统中各种代码都需要进行一定程度的增加、修改、删除，以及编写新的代码。

2. 酒店管理信息系统维护的类型

酒店管理信息系统维护的主要工作是系统的软件维护工作，可以划分为以下四种类型：

（1）改正性维护。由于在系统测试阶段往往不能暴露出系统的所有错误，因此，在系统投入实际运行后，就有可能暴露出系统内隐藏的错误，用户会发现这些错误并将这些问题报告给维护人员。对这类问题的诊断和改正过程就是改正性维护。

（2）适应性维护。计算机技术发展迅速，操作系统的新版本不断推出，功能更加强大的硬件的出现，必然要求信息系统能够适应新的软硬件环境的变化，以提高系统的性能和运行效率。为了使系统适应环境（包括硬件环境和软件环境）的变化而进行的维护工作就是适应性维护。

（3）完善性维护。在系统的使用过程中，用户往往要求修改或增加原有系统的功能，提高其性能，为了满足这些要求而进行的系统维护工作就是完善性维护。完善性维护是系统维护工作最主要的部分。

（4）预防性维护。预防性维护是为了提高软件未来的可维护性、可靠性，或为将来的修改与调整奠定更好的基础而修改软件的过程。目前这类维护活动相对较少。

从多种维护工作的分布情况的统计结果来看，一般改正性维护占全部维护活动的

17%~21%，适应性维护占14%~25%，完善性维护达到50%~60%，而预防性维护仅占4%左右。可见系统维护工作中，一半以上的工作是完善性维护。

3. 酒店管理信息系统维护的管理

在酒店管理信息系统的维护过程中，无论是程序、文件还是代码的修改，都会影响系统的其他部分。因此，系统的维护工作一定要特别慎重，必须做好合理的组织和管理。通常，对于一些重大的修改项目还要填写变更申请表，由审批人正式批准后才能进行工作。

为了减少维护过程中的混乱，明确职责，非常有必要成立一个维护机构，该机构由维护管理员、系统管理员和修改负责人组成，他们的职责范围各不相同。在这种组织方式下，维护管理员负责接受维护申请，然后把维护申请交给某个系统管理员去评价。系统管理员是一名技术人员，他必须熟悉软件产品的某一部分。系统管理员对申请作出评价，然后与修改负责人确定如何进行修改。

综上所述，从维护申请提出到维护工作的执行有如下步骤：

（1）提出要求。由系统操作的各类人员或业务领导提出对某项工作的修改要求，申请形式可以是书面报告或填写专门的申请报。

（2）领导批准。维护管理员接受维护申请。系统管理员对申请做出评价，由系统维护小组的领导负责审批各项申请。审批工作也要进行一定的调查研究，在取得比较充分的第一手资料后，对各种申请表作出不同的批示。

（3）分配任务。修改负责人根据维护的内容向程序员或软件人员进行任务分配，并制定出完成期限和其他有关要求。

（4）验收成果。当有关人员完成维护修改任务后，由维护小组和用户人员验收成果，并将新的成果正式投入使用。同时，也要验收有关的文档资料。

（5）登记维护情况。登记所作的修改，作为新的版本通报有关用户和操作人员，指明系统新的功能和修改的地方。

在进行系统维护时，对于某些重大的修改，可以看作一个小型信息系统的开发项目。因此，要按照系统开发的步骤进行。

## 第三节 酒店信息化与现代化

随着国内酒店数的急剧增加，酒店高中低端市场定位越来越完善，国际、国内连锁品牌不断发力，竞争日趋激烈。为了赢得更多的出租率，酒店经营者们从选址到装修档次、房间设计、成本控制等硬件竞争，逐步回归到客户服务的竞争，酒店经营者们各出奇招，不断提升服务质量，提高客户满意度和忠诚度，以期达到提高营业收入的最终目标。相对于硬件方面同质化竞争的现状，如今人性化、智能化所体现出的快捷时尚的优质服务，正在新的竞争形势下大放异彩。

在酒店行业中，“酒店信息化”正成为时下一个响当当的口号。科技不断给酒店业带来新的活力。网络预订系统可以跨全球进行房间预订，宽带网络让商务客人可以在房间里与客户随意交流。客房智能化的设计让客人感觉到了更为便捷的服务。今天，酒店业已经不再局限于传统的价格竞争，而是转变成了各酒店集团连锁品牌的树立和运用网络系统进行整体营销的竞争。在今后，酒店业的竞争将主要在智能化、信息化方面展开。

## 一、酒店大数据的应用

随着网络和信息技术的不断普及，人类产生的数据量正在呈指数级增长，而云计算的诞生，更是直接把我们送进了大数据时代。“大数据”作为时下最时髦的词汇，开始向各行业渗透辐射，颠覆着很多特别是传统行业的管理和运营思维。在这一大背景下，大数据也触动着酒店行业管理者的神经，搅动着酒店行业管理者的思维；大数据在酒店行业释放出的巨大价值吸引着诸多酒店行业人士的兴趣和关注。探讨和学习如何借助大数据为酒店行业经营管理服务也是当今该行业管理者面临的挑战。

大数据应用，其真正的核心在于挖掘数据中蕴藏的情报价值，而不是简单的数据计算。那么，对于酒店行业来说，管理者应该如何来借助大数据为酒店行业的运营管理服务呢？同时大数据应用又将如何突出其在酒店行业的情报价值呢？对此，相关网络大数据分析机构从以下四个方面整理总结了大数据在酒店行业的创新性应用。

### （一）大数据有助于精确酒店行业市场定位

成功的品牌离不开精准的市场定位，一个成功的市场定位，能够使一个酒店的品牌加倍快速成长，而基于大数据的市场数据分析和调研是酒店进行品牌定位的第一步。酒店行业企业要想在无硝烟的市场中分得一杯羹，需要架构大数据战略，拓宽酒店行业调研数据的广度和深度，从大数据中了解酒店行业市场构成、细分市场特征、消费者需求和竞争者状况等众多因素，在科学系统的信息数据收集、管理、分析的基础上，提出更好的解决问题的方案和建议，保证酒店品牌市场定位独具个性化，提高酒店品牌市场定位的行业接受度。

企业想进入或开拓某一区域酒店行业市场，首先要进行项目评估和可行性分析，只有通过项目评估和可行性分析才能最终决定是否适合进入或者开拓这块市场。如果适合，那么这个区域人口是多少？消费水平怎么样？客户的消费习惯是什么？市场对产品的认知度怎么样？当前的市场供需情况怎么样？公众的消费喜好是什么？这些问题背后包含的海量信息构成了酒店行业市场调研的大数据，对这些大数据的分析就是市场定位过程。

酒店开拓新市场，需要动用巨大的人力、物力和精力，如果市场定位不精准或者出现偏差，其给投资商和酒店自身带来的后期损失是巨大甚至有时是毁灭性的，由此看出市场定位对酒店行业市场开拓的重要性。只有定位准确乃至精确，酒店才能构建出满足市场需求的产品，使自己在竞争中立于不败之地。但是，要想做到这一点，就必须有足够量的信息数据来供酒店行业研究人员分析和判断。在传统情况下，分析数据的收集主要来自统计年鉴、行业管理部门数据、相关行业报告、行业专家意见及属地市场调查等，这些数据多存在样本量不足、时间滞后和准确度低等缺陷，研究人员能够获得的信息量非常有限，使准确的市场定位存在着数据瓶颈。随着大数据时代的来临，借助数据挖掘和信息采集技术不仅能给研究人员提供足够的样本量和数据信息，还能够建立基于大数据数学模型对未来市场进行预测。当然，依靠传统的人工数据收集和统计显然难以满足大数据环境下的数据需求，这就需要依靠相关数据公司自动化数据采集工具的帮助。

### （二）大数据成为酒店行业市场营销的利器

如今，从搜索引擎、社交网络的普及到人手一机的智能移动设备，互联网上的信息总量正以极快的速度不断暴涨。每天在 Facebook、Twitter、微博、微信、论坛、新闻评论、电商平台上分享各种文本、照片、视频、音频、数据等信息的高达几百亿甚至几千亿条，这些信息涵盖着商家信息、个人信息、行业资讯、产品使用体验、商品浏览记录、商品成交记录、产品价格动态等海量信息。这些数据通过聚类可以形成酒店行业大数据，其背后隐藏的是酒店行业的市场需求、竞争情报，闪现着巨大的财富价值。

在酒店行业市场营销工作中，无论是产品、渠道、价格还是顾客，可以说每一项工作都与大数据的采集和分析息息相关，而以下两个方面又是酒店行业市场营销工作中的重中之重。一是通过获取数据并加以统计分析来充分了解市场信息，掌握竞争者的商情和动态，知晓产品在竞争群中所处的市场地位，以达到“知彼知己，百战不殆”的目的；二是酒店通过积累和挖掘酒店行业消费者档案数据，有助于分析顾客的消费行为和价值取向，便于更好地为消费者服务和发展忠诚顾客。

以酒店行业在对顾客的消费行为和取向分析方面为例，如果酒店平时善于积累、收集和整理消费者的消费行为方面的信息数据，如消费者购买产品的花费、选择的产品渠道、偏好产品的类型、产品使用周期、购买产品的目的、消费者家庭背景、工作和生活环境、个人消费观和价值观等。如果酒店收集到了这些数据，建立消费者大数据库，便可通过统计和分析来掌握消费者的消费行为、兴趣偏好和产品的市场口碑现状，再根据这些总结出来的行为、兴趣爱好和产品口碑现状制定有针对性的营销方案和营销战略，投消费者所好，那么其带来的营销效应是可想而知的。因此，可以说大数据中蕴含着出奇制胜的力量，如果酒店管理者善于在市场营销方面加以运用，将成为酒店行业市场竞争中立于不败之地的利器。

### （三）大数据支撑酒店行业收益管理

收益管理作为实现收益最大化的一门理论学科，近年来受到酒店行业人士的普遍关注和推广运用。收益管理意在把合适的产品或服务，在合适的时间，以合适的价格，通过合适的销售渠道，出售给合适的顾客，最终实现酒店收益最大化目标。要达到收益管理的目标，需求预测、细分市场和敏感度分析是此项工作的三个重要环节，而这三个环节的推进基础就是大数据。

需求预测是通过对建构的大数据的统计与分析，并采取科学的预测方法，通过建立数学模型，使酒店管理者掌握和了解酒店行业潜在的市场需求，以及未来一段时间内每个细分市场的产品销售量和产品价格走势等，从而使酒店能够通过价格的杠杆来调节市场的供需平衡，并针对不同的细分市场来实行动态定价和差别定价。需求预测的好处在于可提高酒店管理者对酒店行业市场判断的前瞻性，并在不同的市场波动周期以合适的产品和价格投放市场，获得潜在的收益。细分市场为酒店预测销售量和实行差别定价提供了条件，其科学性体现在通过酒店行业市场需求预测来制定和更新价格，最大化各个细分市场的收益。敏感度分析是通过需求价格弹性分析技术，对不同细分市场的价格进行优化，最大限度地挖掘市场潜在的收入。

大数据时代的来临，为酒店收益管理工作的开展提供了更加广阔的空间。需求预测、细分市场和敏感度分析对数据需求量很大，而传统的数据分析大多数采集的是酒店自身的历史数据来进行预测和分析，容易忽视整个酒店行业信息数据，因此难免使预测结果存在偏差。酒店在实施收益管理过程中如果能在自有数据的基础上，依靠一些自动化信息采集软件来收集更多的酒店行业数据，了解更多的酒店行业市场信息，这将会对制订准确的收益策略，赢得更高的收益起到推进作用。

**（四）大数据创新酒店行业需求开发**

随着论坛、博客、微博、微信、电商平台、点评网等媒介在 PC 端和移动端的创新和发展，公众分享信息变得更加便捷、自由，而公众分享信息的主动性促使了“网络评论”这一新型舆论形式的发展。微博、微信、点评网、评论版上成千上亿的网络评论形成了交互性大数据，其中蕴藏了巨大的酒店行业需求开发价值，值得酒店管理者重视。

网络评论，最早源自互联网论坛，是供网友闲暇之余相互交流的网络社交平台。在微博、微信、论坛、评论版等平台随处可见网友使用某款产品的优点点评、缺点的吐槽、功能需求点评、质量好坏与否点评、外形美观度点评、款式样式点评等信息，这些都构成了产品需求大数据。同时，消费者对酒店服务及产品的简单表扬与批评也变得更加客观真实，消费者的评价内容也更趋于专业和理性，发布的渠道也更加广泛。作为酒店行业企业，如果能对网上酒店行业的评论数据进行收集，建立网评大数据库，然后再利用分词、聚类、情感分析了解消费者的消费行为、价值取向、评论中体现的新消费需求和酒店产品质量问题，以此来改进和创新产品，量化产品价值，制订合理的价格及提高服务质量，将能从中获取更大的收益。

大数据，并不是一个神秘的字眼，只要酒店行业企业平时善于积累和运用自动化工具收集、挖掘、统计和分析这些数据，为我所用，都会有效地帮助自己提高市场竞争力和收益能力，赢得良好的效益。

## 二、酒店自助服务技术

随着计算机和互联网的快速发展，信息化正不断地渗入酒店业的发展和竞争中，其中使用率较多的是酒店前台自助服务。入住和服务的信息化，对于年轻时尚人群和商务人士都有着非常大的吸引力，而且能从人力上为酒店节省更多的成本。针对目前酒店业信息化大潮的需要，自助服务技术能够实现酒店客人自助入住、无停留自助退房和会员卡房卡一卡通的新型自助管理系统，是实现酒店的科学管理和客人优质服务双需求的途径，也是酒店提升服务水平、提高客人入住率的最新型的得力帮手。

纵观国内外酒店前台自助服务设备，主要表现为以下几个方面的特点：

**（一）释放前台员工的压力**

酒店自助服务机（如图 12-5 所示）可以改变收银员只能禁锢在前台的服务模式，让收银员得以走出前台为客人提供全方位的服务，从而提升酒店的服务质量与效率，增强客人入住体验度，为酒店节省大量人力成本。酒店的夜班

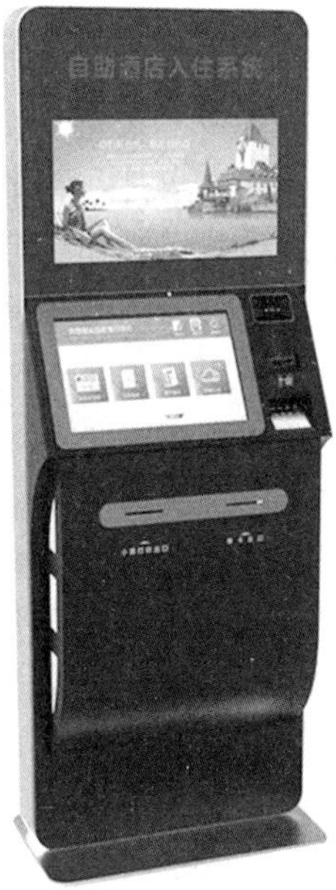

图 12-5 酒店前台自助服务机

人员配置一般是“1 名前台+1 名安保人员”，借助自助机，可为酒店节省人力成本，只需对值班的安保人员进行简单的培训，让其能够在极少数的突发情况下调试自助机，即可顺利完成夜班的当值工作。在不久的未来，酒店前台员工的工作将会逐步被自助机所取代。

**（二）人脸识别+微信/支付宝**

取卡功能：身份证、二维码、验证码、手机号、会员卡进行办理入住；

发卡功能：酒店房卡的发放；

充值功能：采用银联卡支付和现金支付方式，进行酒店专用卡的充值；

广告播放功能：网络版总部统一后台管理；

录像功能：顾客人脸识别的采集与核对；

打印功能：打印交易凭证；

读卡功能：银联卡、酒店专用卡的读取；

微信支付功能：扫一下二维码，生成手机验证码进行确认支付。

**（三）未来前台**

未来前台能实现 365 天×24 小时服务，随时随地刷脸入住。能在无人值守状态下，帮助客人数秒内完成自助刷脸入住。人性化的专业自助服务 24 小时随时静候，极大提升了入住效率和服务品质，为酒店节省大量人力、运营成本，快人一步进入未来酒店时代！

**（四）解决夜班难题**

酒店前台员工流动性大，由于求职者多半不愿意上夜班，所以人员招聘面临挑战。自助机能替代大部分前台的工作，也为酒店节省了人力成本，即使招不到合适的夜班人员，也可以保证酒店正常运营。有了自助机，酒店前台可以只负责白天的工作，将夜班的工作交给自助机和安保人员来处理。

## 三、酒店服务机器人

随着“人工智能”时代的到来，以往只在工业领域出现的机器人，如今穿越工业生产线走向服务业，来到百姓身边，让人看得见也能摸得着。当客人入住酒店时会发现，迎接客人的或许不再是礼宾员，而是酒店服务机器人管家（见图 12-6），他们为客户办理登记入住、递送物品、托运行李、查询周边等事项。

酒店机器人的出现是人工智能发展的一个新兴应用，它是研究、开发用于模拟、延伸和扩展人的智能的理论、方法、技术及应用系统的一门新的技术科学。近年来，全球各地都出现了酒店机器人，多数酒店里出现机器人并不是想要取代劳动力，而是出于提升客人入住体验、降低人工成本、提高工作效率的考虑。当然，这个结果也是我们可见到的。据媒体报道，有客户为了感受酒店机器人带来的特殊体验，曾在酒店多住一晚。

图 12-6　酒店服务机器人

国内一些酒店已使用机器人的各项服务，比如为客户送水。当前台服务员接收到客户需求之后，将水放置于机器人“头部”，在触控屏上输入房间号。机器人开始自动规划行走路线，到达客户房间。机器人还会发出萌哒哒的声音：“电梯先生，请开门，帮我按到20楼层。”“请您把中间的位置留给我，往里边靠靠，太谢谢您了！”酒店的客户看到这个小小的机器人的时候，都会感到新奇与惊讶。

人工智能领域的语音交互，解放了人的双手，使人工智能更加符合人本性的需求。服务型机器人目前能够应用在酒店领域的主要包括迎宾引导机器人、自助入住机器人、客房情感机器人、自主运送物品机器人、安防巡更机器人、商品售卖机器人、自助行李存取机器人、餐厅服务机器人等十余个工作岗位的机器人。每款机器人都有着独特的工作技能来胜任不同的工作岗位需求。

## 四、酒店智能客房

随着时代和科技不断地发展，新生代酒店开始采用各种智能化设备来装点酒店，这是人类进步及酒店业市场发展的必然趋势。传统的“酒店入住”和靶向不强的酒店体验方案已经不能满足现代人们的入住需求，人们呼唤着全新的酒店理念和方式，这种对新的酒店生活方式的诉求催生出了酒店智能客房。

图 12-7　酒店客房 24h 客控语音管家

酒店智能客房通常包含八大智能系统解决方案，即智能门禁、智控门锁、智控灯光、智控窗帘、智控空调、智控电视、智能音响和 24h 客控语音管家(如图 12-7 所示)。

智控门锁系统可以实现刷脸开门。传统酒店门卡或密码易丢失易盗用，安全隐患大，自助门锁系统重新定义了酒店开门方式，搭载人脸识别算法技术和高精度摄像头，轻松实现刷脸开门与访客识别，为酒店客人带来更为安全的保障；同时，通过和酒店管理后台的深度融合，助力酒店开启智能化管理。

智能门禁实施人脸核对身份，自动识别屋主开门，外部访客照片实时推送至房内屏幕，同时语音播报提示，有效保障房主人身安全。

智控灯光可以实现在每一个不喜欢、不想要、不方便找开关的时刻，用声音掌控黑暗与光明。

智控空调避免了寻找空调遥控器的烦恼，实现语音智控，轻松声控空调开关及温度，舒适开口即得。

智控窗帘可以实现不动手、只动口，窗帘会“听话”，便捷开关窗帘。

智控音响可以实现在需要来点音乐的时候，一声呼唤，自己喜欢的歌曲并开始播放。

智控电视免除了研究电视遥控器的时间，实现智能声控电视，搜台、搜片、听音乐……一声呼唤，畅享饕餮视听盛宴。

24h 客控语音管家可以呼叫客房服务、查询酒店设施以及实现生活百科、影音娱乐、情感陪聊、实用工具和客房智控等诸多功能。

## 关键术语

酒店信息(hotel information)

酒店信息化(hotel informatization )

酒店信息资源管理(hotel information resources management)

酒店管理信息系统(hotel management information system, HMIS)

酒店大数据(hotel big data)

酒店自助服务(hotel self service)

酒店机器人(hotel robot)

酒店智能客房(hotel smart room)

## 复习思考题

1. 什么是酒店信息，酒店信息有哪些类型？
2. 酒店信息管理的任务和过程分别是什么？
3. 酒店信息资源管理的系统构成有哪些？
4. 如何理解酒店管理信息系统的内涵？
5. 酒店管理信息系统的核心功能模块有哪些？
6. 如何做好酒店管理信息系统的运行与维护？
7. 酒店大数据在酒店中的应用领域有哪些？
8. 如何看待酒店行业的自动化与智能化？

## 即测即评

## 扩展阅读

### 马云的无人酒店来了：一个服务员都没有，机器人送餐

继2017年无人超市横空出世之后，马云在2018年“双11”到来之前开了一家无人酒店，阿里巴巴集团建设、运营的首家未来酒店也在杭州首次揭开了神秘的面纱。根据阿里旗下飞猪旅行近日公布，阿里无人酒店取名未来酒店，位于杭州西溪园。这家酒店英文名字叫FlyZoo Hotel，官方中文名叫：菲住布渴。一大特色是：酒店充满了各种智能科技元素，从预订登记到入住体验，再到退房环节，多由机器人提供服务。包括刷脸入住、到处游走的智慧机器人、自动开门的电梯和房门、专属的客房小管家等。整栋楼没有一个服务员，却比任何一家酒店更安全、更干净、更舒适。

这家名字画风有些清奇的“未来酒店”在开业之前可算是吊足胃口，先是飞猪官微发

布有奖竞猜，让网友为 FlyZoo Hotel 选一个中文名，在网友脑洞大开贡献了诸如“飞来猪”“冲天猪”“福来住”等名字之后，其官微随后宣布以“菲住布渴”作为自己的新名称，并为自己下了定义：全球第一家支持全场景刷脸住宿的酒店。入住无人酒店是怎样的一种体验？我们来感受一下。

1. 进入大堂

一旦进入大堂，互动景观大屏映入眼帘，没有前台！

2. 办理入住

前台没了，负责接待你的，将会是一个身高不到 1 米的可爱的小机器人“天猫精灵福袋”，机器人迎宾、指引，可在手机上凭电子身份证 check-in 或在大堂刷脸自助办理入住。它会通过人脸识别技术，检测出你是即将入住的客人。接下来的接待引导工作，将由这个小家伙完成。它会热情地对你说：“您好，欢迎来到 FlyZoo Hotel！您已经办理好入住登记了，请跟我去电梯吧！”

3. 电梯、房间、餐厅、健身房统统刷脸开门

基于覆盖酒店内的全场景的客人身份识别，无感梯控、无触门控将自动进行人脸识别，智能点亮客人入住楼层，自动开启房间门；借助无感体控定位系统，客人离开房间的瞬间，电梯也将自动响应等候。

客人到达电梯门口，电梯通过无感体控系统，识别客人身份，判断乘坐电梯的意图后自动开启，并调到了即将入住的楼层。客人到达房间门口后，客房门口识别设备识别出客人身份，并判断客人是要进入房间的意图后，房门自动开启。

4. 酒店房间怎么样？

传统酒店进门必须插卡才能取电，但在阿里未来酒店，统统消失了。进门无须插卡，灯光会自动进入欢迎模式，电视机自动开启。房间内的空调、灯光、窗帘等设备全部不用手工操作，客人只要对着天猫精灵下达指令，一切躺着进行都可以。

进入房间，客人专属的客房管家天猫精灵智能音箱已经被唤醒，可直接对室内温度、灯光、窗帘、电视等进行语音控制。“Hi 天猫精灵，我想看电视。”电视机打开，首屏是酷喵界面。直接默认优酷 VIP 模式，所有节目都可免费观看。“Hi 天猫精灵，请将窗帘打开”“Hi 天猫精灵，请将灯光调到浪漫模式”。

5. 机器人送餐

在酒店房间，如果饿了，躺好就行。只需给天猫精灵下一道指令，机器人会将客人所点的产品直接送到酒店房间门口。

6. 一切刷脸，客人不需要再结账或签单

想去餐厅、健身房转转？没问题。一切刷脸就行，整个酒店的智能身份系统启动，电梯、餐厅、健身房全部刷脸自动开启。

当客人走进餐厅那一刻，人脸识别系统就识别出它们的身份和房间号，所点的餐品将自动被记录在消费清单。客人不需要再结账或签单，用完餐就可以潇洒离去。

7. 一键退房

与传统酒店退房流程需要等待查房不同，在未来酒店，客人收拾好行李，只需要打开酒店 App 点击退房，系统就会弹出客人在店期间的所有消费，“您在店期间消费，房费 400 元，餐费 100 元，合计 500 元，请您确认。”客人点击确认，愉快离店。同时，酒店定

位系统启动，和房间最近的客房阿姨收到系统派发的工单，将在结束手头的工作后，前往打扫这间退房。

据了解，这家酒店是阿里经济体内多个团队协同打造的成果：飞猪设计了全链路的体验流程；达摩院负责酒店创新研究计划，阿里云提供稳定安全的大数据底层服务，人工智能实验室(A. I. Labs)启用了最新设计的智慧机器人；智能场景事业部完成酒店整套数字化运营平台和AI智能服务中枢以及智能场景系统的研发；天猫国际推出7个国家主题房，天猫等平台则为酒店家具床品提供了供应链。

节选自新浪财经.

## 教学支持说明

建设立体化精品教材，向高校师生提供整体教学解决方案和教学资源，是高等教育出版社“服务教育”的重要方式。为支持相应课程教学，我们专门为本书研发了配套教学课件及相关教学资源，并向采用本书作为教材的教师免费提供。

为保证该课件及相关教学资源仅为教师获得，烦请授课教师清晰填写如下开课证明并拍照后，发送至邮箱：jingguan@pub.hep.cn 或 zhangxin1@hep.com.cn，也可通过 QQ：525472494 或 64557083，进行索取。

咨询电话：010-58581020，编辑电话：010-58556266

---

## 证　明

兹证明__________大学__________学院/系第________学年开设的____________课程，采用高等教育出版社出版的《　　　　　　　　》(主编)作为本课程教材，授课教师为__________，学生__________个班，共________人。授课教师需要与本书配套的课件及相关资源用于教学使用。

授课教师联系电话：____________ E-mail：____________

学院/系主任：__________（签字）

（学院/系办公室盖章）

20____年____月____日